Terapia de Grupo para transtornos por abuso de substâncias

FBTC
Federação Brasileira de Terapias Cognitivas

artmed

A Artmed é a editora oficial da Federação Brasileira de Terapias Cognitivas

S677t   Sobell, Linda Carter
               Terapia de grupo para transtornos por abuso de substâncias : abordagem cognitivo-comportamental motivacional / Linda Carter Sobell, Mark B. Sobell ; tradução: Magda França Lopes ; revisão técnica: Neliana Buzi Figlie. – Porto Alegre : Artmed, 2013.
               279 p. ; 25 cm.

             ISBN 978-85-65852-16-6

             1. Psicoterapia. 2. Terapia de grupo. 3. Abuso de substância. I. Sobell, Mark B. II. Título.

                                                                           CDU 615.851.6

Catalogação na publicação: Ana Paula M. Magnus – CRB 10/2052

Linda Carter Sobell | Mark B. Sobell

Terapia de Grupo para transtornos por abuso de substâncias

Abordagem cognitivo-comportamental motivacional

Tradução:
Magda França Lopes

Consultoria, supervisão e revisão técnica desta edição:
Neliana Buzi Figlie
Psicóloga. Mestre em Saúde Mental e Doutora em Ciências pelo Departamento de Psiquiatria da Universidade Federal de São Paulo. Pesquisadora Sênior do Instituto Nacional de Políticas do Álcool e Drogas do CNPq. Professora orientadora do Curso de Pós-Graduação em Psiquiatria da UNIFESP.

artmed

2013

Obra originalmente publicada sob o título
Group Therapy for Substance Use Disorders: A Motivational Cognitive-Behavioral Approach
ISBN 9781609180515

Copyright © 2011 The Guilford Press, a Division of Guilford Publications, Inc.
All Rights Reserved.

Capa: *Gustavo Macri*

Preparação do original: *Maria Rita Quintella*

Leitura final: *Cristine Henderson Severo*

Coordenadora editorial: *Mônica Ballejo Canto*

Gerente editorial: *Letícia Bispo de Lima*

Editoração eletrônica: *Formato Artes Gráficas*

Reservados todos os direitos de publicação, em língua portuguesa, à
ARTMED EDITORA LTDA., divisão do GRUPO A EDUCAÇÃO S.A.
Av. Jerônimo de Ornelas, 670 – Santana
90040-340 Porto Alegre RS
Fone (51) 3027-7000 Fax (51) 3027-7070

É proibida a duplicação ou reprodução deste volume, no todo ou em parte,
sob quaisquer formas ou por quaisquer meios (eletrônico, mecânico, gravação,
fotocópia, distribuição na Web e outros), sem permissão expressa da Editora.

SÃO PAULO
Av. Embaixador Macedo Soares, 10.735 – Pavilhão 5 – Cond. Espace Center
Vila Anastácio – 05095-035 – São Paulo SP
Fone (11) 3665-1100 Fax (11) 3667-1333

SAC 0800 703-3444 – www.grupoa.com.br
IMPRESSO NO BRASIL
PRINTED IN BRAZIL
Impresso sob demanda na Meta Brasil a pedido de Grupo A Educação.

Autores

Linda Carter Sobell, Ph.D., ABPP, é professora e diretora associada de Treinamento Clínico no Centro de Estudos Psicológicos da New Southeastern University (NSU) em Fort Lauderdale, Flórida. Também codiretora da Clínica de Automudança Guiada da NSU. Durante 17 anos, foi cientista sênior da Addiction Research Foundation (Canadá) e lecionou na Universidade de Toronto. Membro da American Psychological Association, instrutora de entrevista motivacional e diplomada em Psicologia Cognitiva e Comportamental pelo American Board of Professional Psychology, Foi presidente da Association for Behavioral and Cognitive Therapies e da Society of Clinical Psychology da American Psychological Association. Entre os prêmios que lhe foram concedidos, destacam-se o Betty Ford Award da Association for Medical Education and Research in Substance Abuse, o Norman E. Zinberg Memorial Award da Universidade de Harvard, o Distinguished Scientific Contribution Award da Society of Clinical Psychology da American Psychological Association, o Lifetime Achievement Award do Addictions Special Interest Group da Association for Behavioral and Cognitive Therapies, o Brady/Schuster Science Award pesquisa mais destacada considerada pelo revisores sobre prevenção e controle publicada pelos Centers for Disease Control and Prevention/Agency for Toxic Substances and Disease Registry Scientists.

Mark B. Sobell, Ph.D., ABPP, é professor e codiretor da Clínica de Automudança Guiada do Centro de Estudos Psicológicos da NSU. Durante 16 anos foi cientista sênior da Addiction Research Foundation (Canadá) e professor da Universidade de Toronto. Diplomado em Psicologia Cognitiva e Comportamental pelo American Board of Professional Psychology. Foi editor interino do *Journal of Consulting and Clinical Psychology* e é atualmente editor associado de *Psychology of Addictive Behaviors* e do *Journal of Consulting and Clinical Psychology*. Entre os prêmios concedidos ao Dr. Sobell estão o Distinguished Scientific Contribution Award da Society of Clinical Psychology da American Psychological Association, o Lifetime Achievement Award do Addictions Special Interest Group of the Association for Behavioral and Cognitive Therapies e o Jellinek Memorial Award por contribuições de destaque para o conhecimento no campo dos estudos de álcool.

Este livro é dedicado a quatro pessoas muito especiais em nossas vidas.

Primeiro, para a mãe de Mark, Mollie, e para a avó de Linda, Sadie, que tiveram uma influência importante na vida de cada um de nós. Só desejaríamos que elas ainda estivessem aqui para podermos compartilhar isto com elas.

Segundo, às nossas filhas e amigas especiais, Stacey e Kimberly, que enriqueceram nossas vidas de tantas maneiras.

Agradecimentos

Este livro é baseado em um ensaio clínico randomizado que avaliou o modelo de tratamento da Automudança Guiada (AMG) em um formato de terapia de grupo *versus* terapia individual. Foi conduzida quando dirigíamos a Unidade de AMG na Addiction Research Foundation em Toronto, no Canadá. Queremos agradecer à Dra. Joan Marshman, que na época presidia a Fundação, e à equipe da AMG, que contribuiu para o sucesso do estudo (em ordem alfabética pelo sobrenome): Sangeeta Agrawal, Margaret Beardwood, Diane Benedek, Curtis Breslin, Joanne Brown, Barbara Bruce, Giao Buchan, Carole Bush, Virginia Chow, Pat Cleland, John Cunningham, Judy Dobson, Doug Gavin, Joanne Jackson, Lisa Johnson-Young, Mel Kahan, Even Kwan, Gloria Leo, Eric Rubel, Lorna Sagorsky, Kathy Sdao-Jarvie, Peter Selby, Jennifer-Ann Shillingford, Joanne Spratt, Kathy Voros, Peter Voros, Lynn Wilson e Kim Zynck. Além disso, queremos agradecer a todos os nossos alunos de doutorado do Center for Psychological Studies da New Southeastern University em Fort Lauderdale, Flórida, que, como parte do seu treinamento, foram supervisionados por nós na condução de terapia de grupo. Em decorrência dessa supervisão nos últimos 12 anos, continuamos a aprimorar nossa abordagem para a condução de terapia de grupo e para aplicar técnicas de entrevista motivacional em um ambiente de grupo.

Vários anos atrás, participamos de dois *workshops* apresentados pelo Dr. Robert Dies que influenciaram muito a nossa abordagem à terapia de grupo. Como ficará evidente após a leitura deste livro, o que mais nos influenciou foram os conceitos do *Pensar no grupo*, de *Música vem do grupo* e de *Terapeutas como facilitadores*. Além disso, suas sugestões para lidar com clientes e situações de grupo difíceis e desafiadores mostraram-se valiosas. Um agradecimento especial a Anaeli Ramos, Jessica Ruiz, Rachael Silverman e Andrew Voluse por sua ajuda com a preparação do manuscrito do livro. Obrigado a Sir Meowy por nos fazer companhia e ficar até tarde da noite lendo as páginas do manuscrito. Igualmente somos gratos aos muitos clientes que no correr dos anos participaram de nossos grupos, pois eles nos ensinaram muito sobre os grupos e os processos grupais. O livro da Dra. Beverly Thorn,

Cognitive Therapy for Pain Chronic (2004), também nos ofereceu algumas ideias úteis sobre a maneira de apresentar os materiais clínicos neste livro.

Sentimo-nos também em débito com William R. Miller, importante cientista e clínico, que formalizou com maestria os principais elementos da entrevista motivacional, a qual tem sido um componente cada vez mais importante da nossa abordagem e é um pilar fundamental da abordagem de tratamento neste livro.

Finalmente, estamos em débito com Jim Nageotte, nosso editor em The Guilford Press, por sua paciência e apoio. Embora, pela nossa perspectiva, o produto final nunca tenha sido questionado, demorou bem mais tempo para finalizar do que prevíamos. Neste aspecto, queremos agradecer a Jim por não abandonar o projeto. Finalmente, nossos agradecimentos especiais a um revisor anônimo do manuscrito do livro, cujos comentários detalhados conduziram a um trabalho mais acessível ao leitor e clinicamente útil.

Prefácio

Este livro originou-se de um estudo que conduzimos comparando o nosso modelo de tratamento de Automudança Guiada (Guided Self-Change, AMG) (M.B. Sobell e Sobell, 1993a, 2005), realizado em grupo, com a terapia individual (L.C. Sobell, Sobell e Agrawal, 2009). Embora a nossa intenção inicial fosse desenvolver, validar e estender com sucesso o modelo de tratamento da AMG usado na terapia individual para ambiente de grupo, como é discutido no Capítulo 1, essa extensão apresentou alguns desafios inesperados.

Nossos objetivos ao escrever este livro foram 1) descrever como conduzir e administrar efetivamente a dinâmica de interações interpessoais em grupos (por exemplo, estrutura de grupos, desenvolvimento da coesão, manejo de clientes difíceis) com clientes com transtornos por abuso de substâncias; 2) demonstrar como integrar os princípios básicos da terapia cognitivo-comportamental e a entrevista motivacional na terapia de grupo; 3) discutir como lidar com situações e questões difíceis e desafiadoras que surgem quando se conduz grupos e 4) apresentar uma breve visão geral dos resultados do tratamento do nosso ensaio clínico randomizado comparando o modelo em grupo do tratamento da AMG e formatos individuais. Neste último aspecto, o livro proporcionou uma oportunidade para atualizar o tratamento da AMG que foi apresentado em nossa publicação anterior (M.B. Sobell e Sobell, 1993a).

Os termos "paciente" e "cliente" são usados alternadamente durante todo este volume, pois ambos são empregados na psicologia clínica e na saúde comportamental. Ao apresentar exemplos clínicos, removemos todas as informações de identificação, e para proporcionar consistência nos referimos aos clientes homens como Bill e às mulheres como Mary.

INTEGRAÇÃO DE MATERIAL CLÍNICO E DIÁLOGO NO TEXTO

Quase todos os materiais e questionários clínicos, assim como apostilas distribuídas para o terapeuta e o cliente, estão integrados nos capítulos em vez de incluídos como apêndices, o que torna o material clínico mais acessível e clinicamente útil para o usuário e mais fácil de acessar. O Capítulo 3 descreve a avaliação com uma discussão da utilidade clínica das medidas e dos instrumentos usados, incluindo diálogos de amostra do terapeuta ilustrando como discutir a avaliação com os clientes. O Capítulo 4 discute o tratamento da AMG realizado em um formato individual e proporciona esboços de sessão para os terapeutas que incluem os objetivos, procedimentos e materiais e apostilas necessários. O Capítulo 5 também apresenta esboços de sessão para os terapeutas para cada sessão de grupo. Além disso, este capítulo inclui amostras de discussões grupais.* Exemplos clínicos estão incluídos por todo o livro, e particularmente na Parte II, que mostra 1) como implementar o modelo de tratamento da AMG tanto na terapia individual quanto na terapia de grupo e 2) como integrar as estratégias técnicas de entrevista cognitivo-comportamental e motivacional na terapia de grupo, incluindo as medidas e os questionários de avaliação e os materiais associados do *feedback* da entrevista motivacional.

PÚBLICO-ALVO

Este livro visa a dois públicos. O primeiro são os profissionais e clínicos que já estão tratando indivíduos com problemas de abuso de substâncias e que querem aprender como integrar com sucesso as técnicas cognitivo-comportamentais e de entrevista motivacional na terapia de grupo. O segundo são os profissionais e clínicos que não estão trabalhando no campo de abuso de substâncias que querem aprender mais sobre a maneira de conduzir e lidar com a dinâmica das interações interpessoais em grupos e como integrar os princípios e as técnicas cognitivo-comportamentais e de entrevista motivacional na terapia de grupo. Esperamos que aqueles que lerem este livro o terminem com uma apreciação de que, embora a terapia de grupo seja mais complexa e desafiadora do que a individual, é também extremamente compensadora e pode realizar feitos não facilmente atingidos no tratamento individual.

---

* N. de R.T.: No original *round-robin*, termo utilizado para designar qualquer atividade em que um grupo interage com singularidade em ordem circular, com sigilo entre os participantes. O termo *round-robin* foi originalmente usado para descrever um documento assinado por várias pessoas em um círculo para torná-lo mais difícil de determinar a ordem em que foi assinado, impedindo, assim, um líder ser identificado. O termo evoluiu para abranger qualquer atividade em que um grupo interage com singularidade e em uma ordem circular.

Sumário

Prefácio xi

PARTE I
Justificativa, pesquisa e avaliação

1 O tratamento da automudança guiada e sua extensão
  bem-sucedida para a terapia de grupo 20
2 Visão geral das estratégias e técnicas da entrevista motivacional 47
3 Avaliação: uma vantagem inicial para o tratamento 68

PARTE II
**Automudança guiada: uma intervenção
cognitivo-comportamental motivacional
para terapia individual e de grupo**

4 Tratamento da automudança guiada em formato individual 110
5 Integração da entrevista motivacional e das técnicas cognitivo-
  -comportamentais na terapia de grupo 179

PARTE III
**Condução e manejo dos grupos: planejamento pré-grupo,
coesão grupal e situações e clientes difíceis**

6 Construção da coesão grupal: a música vem do grupo 222
7 Manejo dos grupos: questões estruturais 231

8 Manejo de clientes difíceis nos grupos 241

9 O caminho à frente 250

Apêndices

Apêndice A. Questionário AUDIT 258

Apêndice B. Drug Abuse Screening Test (DAST-10) 262

Apêndice C. Questionário sobre o Histórico do Uso de Drogas 264

Apêndice D. Brief Situational Confidence Questionnaire (BSCQ) 265

Referências 267

Índice 277

Listas de figuras, tabelas e apostilas para o terapeuta e folhetos do cliente

FIGURAS

Figura 1.1 Percentagem de dias de abstinência durante o pré-tratamento, o tratamento e o pós-tratamento para bebedores problemáticos designados para condições de tratamento individual ou tratamento de grupo 34

Figura 1.2 Média de doses de bebida padrão por dia durante o pré-tratamento, o tratamento e o pós-tratamento para bebedores problemáticos designados para condições de tratamento individual ou tratamento de grupo 35

Figura 1.3 Percentagem de dias de uso de bebida durante o pré-tratamento, o tratamento e o pós-tratamento para bebedores problemáticos 36

Figura 1.4 Percentagem de dias de abstinência de drogas durante o pré-tratamento, o tratamento e o pós-tratamento para todos aqueles que abusam de drogas, e separadamente para aqueles que abusam de cocaína e maconha 37

Figura 4.1 Componentes cognitivos do modelo de prevenção de recaída 121

Figura 4.2 Gráficos de amostra dos seis perfis do BSCQ 127

Figura 9.1 Modelo de tratamento de cuidado escalonado 252

TABELAS

Tabela 1.1 Principais maneiras em que o modelo de tratamento da AMG difere de outras intervenções cognitivo-comportamentais para os TASs 23

Tabela 1.2 ECRs do mesmo tratamento realizado em formatos de grupo *versus* individual para os TASs 26

Tabela 1.3 Resumo dos desfechos de estudos avaliando o modelo de tratamento da AMG para clientes com problemas de álcool 32

Tabela 1.4 Avaliações do tratamento por parte dos clientes, no final do tratamento, por condição (individual ou grupal) e por substância problemática primária (álcool ou drogas) 38

Tabela 1.5. Avaliações do tratamento por parte dos clientes no seguimento após 12 meses por condição (individual ou grupal) e por substância problemática primária (álcool ou drogas) 40

Tabela 1.6 Avaliações dos clientes pelos terapeutas por condição (individual ou grupal) e por substância problemática primária (álcool ou drogas) 43

Tabela 2.1 Linha do tempo dos benefícios de parar de fumar 61

Tabela 3.1 Medidas e questionários usados no tratamento da AMG para terapia individual e de grupo 71

Tabela 4.1 Materiais para *feedback* personalizado entregues aos clientes durante as Sessões 1-4 111

Tabela 4.2 BSCQ: oito categorias de situações de alto risco e nomes abreviados dos perfis 123

Tabela 5.1 Tópicos da discussão grupal usados no tratamento de grupo da AMG 186

Tabela 5.2 Maneiras de trazer os diferentes membros e tópicos para as discussões de grupo 187

Tabela 5.3 Regras do grupo e suas justificativas 202

Tabela 6.1 Tarefas dos coterapeutas antes de cada sessão de terapia de grupo 224

Tabela 6.2 Princípios empiricamente embasados com referência ao relacionamento terapêutico no tratamento de grupo 229

Tabela 7.1 Vantagens e desvantagens da terapia de grupo *versus* a terapia individual 232

Tabela 8.1 Sugestões para reagir aos clientes difíceis nos grupos 242

APOSTILAS PARA OS TERAPEUTAS

Apostila para o terapeuta 3.1 Objetivos, materiais necessários, procedimentos e folhetos do cliente: sessão de avaliação para terapia de grupo e individual 84

Apostila para o terapeuta 3.2 Instruções para o Timelime Followback e exemplo de calendário para o uso de álcool 86

Apostila para o terapeuta 3.3 Instruções para o Timeline
Followback e exemplo e calendário para o uso de drogas 88

Apostila para o terapeuta 4.1 Objetivos, procedimentos,
folhetos do cliente, diretrizes e diálogos clínicos: sessão individual 1 135

Apostila para o terapeuta 4.2 Objetivos, procedimentos,
folhetos do cliente, diretrizes e diálogos clínicos: sessão individual 2 139

Apostila para o terapeuta 4.3 Objetivos, procedimentos,
folhetos do cliente, diretrizes e diálogos clínicos: sessão individual 3 142

Apostila para o terapeuta 4.4 Objetivos, procedimentos,
folhetos do cliente, diretrizes e diálogos clínicos: sessão individual 4 144

Apostila para o terapeuta 5.1 Objetivos, procedimentos,
folhetos do cliente, planejamento pré-grupo e exemplos de
discussões grupais: sessão de grupo 1 199

Apostila para o terapeuta 5.2 Objetivos, procedimentos,
folhetos do cliente, planejamento pré-grupo e exemplos de
discussões grupais: sessão de grupo 2 208

Apostila para o terapeuta 5.3 Objetivos, procedimentos,
folhetos do cliente, planejamento pré-grupo e exemplos de
discussões grupais: sessão de grupo 3 212

Apostila para o terapeuta 5.4 Objetivos, procedimentos,
folhetos do cliente, planejamento pré-grupo e exemplos de
discussões grupais: sessão de grupo 4 215

FOLHETOS DO CLIENTE

Folheto do cliente 3.1 Exercício da balança decisória 91

Folheto do cliente 3.2 Registros de automonitoramento
para o uso de álcool.. 93

Folheto do cliente 3.3 Registros de automonitoramento
do uso de drogas 98

Folheto do cliente 3.4 Avaliação do objetivo de
abstinência para álcool ou drogas.. 103

Folheto do cliente 3.5 Avaliação da escolha do objetivo
para o uso de álcool.. 105

Folheto do cliente 3.6 Escala "Onde você está agora?".................... 108

Folheto do cliente 4.1 *Feedback* personalizado: onde se encaixa o
seu uso de álcool? Sessão individual e de grupo 1.............................. 147

Folheto do cliente 4.2 *Feedback* personalizado: onde se encaixa o seu
uso de drogas? Sessão individual e de grupo 1.................................. 150

Folheto do cliente 4.3 Exemplo de *feedback* personalizado do
uso de álcool do pré-tratamento até a Sessão 4: sessão individual
e de grupo 4 165

Folheto do cliente 4.4 Exemplo de *feedback* personalizado
do uso de drogas do pré-tratamento até a Sessão 4:
sessão individual e de grupo 4.. 166

Folheto do cliente 4.5 Leitura sobre a identificação
dos gatilhos: sessão individual e de grupo 2....................................... 167

Folheto do cliente 4.6 Exercício sobre a identificação dos
gatilhos: sessão individual e de grupo 2 169

Folheto do cliente 4.7 Amostra do perfil do uso de álcool ou drogas
do BSCQ da avaliação: sessão individual e de grupo 2....................... 172

Folheto do cliente 4.8 Exercício sobre o desenvolvimento
de novas opções e planos de ação: sessão individual e de grupo 3 173

Folheto do cliente 4.9 Amostra do perfil de uso de álcool e drogas
da avaliação do BSCQ e da Sessão 3: sessão individual e de grupo 4.. 177

Folheto do cliente 4.10 Solicitação de sessões adicionais:
sessão individual e de grupo 4 178

Folheto do cliente 5.1 Introdução aos grupos 219

Parte I

Justificativa, pesquisa e avaliação

1

O tratamento da automudança guiada e sua extensão bem-sucedida para a terapia de grupo

> Um corpo convincente de desfechos em pesquisas tem demonstrado inequivocamente que a terapia de grupo é uma forma extremamente eficaz de psicoterapia e é pelo menos igual à psicoterapia individual em seu poder de proporcionar benefícios significativos.
>
> YALOM e LESZCZ (2005, p. 1)

Este capítulo estabelece a base para o resto deste livro 1) examinando o desenvolvimento do modelo de tratamento a Automudança Guiada (AMG) e as várias linhas de pesquisa que influenciaram o modelo; 2) comparando o modelo de tratamento da AMG com outras intervenções cognitivo-comportamentais para os transtornos por abuso de substâncias; 3) discutindo como o modelo de tratamento da AMG foi disseminado com sucesso por toda a comunidade em que foi originalmente desenvolvido e 4) apresentando os resultados do ensaio clínico randomizado (ERC) que estendeu com êxito o modelo de tratamento da AMG como um tratamento individual para um formato de terapia de grupo.

O modelo de tratamento da AMG foi uma consequência natural da nossa pesquisa anterior sobre o tratamento ambulatorial dos bebedores problemáticos. Em comparação com bebedores mais gravemente dependentes, os problemáticos não são fisiologicamente dependentes do álcool, tendem a ter tido um problema durante alguns anos, estão em geral empregados, têm um ambiente de apoio e são muito resistentes aos rótulos tradicionais como *alcoólatra* ou *viciado em drogas*. Essas diferenças estão descritas em detalhes em nosso livro anterior, *Problem Drinkers: Guided Self-Change Treatment* (M.B. Sobell e Sobell, 1993a). Embora o modelo de tratamento da AMG tenha sido desenvolvido para bebedores problemáticos de língua inglesa, é estendido e avaliado a indivíduos que abusam de drogas cujos problemas não são graves (L.C. Sobell et al., 2009; L.C. Sobell, Wagner, Sobell, Agrawal e Ellingstad, 2006) e a indivíduos de língua espanhola que abusam de drogas (Ayala, Echeverría, Sobell e Sobell, 1997, 1998; Ayala-Velazquez, Cardenas, Echeverría e Gutierrez, 1995). Os achados do nosso estudo comparando o modelo de tratamento da AMG em um formato de tratamento de grupo *versus* tratamento individual e estendendo o modelo de tratamento da AMG para os indivíduos que abusam de drogas estão apresentados neste capítulo, assim como um resumo de um exame prévio de vários estudos que avaliaram o modelo de tratamento da AMG e adaptações desse modelo (M.B. Sobell e Sobell, 2005).

INFLUÊNCIAS NO DESENVOLVIMENTO DO MODELO DE TRATAMENTO DA AMG

Como foi examinado em outros locais (M.B. Sobell e Sobell, 1993a, 2005), várias linhas de pesquisa influenciaram o desenvolvimento do modelo de tratamento da AMG. A primeira influência importante derivou da pesquisa epidemiológica conduzida na década de 1970 mostrando que muitos indivíduos tinham problemas não graves com o álcool (por exemplo, Cahalan e Room, 1974; Schuckit, Smith, Danko, Bucholz e Reich, 2001; M.B. Sobell e Sobell e Sobell, 1993b). Consistente com outros problemas de saúde, parecia razoável pensar que tais indivíduos poderiam se beneficiar de uma intervenção menos intensa e mais breve, comparados com indivíduos com problemas de álcool mais graves. Estava relacionada a isso a pesquisa sobre as preferências dos bebedores problemáticos por objetivos de moderação (Heather e Robertson, 1981; Marlatt et al., 1985; Miller, 1986-1987).

Outra influência importante no desenvolvimento do modelo de tratamento da AMG foi um estudo conduzido por Edwards e colaboradores (1977), os quais descobriram que uma sessão de auxílio ou aconselhamento produzia os mesmos resultados que um tratamento abrangente. Além disso, indivíduos aleatoriamente designados a cada uma das condições, em geral, mostravam uma melhora considerável. Embora a maioria dos estudos cognitivo-comportamentais até essa época enfatizasse o treinamento das habilidades, a melhora após uma única sessão não podia ser explicada pelo treinamento das habilidades. Em vez disso, a explicação mais provável era que muitos indivíduos têm a capacidade de mudar seu problema de abuso de substâncias se estiverem suficientemente motivados e que a sessão única catalisava sua motivação. Esse pensamento é apoiado pela pesquisa sobre o fenômeno da automudança (isto é, recuperação natural) que mostrou que muitas pessoas com problemas de álcool e drogas podem por si mesmas conseguir com sucesso a sua transformação (examinado em Klingemann e Sobell, 2007).

A teoria cognitiva social de Bandura (1977, 1986) foi outra influência no desenvolvimento do modelo de tratamento da AMG, pois sugeria que a autoeficácia, as expectativas de resultado e a escolha de objetivo podiam ser determinantes importantes da motivação. Muitos indivíduos com transtornos por abuso de substâncias (TASs), especialmente aqueles cujos problemas não são graves, mostram-se ambivalentes com relação à necessidade de mudança. Neste aspecto, outra influência foi o desenvolvimento da entrevista motivacional, uma abordagem terapêutica levada a efeito por Miller e colaboradores para minimizar a resistência e o aumento da motivação dos clientes para a mudança (Miller, 1983; Miller e Rollnick, 1991, 2002). A abordagem da entrevista motivacional era consistente com o modelo transteórico da mudança de Prochaska e DiClemente (1984), que conceituavam a motivação como um estado e visava à crescente motivação para a mudança como um foco da terapia. Por essas razões, a entrevista motivacional tornou-se o estilo de aconselhamento recomendado para o desenvolvimento de uma aliança terapêutica com os clientes (Kazdin, 2007; Meier, Barrowclough e Donmall, 2005; Movers, Miller e Hendrickson, 2005).

O MODELO DO TRATAMENTO DA AMG COMPARADO COM OUTRAS INTERVENÇÕES COGNITIVO-COMPORTAMENTAIS PARA OS TASs

A intervenção da AMG reflete uma sinergia de estratégias cognitivo-comportamentais testadas no tempo que são realizadas empregando técnicas de entrevista motivacional (por exemplo, lidando com a da balança decisória, exercício de equilíbrio decisional, régua da prontidão). Embora o modelo de tratamento da AMG tenha várias características singulares, ele também compartilha muitas características com outras intervenções cognitivo-comportamentais, incluindo o uso da análise funcional (M.B. Sobell, Sobell e Sheahan, 1976); automonitoramento do uso de álcool e drogas (L.C. Sobell e Sobell, 1973); habilidades de resolução de problemas para desenvolver respostas alternativas às situações de uso de bebida ou drogas (D'Zurilla e Goldfried, 1971) e lições de casa, incluindo um exercício da balança decisória (Janis e Mann, 1977; Kazantzis, Deane e Ronan, 2000).

A Tabela 1.1 destaca as principais diferenças entre o modelo de tratamento da AMG e de outras intervenções cognitivo-comportamentais para os TASs. Fatores singulares ao modelo de tratamento da AMG incluem 1) a incorporação de elementos cognitivos do modelo da prevenção de recaída (Marlatt e Donovan, 2005; Marlatt e Gordon, 1984; M.B. Sobell e Sobell, 1993a); 2) a permissão para os clientes de álcool escolherem seus objetivos de tratamento (isto é, moderação ou abstinência; M.B. Sobell e Sobell, 1995); 3) o uso do *Timeline Followback* (TLFB, Seguimento da linha do tempo) para proporcionar aos clientes *feedback* sobre seu uso pré-tratamento de álcool ou droga e riscos relacionados (Agrawal, Sobell e Sobell, 2008; L.C. Sobell e Sobell, 2003); 4) a permissão para os clientes solicitarem sessões adicionais após as quatro sessões semiestruturadas da AMG (M.B. Sobell e Sobell, 1993a) e 5) o uso de um estilo de entrevista motivacional durante a ocorrência da intervenção.

Antes de descrevermos mais detalhadamente o modelo de tratamento da AMG e sua extensão para a terapia de grupo, é importante rever brevemente os achados de estudos que compararam o mesmo tratamento realizado em formatos individual e de grupo com clientes que abusavam de substância. Como ficará evidente, esses estudos são escassos.

Tabela 1.1 Principais maneiras em que o modelo de tratamento da AMG difere de outras intervenções cognitivo-comportamentais para os TASs

- Proporciona escolha de objetivo que inclui o consumo de baixo risco e aceita alternativas de redução de danos para clientes que não desejam buscar a abstinência.
- Os clientes analisam funcionalmente seu próprio uso de substâncias (isto é, identificam situações desencadeantes de alto risco e as consequências associadas ao uso) e desenvolvem seus próprios planos de tratamento.
- Enfatiza a aplicação das habilidades de resolução de problemas.
- Incorpora elementos cognitivos do modelo da prevenção de recaída no tratamento. Em vez de proporcionar treinamento das habilidades, uma abordagem de manejo da recaída é utilizada para gerar um diálogo sobre adotar uma perspectiva realística sobre a mudança e discutir a necessidade de interpretar os lapsos como experiências de aprendizagem.
- Usa a *Timeline Followback* para reunir os dados de uso de substância prévios ao tratamento que são então usados para gerar *feedback* personalizado para os clientes sobre seu nível de uso de substâncias, riscos e consequências.
- Incorpora a flexibilidade na programação, solicitando explicitamente as informações do cliente como o principal determinante para sessões adicionais.
- Como uma intervenção breve, ela inclui um telefonema um mês depois da última sessão marcada destinada a proporcionar apoio ao funcionamento dos clientes e a facilitar a retomada do tratamento, se necessário.
- Usa a entrevista motivacional como um estilo de comunicação durante toda a intervenção, além de incorporar várias estratégias e técnicas da entrevista motivacional (por exemplo, régua de prontidão, *feedback* do aconselhamento, balança decisória).

BREVE REVISÃO DOS ESTUDOS QUE COMPARAM OS TRATAMENTOS GRUPAL E INDIVIDUAL PARA OS TASs

Com uma história longa e rica (Bernard e MacKenzie, 1994; Scheidlinger, 1994; Yalom e Leszcz, 2005), a terapia de grupo é uma forma popular de tratamento em muitas disciplinas clínicas (por exemplo, psicologia, psiquiatria, serviço social) e em uma ampla série de problemas clínicos (por exemplo, ansiedade e transtornos do humor, transtorno de estresse pós-traumático, obesidade) (Barlow, Burlingame, Nebeker e Anderson, 2000; Guimon, 2004; Humphreys et al., 2004; Panas, Caspi, Fournier e McCarty, 2003; Satterfield, 1994; Scheidlinger, 1994; Weiss, Jaffeee, DeMenil e Cogley, 2004). No campo do abuso de substâncias, é a "modalidade de tratamento mais comum" (Weiss et al., 2004, p. 339). A popularidade dos grupos se relaciona em grande parte a dois fatores: 1) a provisão de apoio social aos clientes e 2) a possibilidade de tratar múltiplos clientes ao mesmo tempo e a um custo inferior ao da terapia individual.

O termo *terapia de grupo* tem sido usado para descrever uma ampla variedade de atividades terapêuticas (por exemplo, educacionais, didáticas, interacionais, de processo, apoio, reabilitação, codependência), incluindo grupos de autoajuda. Embora os grupos de autoajuda, um formato de grupo bastante utilizado no campo do abuso de substância, incorporem e se assemelhem em alguns aspectos à terapia de grupo, há várias diferenças importantes entre eles, sendo a mais significativa aquela que os líderes não necessitam de treinamento profissional (Scheidlinger, 1994; Yalom e Leszcz, 2005). Consequentemente, os grupos de autoajuda não estão incluídos nesta revisão.

A terapia de grupo tem uma longa tradição no tratamento dos TASs (Center for Substance Abuse Treatment, 2005; Institute of Medicine, 1990; Panas et al., 2003; Vannicelli, 1992; Weiss et al., 2004), especialmente com adolescentes (D'Amico et al., 2011; Kaminer, 2005). Dada essa história, pode-se esperar encontrar uma pesquisa considerável apoiando a eficácia da terapia de grupo com TASs. Ao contrário, os ECRs de grupo *versus* o tratamento individual são raros e carecem dos controles apropriados (Institute of Medicine, 1990; Weiss et al., 2004).

Em uma das primeiras revisões da literatura da terapia de grupo com pacientes abusadores de álcool, Brandsma e Pattison (1985) encontraram 30 estudos. Baseados em sua revisão, concluíram ser impossível avaliar a eficácia da terapia de grupo, pois a pesquisa estava repleta de problemas (por exemplo, projetos inadequados, especificação também inadequada dos procedimentos, ausência de controles, medidas deficientes, carência de replicações), incluindo o fato de que a maioria dos tratamentos de grupo foi combinada com outros componentes do programa (por exemplo, terapia individual, reabilitação, reuniões de autoajuda). Apesar desses problemas, os estudos relataram índices de abstinência ou melhora variando de 15 a 53%, em comparação com aqueles para os tratamentos individuais.

Uma revisão similar conduzida duas décadas mais tarde (Weiss et al., 2004) encontrou poucas diferenças da revisão de Brandsma e Pattison (1985). Nesta pesquisa recente, foram encontradas 24 experiências comparativas de terapia de grupo com TASs. Os autores classificaram tais estudos em seis categorias distintas: 1) terapia de grupo *versus* nenhuma terapia (por exemplo, Stephens, Roffman e Curtin, 2000); 2) terapia de grupo *versus* terapia individual (Marques e Formigoni, 2001); 3) terapia de grupo mais terapia individual *versus* apenas terapia de grupo (Linehan et al., 1999); 4) terapia de grupo mais terapia individual *versus* apenas terapia individual (McKay et al., 1997);

5) terapia de grupo *versus* outra terapia de grupo com orientação de conteúdo ou teórica diferente (Kadden, Cooney, Getter e Litt, 1989) e 6) mais terapia de grupo *versus* menos terapia de grupo (Coviello et al., 2001). As duas principais conclusões desta revisão foram a inexistência de diferenças significativas de resultado entre os tratamento de grupo e individuais, bem como que nenhum tipo de terapia de grupo isolado foi superior.

ECR para o mesmo tratamento realizado em um formato de grupo *versus* individual para TASs

Como o ECR do modelo de tratamento da AMG envolveu uma avaliação do mesmo tratamento em um formato individual *versus* de grupo (L.C. Sobell et al., 2009), a revisão a seguir inclui apenas ECRs que comparam o mesmo tratamento realizado em um formato de grupo *versus* um formato individual. Consequentemente, os estudos que comparam diferentes tipos de grupos (por exemplo, Abrams e Wilson, 1979; Miller e Taylor, 1980; Oei e Jackson, 1980) ou distintos tratamentos de grupo e individuais (por exemplo, McKay et al., 1997; Stephens et al., 2000) não estão incluídos. Além disso, estão excluídos os estudos familiares e de casais, pois eles não têm o componente de tratamento individual.

Dos 24 estudos da revisão de Weiss e colaboradores (2004), apenas 3 (12,5%) trataram da eficácia da terapia de grupo comparada com a individual para TASs (Graham, Annis, Brett e Venesoen, 1996; Marques e Formigoni, 2001; Schmitz et al., 1997). Embora não presente na revisão de Weiss e colaboradores, um quarto estudo (Duckert, Johnsen e Amundsen, 1992) utilizando um ECR comparou o mesmo tratamento em formatos de grupo e individual para indivíduos que abusavam de álcool. Para facilitar as comparações entre esses três ECRs, as principais características de cada estudo estão listadas na Tabela 1.2. Por isso, somente os detalhes que não estão presentes na Tabela 1.2 serão discutidos subsequentemente.

No estudo de Graham e colaboradores (1996), os indivíduos que abusavam de álcool e droga foram randomizados para 12 sessões de tratamento pós-intervenção para prevenção de recaída em um formato de grupo ou individual. No seguimento, não houve diferenças significativas entre as duas condições de tratamento em quaisquer das avaliações do uso de álcool ou drogas. Entretanto, antes da randomização, todos os clientes participaram de um dos dois programas de tratamento para os TASs (programa de 12 passos em 26 dias de internação ou 1 ano de tratamento grupal ambulatorial diversificado. Como outras intervenções (principalmente grupos) precederam de imediato a comparação desse estudo de pós-intervenção de grupo e individual, ele não permite uma verdadeira comparação da eficácia das duas modalidades de tratamento pós-intervenção.

Tabela 1.2 ECRs do mesmo tratamento realizado em formatos de grupo *versus* individual para os TASs

Característica do estudo	Autor (ano)			
	Duckert et al. (1992)	Graham et al. (1996)	Marques e Formigoni (2001)	Schmitz et al. (1997)
País	Noruega	Canadá	Brasil	EUA
Tamanho da amostra	135	192	155	32
% de homens	60,0	66,9	92,0	50,0
Tipo de problema de abuso de substâncias	Álcool	Álcool e outras drogas	Álcool e outras drogas	Cocaína
Tipo de tratamento	Cognitivo-comportamental	Pós-intervenção para prevenção de recaída	Cognitivo-comportamental	Pós-intervenção cognitivo-comportamental para prevenção de recaída
Número de sessões programadas	12	12	17	12
Duração (min.) das sessões de grupo	90	60-90	-	60
Período de seguimento (meses)	21	12	15	6
% encontrado no seguimento	57,7	74,0	68,4	84,0
Autorrelatos confirmados	Sim	Não	Sim	Sim
Diferenças significativas no desfecho Pré *vs.* pós-tratamento	Sim	Sim	Sim	Sim
Grupo *vs.* individual	Não	Não	Não	Não

Nota: O traço indica que os dados não foram relatados.

No estudo de Schmitz e colaboradores (1997), os clientes dependentes de cocaína que haviam recentemente completado um programa de internação para dependentes químicos foram subsequentemente randomizados (por coortes) a um tratamento cognitivo-comportamental que seguia um manual para prevenção de recaída em formato de grupo ou individual. No seguimento, não houve diferenças significativas entre as duas condições. Da mesma forma que no estudo de Graham e colaboradores (1996), pelo fato de todos os participantes terem recebido outro tratamento para abuso de substância antes do DECR, não foi possível um teste fidedigno da eficácia dos dois tratamentos pós-intervenção.

No estudo de Marques e Formigoni (2001), os pacientes que abusavam de álcool e droga foram randomizados a um tratamento cognitivo-comportamental de 17 sessões realizado em um formato de grupo ou individual. A primeira sessão do tratamento, conduzida individualmente para ambas as condições, consistiu de revisão dos dados da avaliação e apresentação de informações educacionais sobre álcool e drogas. Para os primeiros três meses foi requerida a abstinência para todos os participantes; depois desse período, os clientes com abuso de álcool podiam optar por um objetivo de moderação. Embora as duas condições não tenham mostrado resultados significativamente diferentes no seguimento, 7% dos participantes se retiraram após a primeira sessão e apenas 54% completaram oito das 17 sessões. Embora não tenha havido diferenças significativas nos índices de abandono entre as condições de grupo e individuais, os clientes que apresentavam abuso de drogas compareceram a um número significativamente menor de sessões do que aqueles com abuso de álcool.

No estudo de Duckert e colaboradores (1992), os clientes que abusavam de álcool foram recrutados por meio de anúncios de jornal, reunidos em pares e depois randomizados para um tratamento cognitivo-comportamental de 12 sessões realizado em um formato de grupo ou individual. Os grupos eram de um único gênero e todos os participantes tiveram permissão de optar por um objetivo de abstinência ou moderação da bebida. Além do formato, as duas condições diferiam no número de horas despendidas nas sessões (individuais: 7 horas; grupo: 25 horas). No seguimento não foram encontradas diferenças significativas entre as condições de grupo e individual em muitas variáveis do desfecho, incluindo o consumo de álcool. Quando inquiridos no seguimento, um número maior de participantes de terapia de grupo do que individual relataram desejar mais contato com seus terapeutas. Isto pode refletir a sensação de que os participantes do grupo receberam proporcionalmente menos atenção pessoal por parte de seus terapeutas do que teriam recebido se tivessem sido designados para terapia individual.

Em resumo, são raros os ECRs que comparam o mesmo tratamento realizado em um formato de grupo *versus* individual para clientes com TASs. Dos quatro estudos publicados, dois (Graham et al., 1996; Schmitz et al., 1997) não apresentaram comparações claras, pois os clientes receberam outros tratamentos imediatamente antes de serem randomizados. Entretanto, o achado mais notável e consistente entre as quatro pesquisas foi que, embora os clientes tenham demonstrado melhorias significativas em seu uso de substâncias, não houve diferenças entre os formatos de tratamento de grupo e individual.

Finalmente, nenhum dos quatro estudos relatou nenhuma avaliação custo-benefício do tratamento de grupo *versus* o tratamento individual.

Questões de pesquisa na condução de ECRs de terapia de grupo *versus* individual

Várias questões dificultam a condução de estudos de pesquisa comparando a terapia de grupo com a individual. Um problema sério que pode ameaçar a validade dessas comparações de tratamento é o desgaste diferencial (Piper, 1993; Piper e Joyce, 1996). Nesse aspecto, os estudos têm mostrado que um número maior de clientes abandona o tratamento quando designados à terapia de grupo e não à individual (Budman et al., 1988; Hofmann e Suvak, 2006). O estudo de Budman e colaboradores (1988), um ECR de terapia de grupo *versus* individual com clientes psiquiátricos ilustra a importância da implementação de estratégias para minimizar o abandono. A maioria dos 29 pacientes que abandonaram a terapia depois de serem informados da sua designação tinham sido designados para terapia de grupo e não para a individual (89,75%, $n = 26$; 10,3%, $n = 3$, respectivamente). Por isso, embora tenha ocorrido uma significativa melhora em ambas as condições, foi impossível extrair conclusões firmes sobre a eficácia relativa da terapia de grupo *versus* a individual devido ao desgaste diferencial. Outra questão diz respeito ao recrutamento de um número suficiente de participantes para uma randomização para tratamento de grupo e individual, particularmente em grupos fechados (isto é, aqueles aos quais nenhum novo membro foi acrescentado depois da primeira sessão), o que pode ser difícil. Outros fatores complicadores envolvem as características do grupo (por exemplo, composição de gênero) e durações de sessão diferentes para a terapia de grupo e para a individual. Por fim, uma questão crítica que precisa ser tratada em qualquer avaliação comparativa do tratamento de grupo *versus* individual é se o estudo se trata de uma simples comparação em que não há outros componentes de tratamento concomitantes ou precedentes (por exemplo, tratamentos precedentes à pós-intervenção, grupos de autoajuda, farmacoterapia) que poderiam proporcionar explicações alternativas para os achados.

Várias conclusões sobre o papel e a utilidade da terapia de grupo podem ser extraídas com base neste capítulo: 1) os processos de grupo desempenham um importante papel na eficácia dos grupos; 2) devido à sua estrutura inerente, os grupos oferecem importantes vantagens que não existem em um ambiente de terapia individual; 3) os grupos que incorporam processos de grupo relataram resultados comparáveis aos da terapia individual e 4) os grupos podem tratar muitos pacientes ao mesmo tempo, reduzindo assim o custo financeiro que o paciente tem de despender. Dado o uso difundido da terapia de grupo na prática clínica com os TASs, a única questão curiosa é por que há uma escassez de pesquisas (particularmente dos ECRs) avaliando o *mesmo tipo de tratamento* (por exemplo, orientação teórica, procedimentos, número de sessões) realizado em um ambiente de grupo *versus* um individual. Tendo em mente tais advertências, passamos agora a uma consideração da AMG e como ela foi adaptada para um formato de grupo.

ESTRUTURA GERAL DO MODELO DE TRATAMENTO DA AMG

A estrutura geral para o modelo de tratamento da AMG é uma avaliação e quatro sessões semiestruturadas, com sessões adicionais disponíveis quando necessário. Os principais componentes de um programa de tratamento da AMG composto de uma avaliação e quatro sessões para indivíduos que abusam de substâncias, quer realizado em um formato individual quer de grupo, estão descritos em detalhes nos Capítulos 4 e 5, respectivamente. Esses capítulos incluem apostilas para o terapeuta para cada sessão de terapia individual (4.1-4.4) e para cada sessão de terapia grupal (5.1-5.4). Cada apostila contém diretrizes, objetivos, procedimentos e exercícios detalhados para casa para cada sessão. Além disso, cada apostila para o terapeuta de grupo contém diretrizes sobre como conduzir várias discussões grupais, que é o formato usado para conduzir a intervenção clínica em um formato de grupo. As discussões grupais foram projetadas para que o apoio, o *feedback* e o aconselhamento emanassem principalmente dos membros do grupo, e não dos facilitadores.

EXTENSÃO DO MODELO DE TRATAMENTO DA AMG PARA UM FORMATO DE GRUPO

O principal apoio empírico para a abordagem de terapia de grupo cognitivo-comportamental e com entrevista motivacional que é o tema deste livro deriva de um ECR que comparou a intervenção da AMG realizada em um formato de grupo *versus* um individual (L.C. Sobell et al., 2009). Por duas décadas, desde meados dos anos de 1970, nossa pesquisa clínica se concentrou no desenvolvimento e na validação de terapias individuais para indivíduos com TASs. Entretanto, no início da década de 1990, o campo do abuso de substâncias, assim como a agência onde estávamos então empregados, a Addiction Research Foundation, em Toronto, no Canadá, desenvolviam listas de espera para clientes que solicitavam terapia individual. Ao mesmo tempo, tanto nos Estados Unidos quanto no Canadá, havia sérias preocupações sobre a contenção dos custos da atenção à saúde, e também sobre tratamentos custo-eficientes (Rosenberg e Zimet, 1995; Spitz, 2001; Steenberger e Budman, 1996). Consequentemente, decidimos estender e validar o modelo de tratamento da AMG em um formato de grupo. O estudo de grupo *versus* individual, também conhecido como *GRIN* (*GR*upo *vs. IN*dividual), era um ECR que avaliava o modelo de tratamento da AMG realizado em um formato de grupo *versus* um formato individual com 264 pacientes que abusavam de álcool e drogas que buscaram voluntariamente tratamento. Este também foi o primeiro estudo a avaliar o modelo de tratamento da AMG com abusadores de droga cujos problemas não eram graves (por exemplo, não participavam aqueles usuários de drogas intravenosas). Embora a discussão dos procedimentos e dos detalhes do tratamento de grupo ocupe grande parte deste livro, será proveitoso discutir primeiro como o estudo GRIN se desenvolveu e apresentar os resultados do ECR da AMG usada na terapia de grupo e na individual.

Todos os terapeutas que participaram do estudo GRIN foram treinados na condução do tratamento da AMG, uma intervenção cognitivo-comportamental motivacional de tempo limitado (M.B. Sobell e Sobell, 1993a, 2005), com clientes individuais, sendo que a maioria deles tinha alguma experiência, embora limitada, na condução de grupos. Entretanto, durante um estudo piloto destinado a preceder o estudo formal, ficou claro que a integração dos procedimentos cognitivo-comportamentais (por exemplo, tarefa de casa, automonitoramento, análises funcionais dos comportamentos, prevenção de recaída) e das técnicas de entrevista motivacional, elementos vitais do modelo de tratamento individual da AMG, requereria uma consideração e atenção cuidadosas para serem incorporadas com sucesso em um ambiente de grupo. A principal preocupação era tratar das necessidades e dos problemas de múltiplos clientes enquanto se capitalizava nos processos de grupo sem uma perda da eficácia terapêutica. Para lidar com essa preocupação, interrompemos o estudo piloto e passamos vários meses revendo a literatura de psicoterapia de grupo para determinar como melhor integrar a intervenção da AMG em um formato de grupo. Nosso objetivo era conservar os elementos curativos da intervenção da AMG realizada individualmente e, ao mesmo tempo, lidar com as restrições e oportunidades intrínsecas à terapia de grupo.

Depois de interromper o estudo piloto inicial e de proporcionar treinamento à equipe da AMG em habilidades de grupo e em como integrá-las com suas habilidades cognitivo-comportamentais e de entrevista motivacional, foi conduzido um segundo estudo piloto, seguido pela conclusão do estudo GRIN. Acreditamos que o sucesso do estudo GRIN, e especialmente o alto nível de coesão de grupo alcançado, demonstra que fomos capazes de integrar com sucesso os princípios e técnicas cognitivo-comportamentais e da entrevista motivacional com os processos de grupo.

COMO FUNCIONA A AMG?

Conforme examinado em outro trabalho (M.B. Sobell e Sobell, 2005), o modelo de tratamento da AMG foi avaliado em múltiplos ambientes (por exemplo, programas ambulatoriais de tratamento para o álcool, centros de atenção primária), com populações diferentes (adultos, adolescentes, abusadores de álcool e drogas, jogadores), tanto com domínio do idioma inglês quanto de espanhol. Um resumo dos principais achados de estudos avaliando o modelo de tratamento do AMG para clientes com problemas de álcool que também tiveram um ano ou mais de seguimento é apresentado na Tabela 1.3, a qual lista as variáveis de resultado avaliadas em cada estudo e mostra a mudança percentual para essas variáveis do pré ao pós-tratamento. Para a proporção dos dias de abstinência, uma mudança positiva indica melhora, enquanto para o número médio de doses diárias de bebida alcoólica (ou média de doses por semana), uma mudança negativa indica melhora. A quantidade de mudança demonstrada nestes estudos é similar àquela mostrada em outros estudos de intervenções breves (Babor et al., 2006) e em intervenções de atenção primária (Fleming, Barry, Manwell, Johnson e London, 1997).

Há dois estudos adicionais publicados envolvendo adolescentes que usaram o modelo de tratamento da AMG, mas como eles não satisfizeram o critério de um ano de seguimento, não estão listados na Tabela 1.3. Em um estudo (Breslin, Li, Sdao-Jarvie, Tupker e Ittig-Deland, 2002), no seguimento de seis meses, foi observado que 50 adolescentes usuários de substâncias tratados com uma adaptação da AMG reduziram seu uso de substância em cerca de 44%. O segundo estudo, também uma adaptação do AMG, envolveu 213 adolescentes afro-americanos e hispânicos. Os resultados preliminares do seguimento após 11 semanas encontrou que o uso autorrelatado de maconha e álcool dos clientes foi reduzido em cerca de 55 e 47%, respectivamente (Gil, Wagner e Tubman, 2004). Os achados desses dois estudos são consistentes com aqueles mostrados na Tabela 1.3 que tiveram um seguimento de um ano, mas mostraram escores de mudança maiores, possivelmente devido aos seus intervalos mais curtos de seguimento. Embora as pesquisas utilizando entrevista motivacional em grupos com adolescentes sejam poucas em número, D'Amico e colaboradores apresentaram argumentos convincentes (D'Amico et al., 2011) e evidências satisfatórias (D'Amico, Osilla e Hunter, no prelo) à entrevista motivacional (por exemplo, assumindo uma abordagem colaborativa, tratando da ambivalência com relação à mudança, evitando os rótulos, permitindo que os jovens deem voz à necessidade de mudar em vez de lhes dizermos o que fazer) para os jovens em risco e em especial àqueles de origens desfavoráveis/marginalizadas ou de minorias culturais.

Como este livro se destina a ser um guia clínico, os estudos da Tabela 1.3 não serão futuramente discutidos. Entretanto, as evidências mostram que o modelo de tratamento da AMG foi associado de modo consistente com ganhos substanciais e significativos no decorrer do tratamento e que tais mudanças são mantidas após o tratamento.

Tabela 1.3 Resumo de desfechos de estudos avaliando o modelo de tratamento da AMG para clientes com problemas de álcool

Estudo e grupo	Variável	Pré--tratamento	Pós--tratamento	Mudança
Andréasson, Hansagi e Oesterlund (2002)				
4 AMGs (n = 30)	Média doses/DD	5,2	4,5	- 13%
1 AMG (n = 29)	Média doses/DD	6,3	4,7	- 25%
Ayala et al. (1998)				
INDIV (n = 177)	Prop. abstinência	0,73	0,82	+ 9%
INDIV (n = 177)	Média doses/DD	9,2	6,5	- 29%
Breslin et al. (1998)				
CS (n = 33)	Prop. abstinência	0,28	0,45	+ 17%
SCS (n = 36)	Prop. abstinência	0,24	0,37	+ 13%
M. B. Sobell, Sobell e Gavin (1995)				
AC (n = 36)	Prop. abstinência	0,32	0,61	+ 29%
PR (n = 33)	Prop. abstinência	0,33	0,50	+ 17%
AC (n = 36)	Média doses/DD	6,7	4,2	- 37%
PR (n = 33)	Média doses/DD	5,1	3,6	- 29%
M. B. Sobell, Sobell e Leo (2000)				
ASD (n = 19)	Prop. abstinência	0,23	0,47	+ 24%
ASN (n = 24)	Prop. abstinência	0,21	0,44	+ 23%
ASD (n = 19)	Média doses/DD	6,3	4,3	- 21%
ASN (n = 24)	Média doses/DD	5,8	4,6	- 20%
L. C. Sobell et al. (2009)				
INDIV (n = 107)	Prop. abstinência	0,30	0,58	+ 28%
GRP (n = 105)	Prop. abstinência	0,30	0,53	+ 23%
INDIV (n = 107)	Média doses/DD	6,4	4,1	- 36%
GRP (n = 105)	Média doses/DD	6,7	4,6	- 31%
L. C. Sobell et al. (2002)				
AM/FP (n = 321)	Prop. abstinência	0,21	0,35	+ 14%
B/DB (n = 336)	Prop. abstinência	0,23	0,34	+ 11%
AM/FP (n = 321)	Média doses/DD	5,9	4,7	+ 20%
B/DB (n = 336)	Média doses/DD	5,9	4,7	+ 20%

Nota: Todos os estudos tinham de ter um mínimo de um ano de seguimento. Designações do estudo e do grupo: quatro AMGs, quatro sessões de AMG; 1 AMG, uma sessão de AMG; INDIV, tratamento individual; CS, cuidado suplementar; SCS, sem cuidado suplementar; AC, aconselhamento comportamental; PR, aconselhamento cognitivo-comportamental mais prevenção de recaída; ASD, apoio social dirigido; ASN, apoio social natural; GRP, tratamento de grupo; AM/FP, aumento da motivação/*feedback* personalizado; B/DB, biblioterapia/diretrizes da bebida. Prop abstinência, proporção de dias de abstinência; Média de doses/DD, número médio de doses consumidas por dia de bebida. A mudança é definida como a percentagem de mudança do pré ao pós-tratamento. Extraído de M.B. Sobell e L.C. Sobell (2005, p. 205). *Copyright* 2005 da Springer Publishing Company. Reprodução autorizada.

Como a AMG funciona nos grupos?

Os achados do estudo GRIN estão brevemente resumidos aqui, pois foram relatados em detalhes em outra publicação (L.C. Sobell et al., 2009). Os participantes buscaram voluntariamente tratamento para um problema de álcool ou drogas na Addiction Research Foundation em Toronto, Ontário, Canadá. Quando o estudo foi conduzido, a Addiction Research Foundation era o maior provedor de serviço ambulatorial da província de Ontário. O estudo GRIN foi designado para bebedores problemáticos e para usuários de drogas que buscavam voluntariamente tratamento (usuários de drogas que faziam uso de drogas intravenosas ou que usavam heroína foram excluídos). Os principais detalhes de procedimentos do estudo GRIN (isto é diálogos da sessão, formulários, exercícios, discussões grupais) estão descritos em outros locais em todo este livro. O Capítulo 3 discute as medidas de avaliação e os materiais utilizados tanto nas sessões individuais quanto de grupo de AMG, e os Capítulos 4 e 5 apresentam o modelo de tratamento da AMG em termos da sua aplicação para a condução da terapia individual e de grupo, respectivamente. Também estão incluídos nestes capítulos apostilas para o terapeuta e folhetos do cliente, exemplos clínicos e amostras de diálogo entre o terapeuta e o cliente. Os detalhes da análise estatística do GRIN estão relatados em outra publicação (L.C. Sobell et al., 2009). O que se segue é um resumo dos achados importantes e também alguns *insights* sobre o estudo que vão além do que pode ser comunicado em artigos de revistas.

O resultado mais importante do estudo GRIN foi que os participantes tanto das condições de tratamento individual quanto de tratamento de grupo mostraram melhora considerável e significativa entre o tratamento e o seguimento. No entanto, não houve diferenças importantes entre os dois formatos de tratamento. Ou seja, embora os clientes nas duas condições de tratamento tenham reduzido significativamente seu uso de álcool ou droga, não importou se estavam em terapia individual ou em terapia de grupo.

Validade dos autorrelatos e das checagens da integridade do tratamento

Como parte do estudo, cada participante proporcionou o nome de um informante colateral que poderia ser contatado para corroborar os autorrelatos do participante sobre seu uso de álcool ou droga após o tratamento. Os resultados mostraram que os informantes colaterais confirmaram os autorrelatos dos participantes sobre seu uso de álcool e drogas (L.C. Sobell et al., 2009). Uma checagem da integridade do tratamento sobre a adesão dos terapeutas ao protocolo do estudo encontrou que esta foi uniformemente alta tanto para as condições de tratamento individual quanto para aquelas de tratamento de grupo (L.C. Sobell et al., 2009).

Resultados para os clientes com problemas de álcool

A Figura 1.1 mostra que para os clientes que tinham um problema primário com álcool, a percentagem de dias de abstinência para aqueles nas condições de tratamento individual e de grupo foram similares em todos os três pontos no tempo. Além disso, para os clientes em ambas as condições, a percentagem de dias de abstinência mostrou um grande aumento durante o tratamento que foi mantido durante o seguimento após 12 meses. A Figura 1.2 apresenta resultados similares, exceto para o número médio de doses consumidas por dia de bebida. Mais uma vez, os dados para os clientes em ambas as condições de tratamento foram muito similares. Como alguns relatos na literatura do álcool observam que as mulheres têm mostrado melhores resultados do que os homens em intervenções cognitivo-comportamentais breves (Sanchez-Craig, Leigh, Spivak e Lei, 1989; Sanchez-Craig, Spivak e Davila, 1991), exploramos se houve quaisquer diferenças entre os gêneros. Entretanto, neste estudo não foram encontradas diferenças significativas relacionadas ao gênero ou relacionando o gênero às condições de tratamento.

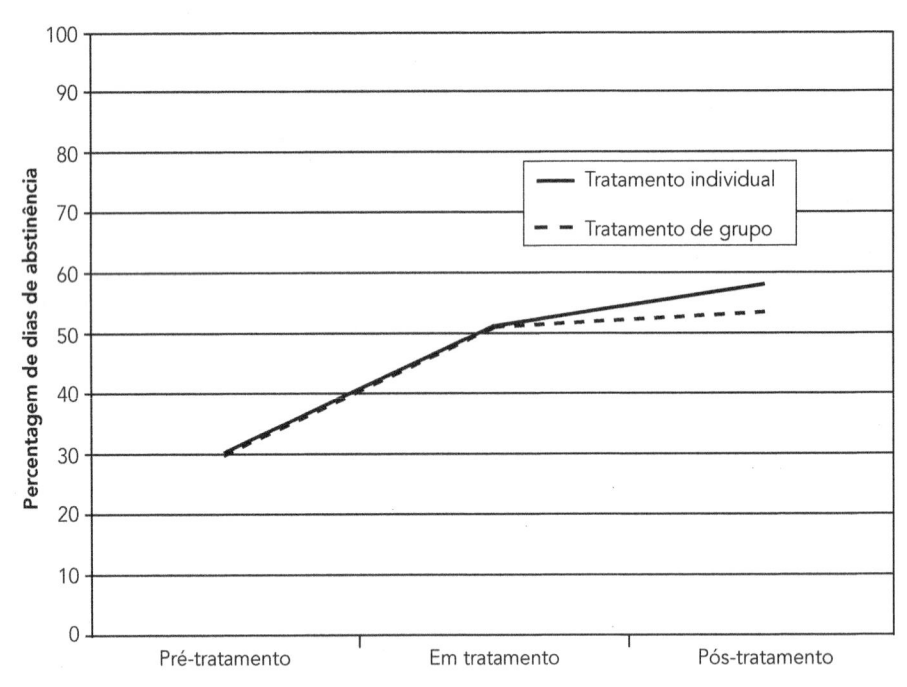

Figura 1.1 Percentagem de dias de abstinência durante o pré-tratamento, o tratamento e o pós-tratamento para bebedores problemáticos designados para condições de tratamento individual ou tratamento de grupo.

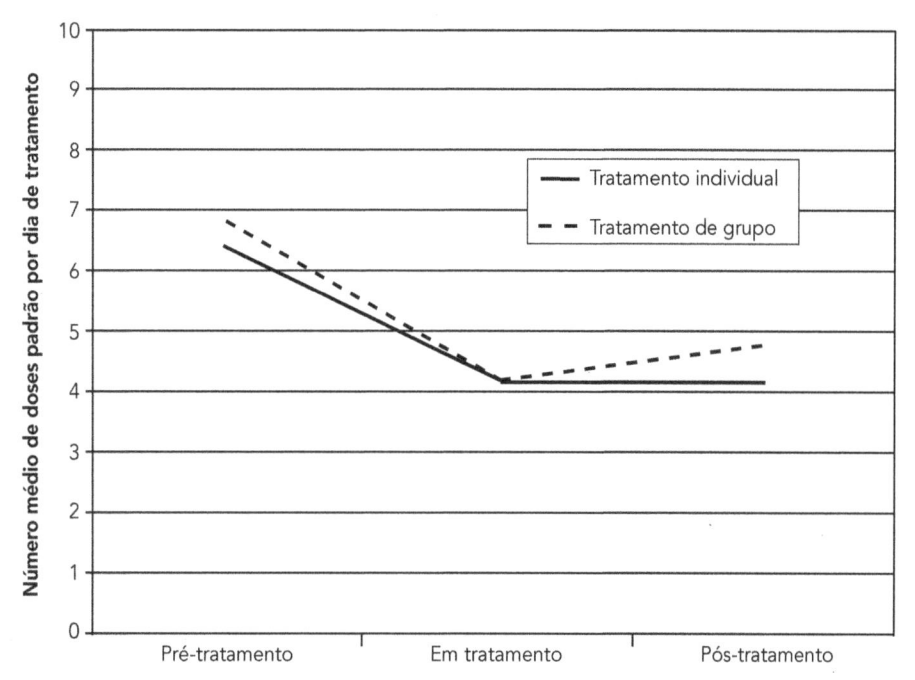

Figura 1.2 Média de doses de bebida padrão por dia durante o pré-tratamento, o tratamento e o pós-tratamento para bebedores problemáticos designados para condições de tratamento individual ou tratamento de grupo.

Para clientes com problemas de álcool, foi observado um padrão de melhora interessante. Como em outros estudos envolvendo bebedores problemáticos, aproximadamente três quartos dos clientes optaram por trabalhar para reduzir em vez de parar com seu uso de álcool (Sanchez-Craig, Annis, Bornet e MacDonald, 1984; M.B. Sobell, Sobell e Gavin, 1995). Entretanto, em termos de resultados de bebida, como mostra a Figura 1.3, a principal mudança no decorrer do tratamento e no acompanhamento foi que os clientes de álcool reduziram muito sua percentagem de dias de uso pesado de álcool (isto é, cinco ou mais doses padrão), e ao mesmo tempo aumentaram sua percentagem de dias de abstinência. Em contraste, sua frequência de dias com diminuição de doses (isto é, uma a quatro doses padrão) permaneceu quase constante do pré ao pós-tratamento. Esse fenômeno, em que os clientes optaram por um objetivo de baixo risco, de uso limitado do álcool, mas depois aumentaram seus dias de abstinência, é consistente com outro estudo (Sanchez-Craig, 1980), o qual encontrou que aqueles designados a um objetivo de bebida de baixo risco foram significativamente mais capazes de se abster durante as primeiras três semanas de tratamento (eles foram solicitados a fazê-lo supostamente para facilitar a avaliação) do que aqueles randomizados a um objetivo de abstinência. Esses achados sugerem enfaticamente que a maneira como os clientes encaram sua capacidade para lidar com sua ingestão de álcool pode ser uma variável importante na influência das suas decisões sobre seu hábito de beber.

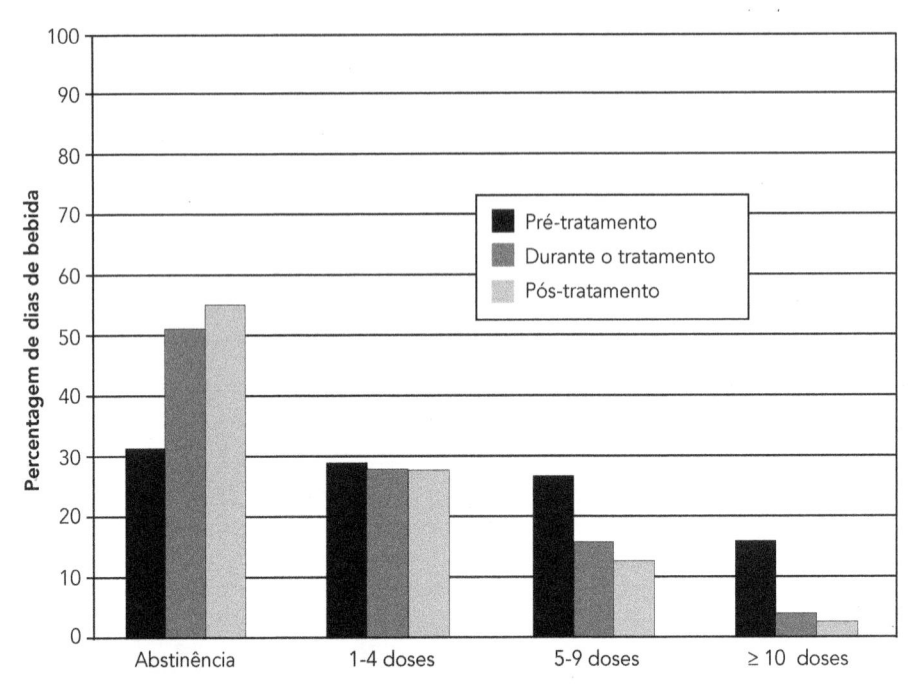

Figura 1.3 Percentagem de dias de uso de bebida durante o pré-tratamento, o tratamento e o pós-tratamento para bebedores problemáticos. Como as condições de tratamento individual ou de grupo não diferiram significativamente, eles foram combinados.

Resultados para clientes usuários de cocaína e maconha

Além de proporcionar uma demonstração de que a intervenção da AMG realizada em grupos foi tão efetiva quanto a mesma intervenção realizada individualmente, o estudo GRIN também estendeu o modelo de tratamento da AMG para indivíduos com outros problemas de drogas além do álcool, principalmente cocaína e maconha. A Figura 1.4 mostra como a percentagem de dias de abstinência do uso de droga mudou do pré-tratamento para o tratamento e para o seguimento. Como não houve diferenças significativas em qualquer ponto entre os clientes nas condições de grupo ou individual, os dados das duas condições foram combinados na Figura 1.4. Como pode ser visto, os clientes com um problema primário de cocaína melhoraram consideravelmente durante o tratamento e continuaram a melhorar durante o seguimento. Para os clientes para os quais o principal problema era a maconha, embora tenham ocorrido ganhos substanciais durante o tratamento, verificou-se alguma regressão durante o ano de seguimento. Entretanto, no final do seguimento, eles ainda estavam usando bem menos do que antes do tratamento.

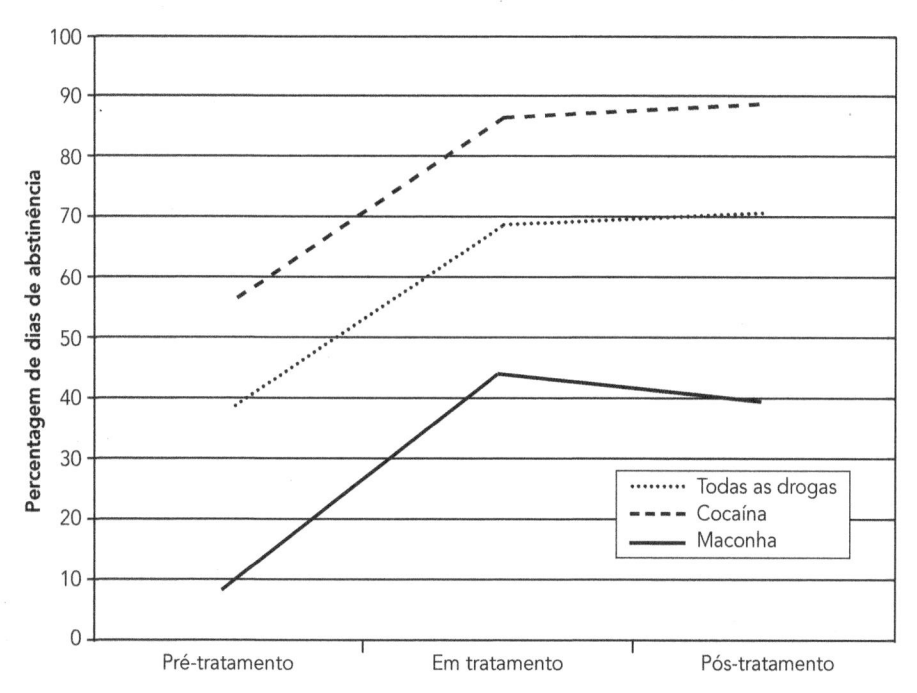

Figura 1.4 Percentagem de dias de abstinência de drogas durante o pré-tratamento, o tratamento e o pós-tratamento para todos aqueles que abusam de drogas, e separadamente para aqueles que abusam de cocaína e maconha.

Análise da proporção de tempo do terapeuta do tratamento da AMG de grupo *versus* o individual

Quando são comparados os tratamentos que requerem diferentes quantidades de recursos, a questão fundamental não é se um tratamento é tão eficaz quanto o outro, mas se aquele mais caro ou exigente (da perspectiva do paciente) produz resultados suficientemente superiores para justificar o custo ou o investimento pessoal acrescentados. Ao avaliar o tratamento da AMG em um formato de grupo *versus* individual, calculamos uma proporção de tempo do terapeuta comparando o tempo despendido proporcionando um tratamento de grupo comparado com o tratamento individual. Essa avaliação mostrou que houve uma economia de 41,4% no tempo dos terapeutas quando conduzindo terapia de grupo (L.C. Sobell et al., 2009).

Avaliações dos clientes da intervenção da AMG no final do tratamento

Quase todos os participantes (209 de 213: 106 em tratamento individual; 103 em tratamento de grupo) que completaram a quarta e última sessão estruturada do tratamento também realizaram uma avaliação do tratamento, avaliando vários aspectos do seu tratamento em escalas de 5 pontos (com os escores mais baixos refletindo avaliações mais favoráveis). A Tabela 1.4 mostra as avaliações dos clientes no fim do tratamento para as condições de grupo e individuais e para os clientes com problemas primários de álcool ou problemas primários de droga. Algumas das diferenças, como está apontado na Tabela 1.4, são estatisticamente significativos.

Em geral, os clientes tanto nas condições de tratamento individual quanto de tratamento de grupo avaliaram o programa muito positivamente, com as avaliações médias próximas ao final favorável da escala (1,42 e 1,56, respectivamente). Vários outros aspectos da intervenção também foram altamente avaliados: qualidade do serviço, componente da automudança, terapeutas, diários de automonitoramento e atmosfera do programa. Na verdade, com exceção da duração do tratamento e da dificuldade da tarefa de casa, todas as médias foram positivas. Com relação à duração do tratamento, os clientes de grupo tiveram uma maior probabilidade de avaliar o tratamento como "muito curto" (média = 3,55) do que os clientes individuais (média = 3,17), embora as médias para essa variável sugerissem que os clientes em ambas as condições teriam gostado de que o tratamento fosse mais longo. Como este estudo foi um ECR, a duração do tratamento foi mantida constante. Entretanto, na prática, o modelo de tratamento da AMG é flexível e permite sessões adicionais. Os clientes na condição de grupo também avaliaram as leituras e os exercícios para casa como mais úteis do que aqueles na condição individual. Uma razão para isso ter ocorrido é que na condição de grupo as tarefas de casa constituíam a base das discussões grupais e, como tal, recebiam mais atenção e tempo de conversa porque eram discutidas por muitos clientes. Por fim, e muito importante, os clientes ficaram extremamente satisfeitos em serem designados para a condição de grupo (média = 1,55, com 1 = muito satisfeito). Com relação às diferenças estatisticamente significativas mostradas na Tabela 1.4, elas foram pequenas em magnitude absoluta, e não houve direção consistente de diferença.

Tabela 1.4 Avaliações do tratamento por parte dos clientes, no final do tratamento, por condição (individual ou grupal) e por substância problemática primária (álcool ou drogas)

Variável	Condição do tratamento	
	Individual (n = 107) Média (*DP*)	Grupo (n = 106) Média (*DP*)
Satisfeito com o tratamento (1 = muito, 5 = muito insatisfeito)	1,42 (0,74)[a]	1,56 (0,76)[b]
Qualidade do serviço (1 = excelente, 5 = deficiente)*	1,23 (0,46)[a]	1,43 (0,59)[c]
Duração do programa (1 = muito longo, 5 = muito curto)*	3,17 (0,64)[a]	3,55 (0,73)[d]
Satisfeito com o componente da automudança (1 = muito, 5 = muito insatisfeito)	1,91 (0,93)[a]	1,84 (0,97)[b]
Satisfeito com o terapeuta (1 = muito, 5 = muito insatisfeito)*	1,16 (0,44)[a]	1,42 (0,69)[b]
Leituras úteis (1 = muito, 5 = muito insatisfeito)*	2,25 (0,99)[e]	1,86 (0,93)[b]
Lições de casa úteis (1 = muito, 5 = muito insatisfeito)*	2,03 (0,96)[e]	1,68 (0,89)[d]
Dificuldade da tarefa de casa (1 = muito fácil, 5 = muito difícil)	2,78 (0,62)[f]	2,86 (0,73)[d]
Utilidade do automonitoramento (1 = muito útil, 5 = inútil)	1,66 (0,83)[a]	1,65 (0,93)[b]
Utilidade do exercício de balança decisória (1 = muito útil, 5 = inútil)*	2,23 (0,98)[a]	1,93 (0,89)[b]
Satisfeito com a atmosfera do programa (1 = muito, 5 = muito insatisfeito)	1,50 (0,75)[a]	1,69 (0,89)[b]
O programa foi útil (1 = muito, 5 = não muito)	1,43 (0,66)[e]	1,52 (0,73)[d]
Recomenda o programa para um amigo (1 = definitivamente, 5 = definitivamente não)	1.23 (0.50)[a]	1.27 (0.61)[g]
Satisfeito em estar no grupo (1 = muito, 5 = muito insatisfeito)		1.55 (0.76)[h]

continua

Tabela 1.4 *continuação*

Variável	Condição do tratamento	
	Álcool (n = 180) Média (*DP*)	Drogas (n = 33) Média (*DP*)
Satisfeito com o tratamento (1 = muito, 5 = muito insatisfeito)	1,49 (0.76)[h]	1,53 (0,76)[i]
Qualidade do serviço (1 = excelente, 5 = deficiente)	1,34 (0.54)[j]	1,26 (0,51)[k]
Duração do programa (1 = muito longo, 5 = muito curto)	3,34 (0,67)[j]	3,44 (0,91)[l]
Satisfeito com o componente da automudança (1 = muito, 5 = muito insatisfeito)	1,89 (0,98)[j]	1,81 (0,78)[i]
Satisfeito com o terapeuta (1 = muito, 5 = muito insatisfeito)	1,30 (0.60)[h]	1,22 (0,55)[i]
Leituras úteis (1 = muito, 5 = muito insatisfeito)	2,01 (0.99)[j]	1,34 (0,90)[i]
Lições de casa úteis (1 = muito, 5 = muito insatisfeito)	1,80 (0.94)[j]	2,16 (0,92)[i]
Dificuldade da tarefa de casa (1 = muito fácil, 5 = muito difícil)	2,84 (0.68)[j]	2,71 (0,82)[k]
Utilidade do automonitoramento (1 = muito útil, 5 = inútil)*	1,58 (0.84)[j]	2,06 (0,98)[i]
Utilidade do exercício de balança decisória (1 = muito útil, 5 = inútil)	2,09 (0.96)[j]	2,03 (0,90)[i]
Satisfeito com a atmosfera do programa (1 = muito, 5 = muito insatisfeito)	1,58 (0.81)[j]	1,66 (0,83)[i]
O programa foi útil (1 = muito, 5 = não muito)	1,46 (0.68)[j]	1,53 (0,76)[i]
Recomenda o programa para um amigo (1 = definitivamente, 5 = definitivamente não)	1,25 (0,55)[h]	1,25 (0,62)[i]
Satisfeito em estar no grupo (1 = muito, 5 = muito insatisfeito)	1,57 (0,76)[m]	1,47 (0,77)[n]

Nota. Avaliações realizadas em escalas de 5 pontos (1-5) com parâmetros mostrados para cada variável.
[a]*n*, 106; [b]*n*, 103; [c]*n*, 101; [d]*n*, 102; [e]*n*, 105; [f]*n*, 104; [g]*n*, 100; [h]*n*, 177; [i]*n*, 32; [j]*n*, 176; [k]*n*, 31; [l]*n*, 175; [m]*n*, 81; [n]*n*, 19.
*$p < 0,05$, amostra de testes *t* bicaudais independentes.

Avaliações dos clientes da intervenção da AMG no seguimento após 12 meses

No final do seguimento após 12 meses, os clientes avaliaram novamente suas experiências de tratamento. A Tabela 1.5 mostra as avaliações do tratamento por parte dos clientes no seguimento após 12 meses tanto para as condições de grupo quanto para as individuais, e para os clientes com problemas primários de álcool e com problemas primários de drogas. Um total de 230 indivíduos completou os questionários de seguimento. Similares às suas avaliações no final do tratamento, as avaliações gerais dos clientes do seu tratamento no seguimento foram positivas, com mais de 90% sugerindo que o programa da AMG deve continuar e mais de 80% relatando que seu uso de substâncias não era mais um problema ou era menos do que um problema do que antes de ingressarem no tratamento. É interessante notar, e consistente com as avaliações no final do tratamento, que 42,1% acharam que o tratamento da AMG não foi suficientemente longo. Nesse aspecto, há uma evidência substancial de que muitos indivíduos que abusam de álcool e drogas com problemas menos graves mostram grande melhora no tratamento breve (por exemplo, Marijuana Treatment Project Research Group, 2004; Moyer, Finney, Swearingen e Vergun, 2002; Stephens et al., 2000; Stern, Meredith, Gholson, Gore e D'Amico, 2007). Por exemplo, em um ECR multicêntrico que comparou dois tratamentos de 12 sessões realizado durante 12 semanas (Facilitação dos 12 Passos e Habilidades de Enfrentamento Cognitivo-Comportamentais) com um tratamento de quatro sessões (Tratamento de Melhoria da Motivação) realizado durante 12 semanas, não houve diferenças importantes entre os tratamento (Project MATCH Research Group, 1998). Esse achado é consistente com outros que mostram que uma proporção considerável de indivíduos com vários transtornos psiquiátricos conseguem resultados bem-sucedidos após algumas sessões de tratamento (Wilson, 1999). Por isso, embora os clientes no presente estudo sentissem que teriam apreciado um tratamento mais longo, permanece uma questão empírica se um tratamento mais longo teria produzido melhores resultados. Finalmente, no fim do seguimento, 82,5% dos clientes do tratamento individual e 81,0% daqueles do tratamento de grupo afirmaram que escolher seus próprios objetivos foi positivo.

Tabela 1.5 Avaliações do tratamento por parte dos clientes no seguimento após 12 meses por condição (individual ou grupal) e por substância problemática primária (álcool ou drogas)

Questão	Condição de tratamento	
	Individual (TI) (n = 114)	Grupo (TG) (n = 116)
Quantidade de tratamento		
% muito pouco	36,3[a]	47,8[b]
% suficiente	62,8	51,3
% demasiado	0,9	0,9
Situação da bebida		
% não é mais um problema	30,7	31,0
% é menos do que um problema	50,0	52,6
% inalterada	16,7	14,7
% é mais do que um problema	3,6	1,7
Escolha do próprio objetivo		
% uma coisa boa	87,7	87,1
% uma coisa ruim	4,4	5,2
% sem opinião	7,9	7,8
Quem deve escolher o objetivo?		
% autoescolha	82,5	81,0
% escolha do terapeuta	10,5	12,1
% sem opinião	7,0	6,9
O programa deve continuar		
% sim	90,4	93,9[b]
% não	2,6	0,9
% sem opinião	7,0	5,2
Se designado para TG, teria participado		
% sim	61,4	
% não	33,3	
% não sabe	5,3	
Se designado para TI, teria participado		
% sim		92,2
% não		6,0
% não sabe		1,7
Se pudesse ter escolhido, teria escolhido**		
% TI	91,9[c]	59,2[d]
% TG	5,8	38,2
% sem opinião	2,3	2,,6

continua

Tabela 1.5 *continuação*

Questão	Substância problemática primária	
	Álcool (*n* = 189)	Drogas (*n* = 41)
Quantidade de tratamento		
% muito pouco	40,1[e]	51,2
% suficiente	58,8	48,8
% demasiado	1,1	0,0
Situação da bebida		
% não é mais um problema	31,2	29,3
% é menos do que um problema	52,4	46,3
% inalterada	14,8	19,5
% é mais do que um problema	1,6	4,9
Escolha do próprio objetivo		
% uma coisa boa	88,9	80,5
% uma coisa ruim	3,7	9,8
% sem opinião	7,4	9,8
Quem deve escolher o objetivo?		
% autoescolha	86,2	61,0
% escolha do terapeuta	9,0	22,0
% sem opinião	4,8	17,1
O programa deve continuar		
% sim	92,1	92,5[f]
% não	1,6	2,5
% sem opinião	6,3	5,0
Se designado para TG, teria participado		
% sim	60,4[g]	66,7[h]
% não	33,3	33,3
% não sabe	6,3	0,0
Se designado para TI, teria participado		
% sim	91,4[f]	95,7[j]
% não	7,5	0,0
% não sabe	1,1	4,3
Se pudesse ter escolhido, teria escolhido**		
% TI	74,4[k]	86,2[l]
% TG	22,6	13,8
% sem opinião	3,0	0,0

Nota. No último seguimento (12 meses), foi indagado aos pacientes da TG: "Se você tivesse sido designado para tratamento individual em vez de grupo, teria continuado a participar deste estudo?", e foi indagado aos pacientes de TI: "Se você tivesse sido designado para tratamento de grupo em vez de individual, teria continuado a participar deste estudo?".
[a]*n*, 113; [b]*n*, 115; [c]*n*, 86; [d]*n*, 76; [e]*n*, 187; [f]*n*, 40; [g]*n*, 96; [h]*n*, 18; [i]*n*, 93; [j]*n*, 23; [k]*n*, 133; [l]*n*, 29.
*$p < 0,01$; ** $p < 0,001$.

Avaliações dos clientes do tratamento de grupo no seguimento

Como foi discutido, a literatura mostra que quando lhes é dada uma escolha, a maioria dos clientes diz que preferiria terapia individual à de grupo. Por isso foi decidido que no final do seguimento após 12 meses e depois de realizada toda a coleta de dados dos resultados, os clientes seriam novamente solicitados a avaliar sua experiência de tratamento, desta vez incluindo que condição de tratamento eles teriam escolhido se tivessem tido o direito de escolha no início do estudo. Embora fosse um estudo retrospectivo, significativamente mais clientes de grupo (38,2%) do que individuais (5,8%) declararam em seu seguimento após 12 meses que se pudessem escolher teriam optado pelo tratamento de grupo. Isso sugere que havia um viés preexistente contra a terapia de grupo que de algum modo foi reduzido pela experiência dos clientes nos grupos. No final do seguimento, 59,2% dos clientes de grupo e 75,6% de todos os demais ainda diziam que se tivessem podido escolher, teriam escolhido o tratamento individual. Consistentes com a literatura, tais achados sugerem que, no caso de ser oferecida terapia de grupo, os centros de tratamento necessitam incluir procedimentos de indução pré-grupo para explicar os benefícios da terapia de grupo e para esclarecer as dúvidas que potenciais membros podem ter sobre a terapia de grupo e a sua eficácia. Finalmente, 75,4% dos clientes individuais e 65,5% dos clientes de grupo afirmaram que prefeririam ter tido o direito de escolha entre o tratamento individual e o tratamento de grupo em vez de serem designados para uma condição de tratamento.

Avaliação dos terapeutas sobre os clientes no final do tratamento

Outro aspecto singular deste estudo foi que, no final da quarta sessão do tratamento, os terapeutas completaram um formulário avaliando a participação e o progresso de seus clientes no tratamento. A Tabela 1.6 exibe as avaliações dos terapeutas sobre os clientes nas condições de grupo e individual e para os clientes com problemas primários de álcool e com os de drogas. Não houve diferenças significativas entre as condições de tratamento. Apenas uma de 13 diferenças entre os clientes de álcool e os de droga foi estatisticamente significativa, com os terapeutas avaliando os clientes com problemas de álcool como mais prováveis de chegar no horário para as sessões do que os clientes com problemas de drogas. O que se destaca nessas avaliações é que, independentemente da condição de tratamento dos clientes (grupo *versus* individual) ou de seu problema primário de abuso de substâncias (álcool ou drogas), as avaliações dos terapeutas foram uniformemente altas, refletindo suas opiniões de que seus clientes responderam ao tratamento, participaram ativamente e realizaram suas lições de casa.

DISSEMINAÇÃO DO MODELO DE TRATAMENTO DA AMG: DA TEORIA À PRÁTICA CLÍNICA

Desenvolvemos o modelo de tratamento da AMG quando estávamos na Addiction Research Foundation em Toronto, no Canadá. Como uma agência financiada pelo governo em um país com uma atenção à saúde universal patrocinada pelo governo, a divulgação de tratamentos efetivos e eficazes era uma prioridade. A história de como o modo de tratamento da AMG foi efetivamente

Tabela 1.6 Avaliações dos clientes pelos terapeutas por condição (individual ou grupal) e por substância problemática primária (álcool ou drogas)

Variável	Condição de tratamento	
	Individual (n = 109) Média (DP)	Grupo (n = 106) Média (DP)
Respondeu ao tratamento	4,48 (0,73)[a]	4,38 (0,79)
Realizou a tarefa de casa	4,61 (0,82)	4,67 (0,70)
Participou ativamente	4,70 (0,59)	4,52 (0,62)
Chegou pontualmente para as sessões	4,60 (0,81)	4,70 (0,57)
Pareceu satisfeito com as sessões	4,53 (0,62)	4,50 (0,62)
Entendeu a tarefa de casa	4,54 (0,73)	4,72 (0,60)
Pareceu pronto para a mudança	4,27 (0,93)	4,31 (0,94)
Leu os folhetos	4,73 (0,63)	4,83 (0,47)
Resistente ao programa do tratamento	1,40 (0,81)	1,39 (0,76)
Não respondeu ao *feedback*	1,50 (0,89)	1,40 (0,71)
Trabalhou nos objetivos autosselecionados	4,63 (0,63)	4,58 (0,80)
Bom relacionamento com o terapeuta	4,60 (0,60)	4,50 (0,56)
Variável	Substância problemática primária	
	Álcool (n = 182) Média (DP)	Drogas (n = 33) Média (DP)
Respondeu ao tratamento	4,43 (0,75)[b]	4,45 (0,79)
Realizou a tarefa de casa	4,65 (0,73)	4,55 (0,91)
Participou ativamente	4,60 (0,62)	4,67 (0,54)
Bom relacionamento com outros no grupo	4,65 (0,53)[c]	4,75 (0,55)[d]
Chegou pontualmente para as sessões	4,72 (0,55)	4,24 (1,17)
Pareceu satisfeito com as sessões	4,51 (0,62)	4,58 (0,61)
Entendeu a tarefa de casa	4,62 (0,69)	4,67 (0,60)
Pareceu pronto para a mudança	4,29 (0,92)	4,27 (1,04)
Leu os folhetos	4,80 (0,52)	4,67 (0,74)
Resistente ao programa do tratamento	1,40 (0,79)	1,39 (0,75)
Não respondeu ao *feedback*	1,48 (0,83)	1,27 (0,67)
Trabalhou nos objetivos autosselecionados	4,62 (0,69)	4,55 (0,91)
Bom relacionamento com o terapeuta	4,53 (0,59)	4,67 (0,48)

Nota. As avaliações foram realizadas em escalas de 5 pontos (1 = *nunca*, 5 = *sempre*).
[a]n, 108; [b]n, 181; [c]n, 85, apenas grupo; [d]n, 20, apenas grupo.
*$p < 0,01$.

a propagada por toda a província de Ontário, que é a maior província do Canadá, foi descrita em detalhes em outras publicações (Martin, Herie, Turner e Cunningham, 1998; L.C. Sobell, 1996), mas está resumida aqui pois proporciona uma ilustração dos desafios de se ir do laboratório para a prática clínica. No início do esforço de propagar, ficamos impressionados pelo fato de que, embora a Addiction Research Foundation fosse um centro conhecido e internacionalmente respeitado para a pesquisa da dependência química, o tratamento baseado em evidências não era amplamente usado na comunidade. Estava claro que os métodos usuais de disseminação (por exemplo, *workshops*, publicações) não haviam sido particularmente efetivos e que, se queríamos divulgar com sucesso o modelo de tratamento da AMG, teríamos de pensar com criatividade. Nesse caso, nos afastar da maneira tradicional de tentar propagar a ciência clínica e pensar criativamente, ou seja, aprender com a experiência de outros (isto é, de organizações empresariais) para os quais a divulgação bem-sucedida é uma questão de sobrevivência.

Nos negócios, o estabelecimento de novos produtos requer um investimento substancial e de longo prazo em recursos (uma vez que o produto é lançado, a companhia deve estar preparada para responder à demanda se as vendas dispararem). O fracasso na obtenção de compradores para um produto pode ter consequências econômicas desastrosas. Essa pesquisa foi descrita em detalhes em *Diffusion of Innovations*, de Rogers (1995), que é considerado o pai da pesquisa de divulgação. O livro de Rogers foi o ponto de partida no desenvolvimento de nossos esforços para conseguir que os centros de tratamento comunitários adotassem a abordagem da AMG.

Como está descrito em outra publicação (L.C. Sobell, 1996), nos associamos com sucesso com profissionais da comunidade para divulgar o modelo de tratamento da AMG. Um dos principais fatores foi ter um produto flexível e adaptável que podíamos usar para treinar os profissionais da província de Ontário. Antes deste projeto, nossos esforços de disseminação teriam, via de regra, oferecido aos profissionais um *workshop* de um dia e distribuído a eles os materiais de tratamento. Em contraste, nos engajamos em um esforço cuidadosamente planejado que foi se desenvolvendo no decorrer do tempo que conquistasse a adesão dos centros de tratamento comunitários, o que implicava uma responsabilidade de nossa parte de proporcionar treinamento e consultoria continuados.

Os sistemas de referência para o tratamento foram cuidadosamente selecionados mediante uma análise do mercado e de fóruns comunitários, com o primeiro sistema visado sendo os centros de avaliação e encaminhamento (Martin et al., 1998). Dez *workshops* foram conduzidos para treinar os profissionais do centro em como conduzir o tratamento da AMG nos formatos de grupo e individual. Dos 42 centros de avaliação e encaminhamento existentes na província de Ontário, 39 participaram do treinamento, envolvendo mais de 200 profissionais.

Um elemento importante na criação de uma reação favorável ao tratamento da AMG entre os centros de tratamento comunitários foi encorajá-los a moldar os procedimentos para se adequarem às suas necessidades. Ou seja, eles foram encorajados a integrar aspectos da abordagem de tratamento da AMG que achavam que seriam efetivos em suas práticas já existentes, em vez de descartar totalmente uma abordagem em favor de outra. Outro elemento importante foi a provisão de apoio clínico contínuo. Um número de telefone gratuito foi estabelecido no nosso programa de AMG em Toronto para proporcionar consulta aos locais da área. Foi também produzida uma fita de vídeo de treinamento demonstrando a intervenção da AMG (L.C. Sobell e Sobell, 1995). Tais esforços resultaram em uma adoção em ampla escala do modelo de tratamento da AMG em toda a província de Ontário (Martin et al., 1998; L.C. Sobell, 1996).

A experiência em divulgarmos o modelo de tratamento da AMG em Ontário teve uma influência duradoura no nosso trabalho, incluindo como empreendemos a preparação deste livro. Embora não pudéssemos abordar a tarefa de escrever um livro com os mesmos recursos, comprometimento de tempo ou envolvimento pessoal que dedicamos ao esforço de divulgação na comunidade, esperamos que o seu conteúdo demonstre uma sensibilidade às necessidades dos clínicos e dos clientes e ao contexto em que a terapia de grupo cognitivo-comportamental usando a entrevista motivacional pode ocorrer com sucesso.

VISÃO GERAL DESTE LIVRO

Estabelecendo a base para o restante deste livro, este capítulo examinou o desenvolvimento do modelo e da pesquisa do tratamento da AMG que influenciou seu desenvolvimento, comparou o modelo de tratamento da AMG com outras terapias cognitivo-comportamentais para os transtornos por abuso de substâncias, examinou os poucos ECRs de tratamento de grupo *versus* individual para os transtornos por abuso de substâncias e apresentou os resultados de ECR que estendeu com sucesso o modelo de tratamento individual da AMG para um formato de terapia de grupo.

O restante deste livro apresenta os detalhes do tratamento da AMG e como integrá-lo e implementá-lo em um ambiente de grupo. Também trata de uma pletora de questões e desafios enfrentados pelos terapeutas que conduzem grupos (por exemplo, fracasso em usar sistematicamente os processos de grupo, fracasso em integrar as técnicas cognitivo-comportamentais com os processos de grupo). O Capítulo 2, uma visão geral da entrevista motivacional, descreve e apresenta exemplos de estratégias e técnicas da entrevista motivacional e sua utilidade. As estratégias e técnicas examinadas no Capítulo 2 têm sido uma parte do modelo de tratamento da AMG há muitos anos, incluindo o estudo que comparou o tratamento da AMG em um formato de grupo *versus* um formato individual.

O Capítulo 3 contém uma discussão detalhada de como conduzir a avaliação da AMG, que é a mesma seja o tratamento realizado em um formato individual seja em um formato de grupo. O capítulo também descreve a utilidade clínica das medidas e dos instrumentos de avaliação utilizados nas sessões da AMG. Os diálogos do terapeuta incluídos no capítulo são apresentados como exemplos de como os tópicos podem ser iniciados e aprofundados, em vez de como roteiros clínicos. Os Capítulos 4 e 5 descrevem a aplicação detalhada do modelo da AMG para a condução de terapia individual e de grupo, respectivamente. As descrições de cada uma das quatro sessões de tratamento individual e de cada um das quatro sessões de tratamento de grupo incluem 1) terapeuta e folhetos do cliente, 2) amostras clínicas e 3) diálogos de amostra entre o terapeuta e o cliente. Além disso, os dois capítulos apresentam esboços de sessão para os terapeutas (isto é, objetivos, procedimentos, materiais e folhetos necessários) para cada uma das quatro sessões individuais (Apostilas para o Terapeuta 4.1 a 4.4) e para cada uma das quatro sessões de grupo (Apostilas para o Terapeuta 5.1 a 5.4). Os esboços de sessão para os terapeutas de grupo também inclui amostras de discussões grupais para cada sessão de grupo.

Por fim, o Capítulo 5 contém uma discussão detalhada de como integrar as estratégias e técnicas cognitivo-comportamentais e de entrevista motivacional na terapia de grupo utilizando discussões grupais.

O Capítulo 6 discute a importância da preparação e do planejamento do grupo, seu manejo e construção da coesão do grupo. Este capítulo também apresenta exemplos específicos de como conduzir com sucesso a terapia de grupo motivacional cognitivo-comportamental utilizando processos de grupo. Neste capítulo usamos duas expressões que consideramos fundamentais para se entender como administrar os grupos com sucesso. A primeira, *Pensar no grupo*, destina-se a ajudar os líderes do grupo a se lembrarem de que os mesmos têm muitos membros e que o próprio grupo deve ser o agente da mudança. A segunda expressão, *A música vem do grupo*, é usada para comunicar que os terapeutas de grupo podem ser encarados como facilitadores e que para conseguirem a alta coesão do grupo, que está relacionada aos resultados bem-sucedidos do tratamento, a maioria das interações dentro do grupo precisa provir dos membros (isto é, a música vem do grupo).

Os capítulos 7 e 8 discutem dois aspectos fundamentais de como manejar os grupos. O Capítulo 7 trata de muitas questões estruturais (por exemplo, composição, frequência, papel dos coterapeutas, interrupção do contato visual) que são fundamentais para os terapeutas entenderem ao conduzir terapia de grupo. Também está incluída uma discussão breve das principais vantagens e desvantagens de conduzir terapia de grupo comparada com a terapia individual. O Capítulo 8 discute como lidar com os clientes desafiadores e com as situações difíceis nos grupos. Exemplos específicos para lidar com essas situações são proporcionados em todo o capítulo.

O Capítulo 9, o final, apresenta uma discussão do local provável da psicoterapia de grupo no sistema de atenção à saúde do futuro. Este capítulo sugere que, como o interesse na terapia de grupo e a sua popularidade continuam a crescer, um desafio importante será garantir que os profissionais sejam treinados com competência para realizar terapia de grupo.

Finalmente, como a inclusão de materiais clínicos que podem ser livremente copiados e usados pelos clínicos foi recebida com sucesso em nosso livro de 1993, *Problem Drinkers: Guided Self-Change Treatment* (M.B. Sobell e Sobell, 1993), tornamos a incluir vários materiais que podem ser reproduzidos e utilizados pelos profissionais e, quando apropriado, dados aos clientes. Esses materiais incluem esboços de sessões individuais e de grupo, materiais de avaliação clínica, questionários, apostilas para o terapeuta e folhetos para o cliente, exercícios para tarefa de casa e materiais de *feedback* motivacional utilizados tanto durante as sessões de grupo quanto durante as sessões individuais. Com exceção dos esboços da sessão de grupo, todos os materiais da avaliação e clínicos podem ser usados quando se aplica o modelo de tratamento da AMG em terapia de grupo ou individual.

2

Visão geral das estratégias e técnicas da entrevista motivacional

> Existe um interesse considerável pela entrevista motivacional (EM), desde que Miller (1983) a apresentou inicialmente como uma alternativa e uma maneira potencialmente mais efetiva de se trabalhar com bebedores problemáticos, particularmente aqueles indivíduos que podem ter sido percebidos como resistentes ou estando em negação.
>
> BRITT, BLAMPIED e HUDSON (2003, p. 193)

> Partindo de primórdios humildes duas décadas atrás, a EM tem sido amplamente adotada e adaptada para o uso com uma diversidade de clientes.
>
> ALLSOP (2007, p. 343)

DESENVOLVIMENTO HISTÓRICO DA ENTREVISTA MOTIVACIONAL

Este capítulo apresenta uma visão geral da entrevista motivacional e de sua justificativa. Em meados dos anos de 1980, a insatisfação com as abordagens confrontativas para o tratamento do álcool, associada com a conceituação da motivação como um estado (Prochaska e DiClemente, 1982), levaram William Miller, nos Estados Unidos, e Steve Rollnick, no Reino Unido (Miller, 1985; Miller e Rollnick, 1991), a desenvolver a entrevista motivacional. Em seu importante livro *Motivational Interviewing*, Miller e Rollnick (1991) observaram que "não há evidência convincente de que as táticas confrontativas agressivas sejam estratégias sequer úteis, que dirá superiores ou preferíveis no tratamento de comportamento aditivo ou outros problemas" (p. 7).

Achavam que as abordagens confrontativas, como insistir em que os clientes se rotulem como "alcoólatras" ou "dependentes", serviam de maneira iatrogênica para evocar resistência e podiam até ser contraproducentes. Por exemplo, indivíduos que não são gravemente dependentes (como bebedores problemáticos, adolescentes abusadores de maconha) podem reagir à rotulação com uma contra-argumentação segundo à qual eles geram razões por que o rótulo não lhes é aplicável (Perloff, 2008). Em contraste, a entrevista motivacional não utiliza rótulos e evita deliberadamente a confrontação ou outras abordagens que podem ser percebidas pelo cliente como julgadoras ou coercivas.

A entrevista motivacional tem sido caracterizada como uma maneira centrada de interagir com os clientes, diretiva, não confrontativa e não julgadora, que os estimula a dar voz à necessidade de mudança (Center for Substance Abuse Treatment, 1999; Miller e Rollnick, 2002; Rollnick, Miller e Butler, 2008). As estratégias e técnicas da entrevista motivacional examinadas neste capítulo são aquelas que há muitos anos têm uma parte integrante do modelo de tratamento da AMG e foram aquelas usadas no estudo descrito em todo este livro. Para diretrizes clínicas e uma discussão detalhada de como usar a entrevista motivacional em um formato de grupo, encaminhamos os leitores ao Capítulo 6.

Os estudos comparando a entrevista motivacional com as abordagens de tratamento confrontativo tradicionais para os TASs descobriram que a entrevista motivacional resulta em menos resistência, maior adesão, índices menores de abandono do tratamento, melhor frequência durante o tratamento e resultados gerais mais proveitosos do tratamento (Harper e Hardy, 2000; Martino, Carroll, O'Malley e Rounsaville, 2000; Swanson, Pantalon e Cohen, 1999). Vinte e cinco anos depois do seu desenvolvimento, a entrevista motivacional tem sido avaliada em diversos ambientes (por exemplo, saúde física, saúde mental, médico, promoção da saúde) e com uma ampla variedade de problemas de saúde física e mental. Tais pesquisas, como aquelas para os TASs, também encontraram maior adesão, resistência reduzida, diminuição dos abandonos e melhores resultados do tratamento (Britt et al., 2003; Burke, Arkowitz e Menchola, 2003; Dunn, Deroo e Rivara, 2001; Knight, McGowan, Dickens e Bundy, 2006; Miller, 1985, 2005; Miller e Rollnick, 2002; Resnicow et al., 2002; Rollnick e Allison, 2001; Rollnick et al., 2008; Santa Ana, Wolfert e Nietert, 2007).

Outras evidências da adoção disseminada da entrevista motivacional são demonstradas pelos seguintes dados: 1) a primeira edição do livro de Miller e Rollnick, *Motivational Interviewing: Preparing People to Change Addictive Behavior* (Miller e Rollnick, 1991), vendeu mais de 55 mil cópias; 2) a segunda edição (Miller e Rollnick, 2002), de acordo com a editora (Guilford Press), desde seu lançamento comercializou mais de 180 mil cópias e foi votada como um dos 10 livros mais influentes pelos leitores da *Psychotherapy Networker* e 3) os registros da Motivational Interviewing Network of Trainers (www.motivationalinterview.org) já superaram 41 mil acessos por mês em seu *website*.

O QUE É ENTREVISTA MOTIVACIONAL?

Entrevista motivacional, um amálgama de princípios e técnicas selecionados de diferentes modelos de tratamento e princípios de mudança de comportamento (por exemplo, estágios da mudança, terapia rogeriana centrada no cliente, teoria da aprendizagem cognitiva social), é um estilo de aconselhamento direcionado para o objetivo e centrado no cliente. Destina-se a suscitar motivação interna para a mudança explorando e resolvendo uma ambivalência do cliente sobre a mudança de comportamentos de risco/problemáticos. Em vez de ser prescritiva (isto é, dizer aos clientes o que fazer), uma abordagem de entrevista motivacional usa reflexões e outras estratégias para conseguir que os clientes verbalizem sua necessidade de mudar. A entrevista motivacional também ajuda os clientes a resolver a ambivalência identificando discrepâncias entre seus comportamentos atuais (por exemplo, continuar a se engajar em um comportamento de risco/problemático) e seus objetivos desejados (por exemplo, querer mudar um comportamento de risco/problemático) enquanto minimiza a resistência. Embora a entrevista motivacional seja particularmente útil durante as primeiras fases do tratamento, quando a resistência é com frequência alta, ela pode ser usada durante todas as fases do tratamento, pois é um estilo que conduz a um relacionamento terapêutico positivo.

Ambivalência: uma ocorrência normal

Parte da abordagem de uma entrevista motivacional é o reconhecimento, por parte do terapeuta, de que a ambivalência é uma ocorrência cotidiana normal, que dificulta a mudança. A ambivalência não é uma relutância em fazer alguma coisa. É, antes, um conflito sobre a escolha entre dois cursos de ação (por exemplo, continuar a fumar *versus* deixar de fumar; permanecer em um casamento *versus* pedir o divórcio; realizar picadas regulares no dedo para avaliar os níveis de açúcar no sangue *versus* não fazê-lo regularmente), cada um deles com seus custos e benefícios. De muitas maneiras, a ambivalência é uma batalha entre emoções conflitantes. Isto é consistente com a origem latina da palavra *ambivalência*, onde *ambi-* significa *ambos* e *valência* é derivado de *valentia*, significando *força*.

Empatia: um elemento fundamental na entrevista motivacional

A empatia é um dos elementos mais importantes de uma abordagem da entrevista motivacional. Um estilo empático 1) comunica respeito e aceitação dos clientes e de seus sentimentos, 2) encoraja um relacionamento não julgador e colaborativo entre o terapeuta e o cliente, 3) estabelece um ambiente seguro e aberto para o cliente, que conduz a examinar questões e suscitar razões para a mudança, 4) cumprimenta em vez de denegrir e 5) permite que os clientes façam escolhas em vez de os terapeutas ou profissionais lhes dizerem o que fazer.

O fundamental para expressar empatia é usar a escuta reflexiva, na qual os terapeutas ouvem atentamente e depois relatam ao cliente o que eles acham que o cliente disse. Mediante o uso da escuta reflexiva, os terapeutas validam que entendem os sentimentos e as preocupações do cliente (por exemplo, "Parece que você está ambivalente com relação à mudança"). Altos níveis de empatia estão associados com os resultados positivos do tratamento para clientes com TASs (Connors, Carroll, DiClemente, Longabaugh e Donovan, 1997; Miller e Brown, 1997) e também para aqueles com problemas psiquiátricos (Horvarth e Luborsky, 1993).

Entrevista motivacional: uma intervenção ou um estilo de aconselhamento interacional?

Na literatura, a entrevista motivacional tem sido definida e apresentada tanto como uma intervenção quanto como um estilo de aconselhamento interacional (por exemplo, Resnicow et al., 2002). Em parte, a confusão surgiu do Project MATCH (Heather, 1999; Project MATCH, 1993; Project MATCH Research Group, 1997), um estudo multicêntrico de tratamentos para problemas de álcool. No Projeto MATCH, um tratamento multicêntrico utilizando a entrevista motivacional foi designado como uma intervenção referida como Terapia de Melhoria Motivacional. Os primeiros a comentar sobre isso foram Saunders e Wilkinson (1990), que há vários anos disseram: "A entrevista motivacional não é um tratamento em si, mas um componente no processo do aconselhamento" (p. 139). Comentários de outros autores, incluindo Miller e Rollnick, corroboram a visão de que a entrevista motivacional é mais um estilo de aconselhamento interacional do que uma intervenção: 1) "É, antes, um *estilo interpessoal*, de modo algum restrito a ambientes formais de aconselhamento. É um equilíbrio sutil de componentes diretivos e centrados no cliente moldados por uma filosofia direcionadora e uma compreensão do que desencadeia a mudança" (Rollnick e Miller, 1995, p. 325, destaque nosso); 2) "A entrevista motivacional tornou-se amplamente adotada como um *estilo de aconselhamento* para a promoção da mudança do comportamento" (Markland, Ryan, Tobin e Rollnick, 2005, p. 118, destaque nosso) e 3) "A entrevista motivacional (EM) é um *estilo de aconselhamento* que tem mostrado a redução do consumo nocivo de álcool entre estudantes universitários" (Walters, Vader, Harris, Field e Jouriles, 2009, p. 64, destaque nosso).

Foco e tom da entrevista motivacional

Na entrevista motivacional o foco é nas preocupações e crenças dos clientes sobre a mudança de seus comportamentos de risco/problemáticos. A ambivalência de um cliente é explorada de uma maneira que aumenta a motivação para a mudança sem despertar resistência. A entrevista motivacional não tenta convencer ou coagir os clientes à mudança. Em vez disso, a intenção é conseguir que os cientes deem voz à necessidade de mudar. O uso das estratégias e técnicas da entrevista motivacional, como é mostrado no exemplo a seguir, permite que os terapeutas guiem os clientes por meio do processo de mudança com os clientes fazendo a maior parte do trabalho.

EXEMPLO DE FAZER O CLIENTE DAR VOZ À MUDANÇA

Terapeuta: "Você mencionou que sua ingestão de álcool começou a lhe causar mais problemas no último ano, especialmente com sua família. O que vai acontecer se continuar a beber durante o próximo ano?"

Cliente: "Se eu não parar de beber, acho que é só uma questão de tempo até minha esposa e meus filhos me deixarem."

O tom da abordagem de uma entrevista motivacional é empático, não julgador, não confrontativo e de apoio, de tal forma que os clientes se sentem à vontade discutindo as coisas boas e não tão boas sobre seu(s) comportamento(s) de risco/problemático(s). Os terapeutas que usam um tom de entrevista motivacional evitam (1) moralizar (Exemplo: "Você deveria ..."), (2) parecer julgadores (Exemplo: "Você está errado em pensar que você pode desistir de reduzir seu hábito de beber"), (3) ser estigmatizantes (por exemplo, usando rótulos como drogado) e ser confrontadores (por exemplo, "Você não consegue ver que vai se matar se não parar de usar drogas?").

Conteúdo da entrevista motivacional

Embora o estilo de uma entrevista motivacional seja destinado a minimizar a resistência, o conteúdo das interações na entrevista motivacional se destina a suscitar o diálogo e a conversa de mudança por parte dos clientes. O *conteúdo* está relacionado ao que é dito. Como está refletido nos exemplos que se seguem, há enormes diferenças entre uma maneira não motivacional e uma maneira motivacional de perguntas aos clientes sobre o seu comportamento (isto é, conteúdo).

Conteúdo que reflete um estilo de entrevista não motivacional	Conteúdo que reflete um estilo de entrevista motivacional
• "Você tem um problema com drogas?"	• "Você se importa se falarmos sobre seu uso recente de drogas?"
• "Você é um alcoólatra?"	• "Quais são as coisas boas e não tão boas no seu uso de álcool?"
• "Por que você não está tomando sua medicação regularmente?"	• "Quais são alguns dos obstáculos que você tem enfrentado que não têm lhe permitido tomar sua medicação regularmente?"
• "Você precisa parar de fumar porque isso é prejudicial para sua saúde?"	• "Parece que você está ambivalente com relação a parar de fumar."
• "Se você não tomar sua insulina regularmente você pode morrer."	• "Parece que você está ambivalente com relação a tomar sua insulina. O que acha que vai acontecer se não tomá-la regularmente?"

As perguntas e os comentários não motivacionais são fechados ou "becos sem saída" (isto é, podem ser respondidos em uma ou duas palavras), confrontativos e soam mais como uma interrogação. Em muitos casos, as perguntas não motivacionais usam rótulos (por exemplo, *alcoólatras*) e são julgadoras (*"Por que você não está tomando sua insulina?"*). Por outro lado, as questões motivacionais, que caracteristicamente são abertas, preparam o terreno para os clientes proporcionarem mais informações e para o estabelecimento de um diálogo entre o cliente e o terapeuta.

ESTRATÉGIAS E TÉCNICAS DA ENTREVISTA MOTIVACIONAL

Várias estratégias e técnicas da entrevista motivacional são usadas no tratamento da AMG, quer realizado em um formato de grupo ou em um formato individual: pedir permissão, suscitar uma conversa sobre mudança, explorar a importância e a confiança de mudar, formular perguntas abertas, empregar a escuta reflexiva, normalizar, usar a balança decisória na distribuição das discrepâncias usando a abordagem de Columbo, fazendo afirmações que apoiem a autoeficácia e usando a régua de prontidão, afirmações, informações e *feedback*, resumos, aumento da resistência e o paradoxo terapêutico. A justificativa para exemplos dessas estratégias e técnicas da entrevista motivacional é discutida a seguir.

Pedir permissão

Pedir permissão ao cliente para discutir um tópico comunica respeito pelo cliente. Quando se pede permissão aos clientes para falar sobre seus comportamentos de risco/problemáticos, há uma maior probabilidade de eles serem receptivos do que quando recebem uma preleção ou lhes é dito para mudar. Seguem-se alguns exemplos de como pedir permissão a um cliente para falar sobre um comportamento de risco/problemático.

EXEMPLOS DE PEDIR PERMISSÃO

- "Você se importa se falarmos sobre [inserir o comportamento de risco/ problemático]?"
- "Podemos conversar sobre seu [inserir o comportamento de risco/problemático]?"
- "Observei em seu histórico médico que você tem hipertensão. Você se importa se conversarmos sobre de que maneira os diferentes estilos de vida afetam a hipertensão?" (Dependendo do cliente, um terapeuta pode mencionar uma preocupação particular no estilo de vida, como dieta, exercício ou uso de álcool.)

Eliciando a conversa sobre a mudança

A conversa sobre a mudança do cliente (por exemplo, declarar as razões para a necessidade de mudança ou de sua intenção de mudar) tem sido associada com resultados positivos (Apodaca e Longabaugh, 2009; Moyers, Martin, Houck, Christopher e Tonigan, 2009). A estratégia de suscitar a conversa sobre a mudança contrasta com uma preleção do terapeuta ou de este dizer aos clientes por que eles devem mudar. As respostas dos clientes às perguntas destinadas a provocar a conversa sobre mudança em geral contêm as razões para a mudança que são pessoalmente importantes para eles. Iniciar a conversa sobre mudança também pode tratar das discrepâncias entre as palavras e as ações dos clientes (por exemplo, dizer que ele ou ela quer se tornar abstinente, mas continua a ingerir álcool) de uma maneira não confrontativa. Uma maneira de fazer isto, como está brevemente discutido, é usar uma *abordagem de Columbo*. Seguem-se algumas maneiras de dar início à conversa sobre a mudança.

EXEMPLOS DE SUSCITAR A CONVERSA SOBRE MUDANÇA

- "O que você gostaria de ver diferente em sua situação atual?"
- "O que faz você pensar que necessita mudar?"
- "O que vai acontecer se você não mudar?"
- "O que será diferente se você completar seu período de experiência?"
- "Quais seriam as boas coisas se você mudasse seu [inserir o comportamento de risco/problemático]?"
- "Como seria sua vida daqui a três anos se você mudasse seu [inserir o comportamento de risco/problemático]?"
- "Por que você acha que os outros estão preocupados com seu [inserir o comportamento de risco/problemático]?"

Ao iniciar a conversa sobre a mudança com clientes que estão enfrentando dificuldades para mudar, os terapeutas precisam reconhecer essas dificuldades usando a escuta reflexiva e apoiar os esforços dos clientes. Por exemplo, um terapeuta poderia perguntar: 1) "Como posso ajudá-lo a superar algumas das dificuldades que você está enfrentando?" ou 2) "Se você decidisse mudar, o que teria de fazer para que isso acontecesse?". Quando os clientes expressaram pouco desejo ou intenção de mudar, um terapeuta pode enfatizar a criação de motivação para a mudança. Isso pode ser realizado, como é mostrado nos exemplos seguintes, perguntando aos clientes sobre resultados extremos ou tentando visualizar o comportamento presente no futuro.

EXEMPLOS ADICIONAIS DE SUSCITAR A CONVERSA SOBRE MUDANÇA

- "Suponha que você não mude; qual é a pior coisa que pode acontecer?"
- "Qual é a melhor coisa que você consegue imaginar que poderia resultar da mudança?"
- "Se você fizesse mudanças, como sua vida seria diferente do que é hoje?"
- "Como você gostaria que as coisas se transformassem daqui a dois ou três anos?"

Perguntas abertas

As perguntas abertas são uma característica padrão e importante da abordagem da entrevista motivacional. Quando os terapeutas usam questões abertas, isso permite uma conversa mais rica e profunda que flui e cria empatia com os clientes. Em contraste, muitas perguntas fechadas sucessivas ou tipo "beco sem saída" podem soar como um interrogatório (por exemplo: "Com que frequência você usa cocaína?"; "Há quantos anos você tem problemas com álcool?"; "Quantas vezes você já foi preso?"). As perguntas abertas também encorajam os clientes a falar a maior parte do tempo enquanto o terapeuta escuta e responde com reflexões ou resumos. Nos exemplos que se seguem, observe como cada pergunta é destinada a provocar uma conversa por parte do cliente (isto é, seria difícil para o cliente responder com uma resposta muito curta).

EXEMPLOS DE PERGUNTAS ABERTAS

- "Diga-me o que você gosta em seu [inserir o comportamento de risco/problemático]?"
- "O que aconteceu desde a nossa última sessão?"
- "O que faz você pensar que poderia ser o momento de uma mudança?"
- "O que o trouxe aqui hoje?"
- "O que acontece quando você age dessa maneira?"
- "Como você conseguiu não usar [inserir substância] por [inserir período de tempo]?"
- "Conte-me mais sobre quando isto começou."
- "O que é diferente para você desta vez?"
- "Como foi isso para você?"
- "O que é diferente em parar desta vez?"

Escuta reflexiva

Na entrevista motivacional, a escuta reflexiva é a principal maneira de responder aos clientes e gerar empatia. Envolve escutar atentamente os clientes e depois lhes apresentar uma suposição razoável sobre o que eles estão dizendo; em outras palavras, é como formular e testar uma hipótese. Na essência, o terapeuta está retornando com outras palavras para os pacientes os comentários que eles próprios fizeram (por exemplo: "Parece que você tem muitas preocupações sobre como o seu hábito de fumar está afetando a sua saúde."). A escuta reflexiva também pode ser usada com perguntas abertas para conseguir que os clientes declarem seus argumentos para a mudança (por exemplo: "Então, por um lado você está dizendo que quer deixar seu marido; entretanto, por outro, está preocupada em ferir seus sentimentos terminando o relacionamento. Isso deve ser difícil para você. Como você imagina que vocês dois estariam se sentindo daqui a três anos se as coisas não mudarem?"). As reflexões também validam o que os clientes estão sentindo e comunicam que o terapeuta entende o que o cliente disse (isto é, "Parece que você está se sentindo angustiado por não conseguir o emprego."). Quando as reflexões dos terapeutas estão corretas, os clientes em geral respondem afirmativamente. Se a suposição está errada (por exemplo: "Parece que você não quer deixar de fumar agora."), os clientes em geral rapidamente desmentem a hipótese (por exemplo: "Não, quero deixar, mas sou muito dependente e estou preocupado em parar de fumar e começar a ganhar peso."). Seguem-se algumas maneiras genéricas e específicas de expressar as reflexões.

EXEMPLOS DE REFLEXÕES GENÉRICAS

- "Parece que ..."
- "O que eu ouvi você dizer ..."
- "Então, por um lado isso parece que ... e, por outro,...".
- "Parece que ..."
- "Eu tenho a sensação de que ..."
- "Parece como se ..."

EXEMPLOS DE REFLEXÕES FOCALIZADAS EM UM PROBLEMA OU QUESTÃO ESPECÍFICA

- "Parece que você recentemente ficou preocupado com seu [inserir o comportamento de risco/problemático]."
- "Parece que seu [inserir o comportamento de risco/problemático] foi uma maneira de você [inserir função do comportamento de risco/problemático]."
- "Tenho a sensação de que você está querendo mudar, e você tem preocupações em relação ao seu [inserir o comportamento de risco/problemático]."
- "O que ouvi você dizer é que [inserir o comportamento de risco/problemático] não é realmente um problema neste exato momento. O que você acha que poderia significar para você mudá-lo no futuro?"
- "Tenho a sensação de que há muita pressão para que você mude, mas você não tem certeza se conseguirá fazê-lo devido às suas dificuldades para parar/mudar."

Normalização

A normalização é utilizada para comunicar que ter dificuldades para mudar não é raro e que a ambivalência é normal. A normalização não se destina a fazer os clientes se sentirem à vontade com a não mudança. Ao contrário, destina-se a ajudá-los a entenderem que outros têm dificuldade de mudar e que eles não estão sozinhos. Seguem-se alguns exemplos de normalização.

EXEMPLOS DE NORMALIZAÇÃO

- "Muitas pessoas estão preocupadas em mudar seu [inserir comportamento de risco/problemático]."
- "A maioria das pessoas relata tanto coisas boas quanto ruins em relação ao seu [inserir comportamento de risco/problemático]."
- "Muitas pessoas relatam se sentir como você. Elas querem mudar seu [inserir comportamento de risco/problemático], mas acham difícil."
- "Isso não é raro; muitas pessoas relatam ter feito várias tentativas anteriores de deixar."
- "Muitas pessoas estão preocupadas em ganhar peso quando deixam de fumar."

Balança decisória*

As estratégias de balança decisória podem ser usadas a qualquer tempo durante o tratamento como uma maneira de ajudar os clientes a reconhecer e a entender sua ambivalência. Uma maneira de iniciar isto é dar aos clientes um exercício da balança decisória (ver Folheto do Cliente 3.1) na sessão de avaliação e solicitar-lhes que levem o exercício completado em sua primeira sessão. O exercício da balança decisória, descrito em mais detalhes nos capítulos 4 e 5, pede aos clientes que avaliem seus comportamentos atuais e ao mesmo tempo considerem as coisas boas e menos boas com relação à mudança e à não mudança. Os objetivos de usar um exercício da balança decisória são duplos: primeiro, ajudar os clientes a reconhecerem que obtêm alguns benefícios por utilizar seu comportamento arriscado/problemático e, segundo, ajudá-los a reconhecer que haverá alguns custos implicados na mudança do seu comportamento. Falar com os clientes sobre as coisas boas e não tão boas em seu exercício de balança deci-

---

* N. de R.T.: Miller e Rollnick (2009) postulam que a balança decisória é uma técnica frequentemente confundida com a entrevista motivacional. Esse exercício pode ser apropriado ao profissional que deseja a realização de uma mudança específica por meio da resolução da ambivalência, sendo indicado em estágios iniciais de mudança de comportamento. No entanto, é necessário cautela, por ser a balança decisória uma técnica que pode ser rotineiramente utilizada contra os princípios e objetivos da EM: ao sofrer interferência do profissional que defende a mudança do comportamento de risco ou inclina a balança em uma determinada direção, não respeitando dessa forma a autonomia do cliente. (Fonte: Miller,W.; Rolinick, S. Ten Things that Motivational Interviewing is not. *Behavioural and Cognitive Psychotrapy*, 2009, 37,129-140.)

sória pode ajudá-los a entender sua ambivalência sobre mudar e aumentar sua motivação para mudar. Entretanto, em vez de os terapeutas lerem o formulário e fazer perguntas aos clientes, é melhor que os terapeutas solicitem aos clientes que discutam o que escutaram com relação aos custos e benefícios. Isso então vai proporcionar ao terapeuta uma oportunidade para refletir e resumir o conteúdo para o cliente e suscitar a conversa de mudança (por exemplo: "Dado tudo o que conversamos, para onde você vai a partir daqui?").

Os terapeutas podem também conduzir verbalmente um exercício de balança decisória com os clientes pedindo-lhes de forma aberta para descrever as coisas boas sobre seu comportamento de risco/problemático e sobre mudar seu comportamento. Por exemplo, um terapeuta pode dizer: "Quais são algumas coisas boas no seu [inserir comportamento de risco/problemático]? [O cliente responde.] Bem, por outro lado quais são algumas das coisas menos ruins sobre o seu [inserir comportamento de risco/problemático]?". Depois dessa discussão, os terapeutas podem usar uma afirmação reflexiva resumida que inclui as declarações dos clientes sobre as coisas boas e não tão boas com a intenção de fazê-los reconhecer e discutir suas ambivalências com relação à mudança.

A abordagem de Columbo

A abordagem de Columbo extrai seu nome do comportamento demonstrado por Peter Falk, protagonista da série de televisão de 1970, *Columbo*. Esta pode ser caracterizada como uma maneira de apresentar delicadamente as discrepâncias aos clientes. Basicamente, os clientes são solicitados a ajudar os terapeutas a extraírem sentido ou entenderem as informações discrepantes. A abordagem de Columbo é implementada como um inquérito curioso sobre comportamentos discrepantes sem julgar. Justapondo de uma maneira não confrontativa a informação contraditória, o cliente fica consciente das discrepâncias de uma maneira que minimiza sua defesa ou resistência. Seguem-se alguns exemplos das declarações tipo Columbo.

EXEMPLOS DE COMO USAR A ABORDAGEM DE COLUMBO COM OS CLIENTES

- "Por um lado, você está tossindo e sem fôlego e, por outro, está dizendo que os cigarros não estão lhe causando nenhum problema. O que você acha que está lhe causando suas dificuldades de respiração?"
- "Ajude-me a entender: por um lado, você diz que quer viver para ver sua filha de 12 anos de idade crescer e ir para a universidade, e, no entanto, você não toma a medicação que seu médico lhe prescreveu para a sua diabetes. Como isso vai ajudá-lo a viver para ver sua filha crescer?"
- "Ajude-me a entender: por um lado, eu o ouço dizer que está preocupado em manter a custódia de seus filhos, mas, no entanto, por outro, está me dizendo que ocasionalmente usa *crack* com seu namorado. Fico imaginando como manter a custódia de seus filhos se ajusta ao seu uso de cocaína."

Apoiando a autoeficácia

Muitos clientes em tratamento têm pouca confiança em sua capacidade para mudar. Como a autoeficácia está associada a melhores resultados, é importante encontrar maneiras de aumentar a autoeficácia dos clientes (examinada em Witkiewitz e Marlatt, 2004). Uma maneira em que os terapeutas podem aumentar a autoconfiança ou autoeficácia dos clientes é suscitar e apoiar conversas sobre mudanças que os clientes realizaram no passado. Outra maneira de aumentar a autoeficácia é usar técnicas de escalonamento (por exemplo, régua de prontidão, avaliações de importância e confiança relacionadas à escolha do objetivo). Por exemplo, ao usar a régua de prontidão, se a prontidão de um cliente para mudar vai de um número inferior (no passado) para um número superior (no presente), os terapeutas podem então perguntar como a pessoa conseguiu fazer isso e como ela se sente com relação à mudança. Seguem-se alguns exemplos de como obter declarações dos clientes que têm probabilidade de aumentar sua autoconfiança.

EXEMPLOS DE AFIRMAÇÕES QUE REFORÇAM A AUTOEFICÁCIA

- "Parece que você se esforçou muito para parar de fumar. Isso é diferente do que foi antes. Como você conseguiu isso agora?". Continue, perguntando: "Como você se sente em relação a esta mudança?".
- "Na semana passada você não tinha certeza se conseguira passar um dia sem usar cocaína. Como conseguiu evitar usá-la na semana passada?".
- "Então, embora você não estivesse abstinente todos os dias nesta última semana, você conseguiu reduzir significativamente sua ingestão de álcool. Como conseguiu fazer isso?". Continue, perguntando: "Como se sente a respeito disso?".
- "Tendo por base nossos registros de automonitoramento, você não está usando maconha diariamente. Na verdade, só usou um dia na última semana. Como conseguiu isso?". Continue, perguntando: "Como você se sente em relação a essa mudança?".
- "Abandonar o uso da cocaína parece estar apresentando um enorme desafio, mas na avaliação você mencionou que há três anos conseguia parar de usá-la durante até nove meses. Como conseguia isso? O que isso tem a lhe dizer sobre como pode lidar com o que está enfrentando hoje?".

Régua de prontidão

Avaliar a prontidão para a mudança é um aspecto fundamental da entrevista motivacional. A motivação, que é considerada um estado e não um traço, não é estática e, portanto, pode mudar dia a dia. Os clientes entram em tratamento em níveis diferentes de motivação ou prontidão para a mudança (por exemplo, não prontos, ambivalentes, prontos). O conceito da prontidão para a mudança é uma superação dos estágios do modelo de mudança que conceitua os indivíduos como estando em diferentes estágios de prontidão quando entram em tratamento (Heather, Smailes e Cassidy, 2008). Uma maneira simples e rápida de avaliar a prontidão é usar uma régua de prontidão (Rollnick et al., 2008), uma estratégia de escalonamento que conceitua a prontidão ou motivação para a mudança ao longo de um contínuo. Usando a régua de prontidão, os clientes são solicitados a dizer o quão prontos estão para a mudança em uma escala de 10 pontos, onde 1 = *definitivamente não está pronto para a mudança* e 10 = *definitivamente está pronto para a mudança*. Uma régua de prontidão permite que os terapeutas conheçam imediatamente o nível de motivação para a mudança de seus clientes. Dependendo de onde esteja o cliente, a conversa subsequente assumirá direções diferentes. Por exemplo, com clientes que escolhem um número baixo (por exemplo, 1 a 4), os terapeutas podem perguntar: "O que teria de acontecer para você ir de 3 para 5?". A régua de prontidão pode também ajudar os clientes a dizer como eles mudaram, o que precisam fazer para mudar mais e como eles se sentem com relação à mudança. (D'Onofrio, Bernstein e Rollnick, 1996). O exemplo a seguir demonstra como usar uma régua de prontidão.

EXEMPLO DE USO DA RÉGUA DE PRONTIDÃO

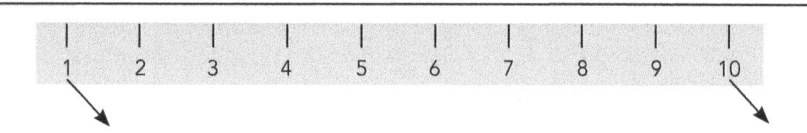

```
| | | | | | | | | | |
1  2  3  4  5  6  7  8  9  10
```

Definitivamente NÃO está pronto para a mudança

Definitivamente está pronto para a mudança

Terapeuta: "Em uma escala de 1 a 10, onde 1 é definitivamente não está pronto para a mudança e 10 é definitivamente está pronto para a mudança, que número reflete melhor quão pronto você está atualmente para mudar seu [inserir o comportamento de risco/problemático]?"

Cliente: "Sete."

Terapeuta: "Nesta mesma escala, onde você estava seis meses atrás?"

Cliente: "Dois."

Terapeuta: "Então, parece que você passou de não pronto para mudar seu [inserir o comportamento de risco/problemático] para pensando em mudar. Como você foi do 2, há seis meses, para o 7 agora?".

Depois das respostas do cliente, o terapeuta pode ir adiante e perguntar, "Como você se sente com relação a ter feito essas mudanças?" e "O que seria necessário para subir um pouquinho mais na escala?".

Embora sejam poucos em número, alguns clientes irão relatar, à medida que o tempo passa, uma redução em sua prontidão para a mudança. Nesses casos, a interação do terapeuta pode se concentrar em identificar maneiras de aumentar a prontidão. Segue-se um exemplo de um cliente que relata que, com o passar do tempo, houve uma redução na sua prontidão para a mudança: "Então, seis meses atrás você estava no 5 e hoje está dizendo que está no 2. Parece que você estava ambivalente com relação a mudar seu [inserir o comportamento de risco/problemático] para não mais sentir que necessita mudar seu [inserir o comportamento de risco/problemático]. O que teria de acontecer para levá-lo de volta para onde estava seis meses atrás?".

Afirmações

Afirmações são declarações feitas pelos terapeutas em resposta ao que os clientes disseram e destinam-se a reconhecer as potencialidades, os sucessos e os esforços para mudar por parte clientes. Respostas afirmativas e declarações de apoio por parte dos terapeutas verificam e reconhecem as mudanças de comportamento dos clientes, assim como as tentativas de mudar. Para as afirmações ajudarem a aumentar a confiança dos clientes em sua capacidade para a mudança, elas precisam soar sinceras, não lisonjeiras (por exemplo: "Uau, isso é incrível!" ou "Isso é ótimo, sabia que conseguiria!"). Seguem alguns exemplos de afirmações.

EXEMPLOS DE COMO ESTRUTURAR AFIRMAÇÕES

- "Seu compromisso é realmente mostrado por **[inserir uma reflexão sobre o que o cliente está fazendo]**."
- "Você mostrou muita **[inserir o que melhor descreve o comportamento do cliente – força, coragem, determinação]** fazendo isso."
- "Está claro pelo seu comportamento que está realmente tentando mudar seu **[inserir o comportamento de risco/problemático]**."
- "Pela maneira como relatou estar lidando com a situação, mostrou muita **[inserir uma descrição que reflita como o cliente lidou com a situação – por exemplo, força, coragem, determinação]**."
- "Apesar do que aconteceu na semana passada, vir aqui hoje reflete que está interessado em mudar seu **[inserir o comportamento de risco/problemático]**."

Informações e *feedback*

Uma estratégia da entrevista motivacional frequentemente utilizada é proporcionar informações ou *feedback* aos clientes. Esta é uma técnica valiosa porque os clientes muitas vezes carecem de informações para tomar decisões informadas ou têm as informações erradas. Tradicionalmente, os terapeutas e outros profissionais da atenção à saúde têm encorajado os clientes a deixar ou mudar seus comportamentos usando o que tem sido chamado de conselho simples (por exemplo: "Se você continuar usando, vai ter [inserir consequência para a saúde]."). A razão de o conselho simples não funcionar bem é que a maioria das pessoas não gosta que lhes digam o que fazer. Em vez disso, a maior parte dos indivíduos prefere que lhes seja dada uma escolha na tomada de decisões, particularmente quando se considera a mudança de comportamentos de risco/problemáticos.

O modo como a informação é apresentada também afeta o modo como ela é recebida. Apresentar a informação e o *feedback* de uma maneira neutra, não julgadora, sensível, minimiza a resistência e capacita as pessoas para tomar decisões mais bem informadas sobre parar ou mudar um comportamento de risco/problemático. Por exemplo, uma maneira de dar *feedback* é permitir que as pessoas avaliem seu comportamento em relação às normas nacionais (por exemplo, % de homens e mulheres bebem em níveis diferentes; % da população usou maconha no ano passado). Os Folhetos do Cliente 4.1 e 4.2, no Capítulo 4, contêm exemplos de como apresentamos esse *feedback* para os clientes como parte do tratamento da AMG. Informações sobre os riscos para a saúde é outro tipo de *feedback* que pode ser dado aos clientes (por exemplo, risco de diferentes cânceres relacionados aos níveis de bebida) para aumentar sua motivação para mudar. Dar *feedback* de uma maneira motivacional, como está mostrado nos Folhetos do Cliente 4.1 e 4.2, permite-lhes avaliar o feedback para a relevância pessoal: "Bebo tanto quanto meus amigos, mas talvez estejamos todos bebendo mais do que deveríamos").

Tabela 2.1 Linha do tempo dos benefícios de parar de fumar

Parar de fumar pode ajudar os fumantes a serem mais saudáveis e viverem mais tempo, não importa o quão velhos estejam quando pararem de fumar. Como está descrito pelos Centers for Disease Control and Prevention, seguem-se alguns dos muitos benefícios de parar de fumar:
- Parar de fumar reduz o risco de câncer de pulmão e outros tipos de câncer.
- Parar de fumar reduz o risco de doença coronariana, acidente vascular cerebral e doença vascular periférica.
- Parar de fumar reduz sintomas respiratórios, como tosse, respiração ofegante e falta de ar. O índice de declínio na função pulmonar é mais lento entre as pessoas que param de fumar.
- Parar de fumar reduz o risco de desenvolver doença pulmonar obstrutiva crônica, uma das principais causas de morte nos Estados Unidos.
- As mulheres que param de fumar durante seus anos reprodutivos têm seu risco de infertilidade reduzido. As mulheres que param de fumar durante a gravidez também reduzem seu risco de dar à luz a um bebê de baixo peso.

Linha do tempo dos benefícios de parar de fumar

Vinte minutos depois que os fumantes fumaram seu último cigarro, seus corpos iniciam uma série de mudanças que continuam durante anos. Segue-se uma linha do tempo dos benefícios de parar de fumar, como descritos pelos Centers for Disease Control and Prevention.
20 minutos depois de parar de fumar: sua frequência cardíaca e sua pressão arterial baixam.
12 horas depois de parar de fumar: o nível de monóxido de carbono em seu sangue se normaliza.
2 semanas – 3 meses depois de parar de fumar: sua circulação melhora e sua função pulmonar aumenta.
1 – 9 meses depois de parar de fumar: a tosse e a falta de ar diminuem.
1 ano depois de parar de fumar: o risco em excesso de doença coronariana é a metade daquele de um fumante.
5 anos depois de parar de fumar: seu risco de acidente vascular cerebral é reduzido àquele de um não fumante 5 – 15 anos depois de parar de fumar.
10 anos depois de parar de fumar: seu risco de morte por câncer de pulmão é cerca da metade daquele de uma pessoa que continua a fumar. O risco de câncer na boca, garganta, esôfago, bexiga, rins e pâncreas diminui.
15 anos depois de parar de fumar: o risco de doença coronariana é o mesmo de um não fumante.

Nota. Extraído dos Centers for Disease Control and Prevention (www.cdc.gov/tobacco/data_statistics/fact_sheets/cessation/quitting/#benefits).

Sempre que possível, os materiais devem ser apresentados com um foco nos pontos positivos da mudança. Um exemplo excelente de informação positiva que pode ser proporcionada envolve os benefícios de curto e longo prazos para a saúde que podem advir de parar de fumar. Os dados da Tabela 2.1 apresentam informações extraídas da página da internet dos Centers for Disease Control and Prevention (www.cdc.gov/ tobacco/data_statistics/fact_sheets/cessation/quitting/#benefits), mostrando os muitos benefícios para a saúde que podem derivar de parar de fumar. Por exemplo, 20 minutos depois de parar de fumar o corpo de um fumante inicia uma série de mudanças, começando por uma redução imediata na pressão arterial. Quinze anos depois de parar de fumar, o risco de doença coronariana é o mesmo que aquele de um não fumante. A vantagem de apresentar essas informações para os fumantes é que aqueles que fumam há anos com frequência acham que já arruinaram sua saúde e receberão poucos benefícios – se é que algum – por parar de fumar. Ao contrário, como apresentado na Tabela 2.1, os benefícios de parar de fumar são consideráveis e começam imediatamente. Por isso, se os terapeutas proporcionarem aos fumantes essa informação, eles podem corrigir esta percepção equivocada, o que, por sua vez, pode ajudar a motivá-los para considerar parar de fumar. Neste aspecto, os terapeutas podem perguntar aos atuais fumantes: "O que você sabe sobre os benefícios de deixar de fumar?" e prosseguir pedindo permissão para falar sobre o hábito de fumar do cliente ("Você se importa se despendermos alguns minutos falando sobre alguns dos benefícios de curto e longo prazos de parar de fumar?"). Dar aos fumantes um panfleto que esboce os benefícios mostrados na Tabela 2.1 também pode ser útil.

Lembre-se de que alguns clientes não vão querer informações. Quando os terapeutas usam táticas assustadoras, preleções, moralizações ou advertência de consequências desastrosas, estão agindo de uma maneira contrária a um relacionamento terapêutico positivo. Uma abordagem preferível seria reconhecer a posição do cliente e dizer algo como: "Muito bem, talvez em algum momento no futuro possamos voltar a isso". Seguem alguns exemplos de como proporcionar informação ou *feedback*. Com frequência é útil começar pedindo permissão ao cliente para falar sobre o comportamento.

EXEMPLOS DE OFERECIMENTO DE INFORMAÇÕES E *FEEDBACK*

SUGESTÕES DE COMO PROPORCIONAR INFORMAÇÕES POR MEIO DA ENTREVISTA MOTIVACIONAL COM UM CLIENTE QUE INGERE ÁLCOOL EM NÍVEIS DE RISCO E TEM HIPERTENSÃO.

- "Observei em seu histórico médico que você indicou estar tomando medicações para hipertensão. Você se importa se passarmos alguns minutos falando sobre como o uso do álcool afeta sua hipertensão?" [Pode inserir aqui qualquer comportamento de risco/problemático.]

[Seguido de] "O que sabe sobre como seu uso de álcool [pode inserir aqui qualquer comportamento de risco/problemático] afeta a sua hipertensão [pode inserir aqui qualquer coisa que o comportamento de risco/problemático possa afetar: por exemplo, questão de saúde]?"
[Seguido de] "Você está interessado em saber mais sobre seu hábito de beber [inserir o comportamento de risco/problemático: por exemplo, o uso de álcool] afeta a sua hipertensão?".
Depois desse diálogo, podem ser fornecidos aos clientes materiais relevantes relacionados à mudança do seu comportamento de risco/problemático.

- "Se quiser, tenho alguns panfletos sobre como o álcool pode afetar a hipertensão [inserir problema de saúde] para ler e discutirmos na próxima sessão."

EXEMPLOS ADICIONAIS DE PROPORCIONAR INFORMAÇÕES
AOS CLIENTES POR MEIO DA ENTREVISTA MOTIVACIONAL

- "O que sabe sobre as leis em [inserir nome do Estado] e o que vai acontecer se for preso pela segunda vez dirigindo alcoolizado?" [Respostas do cliente: "Acho que o limite legal é 0,08."] "O que sabe sobre quantas doses são necessárias para atingir este nível?"*
- "Então, você disse que está preocupado em ganhar peso se parar de fumar. Quantos quilos acha que em média uma pessoa ganha no primeiro ano depois de parar de fumar?"
- "Li as informações que deu na avaliação sobre seu hábito de beber e calculei o que você relatou beber, em média, por semana, e isto está mostrado neste formulário, juntamente com gráficos que mostram os níveis de ingestão de álcool na população em geral. Onde você se insere nele?" [Ver o Capítulo 4, Folheto do Cliente 4.1.]
- "Em um dos questionários que preencheu, o Drug abuse screening test (Teste de avaliação do abuso de drogas) , sua pontuação foi 7. Este formulário mostra como os pontos nesse questionário estão relacionados à gravidade do seu problema com drogas. Onde se insere nele?" [Ver o Capítulo 4, Folheto do Cliente 4.2.]

O National Institute on Alcohol Abuse and Alcoholism tem um *site*, Rethinking Drinking Alcohol and Your Health, que os leitores podem utilizar para preparar diferentes tipos de *feedback* para seus clientes em relação ao uso de álcool (www.rethinkingdrinking.niaaa.nih.gov).

Declarações resumidas

Os terapeutas podem usar criteriosamente resumos para reforçar o que os clientes disseram. Essas declarações podem ser usadas para refletir ambiva-

---

* N. de R.T. Quem for flagrado sob efeito de álcool (de 0,1 mg a 0,29 mg de álcool por litro de ar expelido) é enquadrado no artigo 165 do Código de Trânsito Brasileiro (CTB): comete infração gravíssima (7 pontos na CNH), com penalidade de multa (R$ 957,70) e suspensão do direito de dirigir por 12 (doze) meses. O veículo ainda fica retido até que apresente outro condutor habilitado e em condições de dirigir. (Fonte: http://www.dprf.gov.br/PortalInternet/leiSeca tfev/2012, fev/2012).

lência, para mover os clientes para outro tópico ou para expandir a discussão atual. Os resumos requerem que os terapeutas escutem muito atentamente o que os clientes disseram durante toda a sessão. Além disso, são uma boa maneira de transferir um cliente falante para o próximo tópico ou para encerrar uma sessão (isto é, oferecer um resumo de toda a sessão). Seguem-se exemplos de resumos.

EXEMPLOS DE RESUMOS

- "Parece que quando começou a usar cocaína houve muitos pontos positivos. Agora, no entanto, parece que os custos e o aumento do seu uso, associados às queixas da sua namorada, têm feito você pensar em parar. Como será sua vida se parar?"
- "Parece que está preocupado com seu uso de cocaína porque está lhe custando muito dinheiro e existe uma chance de terminar preso. Você também disse que parar provavelmente vai significar não se associar mais com seus amigos. Esta não parece uma escolha fácil."
- "Nos últimos três meses tem falado em parar de usar *crack*, e parece que recentemente começou a reconhecer que as coisas não tão boas em seu uso estão superando as coisas boas. Isso, associado com o fato de sua namorada tê-lo deixado porque continuou a usar *crack*, torna fácil entender por que está agora comprometido a não usar mais *crack*."

Lidando com a resistência

Em um relacionamento terapêutico, a resistência ocorre quando dois conjuntos de valores ou objetivos estão em oposição. O terapeuta quer que uma coisa aconteça (por exemplo, o cliente mudar), e o cliente quer que outra coisa aconteça (por exemplo, o cliente acha que não há necessidade de mudar). A relutância com relação à mudança é natural e compreensível, particularmente para indivíduos que não se veem como necessitando mudar. A entrevista motivacional sugere que a reação de um terapeuta à resistência de um cliente pode em grande parte determinar a reação subsequente da pessoa (Moyers e Rollnick, 2002).

Em geral, a resistência é fácil de reconhecer. Quando a interação terapêutica não parece boa, particularmente com clientes que se apresentam como tendo sido coagidos ou dizem que não estão prontos para mudar, este é um sinal para os terapeutas mudarem as estratégias e usarem uma abordagem de entrevista motivacional. Essa abordagem reconhece que os terapeutas têm uma *escolha* – aumentar a resistência ou lidar com a resistência. Quando um cliente está sendo resistente e o terapeuta reage argumentando com maior intensidade, é provável que o cliente fique na defensiva. Tais interações podem enfraquecer ou destruir o relacionamento terapêutico, e são também contraproducentes. Essas reações contraproducentes têm sido rotuladas como *reflexões de endireitamento*, pelo qual os terapeutas tentam tornar as coisas *melhores* ou acertar as coisas, prescrevendo ou dizendo aos clientes o que fazer (por exemplo: "Se você não tomar sua insulina, vai desenvolver sérios problemas de saúde que podem matá-lo" ou "Você precisa parar de fumar porque o cigarro causa câncer e ataques cardíacos e vai tirar anos da sua vida").

Uma abordagem de entrevista motivacional oferece uma alternativa para lidar com a resistência, em vez de ser confrontativa. Essa abordagem sugere que os terapeutas deixem suas agendas na porta da rua e lidem com a resistência ponderando sobre a situação do cliente. Em geral isto envolve reconhecer que o cliente não está pronto para se comprometer com a mudança ou até mesmo para discutir a mudança. Quando um terapeuta reage com declarações reflexivas, isto comunica aos clientes que seu terapeuta os entende. Também evita discussões quando os clientes exibem resistência.

Segue-se um exemplo do uso da entrevista motivacional em um grupo com uma pessoa que está com raiva por se sentir coagida a fazer o tratamento. Neste caso e em casos similares, os facilitadores do grupo precisam reduzir a resistência evitando o uso de afirmações que aumentem a raiva ou a atitude defensiva. Uma maneira de um facilitador do grupo fazer isto é refletindo sobre a frustração ou raiva da pessoa e depois solicitando ao grupo que apresente algumas estratégias alternativas para lidar com a situação atual. Finalmente, lidando com a resistência os terapeutas terão maior probabilidade de encorajar os membros do grupo a continuar no tratamento e participar do grupo.

EXEMPLO DE COMO LIDAR COM A RESISTÊNCIA EM UM GRUPO

Bill: "Já é bastante eu ser forçado a estar aqui; não espere que participe."

Facilitador do Grupo: "Bill, quando você diz que é obrigado a estar aqui, pode nos dizer o que isto significa?"

Bill: "Vim para o grupo porque minha esposa disse que ia me deixar. Essa é a única razão de eu estar aqui. Não estou contente com isso."

Foco do facilitador do grupo: A pergunta que se segue destina-se a que os outros comentem terem tido sentimentos similares (por exemplo, serem obrigados a fazer algo, ou que estavam no tratamento em grande parte para satisfazer outra pessoa):

"Quem mais no grupo pode se identificar com os sentimentos de Bill e compartilhar conosco como lidou com situações similares?"

Depois que o grupo responde, um dos facilitadores do grupo pode dizer:

"Então, vários disseram ter se sentido um pouco coagidos a vir aqui, mas a maioria de vocês também disse que escolheu vir porque era melhor do que a outra alternativa, ou seja, ir para a cadeia ou piorar os relacionamentos. Em que outras áreas de suas vidas vocês têm preocupações por terem escolhas limitadas?"

Embora essa reflexão reconheça que os demais se sentem da mesma maneira que Bill (isto é, sendo obrigados a comparecer ao grupo), também indica que vir para o grupo foi sua *escolha*. A próxima pergunta do líder (resumir as diferentes respostas dos membros) destina-se a fazer o grupo falar sobre escolhas limitadas enquanto amplia o tópico para lidar com situações de escolha limitada em geral. Isto se destina a reduzir o efeito causado pelo tópico original e a minimizar a resistência.

"Então, parece que há muitas situações na vida em que a escolha é um problema, e haverá vezes em que as pessoas optarão por fazer coisas de que realmente não gostam porque essa é a melhor escolha disponível para elas."

No final da sessão, quando todos comentam sobre o que se destacou, um dos facilitadores do grupo pode apresentar o seguinte comentário em relação ao diálogo precedente:

"Então, ouvimos hoje que alguns membros do grupo inicialmente se sentiram coagidos por outros a estar aqui. Entretanto, vários membros também disseram que às vezes as pessoas têm de escolher entre duas opções que não gostam, e isso envolve escolher aquela que tem menos consequências negativas."

Paradoxo terapêutico

Para os clientes que estão comparecendo ao tratamento há algum tempo, mas com pouco progresso, declarações paradoxais podem ser usadas em um esforço para conseguir que eles defendam a importância de mudar. No entanto, é importante reconhecer que o uso dos paradoxos terapêuticos envolve algum risco (isto é, um cliente pode concordar com declarações paradoxais em vez de defender a importância da mudança). As declarações paradoxais são propositalmente expressadas de forma a serem percebidas pelos clientes como contradições inesperadas por parte do terapeuta. Por exemplo, um terapeuta pode dizer: "Bill, sei que você vem às sessões há dois meses, mas ainda está bebendo muito. Talvez agora não seja o momento certo de mudar?". Ao fazer essa declaração, é importante parecer genuíno, e não sarcástico. A intenção é que os clientes, após ouvirem tais declarações, busquem corrigi-las defendendo a mudança. Assim, um cliente pode responder. "Não, sei que preciso mudar; só é difícil pôr isso em prática." Se isso ocorrer, as conversas posteriores podem se concentrar na identificação das razões de o progresso estar sendo lento.

Além disso, as declarações paradoxais podem ter um efeito negativo em alguns clientes (por exemplo, clientes com baixa autoeficácia). Por isso, recomendamos usá-las apenas – se for o caso de usá-las – bem adiante no tratamento para os clientes que não estão realizando mudanças. Por exemplo, elas podem ser usadas com clientes que têm frequentado as sessões regularmente, mas não fizeram nenhum progresso na direção de mudar o comportamento de risco/problemático para o qual buscaram tratamento.

Ao usar o paradoxo terapêutico, os terapeutas devem estar preparados para alguns clientes decidirem que não querem mudar. Nesses casos, as razões para não estarem prontos para a mudança ou não verem uma necessidade de mudar podem ser discutidas. Se um cliente sente veementemente que esse não é o momento certo para mudar ou que a mudança não é possível, pode ser sugerido que ele faça uma *interrupção* no tratamento. Quando isto é feito, dizemos aos clientes que vamos entrar em contato dentro de algumas semanas para ver se querem retomar o tratamento. Seguem-se alguns exemplos de declarações que podem ser usadas para criar um paradoxo terapêutico com os clientes.

EXEMPLOS DE DECLARAÇÕES PARA CRIAR UM PARADOXO TERAPÊUTICO

- "Talvez agora não seja o momento certo para você mudar."
- "Mary, você está continuando a [inserir o comportamento de risco/problemático – por exemplo, recuperar a guarda dos filhos; conseguir de volta a carta de motorista; não perder o seu marido]. Talvez não seja um bom momento para tentar e realizar essas mudanças."
- "Então, parece que você está há muito tempo tentando equilibrar uma carreira e uma família, e estas prioridades estão neste momento competindo com o tratamento. Talvez fosse proveitoso fazer uma interrupção no tratamento."

Resumo

A entrevista motivacional é muitas coisas, mas, antes de tudo, um estilo de aconselhamento que funciona bem com muitos clientes – em particular com aqueles que estão ambivalentes quanto a mudar o seu comportamento. A entrevista motivacional é usada para construir *rapport* e ajudar os clientes a explorar e resolver sua ambivalência em relação à mudança. A entrevista motivacional é conduzida de uma maneira provável de aumentar a motivação de um cliente para mudar, enquanto minimiza a resistência. Um objetivo importante da entrevista motivacional é os clientes apresentarem argumentos para a mudança (isto é, *dar voz*), em vez de seus terapeutas lhes dizerem para mudar. O uso das estratégias e técnicas da entrevista motivacional cria uma interação respeitosa e capacitadora em que os clientes passam a entender seu comportamento e sua motivação e decidem em favor de ações para resolver a ambivalência. Em termos simples, o que os terapeutas dizem (isto é, o *conteúdo*) e como o dizem (isto é, o *estilo*) podem ter um efeito poderoso, influenciando a motivação dos clientes a considerar a mudança. Embora inicialmente desenvolvida para tratar indivíduos que abusam do álcool, a entrevista motivacional tornou-se "amplamente adotada e adaptada para o uso com uma extensão diversa de clientes" (Allsop, 2007, p. 343) em muitos campos da saúde física e da mental.

3

Avaliação
uma vantagem inicial para o tratamento

> A avaliação não só coleta dados, mas também proporciona o início de um processo de tratamento acelerado.
>
> M.B. SOBELL e SOBELL (1993a, p. 52)

Este capítulo apresenta uma discussão detalhada de como conduzir a avaliação da AMG e da utilidade clínica das medidas e instrumentos de avaliação usados nas intervenções individuais e de grupo da AMG. A entrevista de avaliação coleta informações que ajudam a informar o tratamento posterior e constitui o início do relacionamento terapêutico. Quando os clientes são solicitados a apresentar informações detalhadas sobre si mesmos e seus problemas, descobrimos que muitos começam a entender seus problemas e pensam em planos para como lidar com eles. Em outras palavras, o próprio processo da avaliação pode ser suficiente para instigar a mudança do comportamento ou pelo menos para catalisar o processo de mudança (Clifford, Maisto e Davis, 2007; Epstein et al., 2005). Por essa razão, em nosso livro anterior sobre o tratamento da AMG (M. B. Sobell e Sobell, 1993a) descrevemos a avaliação como proporcionando uma "vantagem inicial" (p. 57) para o tratamento. O uso das medidas e questionários da avaliação pode ser modificado para se ajustar aos clientes individuais ou às necessidades do programa.

USO DE UMA ABORDAGEM DE ENTREVISTA MOTIVACIONAL PARA INICIAR A AVALIAÇÃO

A avaliação começa com um diálogo de natureza motivacional e se destina a expressar empatia e estabelecer *rapport*. Isso, por sua vez, facilita o desenvolvimento de um relacionamento terapêutico positivo que se destina a melhorar e manter a motivação do cliente para a mudança. Como está refletido nos exemplos clínicos que se seguem, em vez de se lançar em uma interrogação, o terapeuta usa perguntas abertas para encorajar os clientes a discutir por que entraram no tratamento e o que esperam conseguir. Depois disso, o programa de tratamento da AMG, que ajuda as pessoas a se ajudarem, é brevemente descrito. A avaliação então prossegue com a coleta de dados e informações do passado relacionados ao problema para o qual os clientes estão buscando tratamento. Algumas das informações coletadas na avaliação são então usadas nas sessões subsequentes da AMG para dar *feedback* personalizado aos clientes sobre seu uso de álcool e drogas.

Para muitos clientes, especialmente se seus problemas não são graves, sua participação na avaliação marca o primeiro momento em que deram uma atenção séria aos seus problemas e o que vai ser necessário para mudar o seu comportamento. Consequentemente, dois objetivos são: certificar-se de que os clientes se sentem entendidos e que irão retornar para a sua primeira sessão. Sugestões sobre como atingir esses objetivos estão contidas na amostra de diálogos clínicos que estão incluídos por todo este capítulo. Entretanto, deve ser enfatizado que esses diálogos são apresentados como sugestões e exemplos de como os tópicos podem ser iniciados e sondados, e não como roteiros clínicos.

Como foi mencionado, para estimular o desenvolvimento do relacionamento terapêutico, convém, antes de se lançar à coleta de dados, ter uma discussão breve com os clientes sobre por que eles estão buscando tratamento e quais são suas expectativas, e provê-los com uma descrição do programa de tratamento. Segue-se uma amostra do que um terapeuta pode dizer a um cliente no início da avaliação.

> *Antes de iniciarmos, quero lhe falar sobre o que estaremos fazendo hoje. A sessão de hoje vai demorar cerca de 2 horas. Vamos conversar sobre muitas coisas, como o que o trouxe ao tratamento, o que você espera conseguir com o tratamento e como pode empreender a mudança do seu [inserir o que levou a pessoa ao tratamento; por exemplo, uso de álcool ou droga]. Ao final da avaliação, vou lhe pedir para completar alguns formulários, que serão usados durante as próximas sessões para lhe proporcionar informações sobre o seu [inserir o que levou a pessoa ao tratamento; por exemplo, uso de álcool ou drogas].*

Depois de uma breve introdução como esta, e de escutar ativamente a resposta do cliente, recomendamos que o terapeuta apresente aos clientes uma breve descrição ou visão geral do programa de tratamento de que o cliente irá participar. A amostra de visão geral a seguir, apresentada pelo terapeuta, seria a mesma para o tratamento da AMG realizada em um formato individual ou de grupo. O Capítulo 5 apresenta informações adicionais dadas aos clientes que participarão na versão de grupo do tratamento da AMG.

> *O programa de tratamento da Automudança Guiada destina-se a ajudá-lo a guiar seu próprio tratamento. Você vai aprender a usar a abordagem de resolução de problemas para lidar com seu uso de álcool ou droga. Vamos lhe pedir para realizar algumas leituras e exercícios em casa e a automonitorar seu uso de álcool e droga. Quando as pessoas trabalham nos seus dilemas fora de suas sessões, isso ajuda a acelerar sua mudança. Por essa razão, é importante fazer as tarefas de casa. O programa consiste em quatro sessões semiestruturadas mais a avaliação de hoje. Na quarta sessão vamos examinar o seu progresso e você pode decidir nesse momento se gostaria de mais sessões. Um mês depois da sua última sessão, vou lhe telefonar para ver como está indo. Você quer fazer alguma pergunta?*

MEDIDAS E QUESTIONÁRIOS DE AVALIAÇÃO: DESCRIÇÃO E UTILIDADE

O restante deste capítulo descreve em detalhes as medidas e os questionários usados nas intervenções de grupo e individuais da AMG e a sua utilidade. A Tabela 3.1 contém uma lista das medidas e questionários usados nas sessões individuais e de grupo da AMG. A maioria dos formulários das avaliações padronizadas usadas nas intervenções cognitivo-comportamentais coletam dados demográficos básicos (por exemplo, idade, escolaridade, gênero) e informações sobre a história do problema. Neste aspecto, o modelo de tratamento da AMG usa um questionário de avaliação básico que coleta dados demográficos essenciais (por exemplo, idade, escolaridade, gênero, emprego, situação conjugal) e dados do histórico do uso de substâncias (por exemplo, número de anos em que o álcool ou as drogas têm sido um problema, fre-quência e magnitude do uso, consequências do álcool e das drogas, tentativas anteriores de mudança).

AUDIT (Alcohol Use Disorders Identification Test)[*]

O Alcohol Use Disorders Identification Test (AUDIT) Teste de Identificação dos Transtornos do Uso de Álcool, uma escala psicométrica acurada de 10 itens (Apêndice A) desenvolvida pela Organização Mundial da Saúde, avalia o uso recente e passado de álcool, suas consequências e gravidade do problema (Reinert e Allen, 2007). Os escores se estendem de 0 a 40, com um escore de 8 ou mais sendo sugestivo de um problema com álcool. O AUDIT é capaz de detectar bebedores problemáticos ao longo de um contínuo que vai de leve a moderado e a grave. Como está discutido no Capítulo 4, os escores do AUDIT

---

[*] N. de R.T.: O Audit encontra-se validado para a realidade brasileira: Eduardo Brod Méndez. Uma versão brasileira do AUDIT (Alcohol Use Disorders Identification Test). Dissertação apresentada como requisito parcial para a obtenção do título de Mestre em Epidemiologia. Orientador: Maurício Silva de Lima. Universidade Federal de Pelotas. Departamento de Medicina Social - Faculdade de Medicina, 1999.

são usados na Sessão 1 para dar *feedback* personalizado aos clientes sobre a seriedade do seu uso de álcool anterior ao tratamento (ver a última página do Folheto do Cliente 4.1).

Tabela 3.1 Medidas e questionários usados no tratamento da AMG para terapia individual e de grupo

- *Questionário sobre o histórico do uso de drogas (Drug Use History Questionnaire – DUHQ)*: Avalia o uso de droga durante a vida toda e recente.
- *Timeline Followback (TLFB)*: Avalia o uso diário de substâncias anterior ao tratamento.
- *Alcohol Use Disorders Identification Test (AUDIT*: Escala de 10 itens que avalia o uso recente e passado de álcool, suas consequências e gravidade dos problemas.
- *Drug Abuse Screening Test (DAST-10)*: Escala de 10 itens que avalia as consequências e a gravidade dos problemas do uso de drogas durante o ano anterior.
- *Brief Situational Confidence Questionnaire (BSCQ)*: Avalia a confiança (isto é, a autoeficácia) de um cliente em sua capacidade para resistir a beber pesadamente ou a usar drogas em uma escala que vai de 0% (de modo algum confiante) até 100% (muito confiante) para oito situações de alto risco.
- *Régua de prontidão*: Avalia a ambivalência e a prontidão para a mudança.
- *Escala "Onde você está agora?" (Where Are You Now Scale)*: Analisa as avaliações subjetivas dos clientes da gravidade dos problemas para os quais estão buscando tratamento.
- *Avaliações do objetivo*: Permite que os clientes tenham uma escolha na seleção dos objetivos e analisa as avaliações dos clientes da importância de seus objetivos e de sua confiança para atingir seus objetivos.
- *Registros de automonitoramento*: Os clientes registram vários aspectos do seu uso de substâncias (por exemplo, uso diário, compulsões, situações em que o uso ocorreu, pensamentos durante o uso), que lhes permite relatar e falar honestamente sobre seu uso de substâncias durante todo o tratamento.

Drug Abuse Screening Test

O Drug Abuse Screening Test – DAST-10; Apêndice B) é uma escala psicométrica acurada de 10 itens, similar ao AUDIT, pois avalia as consequências e a gravidade do problema do uso de drogas durante o ano anterior (Gavin, Ross e Skinner, 1989; Skinner, 1982). Os escores se estendem de 0 a 10, com um escore de 3 ou mais sendo sugestivo de um problema com drogas. Como também está discutido no Capítulo 4, as informações sobre o DAST-10 são usadas na Sessão 1 para dar *feedback* personalizado aos clientes sobre a gravidade do seu uso de drogas anterior ao tratamento (ver a última página do Folheto do Cliente 4.2).

Questionário sobre o histórico do uso de drogas

Se forem necessárias informações detalhadas sobre o uso de droga, o Questionário sobre o histórico do uso de drogas (Drug Use History Questionnaire, DUHQ;

Apêndice C) pode oferecer informações confiáveis sobre o uso de drogas pelo cliente durante a vida e recentemente (anos de uso, via de administração, frequência do uso, último ano usado) (Martin e Wilkinson, 1989; L.C. Sobell, Kwan e Sobell, 1995; Wilkinson, Leigh, Cordingley, Martin e Lei, 1987). O DUHQ é administrado pelo terapeuta e demora cerca de 3 a 5 minutos. O DUHQ usa um tipo de cartão para ajudar os clientes a se lembrarem com precisão do seu uso de drogas. Segue-se um exemplo de como explicar o preenchimento do DUHQ. As respostas dos clientes são registradas no formulário (ver o Apêndice C).

Agora vamos olhar para o seu uso passado e presente de diferentes drogas. Tenho várias cartas aqui com os nomes de diferentes drogas escritos nelas, e gostaria que você as separasse em duas pilhas. A primeira pilha incluiria as drogas que nunca usou, sequer uma vez, e a segunda seriam as drogas que **usou pelo menos uma vez.** *[O cliente separa as cartas em duas pilhas.]*

Agora, gostaria que pegasse as cartas com os nomes das drogas escritas nelas que disse ter usado pelo menos uma vez e as separasse em outras duas pilhas – a primeira com as drogas que você **só usou uma vez ou experimentou,** *e a segunda pilha seriam aquelas drogas que tem usado* **mais frequentemente.** *[O cliente as separa em outras duas pilhas.]*

Agora, quero lhe fazer algumas perguntas sobre essas drogas que tem usado mais frequentemente.

Régua de prontidão

A régua de prontidão, um instrumento de escalonamento da entrevista motivacional, é em geral usado na primeira entrevista com os clientes ou na avaliação. Como os clientes chegam para tratamento com diferentes níveis de motivação ou prontidão para a mudança, esta simples medida do estado (isto é, prontidão no momento presente) permite aos terapeutas avaliar a ambivalência de um cliente com relação à mudança. No exemplo a seguir, um terapeuta pede a um cliente que diga onde ele (ou ela) está em termos da prontidão para a mudança.

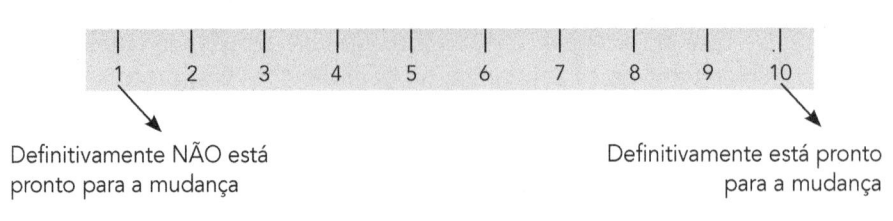

```
  |    |    |    |    |    |    |    |    |    |
  1    2    3    4    5    6    7    8    9    10
```

Definitivamente NÃO está pronto para a mudança

Definitivamente está pronto para a mudança

Em uma escala de 1 a 10, onde 1 não está pronto para a mudança e 10 é muito pronto para a mudança, que número reflete melhor o quão pronto você está no presente momento para mudar o seu [inserir o comportamento de risco/problemático; por exemplo, uso de álcool ou drogas]?

A régua de prontidão também pode ser usada motivacionalmente para pedir aos clientes para avaliar seu próprio progresso durante a terapia (isto é, "Comparado com um mês atrás, onde você está agora em relação à sua prontidão para a mudança?"); para aumentar sua autoeficácia (isto é, "Como você foi do 4 ao 6? Como se sente com relação às mudanças que fez?") e para identificar os passos necessários para a mudança (isto é: "O que seria preciso para você ir do 6 ao 7?").

Escala "Onde você está agora?" (Where are you now scale)

Escala "Onde Você Está Agora?" (Folheto do Cliente 3.6) é um instrumento de escalonamento motivacional que pede aos clientes para apresentarem uma avaliação subjetiva da gravidade do problema para o qual estão buscando tratamento. Como uma medida de estado, ela pode ser usada múltiplas vezes durante o curso do tratamento. Os terapeutas podem introduzir essa escala aos clientes dizendo: "Várias vezes durante as nossas sessões vou lhe pedir para avaliar seu uso de álcool ou droga [inserir o comportamento de risco/problemático] usando uma escala de 10 pontos, sendo 1 o pior possível e 10 não mais uma preocupação". Além de pedir aos clientes uma avaliação subjetiva de seus problemas atuais, o formulário também lhes pergunta como conseguiram realizar as mudanças. O diálogo a seguir mostra como um terapeuta poderia usar esta escala na avaliação e durante o tratamento.

USANDO A ESCALA "ONDE VOCÊ ESTÁ AGORA?"

ENTREVISTA DE AVALIAÇÃO
"Em uma escala de 1 a 10, onde 1 é o pior possível e 10 não é mais uma preocupação, como você avaliaria o seu **[inserir comportamento de risco/problemático; por exemplo, uso de álcool ou drogas]** *um ano atrás e como o avaliaria agora?"*
Na avaliação, alguns clientes vão avaliar seus problemas como tendo piorado antes de entrar no tratamento (isto é, de 5 para 2). Nesses casos, o terapeuta pode perguntar: *"Como você foi de 5 um ano atrás para 2, agora?"*. Essas perguntas se destinam a permitir que os clientes expliquem como seu problema piorou. Alternativamente, alguns clientes vão avaliar seus problemas como menos sérios do que quando entraram no tratamento porque já deram alguns passos em direção à mudança. Nesses casos, o terapeuta pode perguntar: *"Como você foi de um 2 há um ano para um 4 agora?"*. Uma pergunta útil de acompanhamento é: *"O que seria preciso para ir de um (# em que estão agora) para um (# mais elevado)?"*. A resposta do cliente à questão precedente com frequência vai sugerir estratégias para o progresso futuro (por exemplo: *"Se eu parar de usar o caminho que passa pelo bar na volta do trabalho para casa isso pode funcionar."*).

DURANTE O TRATAMENTO
Depois da sessão de avaliação, os terapeutas podem usar a Escala "Onde você está agora?" para fazer os clientes compararem o número que selecionaram na sessão

anterior com o número que selecionaram agora (por exemplo, Sessão 2 *versus* Avaliação, Sessão 4 *versus* Sessão 2): "*Quando você chegou para o tratamento, eu lhe pedi para avaliar o seu* [inserir comportamento de risco/problemático; por exemplo, uso de álcool ou droga]. *Mais uma vez, usando a mesma escala de 10 pontos, onde 1 é o pior possível e 10 não é mais uma preocupação, como avaliaria o seu [inserir comportamento de risco/problemático; por exemplo, uso de álcool ou droga] hoje?*"

Para permitir que os clientes deem voz ao processo de mudança, os terapeutas podem fazer o acompanhamento e perguntar, "*Como foram de um (nº apresentado na sessão anterior) para um (nº agora)?*"

OUTRAS PERGUNTAS PARA CLIENTES QUE REALIZARAM MUDANÇAS

- "O que mudou?"
- "Como conseguiu realizar a mudança?"
- "Como se sente em relação à mudança?"
- "O que seria preciso para fazer mudanças adicionais?"

OUTRAS PERGUNTAS PARA CLIENTES QUE NÃO MUDARAM OU QUE MUDARAM MUITO POUCO

- "Que obstáculos encontrou ao tentar mudar?"
- "O que acha que precisa acontecer para mudar?"
- "Onde estará daqui a alguns anos se não mudar?"
- "O que seria diferente se mudasse?"

Time Followback

O Timeline Followback (TLFB, Seguimento da Linha do Tempo), um instrumento de avaliação psicométrico acurado, é o principal instrumento de avaliação e resultados usado com pessoas que abusam de substância para obter estimativas retrospectivas do uso diário de álcool, de drogas ilícitas e de tabaco (Agrawal et al., 2008; L.C. Sobell e Sobell, 2003). O TLFB emprega um formato de autorrelato baseado em calendário e auxílios de memória para ajudar os participantes a lembrarem seu uso diário durante um período de tempo específico (isto é, número de dias) antes e depois do tratamento. Um estudo recente sugere que para propósitos clínicos uma janela de tempo de pré-tratamento de três meses pode ser usada com pouca ou nenhuma perda na acurácia dos dados em comparação com uma janela de um ano (Vakili, Sobell, Sobell, Simco e Agrawal, 2008). O TLFB e os materiais relacionados estão disponíveis (www.nova.edu/gsc/online_files.html). As Apostilas para o Terapeuta 3.2 e 3.3 contêm as instruções e os calendários de amostra para usar a versão escrita do TLFB para clientes de álcool e drogas, respectivamente. Como está discutido no Capítulo 4, as informações coletadas no TLFB são usadas na Sessão 1 para dar um *feedback* personalizado aos clientes sobre seu uso de álcool ou drogas anterior ao tratamento. Por exemplo, pode ser dado *feedback* aos clientes sobre seu uso de álcool comparado com o uso de adultos na população geral por gênero (Folheto do Cliente 4.1). Também pode ser dado *feedback* sobre a prevalência do uso de drogas por idade para 13 tipos diferentes de drogas (uso de cigarro, uso de cocaína e *crack*, uso de *crack*, uso de alucinógeno, uso de heroína, uso de inalante, uso de maconha e haxixe, uso não médico de metanfetamina, uso não médico de oxicodona, uso não médico de analgésicos, uso não médico de sedativos, uso não médico de estimulantes, uso não médico de tranquilizantes; Folheto do Cliente 4.2). Outros tipos de *feedback* – como riscos à saúde selecionados, a quantidade de dinheiro gasto em álcool ou drogas durante um determinado período de tempo, e o número de calorias consumidas em bebidas alcoólicas em um dia típico de ingestão de álcool – também podem ser gerados pelo TLFB.

Uso de álcool

Segue-se um exemplo de diálogo que os terapeutas podem ter quando pedem aos clientes para completar o calendário do TLFB para seu uso de álcool.

> *Para nos ajudar a avaliar sua ingestão de álcool, precisamos ter uma ideia de como era seu uso de álcool até hoje. Para isso, gostaríamos que preenchesse um calendário mostrando como era sua ingestão de álcool durante os últimos* **[inserir nº]** *dias.*
> *Preencher o calendário é fácil. Como você pode ver neste exemplo de calendário* [mostre ao cliente o exemplo de calendário do Folheto do Terapeuta 3.2], *nos dias em que beber, escreveria o número total de doses que consumiu. Para fazer isto, queremos que registre seu uso de álcool no calendário usando drinques padrão. Usamos um formato de dose padrão porque diferentes bebidas alcoólicas têm diferentes concentrações de álcool. Um quadro de doses padrão está no alto do calendário. Por exemplo, se você bebeu seis cervejas de 350 ml, escreveria 6 para esse dia. Se bebeu dois ou mais tipos diferentes de bebidas alcoólicas em um dia, como duas cervejas e três taças de vinho, você as acrescentaria e escreveria um 5.*
> *O objetivo é obter uma percepção da frequência do seu padrão de beber, quanto bebeu e seus padrões de ingestão de álcool. A ideia é colocar um número para cada dia no calendário. Nos dias em que não bebeu, escreva um 0.*
> *Embora entendamos que não é fácil lembrar as coisas com uma precisão de 100%, queremos que seja o mais preciso possível. Se não tem certeza se bebeu sete ou nove doses em um determinado dia, ou se bebeu em uma quinta ou sexta-feira, dê-nos sua melhor estimativa. O que é importante é que sete ou nove doses são muito diferentes de duas ou vinte e cinco doses, e sete ou nove são diferentes de nenhum dose. Se você tem padrões regulares para sua ingestão de álcool, como beber mais em certos dias e em certos eventos, pode usar essa informação para ajudá-lo a se lembrar da quantidade ingerida. Baseados no que você relata, vamos proporcionar-lhe informações sobre sua ingestão de álcool para que possa usá-las para tomar decisões mais informadas sobre a mudança.*

Uso de drogas

Ao avaliar retrospectivamente o uso de drogas ilícitas, embora relatos da frequência do uso tenham boa confiabilidade, os relatos da quantidade usada não têm uma confiabilidade satisfatória. Além disso, a maioria dos clientes não conhece a potência real das drogas ilícitas que estão usando. Por isso, os relatos do TLFB sobre o uso de drogas ilícitas são limitados à frequência do uso. Segue-se um exemplo de diálogo que os terapeutas podem ter com os clientes em relação ao preenchimento do calendário do TLFB para seu uso de drogas.

Para nos ajudar a avaliar seu uso **[inserir o nome da droga]**, *precisamos ter uma ideia de como era o seu uso antes de hoje. Para tanto, gostaríamos que preenchesse um calendário mostrando como foi seu uso de drogas nos últimos* **[inserir nº]** *dias. Preencher o calendário é fácil. O objetivo é obter uma ideia da frequência em que você usava drogas, e se há quaisquer padrões no seu uso. A ideia é colocar um número para cada dia no calendário. Como você vê neste exemplo de calendário* [mostrar ao cliente o exemplo de calendário na Apostila para o Terapeuta 3.3], *nos dias em que usou drogas (exceto drogas que são prescritas e usadas segundo a prescrição) queremos que escreva um 1, e nos dias em que não usou drogas, escreva um 0. Embora entendamos que não é fácil lembrar as coisas com 100% de precisão, queremos que seja o mais preciso possível. Se tiver padrões regulares no seu uso de drogas (por exemplo, padrões diários ou semanais), pode usar essa informação para ajudá-lo a lembrar o seu uso. Baseados no que você relata, vamos proporcionar-lhe informações sobre seu uso de drogas para que possa usá-las para tomar decisões mais informadas sobre a mudança.*

Brief Situational Confidence Questionnaire

O Brief Situational Confidence Questionnaire (BSCQ) é um instrumento psicométrico acurado para a avaliação da autoeficácia de resistir à compulsão para usar drogas ou beber nocivamente (Breslin, Sobell, Sobell e Agrawal, 2000). O BSCQ, que é baseado em versões mais longas dos questionários iniciais (Questionário da Confiança Situacional [Situational Confidence Questionnaire, SCQ-100]; Questionário da Confiança do Uso de Droga [Drug Taking Confidence Questionnaire, DTCQ-50]) (Annis e Davis, 1988; Sklar, Annis e Turner, 1997; Solomon e Annis, 1990), avalia a confiança ou autoeficácia dos clientes para oito situações de alto risco baseadas na prevenção de recaída de Marlatt (Marlatt e Donovan, 2005). Para cada situação os clientes avaliam sua confiança em resistir ao uso de drogas ou a beber nocivamente em escalas que vão de 0% (*de modo algum confiante*) a 100% (*muito confiante*). Clinicamente, o BSCQ é usado para identificar e destacar as três situações desencadeantes de alto risco do cliente para o uso de substâncias (isto é, as três situações em que os clientes são menos confiantes sobre a resistência à compulsão de beber pesadamente ou a usar drogas). Como está discutido no Capítulo 4 e na Tabela 4.2, as informações do BSCQ são usadas para proporcionar *feedback* personalizado aos clientes na Sessão 2 (Folheto do Cliente 4.7) e na Sessão 4 (Folheto do Cliente 4.9). Um programa que prepara automaticamente gráficos do BSCQ baseados nos escores dos clientes de suas avaliações de entrada nas oito situações de alto risco está disponível *on-line* (www.nova.edu/gsc/online_files.html). Na avaliação, o terapeuta pode apresentar da seguinte maneira a justificativa do BSCQ para os clientes.

Este formulário lhe pergunta até que ponto você está confiante neste exato momento de que pode resistir à compulsão de beber nocivamente ou usar drogas em oito tipos diferentes de situações. O que queremos que faça é pensar sobre cada situação e avaliar o quanto está confiante no **momento presente** *de que consegue resistir a beber nocivamente ou usar drogas nessa situação em uma escala de 0 a 100, onde 0 é de modo algum confiante e 100 é totalmente confiante.*

UTILIDADE DAS TAREFAS DE CASA

Iniciando na avaliação, uma parte importante da intervenção da AMG são as lições de casa. Na verdade, essas tarefas têm sido há muitos anos um elemento importante na maioria das intervenções cognitivo-comportamentais. Embora a pesquisa mostre um relacionamento positivo entre a adesão aos exercícios para casa e aos resultados do tratamento (Burns e Spangler, 2000; Kazantzis, 2000), há variabilidade na maneira como os clientes realizam tais lições (Kazantzis e Shinkfield, 2007). Possíveis fatores que afetam a adesão incluem o que os clientes percebem como benefícios de realizar as lições de casa e sua confiança na realização das tarefas. A adesão às tarefas para casa pode ser aumentada se os terapeutas explicarem sua justificativa e a maneira como estas estão relacionadas ao problema para o qual os clientes buscaram tratamento (Dies, 1992).

Em nossa experiência, a maioria dos clientes vai realizar as tarefas de casa se entender sua justificativa. Descobrimos ser útil dizer aos clientes que os exercícios para casa podem acelerar seu sucesso na mudança, pois eles estarão trabalhando na mudança fora das sessões. Uma maneira conveniente de iniciar a discussão sobre as tarefas de casa é perguntar aos clientes: "Por que você acha que usamos tarefas para casa?". Isso pode levar os clientes a dar voz às razões pelas quais as tarefas para casa são importantes, e o terapeuta pode então adicionar quaisquer razões não mencionadas pelos clientes. Segue-se uma amostra de diálogo que pode ser usado pelos terapeutas para explicar a importância das atribuições para casa.

As tarefas de casa e os diários de automonitoramento destinam-se a ajudá-lo de várias maneiras. Podem ajudá-los a entender melhor a abordagem do tratamento. Podem proporcionar-lhe **feedback** *sobre os comportamentos que você pode querer mudar. Permitem-lhe assumir um papel ativo na mudança e avaliar o seu progresso, e o ajudam a se preparar para cada sessão. A razão pela qual lhe pedimos para realizar as tarefas de casa fora das sessões é que descobrimos que este esforço extra ajuda as pessoas a mudar.*

No estudo GRIN (L.C. Sobell et al., 2009), os terapeutas registraram se os clientes realizavam suas lições de casa e os diários de automonitoramento antes das sessões. Em todas as sessões, mais de 90% realizaram ambas as tarefas, independentemente de estarem em terapia individual ou de grupo. É interessante notar que, durante as quatro sessões, os clientes relataram que em média passaram 6 horas (média = 5,7) fora do tratamento realizando suas tarefas de casa e os diários de automonitoramento. Além disso, no final das quatro sessões da AMG, mais de 90% dos clientes relataram que os exercícios e as leituras a serem feitas em casa foram úteis ou muito úteis.

LIÇÕES DE CASA DADAS AOS CLIENTES NA SESSÃO DE AVALIAÇÃO

Três lições de casa são dadas aos clientes na avaliação: 1) registros de automonitoramento, 2) exercício da balança decisória e 3) avaliações do objetivo.

Registros de automonitoramento

O uso dos registros de automonitoramento para o uso de álcool e drogas se inicia na avaliação e continua durante todo o tratamento. A amostra e os diários de automonitoramento para serem preenchidos e as instruções para o registro do uso de álcool e droga estão mostrados nos Folhetos do Cliente 3.2 e 3.3, respectivamente. Os registros de automonitoramento do álcool também contêm um quadro de doses padrão. Outros aspectos do uso de álcool e droga (por exemplo, compulsões para usar, situações em que o uso ocorreu, pensamentos ao usar) podem também ser registrados nos diários. Os registros de automonitoramento de álcool e droga nos Folhetos do Cliente 3.2 e 3.3, respectivamente, podem ser copiados e colocados em uma pequena apostila com uma capa. Múltiplas cópias da página em branco do diário devem ser incluídas para que os clientes tenham um número suficiente de páginas nas quais podem registrar seu uso durante o tratamento.

Além de coletar informações sobre o uso de substância, o automonitoramento serve para múltiplos propósitos. Ele 1) proporciona uma oportunidade para os clientes no início de cada sessão conversarem aberta e honestamente sobre seu uso de álcool ou drogas desde a última sessão; 2) encoraja os clientes a assumir a responsabilidade por realizar mudanças fora do tratamento e 3) proporciona informações que os terapeutas podem usar para dar *feedback* aos clientes sobre mudanças em seu uso de álcool e drogas durante o tratamento (ver o Capítulo 4; Tabela 4.1, Timeline Followback e os Folhetos do Cliente 4.3 e 4.4). A importância de encarar o uso de substâncias no decorrer do tratamento com os clientes é que ele permite um dia de uso não planejado para ser colocado em perspectiva (isto é, um *leve solavanco na estrada versus* uma *espiral descendente*). Além disso, os terapeutas podem usar a escuta reflexiva para destacar as mudanças que ocorrem, incluindo perguntar aos clientes como conseguiram se abster de usar ou reduzir o uso de substâncias desde a última sessão. Segue-se uma amostra de diálogo mostrando como um terapeuta pode introduzir os registros de automonitoramento na sessão de avaliação.

> *Esta apostila contém registros de automonitoramento onde pedimos aos clientes que registrem seu uso de álcool e drogas durante o programa de tratamento. Gostaríamos que escrevesse todos os dias no diário e os trouxessem com você, pois vamos examiná-los no início de cada sessão. As instruções para o registro de automonitoramento estão na primeira página da apostila. Há também uma página de exemplo para lhe mostrar como deve ser um diário completado. Nos dias em que usou drogas, escreva 1. Se não usou drogas em um determinado dia, escreva 0 para esse dia. Além disso, registre quaisquer compulsões para o uso que você experimentou, e anote os lugares onde você usou ou experimentou compulsão para usar. A coisa mais importante é reservar algum tempo e completar seus registros de automonitoramento antes de cada sessão. O diário é fácil de preencher e só requererá cinco minutos por dia para seu preenchimento. Como isso lhe parece?*

Para os clientes de álcool e drogas, um terapeuta pode iniciar a sessão, dizendo: "Vamos dar uma olhada nos seus registros de automonitoramento. Como foi sua semana?".

Exercício da balança decisória

A segunda tarefa dada aos clientes na avaliação, que eles são solicitados a completar e levar com eles para a Sessão 1, é um exercício da balança decisória (Folheto do Cliente 3.1). Este exercício, que há muitos anos tem sido usado nos estudos de tratamento (Center for Substance Abuse Treatment, 1999; Janis e Mann, 1977; Mann, 1972), é um instrumento motivacional que ajuda os clientes a avaliar de uma maneira escrita e estruturada os prós e contras de mudar e de não mudar um comportamento problemático de risco. Quando damos aos clientes um exercício da balança decisória, seja ele parte do tratamento da AMG individual ou de grupo, lhes é dito que completar a tarefa irá ajudá-los a ter uma ideia das *coisas boas* e das *coisas não tão boas* sobre seu uso de álcool ou droga e a entender por que eles podem ser ambivalentes em relação à mudança. Olhar para todos os prós e contras ao mesmo tempo pode produzir um quadro diferente do que olhar separadamente para os custos e benefícios individuais.

O exercício da balança decisória, que serve como uma estrutura para discutir a mudança do comportamento e os potenciais obstáculos à mudança, é também útil para o planejamento do tratamento e para o estabelecimento de objetivos. A maneira como é usado o exercício da balança decisória completado no tratamento é discutida em detalhes no Capítulo 4. Ao explicar para os clientes a tarefa de casa da balança decisória na avaliação, os terapeutas podem apresentar a justificativa do seguinte modo:

> *Esta tarefa de casa é o que chamamos de um **exercício da balança decisória**, e o que gostaríamos que você fizesse é realizá-lo em casa e trazê-lo na próxima sessão.*

Destina-se a ajudá-lo a ver toda a série de custos e benefícios de mudar seu uso de álcool/drogas. Para isso, pedimos que liste as coisas boas e as coisas não tão boas com relação à mudança, assim como as coisas boas e as coisas não tão boas sobre não mudar. Como pode ver, uma amostra do exercício foi completada para lhe dar uma ideia de como realizar este exercício.

Avaliações do objetivo

Os clientes completam as avaliações do objetivo em muitas ocasiões durante o tratamento (M.B. Sobell e Sobell, 1986-1987, 1993a, 2005). Esses exercícios permitem aos clientes escolher seu próprio objetivo quando não for contraindicado, e avaliar a importância deste objetivo e sua confiança de que o atingirão.

Do ponto de vista do tratamento efetivo, Miller e Rollnick (2002) discutem por que a escolha pode ser importante:

> O fato é que você não pode impor seus próprios objetivos a um paciente. Pode oferecer-lhe seu melhor conselho, mas o paciente é sempre livre para aceitá-lo ou não. Argumentar e insistir muito provavelmente evocará uma postura defensiva do que de concordância por parte do paciente. Mais uma vez, faz pouco sentido trabalhar com uma estratégia de entrevista motivacional (enquanto inicialmente se está engajando um paciente), apenas para alienar o paciente com um estilo rigidamente prescritivo (quando negocia os objetivos do tratamento). Acreditamos ser bem melhor manter uma aliança terapêutica forte com o paciente e começar com os objetivos em relação aos quais ele está mais ansioso para alcançar. Se estes objetivos forem mal orientados, isso logo vai se tornar aparente. (p. 120)

Avaliação do objetivo da abstinência (Folheto do Cliente 3.4)

Embora concordemos integralmente com a declaração de Miller e Rollnick (2002) sobre a importância da escolha do objetivo, também não podemos ignorar o fato de que há várias situações em que qualquer outra coisa além da abstinência é contraindicada por razões médicas, legais ou sociais. Embora a pesquisa venha mostrando que os clientes com problemas de álcool finalmente selecionam seus próprios objetivos independentemente do conselho de objetivo dos terapeutas (Foy, Nunn e Rychtarik, 1984; Sanchez-Craig, 1980; Sanchez-Craig et al., 1984; M.B. Sobell e Sobell, 1995), o que aconselhamos em casos exceto onde a abstinência é contraindicada é discutir este tópico usando um estilo de entrevista motivacional, que tem uma maior probabilidade de reduzir a resistência.

Uma avaliação do objetivo da abstinência é recomendada para os seguintes indivíduos (Kahan, 1996; M.B. Sobell e Sobell, 1993a): 1) aqueles que abusam de drogas ilícitas; 2) aqueles com restrições legais ao seu uso de álcool (por exemplo, encaminhados pelo sistema de justiça criminal, em condicional); 3) aqueles abaixo da idade legal para o uso de álcool; 4) aqueles que têm problemas médicos que seriam exacerbados pelo álcool; 5) aqueles que usam medicações sob prescrição para os quais o álcool é contraindicado; 6) mulheres grávidas, tentando engravidar ou amamentando e 7) aqueles em uma circunstância social em que o uso de álcool é contraindicado (por exemplo, o uso do álcool pode resultar em um divórcio). Os clientes com contraindicações para o uso de álcool ou drogas devem ser aconselhados por seus terapeutas de que a abstinência é o objetivo de tratamento recomendado. Na avaliação, estes clientes recebem um Folheto do Cliente 3.4 (Avaliação do Objetivo de Abstinência para Álcool e ou Drogas) para completarem em casa. Este exercício não pede uma especificação do objetivo, mas pede aos clientes para checar um quadro que diz que o seu objetivo é não usar álcool ou não usar drogas. Além disso, este formulário de avaliação pede aos clientes que respondam duas perguntas que avaliam sua motivação com relação ao objetivo: 1) "Neste momento, até que ponto é importante para você atingir seu objetivo declarado?" (0 é absolutamente não importante, e 100 é a coisa mais importante na minha vida que gostaria de atingir agora) e 2) "Neste momento, até que ponto você está confiante de que vai atingir seu objetivo declarado?" (0 é não acho que vou atingir meu objetivo, e 100 é acho que vou definitivamente atingir meu objetivo). Uma maneira de introduzir essas avaliações do objetivo é dizer: "A próxima coisa que gostaríamos que você completasse em casa e trouxesse na próxima sessão é uma avaliação do objetivo. Gostaríamos que avaliasse a importância deste objetivo e o quão confiante você está que vai atingi-lo".

Avaliação do Objetivo do Uso de Baixo Risco de Álcool (Folheto do Cliente 3.5)

Os clientes com um problema de álcool que não têm contraindicações para o uso de álcool (por exemplo, médico, legal, social, idade) são providos com uma escolha de objetivo explícita (isto é, abstinência ou uso de álcool de baixo risco). Esses clientes recebem o Folheto do Cliente 3.5 e são solicitados a completá-lo e trazê-lo na Sessão 1. Os clientes que selecionaram objetivos de baixo risco são solicitados a especificar no formulário os parâmetros de seus objetivos do uso de álcool (por exemplo, número de dias de uso de álcool por semana, a quantidade de doses de bebida por dia, as condições específicas em que o uso vai e não vai ocorrer). Assim como com a avaliação do objetivo da abstinência, a avaliação do objetivo do uso de álcool de baixo risco pede aos clientes para avaliar a importância dos seus objetivos e a sua confiança de que vão atingi-los. Segue-se uma amostra de diálogo mostrando como os terapeutas podem introduzir a avaliação do objetivo com os clientes com problemas de álcool para os quais a sua ingestão de baixo risco não é contraindicada.

A próxima coisa que gostaríamos que completasse em casa e trouxesse na próxima sessão é uma avaliação do objetivo. Queremos que selecione um objetivo que considere ser o melhor e mais realista para você. Na próxima sessão vou examinar seu objetivo junto com você. Além disso, na segunda página gostaríamos que avaliasse a importância do seu objetivo e até que ponto você está confiante de que vai atingi-lo. Os objetivos são flexíveis, de forma que, se a certa altura decidir que este objetivo não está funcionando para você, pode mudá-lo. O importante é que escolha o seu objetivo. Se ele funcionar, você recebe o crédito pelo seu esforço. Se não funcionar, podemos discutir o que o está impedindo de atingir seu objetivo e qual é o próximo passo.

Outro exemplo de uma avaliação da declaração de objetivo para o uso de álcool pode ser encontrado no panfleto *How to Cut Down on Your Drinking*, publicado pelo National Institute on Alcohol Abuse and Alcoholism (1996).

Com os clientes para os quais a ingestão de álcool de baixo risco não é contraindicada, o valor de fazê-los completar uma avaliação do objetivo antes de discutir os objetivos na Sessão 2 é que isso proporciona ao terapeuta o conhecimento dos objetivos do cliente antes de ele receber as diretrizes da ingestão de álcool dadas pelo terapeuta. Embora a maioria dos clientes que busca um objetivo de uso de álcool de baixo risco especifique a baixa quantidade e os limites de frequência (isto é, não mais de duas ou três doses em não mais de três ou quatro dias por semana) (L.C. Sobell et al., 2009; M.B. Sobell e Sobell, 1993a), alguns especificam quantidades que estão acima das diretrizes recomendadas. Fazer os clientes completarem a avaliação do objetivo antes de discuti-la na Sessão 1 reduz a probabilidade de eles tentarem agradar seus terapeutas (isto é, apresentando um objetivo irrealista).

A abordagem do estabelecimento do objetivo no modelo de tratamento da AMG é consistente com as conclusões baseadas em evidências que apresentamos em um editorial na revista *Addiction* (M.B. Sobell e Sobell, 1995). Esse editorial foi o tema de 11 comentários simultaneamente publicados por especialistas no campo. Embora alguns dos comentários não fossem favoráveis a dar aos clientes a escolha do objetivo (por exemplo, Hore, 1995), nenhum discordou das seguintes conclusões:

1. As recuperações de indivíduos que têm sido gravemente dependentes de álcool envolvem predominantemente a abstinência.
2. As recuperações de indivíduos que não têm sido gravemente dependentes do álcool envolvem predominantemente a redução do uso de álcool.
3. A associação do tipo de resultado e da gravidade da dependência parece ser independente dos conselhos proporcionados no tratamento. (M.B. Sobell e Sobell, 1995, p. 1149)

Em outras palavras, a ideia de que os terapeutas especificam os objetivos de tratamento dos clientes e que os estes então buscam atingir tais objetivos é uma *ilusão do terapeuta*. Os clientes parecem reduzir ou parar seu uso de substâncias baseados na gravidade de seus problemas, e não no conselho de seus terapeutas. Como os clientes finalmente escolhem seus próprios objetivos, sempre que possível incorporamos a escolha do objetivo no modelo de tratamento da AMG (isto é, quando não é contraindicado). A provisão de escolha do objetivo é também consistente com a teoria cognitiva social de

Bandura (1986), que afirma que as pessoas estarão mais comprometidas com os objetivos que estabeleceram para si do que com aqueles que outros determinaram para elas.

TÉRMINO DA SESSÃO DE AVALIAÇÃO: O QUE SE DESTACOU?

No final de cada sessão e antes de programar a próxima, todos os clientes são solicitados a responder a seguinte pergunta: "Falamos muitas coisas hoje. Digam uma ou duas coisas que se destacaram para você?" Essa pergunta é usada porque permite que os clientes digam o que ocorreu na sessão. Nossa experiência tem sido que as respostas dos clientes são com frequência esclarecedoras e às vezes surpreendentes. Também é comum haver clientes na sessão de avaliação que relatam que o que lhes chamou a atenção foi o estilo de entrevista motivacional usado pelo terapeuta (por exemplo: "Eu não me senti julgado" ou "Eu fui ouvido").

Resumo

O modelo de tratamento da AMG encara a avaliação como o início do tratamento, e também como um processo de coleta de informações. Iniciando na avaliação, os terapeutas usam um estilo de entrevista motivacional para interagir com os clientes, coletar informações e expressar empatia, o que por sua vez conduz ao desenvolvimento de uma aliança terapêutica com os clientes. A ênfase é colocada no uso de instrumentos de avaliação que possam proporcionar aos clientes *feedback* e informações com as quais podem tomar decisões mais bem informadas. As amostras de diálogos ilustrando como apresentar o *feedback* personalizado usando as medidas e os questionários de avaliação estão apresentadas no próximo capítulo. Finalmente, as lições de casa distribuídas na avaliação também foram discutidas como uma maneira de facilitar o tratamento e capacitar mais os clientes a assumir a responsabilidade pelo direcionamento da sua própria mudança.

APOSTILA PARA O TERAPEUTA 3.1

Objetivos, materiais necessários, procedimentos e folhetos do cliente
Sessão de avaliação para terapia de grupo e individual

OBJETIVOS DA SESSÃO

- Coletar informações sobre antecedentes e sobre o histórico do uso de substância.
- Coletar dados a serem usados para *feedback* no tratamento.
- Descrever a abordagem do tratamento.
- Distribuir lições de casa e instruções para a Sessão 1.

MEDIDAS DE AVALIAÇÃO

- Avaliação básica: Informações sobre antecedentes e sobre a história do problema (determinadas pelo centro de tratamento ou pelo terapeuta)
- Alcohol Use Disorders Identification Test (AUDIT; Apêndice A)
- Drug Abuse Screening Test (DAST-10; Apêndice B)
- Timeline Followback (Apostila para o Terapeuta 3.2 para o uso de álcool; Apostila para o Terapeuta 3.3 para o uso de droga)
- Questionário sobre o Histórico do Uso de Drogas (DUHQ; Apêndice C) e classificação de carta
- Régua da prontidão
- Brief Situational Confidence Questionnaire (BSCQ; Apêndice D)
- Formulário da Escala Onde Você Está Agora (Folheto do Cliente 3.6)
- Exercício de balança decisória (Folheto do Cliente 3.1)
- Formulário de Objetivo do cliente (abstinência: Folheto do Cliente 3.4; uso limitado de álcool de baixo risco: Folheto do Cliente 3.5)
- Registros de automonitoramento (uso de álcool: Folheto do Cliente 3.2; uso de droga: Folheto do Cliente 3.3)
- Introdução aos grupos (Folheto do Cliente 5.1 para clientes que vão participar de terapia de grupo)

VISÃO GERAL DA SESSÃO DE AVALIAÇÃO

- Introdução, confidencialidade, consentimento informado para o tratamento.
- Explicar pontos-chave da abordagem do tratamento como mostrado abaixo (por exemplo, AMG: Sessões de tempo limitado com sessões adicionais se necessário; lições de casa e diários de automonitoramento completados fora das sessões; *feedback* das medidas de avaliação; aprender a usar uma abordagem de resolução de problema para lidar com os problemas; assumir a responsabilidade pela mudança e direcionar o próprio plano de mudança).

"O programa de Automudança Guiada o ajuda a direcionar sua própria mudança e se destina a fazer você assumir a responsabilidade por sua própria mudança. Irá aprender a usar a abordagem de resolução de problema para lidar com seu uso de álcool ou droga e com outros problemas. Como parte do programa, vamos lhe pedir que realize algumas leituras curtas e tarefas de casa, e para manter registros do seu uso e compulsões para o uso de álcool e droga. Quando as pessoas trabalham nos seus objetivos fora das sessões e trazem material para tratamento, isso ajuda a acelerar sua mudança. Por essa razão, é muito importante realizar as tarefas de casa. O programa consiste em quatro sessões semiestruturadas mais a avaliação de hoje. Na quarta sessão vamos examinar o seu progresso e você pode decidir nessa ocasião se gostaria de mais sessões. Um mês depois da sua última sessão vou lhe telefonar para saber como está indo."

- Propósito da avaliação: Coletar informações sobre os problemas apresentados.
- Para os clientes que estarão participando da terapia de grupo, discutir quaisquer preocupações sobre estar em uma terapia de grupo.
- Término da entrevista de avaliação: perguntar o que se destacou hoje, solicitar que os clientes façam perguntas, programar a próxima sessão.

PROCEDIMENTOS DA AVALIAÇÃO

- Introdução: Iniciar com uma discussão aberta que use uma abordagem motivacional e perguntar o que trouxe o cliente para o tratamento, expectativas do tratamento e explicar o que é a sessão de avaliação, assim como a sua duração.
- Explicar e obter um consentimento informado assinado para o tratamento.
- Completar a avaliação básica, que inclui dados demográficos e história e problemas do uso de substâncias (determinados pela agência ou pelo terapeuta).
- Completar AUDIT, DAST-10, DUHQ, BSCQ, régua de prontidão e Escala "Onde Você Está Agora?".
- Completar Timeline Followback de 90 dias pré-tratamento para o uso de álcool ou drogas ou ambos.

FOLHETOS DO CLIENTE

- Exercício da balança decisória
- Avaliação do objetivo
- Diários de automonitoramento

DISCUSSÃO COM OS POTENCIAIS MEMBROS DA TERAPIA DE GRUPO

- Dar introdução ao folheto dos grupos.
- Discutir as regras do grupo, incluindo a confidencialidade.
- Todos os membros precisam participar regularmente e compartilhar informações sobre si.
- Espera-se que os membros proporcionem *feedback* e apoio aos outros membros.
- O estudo descobriu que os grupos são tão efetivos quanto a terapia individual.

COMPLETAR ANTES DA SESSÃO 1

- Preparar *feedback* personalizado sobre o uso de álcool (Folheto do Cliente 4.2) ou uso de drogas (Folheto do Cliente 4.3) ou, se aplicável, ambos.
- Preparar um gráfico BSCQ personalizado para a Sessão 2 (Folheto do Cliente 4.7).
- Para os clientes de grupo, fazer cópias suficientes do Folheto do Cliente 5.1 para distribuir para todos os membros no primeiro encontro do grupo.

APOSTILA PARA O TERAPEUTA 3.2
Instruções para o Timeline Followback
e exemplo de calendário para o uso de álcool

Para obter uma ideia de como foi seu uso de álcool nos **últimos** ____ **dias**, gostaríamos que preenchesse o calendário em anexo.

PARA COMEÇAR

1. Escreva a **DATA DE HOJE** e a **DATA DE ONTEM** no alto do calendário.
2. **Coloque um X na DATA DE HOJE**, mas **NÃO** coloque um número de doses para "hoje" ou para qualquer dia depois de hoje.
3. Começando com **ONTEM**, vá até o calendário e escreva o **número de doses padrão** que você tomou em **cada dia** do calendário. Para qualquer dia em que você **não tomou álcool, escreva "0"**.
4. Abaixo está uma **Tabela Padrão de Conversão de Doses** que lhe facilitará registrar sua ingestão de álcool.

EXEMPLO DE CALENDÁRIO Escreva a data de hoje e e data de ontem
ID: 9-999 **Data de hoje** 22 de junho de 2010
Data do Início: (Dia 1) 31/05/2010 **Última Data: (Ontem)** 21 de junho de 2010

CALENDÁRIO DO TIMELINE FOLLOWBACK

1 dose padrão é igual a

- 1 lata/garrafa de cerveja de 350 ml
- Uma taça de 150 ml de vinho comum
- 45 ml de bebida destilada (p. ex., rum, vodca, uísque)
- 1 coquetel com 45 ml de bebida destilada

POR FAVOR, LEIA AS INSTRUÇÕES ANTES DE PREENCHER O CALENDÁRIO

Domingo	Segunda	Terça	Quarta	Quinta	Sexta	Sábado
30-maio	31-maio	1-junho	2-junho	3-junho	4-junho	5-junho
FERIADO	3	1	0	0	3	1
6-junho	7-junho	8-junho	9-junho	10-junho	11-junho	12-junho
2	0	0	0	0	0	4
13-junho	14-junho	15-junho	16-junho	17-junho	18-junho	19-junho
0	0	0	0	0	0	1
20-junho	21-junho	22-junho	23-junho	24-junho	25-junho	26-junho
2	0	X				

Coloque um X no dia de hoje e preencha todos os dias ANTES de hoje

---

Extraído de *Terapia de grupo para transtornos por abuso de substâncias*, de Linda Carter Sobell e Mark B. Sobell. Artmed Editora, 2012. A permissão para fotocopiar este folheto é concedida aos compradores deste livro apenas para uso pessoal.

O QUE PREENCHER

- Quando bebeu, escreva o número total de doses padrão que bebeu naquele dia.
- Quando não bebeu, escreva um "0".
- **O IMPORTANTE É ESCREVER ALGO EM CADA DIA, MESMO QUE SEJA UM "0".**

QUEREMOS QUE VOCÊ REGISTRE SUA INGESTÃO DE ÁLCOOL NO CALENDÁRIO USANDO DOSES PADRÃO

Por exemplo
- Para ajudá-lo, queremos que use uma conversão de dose padrão
  1 dosee padrão =
  350 ml de cerveja (5%)
  150 ml de vinho (11-12%)
  45 ml de bebida destilada (40%)
  45 ml de bebida destilada em um coquetel (40%)
- Se você bebeu seis cervejas de 350 ml, escreva 6 para esse dia.
- Se você bebeu mais de um tipo de bebida alcoólica em um dia, como, por exemplo duas cervejas de 350 ml e três taças de vinho de 150 ml, escreva 5 para esse dia.
- **Os feriados** são marcados no calendário para ajudá-lo a lembrar sua ingestão de álcool. Você pode também pensar em quanto bebeu em dias especiais para você e em eventos como aniversários, férias e festas.

SUA MELHOR ESTIMATIVA

- **Completar o calendário não é difícil!**
- Se você não tem certeza se bebeu três ou seis doses ou se você bebeu em uma quinta ou sexta-feira, dê sua melhor estimativa.
- **Reconhecemos que as pessoas não terão uma lembrança perfeita, mas tente ser o mais preciso possível.**

APOSTILA PARA O TERAPEUTA 3.3
Instruções para o Timeline Followback
e exemplo de calendário para o uso de drogas

Nome da primeira da droga para a qual você buscou tratamento _____.

- As questões a seguir estão relacionadas ao uso da primeira droga para a qual você buscou tratamento **Quando você ler a palavra drogas**, esta se refere à primeira droga para a qual busca tratamento.
- Para obter uma ideia de como foi seu uso de drogas **nos últimos** _____ **dias**, gostaríamos que prenchesse o calendário em anexo.
- A ideia é que você indique **todos os dias** no calendário se você **usou** ou **não** a primeira droga para a qual busca tratamento.

PARA COMEÇAR

1. Escreva a **DATA DE HOJE** e a **DATA DE ONTEM** no alto do calendário.
2. **Coloque um X na DATA DE HOJE**, mas **NÃO** coloque um número para "hoje" ou para qualquer dia depois de hoje.
3. Começando com **ONTEM**, vá até o calendário
   a. Nos dias em que **NÃO USOU** drogas, escreva "0".
   b. Nos dias em que **USOU** drogas, escreva "✓".

EXEMPLO DE CALENDÁRIO   Escreva a data de hoje e e data de ontem
ID: 9-999   **Data de hoje** 2 de outubro de 2010
Data do Início: (Dia 1) 09/03/2010   **Última Data: (Ontem)** 1º de setembro de 2010

Domingo	Segunda	Terça	Quarta	Quinta	Sexta	Sábado
			1-set	2-set	3-set	4-set
					0	0
5-set	6-set	7-set Dia da independência	8-set	9-set	10-set	11-set
0	✓	✓	✓	0	0	✓
12-set	13-set	14-set	15-set	16-set	17-set	18-set
✓	✓	0	✓	✓	0	✓
19-set	20-set	21-set	22-set	23-set	24-set	25-set
✓	0	0	0	0	✓	✓
26-set	27-set	28-set	29-set	30-set	01-out	02-out
0	0	✓	0	0	0	X

Para todos os dias, escreva "✓" se você usou alguma droga ou "0" se não usou.

Extraído de *Terapia de grupo para transtornos por abuso de substâncias*, de Linda Carter Sobell e Mark B. Sobell. Artmed Editora, 2012. A permissão para fotocopiar este folheto é concedida aos compradores deste livro apenas para uso pessoal.

O QUE PREENCHER

- Quando usou a primeira droga para a qual buscou tratamento.
    a. Nos dias em que **NÃO USOU** drogas, escreva "0".
    b. Nos dias em que **USOU** drogas, escreva "✓".

- **O IMPORTANTE É ESCREVER ALGO EM CADA DIA, MESMO QUE SEJA "0".**

SUA MELHOR ESTIMATIVA

Completar o calendário não é difícil!
- Se você não tem certeza se usou alguma droga em um determinado dia ou se usou em uma quinta ou sexta-feira, dê sua melhor estimativa.
- **Reconhecemos que as pessoas não terão uma lembrança perfeita, mas tente ser o mais preciso possível.**

FOLHETO DO CLIENTE 3.1

Exercício da balança decisória

O COMPORTAMENTO QUE ESTOU PENSANDO EM MUDAR É:

PONDERANDO AS DECISÕES

Quando as pessoas ponderam as decisões, elas olham para os **custos e benefícios** das escolhas que podem fazer. **Lembre-se de que ter sentimentos ambivalentes com frequência ocorre quando se toma decisões.**

BALANÇA DECISÓRIA

Muitas pessoas mudam por si mesmas. Quando são indagadas sobre o que provocou a mudança, elas com frequência dizem que apenas **"pensaram a respeito"**, significando que avaliaram as consequências do seu comportamento atual e de mudar antes de tomar uma decisão final.

Você pode fazer a mesma coisa com os custos da mudança de um lado e os benefícios da mudança do outro. Este exercício vai ajudá-lo a olhar as boas coisas e as coisas não tão boas com relação à mudança.

Para mudar, a escala precisa dar dicas, para que os custos superem os benefícios.

Pesar os prós e contras da mudança acontece o tempo todo – por exemplo, quando se muda de emprego ou se decide se casar.

EXERCÍCIO DA BALANÇA DECISÓRIA

Uma coisa que ajuda as pessoas que estão pensando em mudar é listar em um lugar os benefícios e custos de mudar ou continuar seu comportamento atual. Ver toda a série de custos e benefícios pode lhe facilitar decidir se deve mudar. Segue um exemplo de um Exercício da Balança Decisória.

EXEMPLO: EXERCÍCIO DA BALANÇA DECISÓRIA

	Mudar	Não Mudar
Benefícios de	• Maior controle sobre a minha vida. • Apoio da família e dos amigos. • Redução de problemas no trabalho. • Melhora na saúde e nas finanças.	• Mais relaxado. • Mais divertido nas festas. • Não ter de pensar nos meus problemas.
Custos de	• Aumento do estresse e da ansiedade. • Sentir-me mais deprimido. • Aumento do tédio. • Problemas de sono.	• Desaprovação de amigos/família. • Problemas de dinheiro. • Dano aos relacionamentos íntimos. • Maiores riscos à saúde.

Extraído de *Terapia de grupo para transtornos por abuso de substâncias*, de Linda Carter Sobell e Mark B. Sobell. Artmed Editora, 2012. A permissão para fotocopiar este folheto é concedida aos compradores deste livro apenas para uso pessoal.

EXERCÍCIO DA BALANÇA DECISÓRIA: É A SUA VEZ

Preencha os custos e benefícios de mudar e de não mudar. Compare-os e pergunte a si mesmo: *os custos valem a pena?*

	Mudar	Não mudar
Benefícios de		
Custos de		

A DECISÃO É SUA

A próxima página pede-lhe para listar as razões mais importantes por que você quer mudar. **É você que deve decidir as dicas que a escala vai lhe dar em favor da mudança.**

A razão mais importante de eu querer mudar é:

_____
_____
_____
_____
_____
_____
_____
_____

Se alguém lhe desse 5 milhões de reais para mudar o comportamento que você está pensando com relação à mudança por apenas um dia, você mudaria? Por quê?

_____
_____
_____
_____
_____
_____
_____
_____

Que passos você teria que dar para conseguir mudar e, assim, receber os 5 milhões de reais?

_____
_____
_____
_____
_____
_____
_____
_____
_____
_____

FOLHETO DO CLIENTE 3.2

Registros de Automonitoramento para o Uso de Álcool

Monitoramento do seu uso de álcool

O **AUTOMONITORAMENTO** é uma parte importante deste programa.

Ele pode ajudá-lo a:

- Registrar com maior precisão sua ingestão de álcool porque está escrevendo o que bebe mais frequentemente.
- Avaliar seu progresso rumo aos seus objetivos. Mesmo quando você não beber, registre um "0" para esse dia.
- Identificar situações de alto risco observando os dias em que você bebeu muito. Essa informação permite que você e seu terapeuta desenvolvam melhores estratégias de enfrentamento e alternativas para as situações de bebida problemáticas.
- Identificar situações em que você não bebeu ou que limitou sua ingestão de álcool.

Embora o automonitoramento possa parecer consumir tempo, manter registros de algumas atividades não é raro. Atletas, vendedores, corretores de ações e outros mantêm um acompanhamento do seu progresso. **Acompanhar o seu comportamento pode ajudá-lo a atingir seus objetivos.**

Embora o automonitoramento requeira algum tempo e compromisso, os clientes que têm automonitorado a sua ingestão de álcool relatam que isso proporciona um melhor entendimento de quanto eles bebem e de situações relacionadas à sua ingestão de álcool.

- Queremos que você acompanhe sua ingestão diária de álcool e **traga seus registros para cada sessão.**
- É importante manter os registros precisos. **Não há certo ou errado** em registrar o que você bebe.
- O automonitoramento destina-se a **ajudar você e seu terapeuta a observarem como você está mudando.**

INSTRUÇÕES

Lembre-se de trazer seus diários preenchidos para sua próxima sessão.

No alto do formulário, escreva o seu nome e o objetivo do tratamento nos espaços proporcionados. Se você quiser também monitorar o uso de outra droga além do álcool, escreva o nome da droga no espaço proporcionado.

Para cada dia

- Começando no dia da sua avaliação, escreva a **Data** na primeira coluna na linha que corresponde ao dia da semana. Por exemplo, se você foi atendido na quarta-feira, 9 de novembro, escreva 9 de novembro na linha que tem quarta-feira na primeira coluna.
- Em seguida, calcule o número de doses que você tomou naquele dia e inclua **cerveja, bebida destilada e vinho.** Depois totalize o número de doses no final de cada dia e escreva esta quantidade na coluna **Total de Doses.** Se você não beber em um certo dia, escreva "0" na coluna desse dia. No fim da semana há um espaço no fim da coluna que diz **Nº Total de Doses.** No final da semana, nesse espaço coloque o número total de doses que você tomou nessa semana.

Extraído de *Terapia de grupo para transtornos por abuso de substâncias*, de Linda Carter Sobell e Mark B. Sobell. Artmed Editora, 2012. A permissão para fotocopiar este folheto é concedida aos compradores deste livro apenas para uso pessoal.

- Se você usou uma segunda droga em determinado dia, escreva **"S"** para sim na coluna **Foi usada uma segunda droga?** Se não usou uma segunda droga em determinado dia, escreva **"N"** para não nessa coluna.
- Na próxima coluna, **Sua ingestão de álcool lhe causa problemas?**, responda com um **"S"** para sim ou **"N"** para não.
- Na coluna **Compulsão para beber?** responda com **"S"** para sim ou **"N"** para não.
- Na coluna **Situações relacionadas ao seu uso de álcool ou compulsão para beber?**, cheque onde você estava e com quem você estava quando usou álcool ou sentiu um desejo de beber. Na última coluna, você pode anotar **Que pensamentos ou sentimentos experimentou?** com relação à bebida ou à compulsão para beber. Use o verso de cada folha do registro para escrever observações adicionais relacionadas ao seu hábito de beber.

Na próxima página mostramos o exemplo de uma folha preenchida. Para aumentar a precisão do registro, é importante registrar sua ingestão de álcool para cada dia em vez de tentar lembrá-la no final da semana.

DIÁRIO DA INGESTÃO DE ÁLCOOL	UMA DOSE PADRÃO =
CONVERSÕES DE DOSE PADRÃO VINHO 1 garrafa (750 ml) = 5 doses 1 garrafa (1.180 ml) = 8 doses 1 garrafa de vinho fortificado (750 ml) = 8 doses BEBIDA DESTILADA 1 garrafa de 480 ml = 11 doses 1 garrafa de 750 ml = 17 doses 1 garrafa de 1,14 l = 27 doses	350 ml de cerveja (5%) 45 ml de bebida destilada (uísque, gim) (40%) 150 ml de vinho comum (12%) 90 ml de vinho doce (20%)

AMOSTRA DE AUTOMONITORAMENTO DO USO DIÁRIO DE ÁLCOOL

Nome: John Smith
Ano: 2010
Objetivo: média de 2 doses/dia, 2 dias/semana; limite e dias/dia 2 x/mês
Nome da Segunda Droga: Maconha

Data	Total de doses	Foi usada uma segunda droga?	Sua ingestão de álcool lhe causa problemas?	Você tem compulsão para beber?	Situações relacionadas ao seu uso de álcool ou a compulsões para beber (Cheque todas que se aplicam)				Quando você teve compulsões para beber e bebeu, que pensamentos ou sentimentos experimentou?
Escreva mês e dia	Se você não bebeu neste dia, escreva "0"	S = Sim N = Não	S = Sim N = Não	S = Sim N = Não	Sozinho	Com outras pessoas	Local privado	Local público	
2ª. feira 4 Jan	0	N	N	N					
3ª feira 5 Jan	0	N	N	N					
4ª. feira 6 Jan	1	S	N	N					Entediado em casa. Tomei uma cerveja. Fumei um baseado depois do jantar.
5ª. feira 7 Jan	0	N	N	S		X		X	Saí para jantar com minha namorada; queria beber, mas não bebi.
6ª. feira 8 Jan	9	N	S	S		X	X		Na festa de uma amigo, gostei de me divertir, mas exagerei.
Sábado 9 Jan	5	S	N	S	X		X		Trabalhei em casa o dia todo, tomei cerveja à tarde e vinho no jantar.
Domingo 10 Jan	12	N	S	S		X		X	Em jogo de futebol com amigos; passei a noite no bar.

Total da semana = 27
Use o verso para anotações adicionais

AMOSTRA DE AUTOMONITORAMENTO DO USO DIÁRIO DE ÁLCOOL

Nome:
Objetivo:
Ano:
Nome da Segunda Droga:

Data	Total de doses	Foi usada uma segunda droga?	Sua ingestão de álcool lhe causa problemas?	Você tem compulsão para beber?	Situações relacionadas ao seu uso de álcool ou a compulsões para beber (Cheque todas que se aplicam)				Quando você teve compulsões para beber e bebeu, que pensamentos ou sentimentos experimentou?
Escreva mês e dia	Se você não bebeu neste dia, escreva "0"	S = Sim N = Não	S = Sim N = Não	S = Sim N = Não	Sozinho	Com outras pessoas	Local privado	Local público	
2ª. feira									
3ª. feira									
4ª. feira									
5ª. feira									
6ª. feira									
Sábado									
Domingo									

Total da semana =

Use o verso para anotações adicionais

Extraído de *Terapia de grupo para transtornos por abuso de substâncias*, de Linda Carter Sobell e Mark B. Sobell. Artmed Editora, 2012. A permissão para fotocopiar este folheto é concedida aos compradores deste livro apenas para uso pessoal.

REGISTROS DE AUTOMONITORAMENTO DO USO DIÁRIO DE ÁLCOOL

Notas adicionais

Instruções: Use este espaço para quaisquer anotações adicionais relacionadas ao seu uso ou compulsões para usar álcool.

FOLHETO DO CLIENTE 3.3

Registros de automonitoramento do uso de drogas

MONITORAMENTO DO SEU USO DE DROGAS

O AUTOMONITORAMENTO do seu uso de droga é uma parte importante deste programa. Ele pode ajudá-lo a:
- Registrar informações precisas sobre seu uso de droga e quaisquer mudanças que você tenha feito.
- Avaliar seu progresso rumo aos seus objetivos. Mesmo quando você não usá-lo, registre um "0" para esse dia.
- Identificar situações de alto risco observando os dias em que você usou drogas. Essa informação permite a você e ao seu terapeuta desenvolverem melhores estratégias de enfrentamento e alternativas para as situações de uso de drogas.
- Identificar situações em que você não usou drogas.

Embora o automonitoramento possa parecer consumir tempo, manter os registros de algumas atividades não é uma coisa pouco comum. Atletas, vendedores, corretores de ações e outros acompanham o seu progresso.

Acompanhar o seu comportamento pode ajudá-lo a atingir seus objetivos.

Embora o automonitoramento requeira algum tempo e compromisso, os clientes que automonitoraram seu uso de droga relatam que isso proporciona um melhor entendimento do quanto eles a usam e das situações relacionadas ao seu uso de droga.
- Queremos que você acompanhe seu uso diário de droga e **traga seus diários para cada sessão**.
- É importante manter registros precisos. Não há **certo ou errado** no registro do que você usa.
- O automonitoramento se destina a **ajudá-lo e ao seu terapeuta a observarem como você está mudando**.

INSTRUÇÕES

Lembre-se de levar seus diários preenchidos para sua próxima sessão.
- No alto do formulário, escreva o seu nome e a droga primária para a qual está buscando tratamento. Se estiver monitorando uma droga secundário (por exemplo, cocaína), escreva o nome da droga no espaço fornecido.

Para cada dia
- Começando no dia da sua avaliação, escreva a **Data** na primeira coluna na linha que corresponde ao dia da semana. Por exemplo, se foi atendido na quarta-feira, 9 de novembro, escreva 9 de novembro na linha que tem quarta-feira na primeira coluna.
- Em seguida, escreva **"S"** para Sim ou **"N"** para Não na coluna **Usou Drogas?** Para suas drogas primárias e secundárias.
- Depois registre o número total de doses padrão de álcool no final de cada dia e escreva esta quantidade na coluna do **Nº Total de Doses**. Se não bebeu nesse dia, então escreva "0" nesta coluna. Esta coluna está incluída porque é útil ver como seu uso de droga e álcool estão relacionados.

Extraído de *Terapia de grupo para transtornos por abuso de substâncias*, de Linda Carter Sobell e Mark B. Sobell. Artmed Editora, 2012. A permissão para fotocopiar este folheto é concedida aos compradores deste livro apenas para uso pessoal.

- Na coluna **Compulsão para Usar Drogas?** Responda escrevendo "S" para Sim ou "N" para Não.
- Na coluna das **Situações Relacionadas ao seu Uso ou Compulsão para o Uso de Drogas**, escreva onde estava e com quem estava quando usou drogas ou sentiu um desejo de usá-las. Na última coluna, você pode anotar seus **pensamentos e sentimentos** naquele momento. No verso de cada folha do diário há espaço para fazer anotações adicionais relacionadas a qualquer de suas situações de uso de droga.

Na próxima página apresentamos um exemplo de uma folha de automonitoramento completada. Para aumentar o registro da precisão, é importante registrar seu uso de drogas no final de cada dia. Se esquecer, registre seu uso de drogas no início do dia seguinte.

AMOSTRA DE AUTOMONITORAMENTO DO USO DIÁRIO DE DROGAS

Nome: John Smith
Primeira droga primária usada: maconha
Ano: 2010
Segunda droga usada: cocaína

Data	Usou drogas? S = Sim N = Não		# Total de doses Se não bebeu, escreva "0"	Compulsões para usar drogas? S = Sim N = Não	Situações relacionadas ao seu uso ou compulsões para o uso de drogas (sozinho, situação social)	Pensamentos ou sentimentos experimentados ao usar ou ter compulsões para o uso de drogas
Escrever Mês/Dia	Primeira	Segunda				
2ª. feira 4 janeiro	N	N	0	N		
3ª. feira 5 janeiro	N	N	0	N		
4ª. feira 6 janeiro	S	N	1	N	Em casa. Tomei uma cerveja. Fumei um baseado depois do jantar.	Entediado
5ª. feira 7 janeiro	N	N	0	N	Foi jantar com amigos, queria beber, mas não bebi.	Ansioso, mas orgulhoso mais tarde.
6ª. feira 8 janeiro	S	S	5	S	Na festa de um amigo, achei que estava me divertindo, mas abusei.	Queria ficar relaxado. Achei que pararia mais cedo.
Sábado 9 janeiro	S	S	2	N	Trabalhei em meu carro; tomei cervejas.	Senti-me bem, não intoxicado.
Domingo 10 janeiro	S	N	8	S	Fui a um jogo de futebol com amigos; passei a noite no bar.	Queria que os amigos gostassem de mim; depois de bêbado, não me importava.

AMOSTRA DE AUTOMONITORAMENTO DO USO DIÁRIO DE DROGAS

Nome: Ano:
Primeira droga usada: Segunda droga usada:

Data Escrever Mês/Dia	Usou drogas? S = Sim N = Não		# Total de doses Se não bebeu, escreva "0"	Compulsões para usar drogas? S = Sim N = Não	Situações relacionadas ao seu uso ou compulsões para o uso de drogas (sozinho, situação social?)	Pensamentos ou sentimentos experimentados ao usar ou ter compulsões para o uso de drogas
	Primeira	Segunda				
2ª. feira						
3ª. feira						
4ª. feira						
5ª. feira						
6ª. feira						
Sábado						
Domingo						

Extraído de *Terapia de grupo para transtornos por abuso de substâncias*, de Linda Carter Sobell e Mark B. Sobell. Artmed Editora, 2012. A permissão para fotocopiar este folheto é concedida aos compradores deste livro apenas para uso pessoal.

REGISTROS DE AUTOMONITORAMENTO DO USO DIÁRIO DE DROGAS
Observações adicionais

Instruções: Use este espaço para escrever quaisquer observações adicionais relacionadas ao seu uso de drogas ou compulsões para usar drogas.

FOLHETO DO CLIENTE 3.4

Avaliação do Objetivo de Abstinência para Álcool ou Drogas

Nome: _____ Data: _____

IMPORTÂNCIA E CONFIANÇA NA MUDANÇA DE SEU USO DE DROGAS OU ÁLCOOL: ATÉ QUE PONTO VOCÊ ESTÁ PRONTO?

Parte 1

Meu objetivo é não usar (checar se apropriado): ___ Álcool ___ Drogas (primeira droga): _____

As pessoas em geral têm várias coisas que gostariam de mudar em suas vidas.
Em termos de não usar álcool ou drogas, por favor responda as seguintes questões.

Neste momento, até que ponto é importante você não ingerir álcool ou usar drogas? Use a escala que se segue para indicar sua avaliação da importância.

0	25	50	75	100
Não é de modo algum importante	Menos importante do que a maioria das outras coisas que gostaria de conseguir atualmente	Mais ou menos tão importante quanto as outras coisas que eu gostaria de conseguir atualmente	Mais importante do que a maioria das coisas que eu gostaria de conseguir atualmente	A coisa mais importante que eu gostaria de conseguir atualmente

A importância do meu objetivo é ____%.

Agora, faça a si mesmo as seguintes perguntas:

1. Meu objetivo é suficientemente importante para que eu me esforce para atingi-lo mesmo que o progresso seja lento ou difícil?

   ____ Sim ____ Não; se não, descreva por que não: _____

2. Há algumas **prioridades concorrentes** que poderiam interferir com o fato de eu atingir o meu objetivo?

   ____ Não ____ Sim; se sim, quais são elas? _____

Neste momento, até que ponto você está confiante de que não usará álcool ou drogas?

Use a escala que se segue para indicar a avaliação da sua confiança.

0	25	50	75	100
Eu não acho que vá conseguir atingir definitivamente o meu objetio	Tenho 25% de chance de atingir definitivamente o meu objetivo	Tenho 50% de chance de atingir definitivamente o meu objetivo	Tenho 75% de chance de atingir definitivamente o meu objetivo	Acho que vou conseguir atingir definitivamente meu objetivo

Estou ____% confiante de que vou atingir o meu objetivo.

Agora, faça a si mesmo as seguintes perguntas:

1. Considerando tudo, a minha avaliação de confiança é realista?

   ____ Sim ____ Não; se não, indique por quê: _____

2. Há alguns obstáculos que posso encontrar para atingir meu objetivo?

   ____ Não ____ Sim: se sim, quais são eles? _____

Extraído de *Terapia de grupo para transtornos por abuso de substâncias*, de Linda Carter Sobell e Mark B. Sobell. Artmed Editora, 2012. A permissão para fotocopiar este folheto é concedida aos compradores deste livro apenas para uso pessoal.

ONDE SEU OBJETIVO SE ADAPTA E ATÉ QUE PONTO VOCÊ ESTÁ PRONTO PARA MUDAR SEU USO DE ÁLCOOL OU DROGAS?

Parte 2

- Seguem-se quatro combinações diferentes da importância e da confiança das avaliações do objetivo.
- Examine suas avaliações e cheque **qual das quatro combinações melhor descreve até que ponto você está pronto para não usar álcool ou drogas.**

1. _____ **Baixa Importância, Baixa Confiança**: Esses indivíduos em geral não consideram a mudança importante nem acreditam que possam conseguir fazer mudanças se tentarem. Eles não parecem estar prontos para mudar no momento presente.

   Se você está nesta categoria, pergunte a si mesmo o que seria necessário para você conseguir se comprometer com a mudança.

2. _____ **Baixa Importância, Alta Confiança:** Esses indivíduos em geral são confiantes de que podem mudar se acharem que isso é importante, mas não têm certeza se querem mudar no momento presente.

   Se você está nesta categoria, pergunte a si mesmo o que seria necessário para inclinar a escala em favor de você decidir mudar.

3. _____ **Alta Importância, Baixa Confiança**: Aqui o problema não é uma intenção para mudar, porque esses indivíduos estão expressando um desejo de mudar. Em vez disso, o problema é que eles, via de regra, não confiam que serão bem-sucedidos se tentarem.

   Se você está nesta categoria, pergunte a si mesmo (1) por que acha que não consegue mudar; (2) o que está interferindo com a sua confiança para mudar e (3) se há coisas que você pode fazer para aumentar sua confiança.

4. _____ **Alta Importância, Alta Confiança:** Esses indivíduos não somente acham que é importante mudar, mas também acreditam que podem ser bem-sucedidos e parecem muito prontos para mudar.

   Se você está nesta categoria, então parece que está em um bom estágio no processo da mudança.

FOLHETO DO CLIENTE 3.5

Avaliação da escolha do objetivo para o uso de álcool

Nome: _____ Data: _____

DECLARAÇÃO DO OBJETIVO: USO DE ÁLCOOL

Parte 1

As pessoas em geral têm várias coisas que gostariam de mudar em suas vidas. Mudar seu hábito de beber pode ser uma dessas coisas. Qual é seu objetivo atual? **Por favor, complete a opção 1 ou 2.**

Lembre-se de que o seu objetivo pode mudar no correr do tempo.

Meu objetivo atual é:

Opção 1: _____ **NÃO BEBER NADA ALCOÓLICO.** Se você assinalou este objetivo, VÁ PARA A PARTE 2 na próxima página agora.

OU

Opção 2: _____ **INGERIR ÁLCOOL SOMENTE EM DETERMINADAS CIRCUNSTÂNCIAS.**
Se pretende ingerir álcool somente **em determinadas circunstâncias**, deve saber que **uma dose padrão é igual a**

    350 ml de cerveja (4-5%)   150 ml de vinho de mesa (11-12%)
    45 ml de bebida destilada   90 ml de vinho fortificado (20%)

Se o seu objetivo é beber **em determinadas circunstâncias**, por favor complete as seguintes declarações:
- Em um dia comum, quando eu bebo, planejo não beber mais do que _____ doses padrão por dia.
- Durante uma semana comum, planejo não beber mais do que _____ dias.
- Planejo beber em menos de um dia por semana. Complete aqui: _____
- **Planejo beber APENAS nas seguintes condições:**
- **Planejo NÃO BEBER DE MODO ALGUM nas seguintes condições:**

Extraído de *Terapia de grupo para transtornos por abuso de substâncias*, de Linda Carter Sobell e Mark B. Sobell. Artmed Editora, 2012. A permissão para fotocopiar este folheto é concedida aos compradores deste livro apenas para uso pessoal.

IMPORTÂNCIA E CONFIANÇA DE MUDAR SEU USO DE ÁLCOOL: ATÉ QUE PONTO VOCÊ ESTÁ PRONTO?

Parte 2

Por favor, responda as duas próximas questões com relação ao seu objetivo de uso de álcool que descreveu na página anterior.

Neste momento, até que ponto é importante você atingir seu objetivo?
Use a escala que se segue para indicar sua avaliação da importância.

0	25	50	75	100
|	|	|	|	|
Não é de modo algum importante	Menos importante do que a maioria das outras coisas que gostaria de conseguir atualmente	Mais ou menos tão importante quanto as outras coisas que eu gostaria de conseguir atualmente	Mais importante do que a maioria das coisas que eu gostaria de conseguir atualmente	A coisa mais importante que eu gostaria de conseguir atualmente

A importância do meu objetivo é ____%.

Agora, faça a si mesmo as seguintes perguntas:

1. Meu objetivo é suficientemente importante para eu me esforçar para atingi-lo, mesmo que o processo seja lento ou difícil?
____ **Sim** ____ **Não**; se não, descreva: _____

2. Há algumas **prioridades concorrentes** que poderiam interferir com o fato de eu atingir o meu objetivo?
____ **Não** ____ **Sim**; se sim, quais são elas? _____

Neste momento, até que ponto você está confiante de que vai atingir seu objetivo?
Use a escala que se segue para indicar a avaliação da sua confiança.

0	25	50	75	100
|	|	|	|	|
Eu não acho que vá conseguir atingir definitivamente o meu objetio	Tenho 25% de chance de atingir definitivamente o meu objetivo	Tenho 50% de chance de atingir definitivamente o meu objetivo	Tenho 75% de chance de atingir definitivamente o meu objetivo	Acho que vou conseguir atingir definitivamente meu objetivo

Estou ____% confiante de que vou atingir o meu objetivo.

Agora, faça a si mesmo as seguintes perguntas:

1. Considerando tudo, a minha avaliação de confiança é realista?
____ **Sim** ____ **Não**; se não, indique por quê: _____

2. Há alguns obstáculos que posso encontrar para atingir meu objetivo?
____ **Não** ____ **Sim**: se sim, quais são eles? _____

ONDE SEU OBJETIVO SE ADAPTA E ATÉ QUE PONTO ESTÁ PRONTO PARA MUDAR SEU USO DE ÁLCOOL OU DROGAS?

Parte 3

- Seguem-se quatro combinações diferentes da importância e da confiança das avaliações do objetivo.
- Examine suas avaliações e cheque **qual das quatro combinações melhor descreve até que ponto está pronto A MUDANÇA.**

1. _____ **Baixa Importância, Baixa Confiança**: Aqui está expressando que não está muito confiante de que pode mudar e também que isso não é muito importante para você neste momento.

   Se você está nesta categoria, pergunte a si mesmo o que seria necessário para conseguir se comprometer com a mudança.

2. _____ **Baixa Importância, Alta Confiança**. Aqui expressa que está muito confiante de que pode mudar, mas que isso não é tão importante para você neste momento.

   Se está nesta categoria, pergunte a si mesmo o que seria necessário para inclinar a escala em favor de você decidir mudar.

3. _____ **Alta Importância, Baixa Confiança**: Aqui está expressando que mudar é muito importante, mas não se sente muito confiante para mudar neste momento

   Se está nesta categoria, pergunte a si mesmo 1) por que você acha que não consegue mudar; 2) o que está interferindo com a sua confiança para mudar e 3) se há coisas que pode fazer para aumentar sua confiança.

4. _____ **Alta Importância, Alta Confiança**: Aqui expressa que está muito confiante de que pode mudar e que é muito importante mudar neste momento.

   Se está nesta categoria, então parece que está em um bom estágio no processo da mudança e motivado para a mudança.

FOLHETO DO CLIENTE 3.6

Escala "Onde você está agora?"

Várias vezes durante nossas sessões, vou lhe pedir para avaliar seu uso de álcool ou drogas usando uma escala de 10 pontos onde **1 = pior que nunca** e **10 = não é mais uma preocupação** (mostrar a escala ao cliente):

```
     1                          5                         10
     |--------------------------|--------------------------|
  Pior do que nunca                                  Não é mais
                                                  uma preocupação
```

1. SESSÃO DE AVALIAÇÃO   Data: _____

Na escala de 10 pontos, onde 1 = Pior do que Nunca e 10 = Não é Mais uma Preocupação, como avalia seu uso de álcool **UM ANO ATRÁS** e como o avaliaria **AGORA**?

_____ **AVALIAÇÃO DE UM ANO ATRÁS**

_____ **AVALIAÇÃO DE AGORA**

Como você foi de (# um ano atrás) até (# agora)? _____

_____

2. SESSÃO 2

Quando veio para o tratamento, pedi-lhe para avaliar seu uso de álcool e droga. Usando a mesma escala de 10 pontos onde 1 = Pior do que Nunca e 10 = Não é mais uma Preocupação, como avaliaria seu uso de álcool e droga **HOJE**?

_____ Avaliação na SESSÃO 2

Como foi de (# na avaliação) até (# hoje)? _____

_____

3. SESSÃO 4

Em duas ocasiões anteriores, pedi-lhe para avaliar seu uso de álcool ou drogas. Usando a mesma escala de 10 pontos onde 1 = Pior do que Nunca e 10 = Não é mais uma Preocupação, como avaliaria seu uso de álcool ou drogas **HOJE**?

_____ Avaliação na **SESSÃO 4**

Como foi de (# na Sessão 2) até (# hoje)? _____

_____

Extraído de *Terapia de grupo para transtornos por abuso de substâncias*, de Linda Carter Sobell e Mark B. Sobell. Artmed Editora, 2012. A permissão para fotocopiar este folheto é concedida aos compradores deste livro apenas para uso pessoal.

PARTE II

Automudança guiada

uma intervenção cognitivo-comportamental motivacional para terapia individual e de grupo

4

Tratamento da automudança guiada em formato individual

> Em nossas revisões anteriores, as intervenções breves mais uma vez encabeçam a lista dos métodos de tratamento baseados em evidências, mesmo deixando as abordagens breves de melhoria motivacional em categoria separada.
>
> MILLER e WILBOURNE (2002, p. 275)

Este capítulo apresenta uma descrição por sessão das maneiras de implementar os principais elementos utilizados no tratamento da AMG com clientes tratados em terapia individual. No final do capítulo há quatro apostilas para os terapeutas (Apostilas para o Terapeuta 4.1-4.4) que contêm uma visão geral dos objetivos e procedimentos de cada sessão, incluindo também diretrizes clínicas e diálogos para ajudar os terapeutas a conduzirem a sessão. A Tabela 4.1 apresenta um resumo dos materiais de *feedback* personalizado entregues aos clientes durante as Sessões 1-4. As quatro apostilas para os terapeutas, 4.1 a 4.4, foram adaptadas do protocolo do estudo GRIN (ver Sobell e Sobell, 2009).

SESSÃO 1

Avaliações do objetivo: Abstinência (Folheto do Cliente 3.4) ou Escolha do objetivo (Folheto do Cliente 3.5)

Na avaliação, todos os clientes recebem um formulário de avaliação (ver o Capítulo 3) para completar e levar à primeira sessão. Embora as sessões subsequentes comecem com uma revisão e discussão das anotações de automonitoramento dos clientes, nesta sessão o formulário de avaliação do objetivo é discutido primeiro. Usando uma abordagem de entrevista motivacional, os terapeutas exploram as respostas dos clientes de uma maneira objetiva e não crítica. Isto é especialmente importante com clientes que não têm problemas graves de uso de substâncias (por exemplo, bebedores problemáticos, usuários de maconha que só fumam em grupos de amigos nos finais de semana) ou que não estiveram em tratamento antes. Nesses casos, o simples fato de estarem engajados em uma discussão objetiva sobre a escolha do objetivo pode minimizar ou reduzir a defesa.

Tabela 4.1 Materiais para *feedback* personalizado entregues aos clientes durante as Sessões 1-4.

- **Timeline Followback (TLFB):** As informações coletadas no Timeline Followback (Agrawal et al., 2008; L.C. Sobell e Sobell, 2003) são usadas para proporcionar um *feedback* personalizado para os clientes na Sessão 1 sobre seu uso de álcool (**Folheto do Cliente 4.1**. *Feedback* personalizado: onde se encaixa o seu uso de álcool? Sessão individual e de grupo 1) ou uso de drogas anterior ao tratamento (**Folheto do Cliente 4.2**. *Feedback* personalizado: onde se encaixa o seu uso de drogas? Sessão individual e de grupo 1). Este *feedback* é utilizado para elevar a consciência dos clientes do seu uso de álcool ou drogas em relação às leis vigentes. Além de coletar informações sobre o uso de substâncias de cada cliente antes do tratamento, dados sobre o uso de álcool e drogas no decorrer do tratamento são coletados nas anotações de automonitoramento (**Folhetos do Cliente 3.2 e 3.3**). Essas informações são transferidas para um formulário do TLFB, e no final do tratamento é produzido um perfil de *feedback* personalizado das mudanças dos clientes do pré-tratamento até a Sessão 4 em seu uso de álcool (Folheto do Cliente 4.3. Exemplo de *feedback* personalizado do uso de álcool do pré-tratamento até a sessão 4: sessão individual e de grupo 4) ou uso de drogas (Folheto do Cliente 4.4. Exemplo de *feedback* personalizado do uso de drogas do pré-tratamento até a sessão 4: sessão individual e de grupo 4).

- **Alcohol Use Disorders Identification Test (AUDIT):** As respostas dos clientes à versão de 10 itens do questionário AUDIT (Gavin et al., 1989; Skinner, 1982) são pontuadas segundo o gabarito apresentado no Apêndice A. Na Sessão 1, tendo por base as suas respostas ao AUDIT, os clientes com problemas de álcool recebem *feedback* personalizado em uma maneira de entrevista motivacional que reflete a seriedade dos seus problemas de álcool durante o ano precedente (**Folheto do Cliente 4.1**. *Feedback* personalizado: onde se insere o seu uso de álcool? Sessão individual e de grupo 1.

- **Drug Abuse Screening Test (DAST-10):** As respostas dos clientes à versão de 10 itens do questionário do DAST (Gavin et al., 1989; Skinner, 1982) são pontuados segundo o gabarito apresentado no Apêndice B. Na Sessão 1, tendo por base as suas respostas ao DAST-10, os clientes com problemas de droga recebem *feedback* personalizado em uma maneira de entrevista motivacional que reflete a seriedade dos seus problemas de droga no ano precedente (**Folheto do Cliente 4.2**. *Feedback* personalizado: onde se encaixa o seu uso de Drogas? Sessão individual e de grupo 1).

- **Brief Situational Confidence Questionnaire (BSCQ):** O BSCQ (Breslin et al., 2000), uma medida do estado da confiança ou autoeficácia de um cliente para resistir ao uso nocivo de álcool ou drogas, é utilizado para identificar e destacar as três situações de risco mais elevadas dos clientes (isto é, onde eles estão menos confiáveis para resistir ao impulso de fazer um uso nocivo de álcool ou drogas). Este capítulo contém dois exemplos do *feedback* do BSCQ dado aos clientes. O primeiro, baseado no BSCQ administrado na sessão de avaliação, é dado aos clientes na Sessão 2 (**Folheto

continua

Tabela 4.1 *continuação*

do Cliente 4.7. Amostra do perfil do uso de álcool ou droga do BSCQ na avaliação: Sessão individual e de grupo 2). Como parte da Sessão 2, este primeiro perfil do BSCQ é comparado com aqueles que os clientes listaram como seus dois gatilhos de alto risco no exercício sobre a identificação dos gatilhos (**Folheto do Cliente 4.6**. Sessão individual e de grupo 2). Os três gatilhos de risco mais elevados no perfil do BSCQ do cliente são classificados em um dos seis diferentes perfis do BSCQ (ver a Tabela 4.2, BSCQ: oito categorias de situações de alto risco e nomes abreviados dos perfis). A Figura 4.2 contém perfis de amostra dos seis diferentes perfis do BSCQ (por exemplo, bons momentos, tentando o controle). Esses nomes do perfil, destinados a captar os três gatilhos individuais de alto risco no BSCQ, também refletem em geral as duas situações de alto risco descritas no exercício dos gatilhos (M.B. Sobell e Sobell, 1993a). Apesar de os gatilhos do BSCQ terem uma natureza genérica, os dois gatilhos identificados pelos clientes estão relacionados às situações reais que experimentaram durante o ano anterior. Os clientes são informados de que os nomes dos perfis do BSCQ (por exemplo, *afeto negativo, bons momentos*; Tabela 4.2) destinam-se a proporcionar-lhes um rótulo abreviado para o reconhecimento mais fácil dos gatilhos que eles podem encontrar. Na Sessão 4, os clientes recebem um *feedback* mais uma vez baseado no BSCQ. Desta vez o *feedback* é comparativo e usa as respostas dadas pelos clientes no BSCQ na avaliação e na Sessão 3 (**Folheto do Cliente 4.9**. Amostra do perfil do uso de álcool ou drogas do BSCQ da avaliação da Sessão 3: Sessão individual e de grupo 4).

- **Leituras e tarefas de casa**: As leituras e tarefas de casa relacionadas destinam-se a ampliar o tratamento em termos de economia de tempo, melhora da continuidade do tratamento durante as sessões, e encorajamento dos clientes para assumir a responsabilidade por implementar mudanças fora das sessões do tratamento. Os exercícios usados no modelo de tratamento da AMG incluem:
- **Tarefa de casa para a Sessão 1: Exercício 1. Exercício da balança decisória** (Folheto do Cliente 3.1)
- **Tarefa de casa para a Sessão 2: Leitura sobre a identificação dos gatilhos** (Folheto do Cliente 4.5)
- **Tarefa de casa para a Sessão 2: Exercício sobre a identificação dos gatilhos** (Folheto do Cliente 4.6)
- **Tarefa de casa para a Sessão 3: Exercício sobre o desenvolvimento de novas opções e planos de ação** (Folheto do Cliente 4.8)

Abstinência

Embora essencialmente sejam os clientes que escolhem seus próprios objetivos, os terapeutas constituem-se em uma fonte importante de informações e recomendações. Com relação ao uso de álcool, os terapeutas orientam os clientes sobre quaisquer contraindicações médicas, legais ou sociais para o uso de bebida de baixo risco. As contraindicações médicas (Kahan, 1996; U.S. Department of Health and Human Services and U.S. Department of Agriculture, 2005) incluem todas as condições de saúde e as doenças exacerbadas pelo consumo de álcool (por exemplo, hepatite, gota, diabetes, hipertensão) e situações em que o consumo de álcool pode ser perigoso (por exemplo, gravidez, amamentação). O álcool também pode interferir no metabolismo de algumas drogas vendidas apenas com receita médica, reduzindo sua eficácia (por exemplo, antibióticos, antiepiléticos) ou aumentando os seus efeitos (por exemplo, benzodiazepínicos). Outras contraindicações podem ser sociais, como ultimatos por parte de outras pessoas (por exemplo, cônjuges, família, empregadores). As contraindicações legais incluem ser proibido de beber (isto é, uma condição de liberdade condicional) e o uso do álcool por menores de idade. Os leitores são conduzidos ao Capítulo 3 para uma discussão em profundidade das avaliações dos objetivos e das contraindicações para o uso de álcool. O tópico do uso de bebida de baixo risco não é introduzido com clientes que têm contraindicações para o álcool porque isso pode prejudicar sua opção pela abstinência. É importante que os clientes encarem a abstinência como uma escolha porque, caso ocorra um deslize, eles podem optar por parar de beber.

Por razões legais, os clientes que usam drogas ilícitas são aconselhados a ficar abstinentes. Os terapeutas também explicam aos clientes com objetivos de abstinência a importância de discutir qualquer uso de álcool ou drogas que ocorra durante o tratamento. Para que ocorra um relato honesto, é importante que os terapeutas desenvolvam um relacionamento terapêutico positivo com os clientes. Uma abordagem de entrevista motivacional, que é parte do modelo de tratamento da AMG, pode facilitar essa aliança. Evidências substanciais demonstram que, quando os clientes estão em um ambiente clínico em que a confidencialidade é garantida e nenhuma consequência adversa ocorrerá por serem honestos, autorrelatos são em geral acurados (revistos em Babor, Steinberg, Anton e Del Boca, 2000). Em outras palavras, quando os terapeutas são vistos como não críticos e quando os clientes acreditam que o seu relato honesto não vai resultar em consequências negativas, seus autorrelatos podem ser confiáveis.

Uso de álcool de baixo risco

Os clientes com problemas de álcool que não têm contraindicações para beber podem optar por um objetivo de uso de álcool de baixo risco. Com o passar dos anos, as diretrizes para o uso de álcool de baixo risco têm variado (Dufour, 1999; International Center for Alcohol Policies, 1998; National Institute on Alcohol Abuse and Alcoholism, 2007). Baseados na literatura, temos recomendado limites de não mais do que três doses padrão em não mais de quatro dias por semana (M.B. Sobell e Sobell, 1993a). Como as mulheres e os adultos idosos têm uma menor proporção de água no corpo do que os homens adultos, algumas diretrizes são baseadas no gênero ou na idade (por exemplo, as mulheres e os adultos idosos não devem consumir mais que uma dose padrão por dia; os homens não devem consumir mais do que duas doses padrão por dia (National Institute on Alcohol Abuse and Alcoholism, 1996; U.S. Department of Health and Human Services and U.S. Department of Agriculture, 2005). As diretrizes que usamos recomendam um limite tanto na frequência quanto na quantidade de bebida e têm a vantagem de evitar o uso diário de álcool, que pode resultar em maior tolerância do que o uso menos frequente da bebida (Kalant, 1987; Suwaki et al., 2001).

1 DOSE PADRÃO (14 G DE ETANOL ABSOLUTO) =

350 ml (5% de cerveja)

150 ml (12%) de vinho comum

45 ml (40%; teor de 80) de bebida forte (por exemplo, uísque, gim) pura ou em coquetel

Parte da avaliação do objetivo inclui uma discussão com os clientes sobre as razões da procura do beber de baixo risco. Com relação a isso, as principais razões para beber devem ser mais sociais do que o uso de álcool para buscar seus efeitos (por exemplo, para ficar embriagado). Se os clientes bebem para buscar seus efeitos, a tolerância no correr do tempo provavelmente resultará em excederem seus limites e aumentarem sua ingestão de álcool para conseguir os efeitos desejados (Maisto, Henry, Sobell e Sobell, 1978). Consequentemente, beber para ficar embriagado é considerado alto risco. Finalmente, como parte da sua avaliação do objetivo, os clientes também são solicitados a especificar situações que sejam de alto e baixo riscos para a ingestão de álcool.

Importância e confiança

O formulário de avaliação do objetivo também solicita aos clientes que avaliem a importância de atingir seu objetivo e a sua confiança (isto é, autoeficácia) de que conseguirão atingi-lo. É comum os clientes indicarem que atingir seus objetivos não é a coisa mais importante em suas vidas (isto é, outras coisas, como sua saúde, têm uma prioridade mais elevada). Além disso, para pessoas cujos problemas não são graves, atingir seus objetivos com frequência vai competir com outras atividades em suas vidas (por exemplo, relacionamentos, empregos). Pedir aos clientes para avaliar a importância de atingir seus objetivos e a sua confiança de que conseguirão atingi-los permite uma discussão dos fatores de motivação e dos possíveis obstáculos à mudança. Avaliações de confiança baixa podem refletir uma ausência de habilidades percebidas ou déficits na resolução de problemas. Depois de se descobrir até que ponto os clientes confiam em que irão atingir seus objetivos, pode-se fazer a seguinte pergunta: "O que teria de acontecer para sua confiança aumentar de 50 para 100%?". As respostas para esse tipo de pergunta com frequência identificam potenciais soluções (por exemplo: "Se eu não estivesse sempre com meus amigos que estão sempre usando, minha confiança aumentaria"). Finalmente, é dito aos clientes que a avaliação do objetivo será readministrada mais tarde no tratamento e que estão livres para modificar ou mudar seus objetivos a qualquer momento.

Redução dos danos

Embora a maioria dos clientes busque objetivos realísticos que se ajustam às suas circunstâncias, haverá alguns que, apesar de reconhecerem as contraindicações para o uso do álcool, não obstante buscam reduzi-lo em vez de pará-lo totalmente. Além disso, alguns clientes com problemas primários de drogas, em especial aqueles que usam maconha, não estarão dispostos a se comprometer com a abstinência. Nesses casos, recomendamos assumir uma abordagem de redução dos danos (Berridge, 1999; Erickson, 2007; Lieber, Weiss, Groszmann, Paronetto e Schenker, 2003; Witkiewitz e Marlatt, 2006). Usando essa abordagem, os clientes são informados em cada sessão que o conselho do terapeuta é para que eles não bebam ou usem drogas. No entanto, é dito que se decidirem não seguir este conselho, é extremamente importante que relatem honestamente seu uso de álcool ou drogas durante o tratamento. Finalmente, é importante documentar em prontuário clínico ou ao médico do cliente que ele foi aconselhado a se abster e as razões nas quais a recomendação foi baseada. Essa abordagem, embora não seja ideal, é preferível com clientes que não relataram o uso (comprometendo assim o aspecto de confiança do relacionamento terapêutico) ou abandonaram o tratamento porque o terapeuta não está disposto a considerar um objetivo de redução dos danos.

Discussão dos registros de automonitoramento dos clientes (álcool: Folheto do Cliente 3.2; drogas: Folheto do Cliente 3.3)

Uma progressão natural após a discussão do objetivo no início da Sessão 1 é pedir aos clientes para debaterem como foi a sua semana, discutindo seus registros de automonitoramento. O terapeuta pode perguntar: *"Como o seu uso de álcool ou drogas durante a última semana se relaciona ao seu objetivo?"*. Se a adequação for insuficiente (por exemplo, objetivo de abstinência, mas ocorreu uso de álcool ou drogas), isso conduzirá a uma discussão da consistência do objetivo e do comportamento do cliente (isto é, ou o comportamento ou o objetivo precisa mudar). A menos que seja relevante, deve ser evitada uma descrição detalhada, dia a dia, do uso de álcool ou drogas do cliente. Em vez disso, o terapeuta pode dizer: "Dê-me um panorama geral de como foi seu uso de álcool ou drogas nesta última semana."

Resumos do *feedback* personalizado do uso de álcool e drogas no pré-tratamento (álcool: Folheto do Cliente 4.1; drogas: Folheto do Cliente 4.2)

Depois da discussão do objetivo e das anotações de automonitoramento, os clientes recebem uma cópia de seus folhetos de *feedback* personalizado (isto é, Onde se encaixa o seu uso de álcool/drogas?). Seguem dois exemplos de diálogo mostrando como discutir o *feedback* com os clientes.

EXEMPLO DE COMO FORNECER *FEEDBACK* BASEADO NO USO DE ÁLCOOL OU DROGAS RELATADO PELOS CLIENTES EXTRAÍDO DO TIMELINE FOLLOWBACK

"Como mencionei na última semana, nesta sessão estaremos lhe dando um *feedback* sobre seu uso de álcool e drogas baseados nas informações que proporcionaram na avaliação. O primeiro tipo de *feedback* baseia-se no seu uso diário de álcool ou drogas" [Folheto do Cliente 4.1, Onde se encaixa o seu uso de álcool?; Folheto do Cliente 4.2, Onde se encaixa o seu uso de drogas?].

Para os clientes de álcool: Calculamos o número médio de doses que você relatou consumir por semana nos últimos 90 dias. Olhando para este gráfico, o que ele diz sobre onde se encaixa seu uso de drogas em comparação com as leis sobre o uso de drogas para [insira homens ou mulheres aqui]? O que lhe chama a atenção?"

Ao longo dos anos, ouvimos muitos clientes que, após compararem seu uso do álcool com as leis vigentes, dizem coisas como a seguinte:

Cliente: "Como o meu uso de álcool pode estar em um dos grupos mais altos? A maioria dos meus amigos bebe tanto ou mais do que eu."

Terapeuta: "Parece que você está surpreso com o seu padrão de beber porque ele é similar ao de seus amigos. O que você acha que isso significa?"

Quando os terapeutas fazem esta pergunta, ela impele muitos clientes a dizerem que seus amigos também fazem um uso nocivo de álcool. Considerando que os objetivos da maioria dos cientes será não beber ou beber menos, o terapeuta pode perguntar: "Que tipo de pressão social existe para beber quando você está com seus amigos?".

Para os clientes de drogas (por exemplo, cocaína): "Este gráfico mostra-lhes qual a percentagem de pessoas usou cocaína no último mês, no último ano e durante sua vida toda. Onde se insere seu uso de droga? O que lhe chama a atenção?"

Quando os clientes de drogas recebem esse tipo de *feedback* sobre o seu uso de cocaína antes de ingressarem no tratamento, uma resposta comum tem sido: "Ora, a maioria dos meus amigos usa cocaína, mas esses gráficos dizem que apenas uma pequena percentagem de pessoas usou cocaína no último ano". Quando ouvimos isto, recomendamos que o terapeuta normalize a resposta do cliente, dizendo: "Sua reação não é incomum. As pessoas que usam drogas com frequência se associam com outras que também as usam, e por isso podem facilmente ter a sensação de que muito mais pessoas usam drogas na realidade".

Além do *feedback* geral (por exemplo, % que bebe pesadamente ou usa cocaína), o terapeuta pode captar outras informações que podem ser usadas de uma maneira que melhore a motivação para ajudar os clientes a aumentar seu comprometimento com a mudança (por exemplo, um problema médico que foi exacerbado pelo uso do álcool).

Segue-se outro exemplo de como apresentar o *feedback* baseado nas informações da avaliação. Neste caso, o *feedback* está relacionado às pontuações na gravidade dos problemas de álcool e drogas.

EXEMPLO DE COMO FORNECER *FEEDBACK* BASEADO NAS PONTUAÇÕES DOS CLIENTES NO AUDIT E NO DAST-10

Se você se lembra, lhe fizemos várias perguntas sobre seu uso de álcool e drogas na avaliação, e lhe pedimos para relatar as consequências relacionadas ao seu uso de álcool e droga no ano passado. Pegamos esta informação e preparamos um resumo de *feedback* personalizado para você, de modo a lhe permitir avaliar melhor seu uso de álcool ou drogas. Baseados no que relatou, calculamos pontuações que refletem a severidade do seu uso de álcool [AUDIT] ou uso de drogas [DAST-10]. O que lhe chama a atenção?" [Este *feedback* está na última página do Folheto do Cliente 4.1 para o AUDIT e no Folheto do Cliente 4.2 para o DAST-10.]

Alguns clientes que veem os gráficos de *feedback* do AUDIT e do DAST-10 afirmarão: "Como pode ser isso?". Para esses clientes, o terapeuta pode dizer: "Vamos dar uma olhada no que você escreveu nos formulários". Desta maneira, o terapeuta usa as respostas dos clientes para lidar com sua surpresa. Outras discussões podem ocorrer, pedindo aos clientes que elaborem sobre suas respostas a perguntas específicas (por exemplo: "Você ou alguma outra pessoa se machucou como resultado da sua ingestão de álcool?"; "Você negligenciou sua família devido ao seu uso de drogas?").

Uma técnica de entrevista motivacional que com frequência funciona bem antes de proporcionar *feedback* aos clientes é *pedir permissão* (ver o Capítulo 2 para uma discussão adicional sobre esta técnica). Com isso, os terapeutas demonstram respeito pelos clientes. Quando se pede permissão para falar sobre determinados tópicos, nossa experiência tem sido de que quase todos respondem afirmativamente. Por exemplo, vimos muitos clientes com problemas de álcool que também têm hipertensão e não sabem que o álcool aumenta sua pressão arterial. Em vez de lhes fazer uma preleção a respeito, o terapeuta pode dizer: "Imagino que você sabe como o álcool pode afetar a pressão arterial de uma pessoa". Em geral, eles não sabem ou dirão algo como: "Bem, isso não é bom para mim". O terapeuta pode então dizer: "Você estaria interessado em ter mais informações sobre como o álcool pode afetar a pressão arterial das pessoas?". Neste momento, o terapeuta deve ter à mão panfletos importantes sobre o tópico. Alguns clientes não vão querer *feedback*, e nesses casos os terapeutas podem usar uma técnica de entrevista motivacional chamada lidando com a resistência e dizer: "OK, se você quiser podemos conversar sobre isso em outra ocasião".

Exercício de balança decisória: discussão das coisas boas e não tão boas com relação à mudança do uso de álcool ou drogas (Folheto do Cliente 3.1)

Juntos, o terapeuta e o cliente examinam o exercício de balança decisória que o cliente completou entre a avaliação e a Sessão 1. Se os clientes não trazem o exercício para a sessão, em geral fazemos com que o realize durante a sessão. O exercício da balança decisória proporciona uma excelente oportunidade para usar as técnicas de entrevista motivacional. Ao discutir as respostas dos clientes ao seu exercício da balança decisória, é importante discutir primeiro as *coisas boas* sobre o seu uso de substâncias, e depois disso são solicitados a falar sobre as *coisas não tão boas*. A razão para ordenar a discussão desta maneira é que muitas pessoas que abusam de substâncias chegam ao tratamento esperando receber repreensões sobre o seu comportamento e ouvir o que elas devem mudar, sem qualquer reconhecimento por parte do terapeuta de por que pode ser difícil mudar.

Iniciar a discussão do exercício da balança decisória com um reconhecimento explícito do lado positivo do comportamento (por exemplo: "Quais são as coisas boas no seu uso de álcool ou drogas?") não somente destaca a ambivalência sobre a mudança, mas também a torna aceitável para os clientes discutirem abertamente o que obtêm do seu uso de álcool ou drogas (isto é, recompensas). Discutir a ambivalência pode ser útil na construção de um relacionamento terapêutico, pois isso permite aos clientes discutir a atração (isto é, as coisas boas) do comportamento sem serem julgados. Além disso, há razões para pensar que fazer os clientes escreverem os custos e benefícios de mudar e de não mudar pode destacar mais os relacionamentos entre o comportamento e suas consequências negativas (Baumeister, 1994). O exemplo a seguir demonstra como uma discussão de um exercício da balança decisória pode ser usada para resumir a ambivalência de um cliente e reconhecer que tomar decisões para mudar pode ser difícil.

> *Por um lado, o que eu ouço você dizer é que se não parar de usar cocaína com seus amigos pode terminar perdendo sua esposa e seus filhos, mas por outro lado se preocupa em romper o relacionamento com amigos de tantos anos. Isso deve tornar muito mais difícil deixar a droga.*

A pergunta de cinco milhões de reais

A pergunta de cinco milhões de reais, que está na segunda parte do exercício da balança decisória, significa perguntar aos clientes se eles parariam de usar álcool ou drogas (ou mudariam qualquer comportamento) por um dia se lhes fossem oferecidos cinco milhões de reais. Nossa experiência ao fazer esta pergunta é que quase todos os clientes responderão: Sim. Depois disso, o terapeuta diz: "O que isso lhe diz?". A resposta, via de regra, é algo como: "Poderia mudar se o valor fosse correto". O ponto importante é que os clientes reconheçam que o que disseram é que a mudança se trata de uma escolha. Isto pode ser seguido pelo terapeuta perguntando: "O que lhe custaria inclinar a escala em favor da mudança?".

Nos poucos casos em que um cliente diz: "Não mudaria por dinheiro algum", os terapeutas podem responder: "OK, se você não mudaria o seu **[insira o comportamento]** por apenas um dia por cinco milhões de reais, o que poderia fazê-lo mudar por apenas um dia?" Se o cliente surgir com uma resposta como: "Se a minha família me deixasse", o terapeuta pode então seguir como no parágrafo anterior, conseguindo que o cliente perceba que a mudança é uma escolha. Se a discussão identificar que o cliente acha que a mudança será muito difícil, esse fato pode ser reconhecido e normalizado, dizendo: "Muitas pessoas acham a mudança difícil. Se fosse fácil, você não estaria aqui".

Fim da sessão: encerramento e o que lhe chamou a atenção

No fim da primeira sessão, o terapeuta entrega aos clientes a próxima tarefa de casa, que envolve realizar uma análise funcional do seu uso de substâncias descrevendo duas situações de alto risco (M.B. Sobell e Sobell, 1993a; M.B. Sobell et al., 1976). Essa tarefa de casa tem duas partes: a leitura da identificação dos gatilhos (Folheto do Cliente 4.5) e o exercício de identificação deles (Folheto do Cliente 4.6). A leitura introduz o conceito de assumir uma perspectiva realística sobre a mudança usando um diagrama de uma montanha que mostra uma pessoa subindo um caminho para o topo (isto é, a montanha da mudança; ver o diagrama na Sessão 2). Para as duas situações de alto risco deste exercício, os clientes são solicitados a identificar os eventos do ambiente (isto é, os gatilhos que preparam o terreno para o comportamento ocorrer) e as consequências de curto e longo prazos. Finalmente, antes de marcar a próxima sessão, diz-se aos clientes: "Hoje falamos sobre muitas coisas. Qual delas chamou sua atenção?".

SESSÃO 2

Discussão dos registros de automonitoramento dos clientes (álcool: Folheto do Cliente 3.2; drogas: Folheto do Cliente 3.3)

A menos que haja uma razão prioritária (por exemplo, cliente em crise) para iniciar outro tópico, as sessões remanescentes começam com o terapeuta perguntando ao cliente como foi sua semana e examinando suas anotações de automonitoramento. Os clientes são solicitados a descrever eventos importantes durante a semana e como estes afetaram seu uso de substâncias ou impulsos para usá-la. Repetindo, é importante não ficar preso aos detalhes de cada dia, mas, sim, discutir aqueles mais importantes. Com isso em mente, o terapeuta pode solicitar ao cliente que resuma os principais acontecimentos da semana anterior relacionados ao seu uso de álcool ou drogas ou fazer perguntas relacionadas a pontos específicos das anotações de automonitoramento (por exemplo: "Observei que na última quinta-feira você sentiu um impulso para beber ou usar drogas, mas se conteve. Como conseguiu isso?").

Discussão da leitura de identificação dos gatilhos (Folheto do Cliente 4.5) e do exercício de identificação dos gatilhos (Folheto do Cliente 4.6)

A Leitura de Identificação dos Gatilhos é um folheto breve que (1) explica como completar a tarefa de casa de identificação dos gatilhos e a tarefa de casa relacionada para a sessão seguinte, Desenvolvimento de novas opções e planos de ação e (2) apresenta uma perspectiva cognitiva da prevenção de recaída na mudança (isto é, pode haver um uso de substâncias não planejado durante o tratamento e a maneira como reagir aos lapsos é muito importante). A leitura comunica que a mudança do uso de álcool ou drogas de uma pessoa está com frequência associada a alguns altos e baixos (Hunt, Barnett e Branch, 1971; Marlatt e Donovan, 2005; Witkiewitz e Marlatt, 2004). Neste aspecto, é importante que os clientes tenham uma perspectiva realística sobre a mudança (isto é, a montanha da mudança) e use os lapsos, caso ocorram, como experiências de aprendizagem.

Em primeiro lugar, pergunta-se aos clientes o que lhes chamou a atenção nesta leitura e no exercício, assim como a parte de prevenção de recaída da leitura. São então solicitados a falar sobre as duas situações gatilhos de alto risco que identificaram para seu uso de álcool ou drogas, incluindo a descrição das consequências imediatas e de longo prazo relacionadas a essas duas situações.

Segue-se uma discussão em profundidade dos aspectos de prevenção de recaída da leitura.

A montanha da mudança e a prevenção de recaída

O objetivo da ilustração e da discussão da montanha da mudança na leitura é apresentar aos clientes uma perspectiva realística sobre a mudança e ajudá-los a aprender que, caso ocorra um lapso, não o encarem como um revés importante. Embora a prevenção da recaída tradicionalmente tenha incluído a identificação de situações de alto risco e o treinamento de habilidades para lidar com as situações de risco (Marlatt e Donovan, 2005), tratamentos breves como a AMG em geral não incluem o treinamento de habilidades (apesar de a flexibilidade inerente nesta abordagem permitir esse treinamento, se necessário). É importante familiarizar os clientes com os componentes cognitivos da prevenção de recaída porque os problemas do uso de substâncias podem ser recorrentes (ver a Figura 4.1).

Montanha da Mudança — Seu objetivo

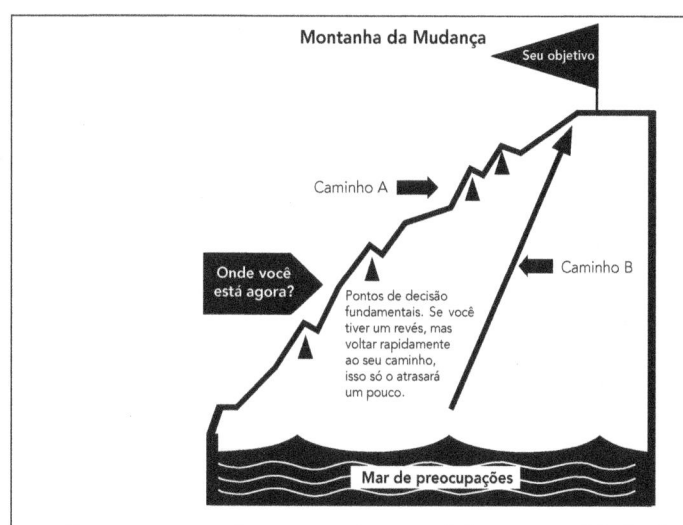

Caminho A

Onde você está agora?

Caminho B

Pontos de decisão fundamentais. Se você tiver um revés, mas voltar rapidamente ao seu caminho, isso só o atrasará um pouco.

Mar de preocupações

- Encare a recuperação como um processo de longo prazo (isto é, a ênfase é em manter a motivação se ocorrer um lapso).
- Reconheça que os lapsos podem ocorrer após o tratamento, e a maneira como os indivíduos lidam com eles é importante para sua recuperação em longo prazo.
- Se ocorrerem lapsos, interrompa-os logo para minimizar suas consequências e seus riscos.
- Se ocorrerem lapsos, use-os como experiências de aprendizagem para evitar ocorrências similares no futuro (isto é, você tem informações para identificar situações de alto risco futuras e desenvolver estratégias de enfrentamento alternativas).
- Encare os lapsos como eventos infelizes e isolados, em vez de como falhas pessoais.
- Aprenda com o lapso e vá em frente (isto é, não fique ruminando sobre os lapsos).

Figura 4.1 Componentes cognitivos do modelo de prevenção de recaída.

Quando o terapeuta discute a leitura com os clientes, como é o caso de todas as leituras e exercícios da AMG, ele o faz usando uma abordagem de entrevista motivacional em vez de uma aula expositiva sobre a possibilidade de reveses. Por exemplo, o terapeuta pode dizer: "Na sua tarefa de casa, havia um diagrama chamado montanha da mudança. Por que acha que o incluímos?". Ao discutir a possibilidade da recaída, acreditamos ser útil começar comparando-a com um treinamento para o caso de incêndio. Perguntamos aos clientes: "Por que acham que a maioria das escolas tem rotineiramente treinamentos para o caso de incêndio?". A maior parte dos clientes responde dizendo: "As pessoas precisam estar preparadas se ocorrer um incêndio". Ouvindo isso, os terapeutas podem dizer: "É sobre isso que diz respeito esta leitura; embora não esperamos que ocorram problemas, faz sentido pensar o que fazer caso ocorra um lapso".

Aprendendo a andar de bicicleta

O processo de recuperação pode ser comparado àquele de aprender a andar de bicicleta. Usando essa analogia, os clientes podem ser indagados se já aprenderam a andar de bicicleta. Como a maioria diz *sim*, o terapeuta então pergunta-lhes se um dia caíram e o que aconteceu (por exemplo, ralaram o joelho, mas tentaram de novo). O importante para os terapeutas apontarem aqui é que a mudança do uso de substâncias de uma pessoa é às vezes como aprender a andar de bicicleta. É uma habilidade. Embora algumas pessoas possam aprendê-la imediatamente, outras podem cair algumas vezes, mas tornam a tentar e com o tempo aprendem a conduzi-la com sucesso, sem cair.

Identificando os gatilhos

Relacionado à leitura de identificação dos gatilhos é o exercício de identificação dos gatilhos (ver o Folheto do Cliente 4.6), que pede aos clientes para identificarem as situações de alto risco pessoal para o uso de álcool ou drogas e para avaliar as consequências de curto e de longo prazos do uso nessas situações. O que os clientes estão sendo solicitados a fazer neste exercício é formular uma análise funcional do seu uso de álcool ou drogas, identificando suas situações de alto risco para o uso de álcool ou drogas e as consequências a ele associadas.

Os clientes demonstram uma série de competências ao realizar essa tarefa. Começamos lhes perguntando o que chamou sua atenção no exercício de tarefa de casa e pedimos para discutirem suas duas situações de alto risco de uso de substâncias e as consequências que identificaram (por exemplo: *"Fale-me sobre os gatilhos que você descreveu e suas consequências"*). Realizar a tarefa de casa antes da sessão torna o tratamento mais eficiente, pois os clientes já passaram algum tempo pensando sobre o seu uso de álcool ou drogas. Se as respostas dos clientes no exercício não forem muito descritivas, elas podem ser expandidas durante a discussão. Para os clientes que apresentam dificuldade para identificar os gatilhos ou as consequências, os terapeutas podem explorar ainda mais este exercício na sessão. Um objetivo importante do exercício é os clientes saírem com um entendimento da razão pela qual usam álcool ou drogas em situações de alto risco. Tal entendimento é vital para desenvolver planos para parar de usar álcool ou drogas de maneira problemática.

Brief Situational Confidence Questionnaire: exame de perfis personalizados de alto risco para o uso de álcool ou drogas (Folheto do Cliente 4.7)

Além de examinar as duas situações gatilhos identificadas na tarefa de casa dos clientes, o terapeuta proporciona aos clientes um *feedback* adicional sobre as situações de alto risco a partir do BSCQ (Apêndice D) que eles responderam na avaliação. O BSCQ avalia a confiança dos cliente (isto é, autoeficácia) em uma escala de 0 a 100% de que *no momento presente* (isto é, medida do estado) seriam capazes de resistir ao impulso de beber nocivamente ou usar drogas em oito situações com frequência relatadas como precipitadoras da recaída: *emoções desagradáveis, desconforto físico, testando meu controle, desejos e tentações, momentos agradáveis com outras pessoas, conflitos com outras pessoas, emoções agradáveis e pressão social para beber* (Annis, 1986; Marlatt e Gordon, 1985). Temos observado que o grupo de situações que um cliente descreve como de alto risco pode receber um cartão de enfrentamento que os ajuda a lembrar melhor os tipos de situações que tendem a ser problemáticas para eles.

A Tabela 4.2 lista as oito categorias do BSCQ de situações de alto risco, assim como os nomes e descrições abreviadas do BSCQ. A Figura 4.2 apresenta gráficos de amostra de cada um dos seis perfis do BSCQ. Para os clientes com problemas de álcool, a pesquisa tem mostrado que aqueles que demonstram perfis de afeto positivos em geral têm histórias menos graves de uso de substâncias, enquanto aqueles com histórias mais graves têm maior probabilidade de serem caracterizados por perfis de afeto negativos (Cunningham, Sobell, Sobell, Gavin e Annis, 1995). Uma amostra de um perfil do BSCQ completado na avaliação e entregue aos clientes durante a Sessão 2, e uma amostra de um perfil comparativo (isto é, mudanças da avaliação até a Sessão 3) entregue aos clientes na Sessão 4 é mostrada nos Folhetos do Cliente 4.7 e 4.9, respectivamente. Para criar perfis do BSCQ similares aos Folhetos do Cliente 4.7 e 4.9, os leitores podem usar uma planilha eletrônica do Excel, que pode ser obtida gratuitamente em www.nova.3edu/gsc/online_files.html.

Tabela 4.2 BSCQ: Oito categorias de situações de alto risco* e nomes abreviados dos perfis.

Situações de alto risco
1. Emoções desagradáveis (por exemplo: "Se eu estivesse deprimido em geral"; "Se tudo estivesse indo mal para mim").
2. Desconforto físico (por exemplo: "Se tivesse dificuldade para dormir"; "Se me sentisse nervoso e fisicamente tenso").
3. Emoções agradáveis (por exemplo:"Se algo bom tivesse acontecido e eu quisesse celebrar"; "Se as coisas estivessem indo bem").
4. Teste do controle pessoal (isto é, sobre o uso de substâncias; por exemplo: "Se começasse a acreditar que o uso de álcool ou drogas não fosse mais um problema para mim"; "Se me sentisse confiante de que posso encarar algumas doses ou usar drogas").
5. Desejos e tentações (por exemplo: "Se de repente tivesse o impulso de beber ou usar drogas"; "Se estivesse em uma situação em que normalmente tomaria uma dose ou usaria drogas").
6. Conflito com outras pessoas (por exemplo: "Se tivesse uma discussão com um amigo"; "Se não estivesse me dando bem com as outras pessoas no trabalho").
7. Pressão social para beber (por exemplo: "Se alguém me pressionasse a 'ser uma boa companhia' e tomar uma dose"; "Se fosse convidado à casa de alguém e me oferecessem uma dose").
8. Momentos agradáveis com outras pessoas (por exemplo: "Se eu quisesse celebrar com um amigo"; "Se estivesse me divertindo em uma festa e quisesse me sentir ainda melhor").

Nomes abreviados de perfis
- Bons momentos: O uso está principalmente relacionado a estados afetivos positivos; para este perfil as duas categorias que se seguem refletem baixa autoconfiança – *emoções agradáveis* e *momentos agradáveis com outras pessoas*.

continua

Tabela 4.2 *continuação*

- Bons momentos, pressão social: O uso está principalmente relacionado a estados afetivos positivos e à pressão social; para este perfil a categoria *pressão social* reflete baixa autoconfiança e pelo menos uma das duas categorias de alto risco que se seguem também refletem baixa autoconfiança – *emoções agradáveis* e *momentos agradáveis com outras pessoas*.
- Afetivo negativo: O uso está principalmente relacionado a estados afetivos negativos; para este perfil duas das três categorias de alto risco que se seguem refletem baixa autoconfiança – *emoções desagradáveis* e *conflito com outras pessoas*.
- Teste do controle pessoal: O uso reflete principalmente tentar limitar o próprio consumo de álcool ou drogas; para este perfil a categoria de *testagem do controle pessoal* reflete baixa autoconfiança.
- Afetivo: O uso está inicialmente relacionado a pelo menos um estado afetivo positivo e a um estado afetivo negativo; para este perfil pelo menos uma das três categorias de alto risco que se seguem reflete baixa autoconfiança – *emoções desagradáveis, conflito com os outros* e *desconforto físico*; e pelo menos uma das categorias de alto risco que se seguem reflete baixa autoconfiança – *emoções agradáveis* e *momentos agradáveis com outras pessoas*.
- Plano indiferenciado: O uso está principalmente associado ao consumo diário de álcool ou drogas; embora o nível de autoconfiança possa variar, este perfil não tem picos distintos para nenhuma das oito categorias de alto risco.

* Situações que os clientes relataram como precipitadores para a recaída (Marlatt e Donovan, 2005).

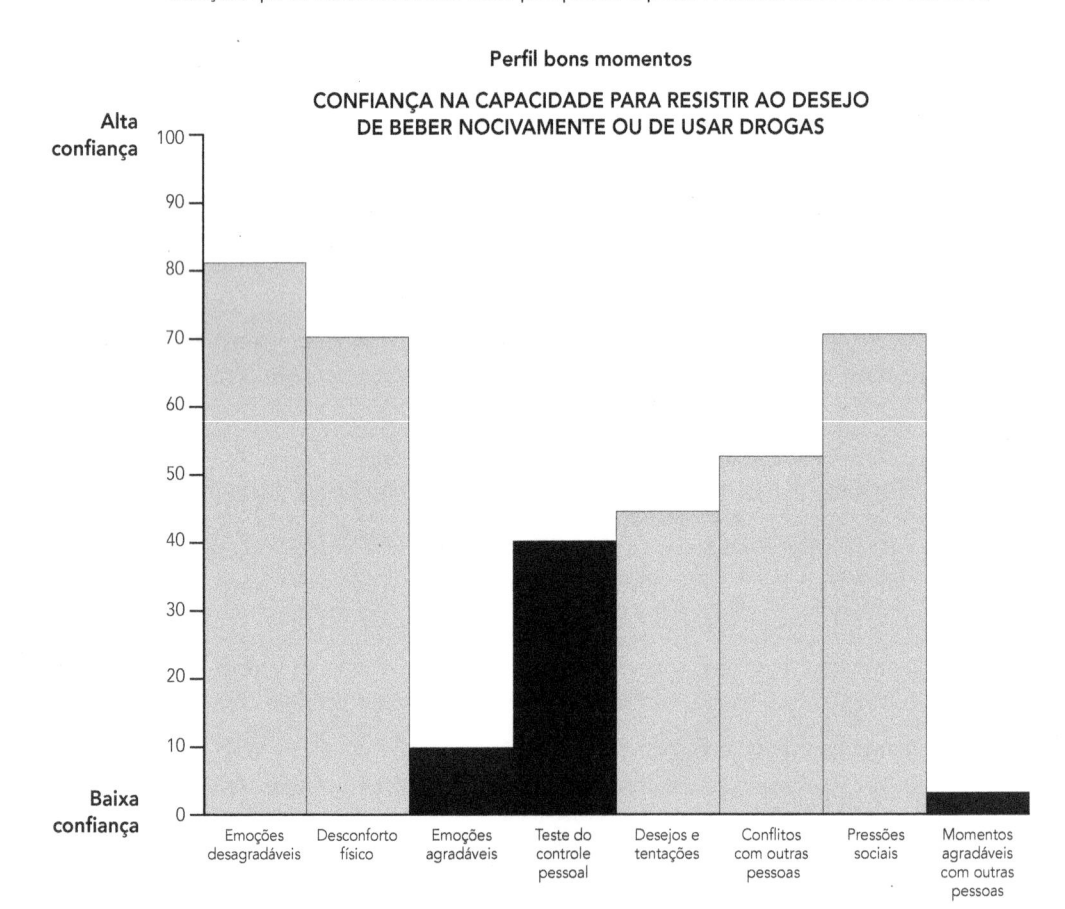

Perfil bons momentos

CONFIANÇA NA CAPACIDADE PARA RESISTIR AO DESEJO DE BEBER NOCIVAMENTE OU DE USAR DROGAS

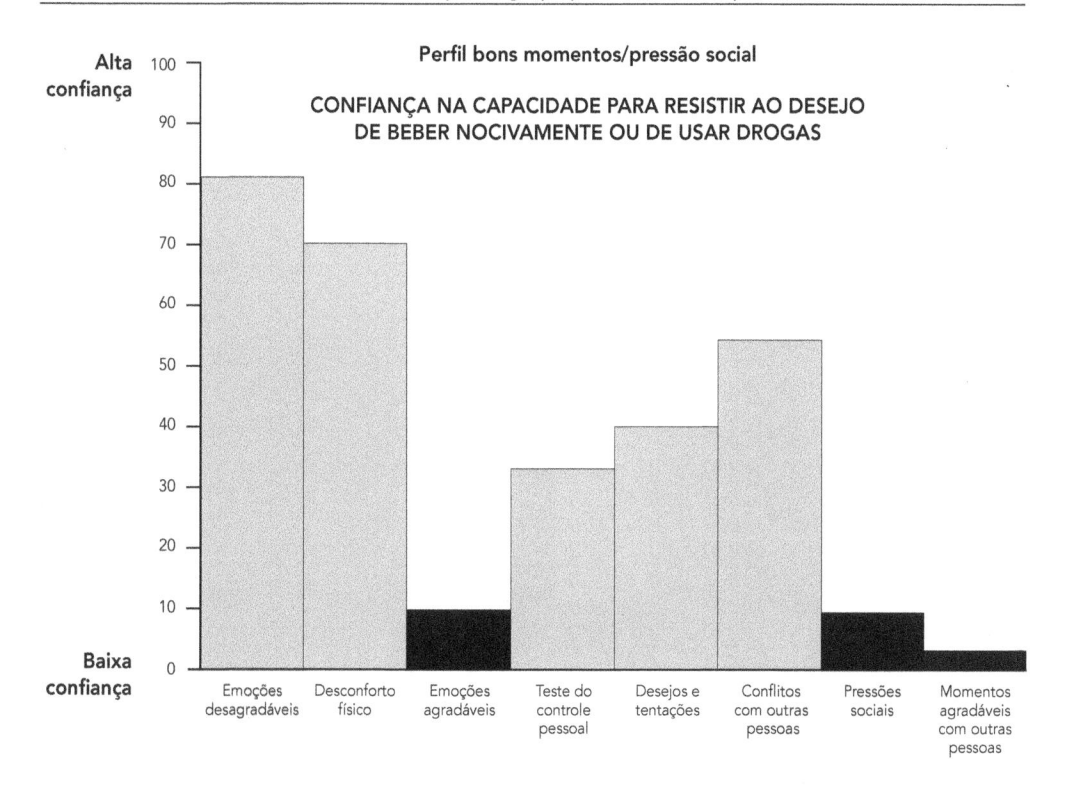

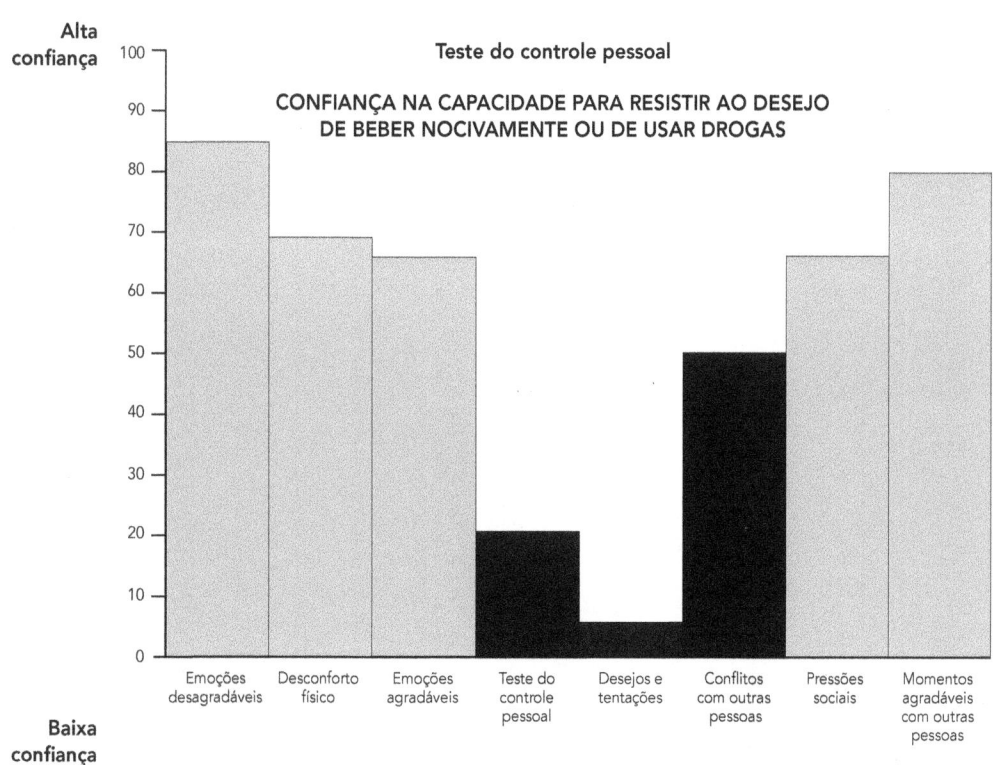

Perfil bons momentos/pressão social

CONFIANÇA NA CAPACIDADE PARA RESISTIR AO DESEJO DE BEBER NOCIVAMENTE OU DE USAR DROGAS

Alta confiança — 100
Baixa confiança — 0

Emoções desagradáveis	81
Desconforto físico	70
Emoções agradáveis	10
Teste do controle pessoal	33
Desejos e tentações	40
Conflitos com outras pessoas	54
Pressões sociais	9
Momentos agradáveis com outras pessoas	3

Teste do controle pessoal

CONFIANÇA NA CAPACIDADE PARA RESISTIR AO DESEJO DE BEBER NOCIVAMENTE OU DE USAR DROGAS

Alta confiança — 100
Baixa confiança — 0

Emoções desagradáveis	85
Desconforto físico	69
Emoções agradáveis	66
Teste do controle pessoal	21
Desejos e tentações	6
Conflitos com outras pessoas	50
Pressões sociais	66
Momentos agradáveis com outras pessoas	80

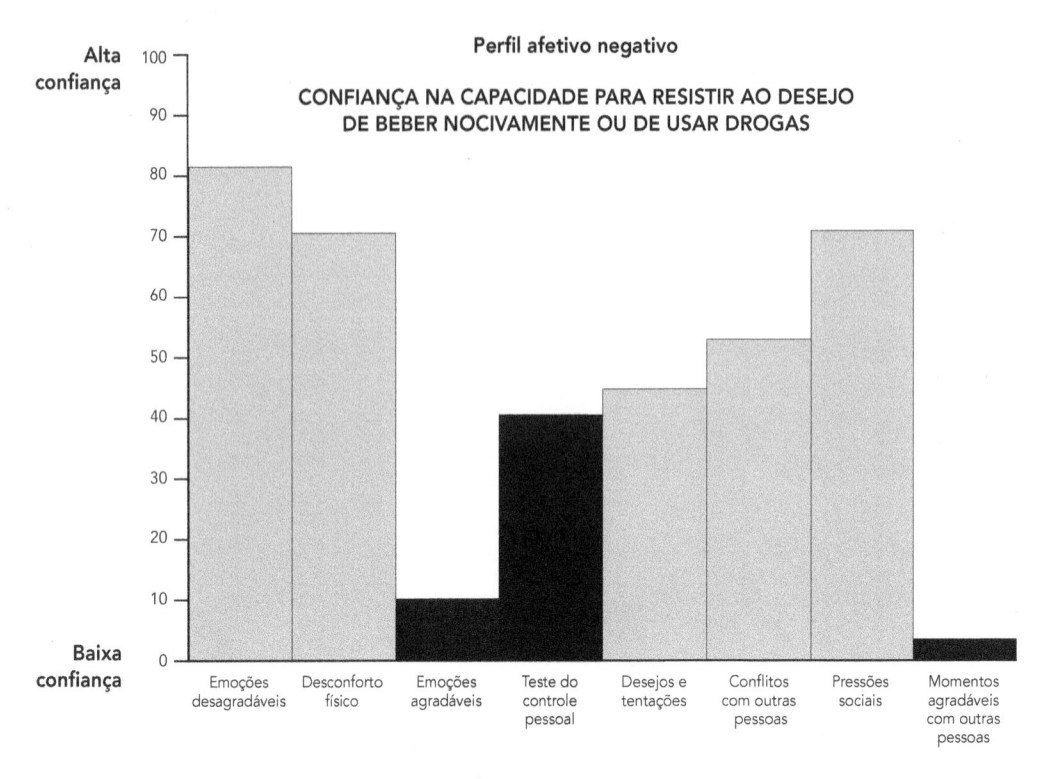

Perfil afetivo negativo

CONFIANÇA NA CAPACIDADE PARA RESISTIR AO DESEJO DE BEBER NOCIVAMENTE OU DE USAR DROGAS

Alta confiança (100) — Baixa confiança (0)

Categoria	Valor
Emoções desagradáveis	81
Desconforto físico	71
Emoções agradáveis	10
Teste do controle pessoal	40
Desejos e tentações	45
Conflitos com outras pessoas	53
Pressões sociais	71
Momentos agradáveis com outras pessoas	3

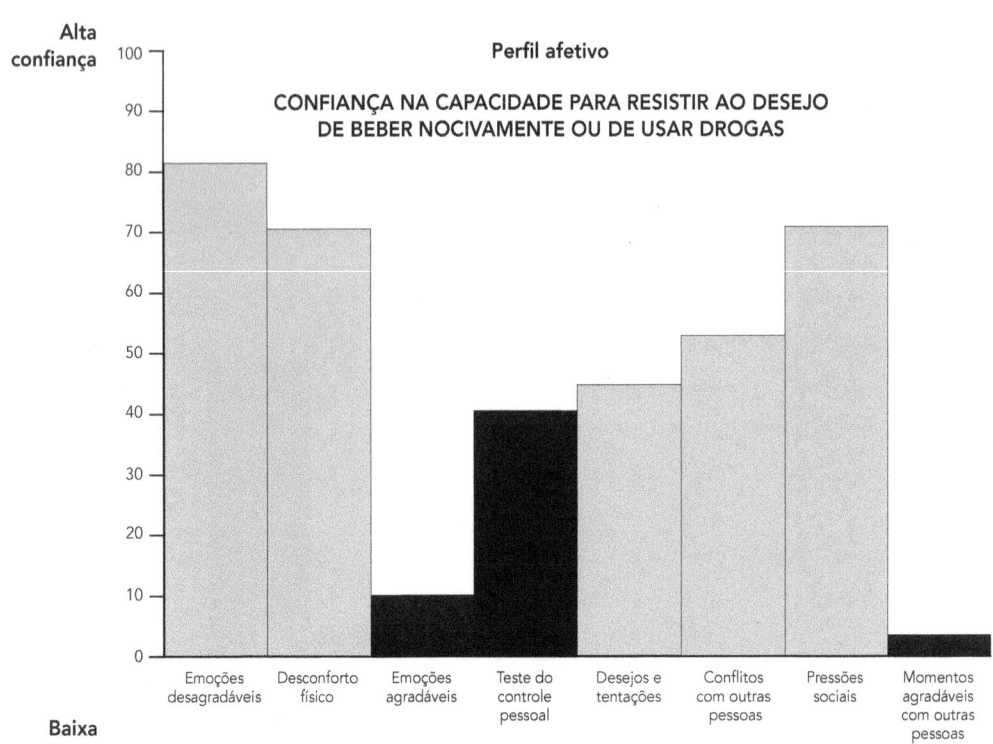

Perfil afetivo

CONFIANÇA NA CAPACIDADE PARA RESISTIR AO DESEJO DE BEBER NOCIVAMENTE OU DE USAR DROGAS

Alta confiança (100) — Baixa confiança (0)

Categoria	Valor
Emoções desagradáveis	81
Desconforto físico	71
Emoções agradáveis	10
Teste do controle pessoal	40
Desejos e tentações	45
Conflitos com outras pessoas	53
Pressões sociais	71
Momentos agradáveis com outras pessoas	3

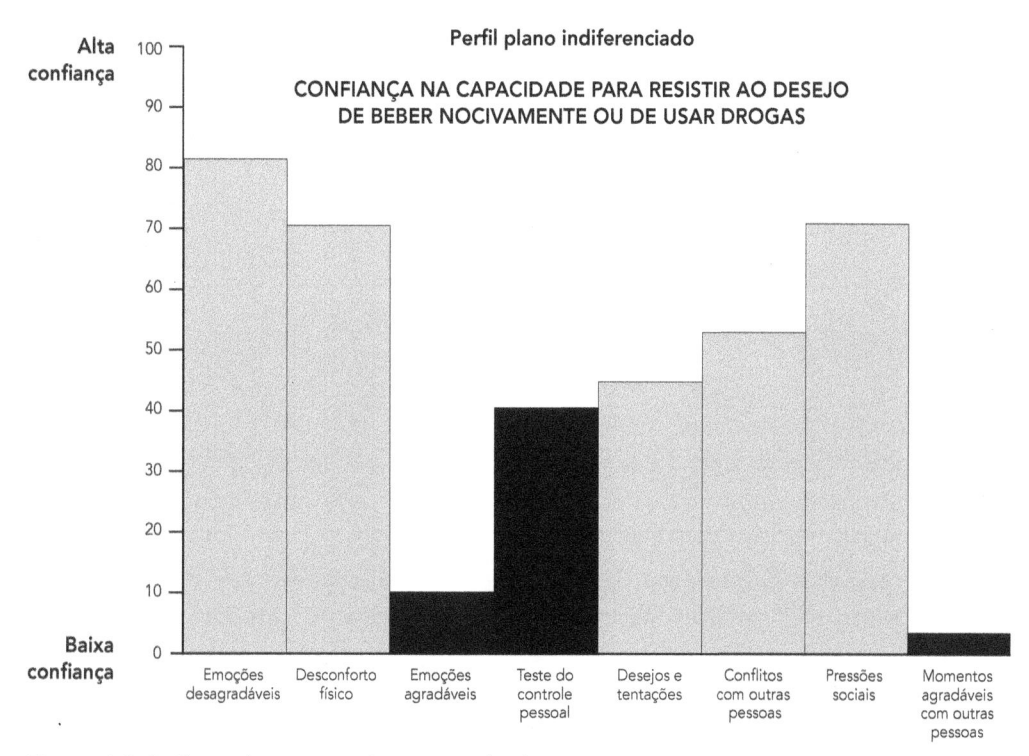

Figura 4.2 Gráficos de amostra dos seis perfis do BSCQ.

Segue-se um exemplo de como proporcionar aos clientes um *feedback* do BSCQ. Esta discussão se concentra em fazer os clientes relacionarem suas pontuações e perfil do BSCQ (por exemplo, Bons Momentos/Pressão Social) aos dois gatilhos que descreveram em sua tarefa de casa (Folheto do Cliente 4.6). Nossa experiência tem sido de que, na maioria dos casos, as situações gatilhos descritas na tarefa de casa irão corresponder bem às situações identificadas como de mais baixa confiança no BSCQ. Na ocasião em que isto não ocorre, todas ou quase todas das oito situações refletem baixa confiança (isto é, indiferenciada). Esses perfis com frequência refletem o consumo nocivo de álcool ou o consumo nocivo diário de drogas que, devido à sua natureza crônica, tende a não ser específico da situação.

EXEMPLO DE PROPORCIONAR AOS CLIENTES UM *FEEDBACK* DO SEU BSCQ NA SESSÃO 2

Nota: Antes desta discussão, o terapeuta completa um perfil do BSCQ similar àquele mostrado no Folheto do Cliente 4.7, contendo as respostas do cliente da entrevista de avaliação.

"Na avaliação, você completou um questionário chamado Brief Situational Confidence Questionnaire que lhe pedia que avaliasse o quanto está confiante de que pode resistir ao desejo de ingerir álcool nocivamente ou usar drogas em oito situações. O que fizemos foi representar em um gráfico as suas respostas para lhe mostrar o quanto disse estar confiante de que pode resistir ao desejo de beber nocivamente ou usar drogas nessas situações. Também destaquei as três situações em que indicou estar menos confiante. Olhando o seu gráfico, o que lhe chama a atenção em termos das situações de alto risco relacionadas ao seu uso de álcool ou droga?"

"Para aquelas situações que você identificou na escala como de alto risco, percebemos que é mais fácil para as pessoas se lembrarem delas se usarmos um nome resumido. Olhando para este gráfico, o que vê? [O cliente responde.] O nome resumido geralmente usado para um perfil como o seu é [inserir o nome abreviado do perfil]."

Podem ser feitas aos clientes as perguntas que se seguem: "Como as situações de alto risco mostradas no gráfico se relacionam às duas situações que identificou em sua tarefa de casa como gatilhos?" e "O que isto lhe sugere?".

Nota: Seja o que for que os clientes digam (por exemplo, "Devo ficar mais em guarda quando estou em uma situação que envolva eu estar me sentindo mal"), os terapeutas devem fazer aos clientes a seguinte pergunta:

"Que tipos de [inserir aqui o nome do perfil do BSCQ; por exemplo, afeto negativo] situações acha que pode encontrar nas próximas semanas e como pode lidar com elas?"

Reaplicação da Escala "Onde você está agora?" (Folheto do Cliente 3.6)

No final desta sessão, pedimos aos clientes para completarem novamente a Escala "Onde você está agora?" (Folheto do Cliente 3.6) e comparar suas avaliações atuais com aquelas que relataram na avaliação. Este formulário permite aos terapeutas registrar as avaliações repetidas dos clientes usando a escala de 10 pontos. As avaliações dos clientes podem ser usadas para reforçar o progresso (por exemplo: "Como você subiu de um 4 na avaliação a um 6 agora?") e para identificar o que é necessário para mais mudanças (por exemplo: "O que seria necessário para ir um pouco adiante, para um 7 ou 8, nas próximas semanas?").

Tarefa de casa: exercício para o desenvolvimento de novas opções e planos de ação (Folheto do Cliente 4.8)

Antes de concluir a Sessão 2, os clientes recebem outro exercício de lição de casa (Folheto do Cliente 4.8), Desenvolvimento de novas opções e planos de ação, para completar e trazer para a Sessão 3. Este exercício está relacionado à leitura e ao exercício de identificação dos gatilhos. Considerados juntos, a leitura e os dois exercícios proporcionam instrução em uma abordagem básica de resolução de problemas (D'Zurilla e Goldfried, 1971) para o uso de substâncias que sempre foi parte do modelo de tratamento da AMG (M.B. Sobell e Sobell, 1973, 1993a).

Fim da sessão: encerramento e o que lhe chamou a atenção

Antes de marcar a próxima sessão, pergunta-se aos clientes: "O que lhe chamou a atenção na sessão de hoje?".

SESSÃO 3

As duas próximas sessões usam muitos dos procedimentos, questionários e exercícios que já foram extensamente discutidos. Em vez de repetirmos esta informação, os leitores podem consultar o material anterior, caso sejam necessários esclarecimentos. No início da Sessão 3, os clientes são solicitados a completar um segundo BSCQ e informados de que na próxima sessão receberão *feedback* comparando suas respostas ao BSCQ na avaliação com as respostas nesta sessão.

Discussão dos registros de automonitoramento dos clientes
(álcool: Folheto do Cliente 3.2; drogas: Folheto do Cliente 3.3)

Depois de respondido o BSCQ, a sessão continua com um exame e uma discussão do uso (ou não) de substâncias pelo cliente, utilizando as anotações de automonitoramento. Como na sessão anterior, os clientes são solicitados a descrever os eventos importantes desde a última sessão e como estes afetaram seu uso de substâncias ou desejos em usá-la. Mais uma vez, é importante não nos determos com os detalhes de cada dia, mas, sim, discutirmos os eventos de destaque.

Desenvolvimento de novas opções e planos de ação: discussão das respostas ao exercício de tarefa de casa para lidar com situações gatilhos de alto risco (Folheto do Cliente 4.8)

O exercício Desenvolvimento de novas opções e planos de ação pede aos clientes para lidarem com as duas situações de alto risco de seu exercício de tarefa de casa anterior (Folheto do Cliente 4.6) da seguinte maneira: (1) identificando as opções (isto é, estratégias, maneiras alternativas de lidar com a situação) que podem usar para trabalhar com as mesmas, outras que não usar substâncias; (2) avaliando as consequências de usar essas opções e (3) desenvolvendo planos de ação para implementarem as opções que escolheram. Sempre que possível é importante fragmentar os planos de ação em pequenos passos, pois isto permite aos clientes oportunidades para reconhecer o seu progresso, e aos terapeutas oportunidades para reforçar o progresso dos clientes.

Consistente com a ênfase do tratamento da AMG em capacitar os clientes para assumirem um papel ativo em seu tratamento, realizar a tarefa de casa constitui o desenvolvimento dos clientes de seu próprio plano de tratamento. A maioria dos clientes fará um bom trabalho no desenvolvimento de estratégias e planos de tratamento, mas, para aqueles que não o façam, o terapeuta pode ajudá-los durante a sessão a desenvolver planos de mudança realísticos.

Usando uma abordagem de entrevista motivacional, os terapeutas pedem aos clientes para darem voz aos planos de mudança descritos nesta tarefa de casa (por exemplo: *"Fale-me sobre as opções que apresentou para resistir à pressão social"*). Embora os planos propostos sejam discutidos em detalhes, também enfatizamos aos clientes que a mesma estratégia de resolução de problema pode ser usada para lidar com situações de alto risco imprevistas, não descritas em sua tarefa de casa. Em outras palavras, os clientes ficam conscientes de que o que estão aprendendo é uma estratégia de resolução de problema, uma abordagem que pode ser generalizada para futuras situações de alto risco.

Tarefa de casa: colocando em prática as opções, o reexame da avaliação do objetivo e a solicitação de sessões adicionais

No fim da discussão da tarefa de casa sobre o Desenvolvimento de novas opções e planos de ação, os clientes são solicitados a dizer se conseguem pensar em quaisquer situações de alto risco que podem ocorrer entre esta e a próxima sessão. Se forem identificadas quaisquer situações, os clientes são solicitados a formular planos para lidar com elas. Também recebem outro formulário de avaliação do objetivo (abstinência: Folheto do Cliente 3.4; ingestão de álcool de baixo risco: Folheto do Cliente 3.5) para ser completado e trazido na próxima sessão. Como foi anteriormente discutido, somente os clientes de álcool sem contraindicações para a bebida recebem o formulário de avaliação do objetivo apresentando-lhes uma opção de ingestão de álcool de baixo risco (Folheto do Cliente 3.5).

Finalmente, embora a maioria dos tratamentos breves para os transtornos por abuso de substâncias demonstre resultados de tratamento positivos e uma proporção substancial dos clientes demonstre uma melhora rápida e permanente (Breslin, Sobell, Sobell, Buchan e Cunningham, 1997), nem todos os clientes melhorarão suficientemente em curto prazo. Em consequência, é importante ser sensível às diferenças individuais entre os clientes, e por isso a duração do tratamento deve ser moldada individualmente. Por esta razão, o modelo de tratamento da AMG permite que os clientes solicitem sessões adicionais. Em vez de abordar a possibilidade de sessões adicionais em uma discussão na qual os clientes podem se sentir constrangidos, surpreendidos, despreparados ou apressados para tomar uma decisão, descobrimos ser útil lhes dar um formulário de solicitação para sessões adicionais (Folheto do Cliente 4.10) para ser completado e trazido na próxima sessão.

Fim da sessão: encerramento e o que lhe chamou a atenção

Antes de marcar a próxima sessão, pergunta-se aos clientes: "O que lhe chamou a atenção na sessão de hoje?".

SESSÃO 4

Discussão dos registros de automonitoramento dos clientes (álcool: Folheto do Cliente 3.2; drogas: Folheto do Cliente 3.3)

Como a Sessão 3, a Sessão 4 se inicia com uma discussão das anotações de automonitoramento, mas durante esta sessão a discussão se concentra em se ocorreram situações de alto risco desde a última sessão e como os clientes lidaram com elas.

Feedback personalizado sobre as mudanças: discussão do *feedback* personalizado comparativo sobre as mudanças no uso de álcool ou drogas durante o tratamento (Folhetos do Cliente 4.3 e 4.4, respectivamente)

Como a série de sessões semiestruturadas está chegando a um fechamento, os clientes recebem um *feedback* sobre o seu progresso na forma de uma comparação do seu uso de álcool ou drogas antes do tratamento com seu uso durante o tratamento. Na Sessão 1 os clientes receberam um resumo do *feedback* personalizado (isto é, álcool: Folheto do Cliente 4.1; drogas: Folheto do Cliente 4.2) baseado em seus relatos do uso de álcool ou drogas na avaliação. Os relatos de uso de álcool ou drogas dos registros de automonitoramento são comparados com aqueles anteriores ao tratamento. Exemplos de *feedback* comparativo do uso de álcool e drogas (90 dias antes do tratamento comparados com o tempo da avaliação até a Sessão 3) são mostrados nos Folhetos do Cliente 4.3 e 4.4, respectivamente.

O *feedback* comparativo é um instrumento motivacional que permite aos terapeutas fazer os clientes avaliarem seu próprio progresso durante o tratamento e expressarem as mudanças que fizeram (por exemplo: "Este gráfico mostra seu uso de álcool ou drogas de antes do tratamento até agora. O que lhe chama a atenção neste gráfico?"). Se ocorreu progresso, é solicitado aos clientes que digam como realizaram a mudança e como se sentem a respeito das mudanças que realizaram (isto é, relatando a sua mudança). Se ocorreu pouca ou nenhuma mudança, então o gráfico de feedback da comparação prepara o terreno para uma discussão dos obstáculos e quais podem ser os próximos passos, mais uma vez de uma maneira que aumente a motivação, fazendo os clientes refletirem sobre sua ausência de mudança e sobre aonde querem chegar.

Avaliação comparativa do objetivo: avaliação e Sessão 3 (abstinência: Folheto do Cliente 3.4; ingestão de álcool limitada de baixo risco: Folheto do Cliente 3.5)

O próximo tópico da Sessão 4 é fazer os clientes descreverem o que colocaram na sua segunda avaliação do objetivo e compará-lo com a primeira. São solicitados a dizer o que mudou – se algo mudou – e descrever o que contribuiu para a mudança.

Exercício da balança decisória (Folheto do Cliente 3.1)

Para esta discussão, o terapeuta revisita o exercício da balança decisória que os clientes completaram na Sessão 1. Pergunta-se aos clientes se há coisas novas que devem ser adicionadas ou modificadas. Perguntas importantes a serem feitas incluem: "Vamos examinar o exercício de balança decisória que você realizou no início do tratamento. Existem novas coisas boas ou coisas não tão boas que não tenha identificado anteriormente?" e "Algumas das coisas boas ou coisas não tão boas originais se mostraram diferentes do que você esperava, e por quê?". Não é raro ouvir os clientes dizerem que mudar não foi tão difícil quanto eles esperaram ou mencionarem um benefício inesperado da mudança (por exemplo, se sentirem mais relaxados).

Mudanças no BSCQ: comparação dos perfis de alto risco do uso de álcool ou drogas completados na avaliação (Folheto do Cliente 4.7) e na Sessão 3 (Folheto do Cliente 4.9)

Nesta parte da sessão, o terapeuta apresenta aos clientes um *feedback* comparativo sobre o BSCQ mostrando suas mudanças (isto é, da avaliação até a Sessão 3), confiando em que eles poderiam resistir ao desejo de ingestão nociva de álcool ou ao uso de drogas em diferentes situações (Folheto do Cliente 4.9). Quando observamos uma confiança aumentada nos perfis do BSCQ, pedimos aos clientes para explicarem o que contribuiu para o aumento da sua confiança. Desta maneira, os clientes estão relatando as mudanças que realizaram. Esta discussão, por sua vez, permite aos terapeutas uma oportunidade de reforçar os sucessos dos clientes.

Discussão da implementação de novas opções e planos de ação para lidar com situações gatilhos de alto risco

Como para muitos clientes a Sessão 4 será sua última sessão, um foco na manutenção da mudança é importante. Isso pode ser feito revendo a eficácia das opções e dos planos de ação dos clientes em termos de evitarem ou lidarem com situações de alto risco desde a última sessão, assim como que planos os clientes desenvolveram se ocorreu um revés ou um lapso.

Reaplicação da escala "Onde você está agora?" (Folheto do Cliente 3.6)

Mais uma vez, o cliente é solicitado a completar a Escala "Onde você está agora?". A nova classificação é discutida e comparada com as classificações realizadas na avaliação e na Sessão 2. Como a maioria dos clientes terá melhorado um pouco, uma boa pergunta a ser feita é: "Como você progrediu de onde estava quando começou o tratamento para onde está agora, e como se sentiu com relação à mudança?".

Solicitação de sessões adicionais (Folheto do Cliente 4.10)

Em geral, o Formulário de Solicitação de Sessões Adicionais é discutido próximo ao final desta sessão. Entretanto, se um cliente não está realizando mudanças, um bom ponto de partida é discutir este formulário após uma discussão de qualquer exercício de comparação que demonstre uma ausência de progresso substancial durante o tratamento (por exemplo: Escala "Onde você está agora?"). Os clientes que não solicitam sessões adicionais podem ser lembrados de que o terapeuta lhe dará um telefonema mais ou menos um mês após a última sessão para ver como eles estão indo e que, nessa ocasião, os clientes podem solicitar sessões adicionais se tiverem preocupações ou outros problemas. Se os clientes solicitarem sessões adicionais, o terapeuta discute isto e os objetivos para as sessões adicionais e depois marca a próxima sessão. As sessões adicionais e o contato posterior às sessões permitem flexibilidade e individualização do tratamento necessário para os clientes. Neste aspecto, no estudo que comparou a intervenção da AMG em um formato de grupo *versus* um formato individual, no seguimento um ano depois, 64% daqueles entrevistados acharam úteis os telefonemas posteriores às sessões e 23% gostariam que houvesse mais telefonemas (L.C. Sobell et al., 2009).

Fim da sessão: encerramento e o que lhe chamou a atenção

Pergunta-se aos clientes: "O que lhe chamou atenção na sessão de hoje?"

Resumo

Este capítulo apresentou uma descrição detalhada de como conduzir a AMG usando um formato de terapia individual. Usando um estilo de entrevista motivacional, os terapeutas conduzem os clientes por intermédio dos principais componentes da intervenção. Tais componentes incluem receber *feedback* baseado nas informações proporcionadas na avaliação, estabelecendo objetivos, avaliando a motivação com o uso do exercício da balança decisória, conduzindo uma análise funcional dos fatores que determinam a ocasião para o uso problemático de substâncias e o que se segue ao uso, e aplicando uma abordagem de resolução de problemas para desenvolver planos para a mudança. Com a ajuda dos terapeutas, os clientes assumem maior responsabilidade no desenvolvimento de um entendimento básico do seu problema e da base de sua motivação para a mudança e para a elaboração e implementação de um plano razoável para a mudança.

APOSTILA PARA O TERAPEUTA 4.1

Objetivos, procedimentos, folhetos do cliente, diretrizes e diálogos clínicos

Sessão individual 1
OBJETIVOS DA SESSÃO

- Acompanhamento sobre quaisquer indagações da avaliação.
- Revisão do progresso do cliente.
- Revisão e discussão da avaliação do objetivo do cliente; fornecer diretrizes ou informações sobre contraindicações para o uso, se apropriado.
- Revisão dos registros de automonitoramento com respeito ao objetivo do cliente.
- Proporcionamento ao cliente de um *feedback* personalizado baseado na avaliação.
- Tarefa de casa e instruções para a Sessão 2.

ANTES DA SESSÃO

- Rever as informações da avaliação; identificar quaisquer áreas que necessitem de mais informações ou esclarecimento.
- Preparar *feedback* baseado nas informações da avaliação.
- Dar nova tarefa de casa para o cliente (Folhetos do Cliente 4.5 e 4.6).

PROCEDIMENTOS DA SESSÃO

- Introduzir a sessão.
- Rever e discutir as anotações de automonitoramento realizadas pelo cliente; copiar ou registrar dados.
- Rever e discutir o entendimento do cliente da leitura da tarefa de casa sobre o exercício de identificação de gatilhos.
- Dar ao cliente *feedback* personalizado da avaliação e discuti-lo.
- Rever e discutir com o cliente o formulário completado de avaliação do objetivo.
- Rever e discutir com o cliente o exercício completado da balança decisória.
- Formular para o cliente a pergunta de cinco milhões de reais e afirmar que a mudança é uma escolha.
- Finalizar a sessão: o que lhe chamou a atenção na sessão de hoje; lembrar-lhes de fazer a tarefa de casa; marcar a próxima sessão.

FOLHETOS DO CLIENTE

- Leitura: Identificação dos gatilhos (Folheto do Cliente 4.5)
- Exercício: Identificação dos gatilhos (Folheto do Cliente 4.6)

COMPLETAR ANTES DA SESSÃO 2

- Rever e fazer anotações sobre a sessão.
- Preparar os gráficos do BSCQ para a sessão 2 baseados no BSCQ da avaliação.

DIRETRIZES E DIÁLOGOS CLÍNICOS PARA OS TERAPEUTAS QUE CONDUZEM A SESSÃO DE TERAPIA INDIVIDUAL 1

Automonitoramento e avaliações do objetivo
Terapeuta (T): "Como foi sua semana?"
Nota para o terapeuta: Concentre a discussão nos eventos ou padrões importantes. Não faça os clientes realizarem uma discussão do dia a dia da sua semana. Use a próxima questão como um ponto de partida para discutir o que os clientes escrevem em seus registros de automonitoramento. O terapeuta pode começar dizendo: "Vamos dar uma olhada no que você escreveu em seus registros de automonitoramento".

Nota para o terapeuta: Esta sessão é para os clientes que optam por um objetivo de abstinência (inclui clientes com problemas com drogas).

T: "Agora, vamos dar uma olhada no seu formulário de avaliação do objetivo." (Folheto do Cliente 3.4)

T: "O que diminuiria a importância do seu objetivo? Por que escolheu um [inserir o número que o cliente colocou] em vez de um [número mais baixo]?"

T: "O que diminuiria a sua confiança de que vai atingir seu objetivo? Por que escolheu [inserir o número que o cliente colocou] em vez de um [número mais baixo]?"

T: (se apropriado) "Então, parece que você definitivamente quer parar de usar álcool ou drogas. O que pode impedi-lo – se é que algo pode – de atingir seu objetivo?"

Nota para o terapeuta: Esta seção destina-se aos clientes que optaram por um objetivo de ingestão de álcool de baixo risco e para o qual não há contraindicações. Deixe os clientes dizerem que objetivo selecionaram – abstinência ou ingestão de álcool de baixo risco.

T: "Agora, vamos dar uma olhada no seu formulário de avaliação." (Folheto do Cliente 3.5)

T: "Diga-me que objetivo selecionou."

Possíveis perguntas

T: "Como você chegou ao seu objetivo?"

T: "Até que ponto este objetivo é realístico para você?"

Explicar as diretrizes para a ingestão de álcool de baixo risco

T: "Temos algumas diretrizes para a ingestão de álcool limitada de baixo risco que gostaria de examinar com você. Uma das diretrizes é referida como uma regra 3/4. Recomendamos que não tome mais de três doses por dia ou não mais de quatro dias por semana, que não beba em situações de alto risco e que beba em uma velocidade de não mais do que uma dose por hora."

Nota para o terapeuta: Use apenas se o objetivo do cliente estiver dentro das diretrizes recomendadas.

T: "Então, como pode ver, seu objetivo está dentro de nossos limites recomendados."

Nota para o terapeuta: Use apenas se o objetivo do cliente exceder as diretrizes recomendadas.

T: "Seu objetivo está acima das nossas diretrizes recomendadas de ingestão de álcool de baixo risco. Agora que revimos as diretrizes, como encara o seu objetivo?

Nota para o terapeuta: O cliente pode mudar o objetivo para ficar dentro das diretrizes. Se o cliente ainda escolhe um objetivo que excede as diretrizes, o terapeuta pode dizer: "Embora o seu objetivo esteja além das nossas recomendações, é menor do que era a sua média antes de vir para o tratamento. Como se veria reduzindo mais sua ingestão de álcool durante os próximos meses?".

T: "O que atribuiu para as circunstâncias sob as quais não beberia e as situações em que seria mais seguro para você beber de uma maneira limitada?"

T: "Por que acha que pedimos às pessoas para escolherem seu próprio objetivo?"

T: "Agora, vamos dar uma olhada nas suas avaliações de importância e confiança."

T: "O que diminuiria a importância do seu objetivo? Por que escolheu um [inserir o número que o cliente colocou] em vez de um [número mais baixo]?"

T: "O que diminuiria sua confiança de que vai atingir o seu objetivo? Por que escolheu um [inserir o número que o cliente colocou] em vez de um [número mais baixo]?"

T: (se apropriado) "Então, parece que mudar sua ingestão de álcool é muito importante para você neste momento. O que pode impedi-lo – se é que algo pode – de atingir o seu objetivo?"

Nota para o terapeuta: Aos clientes que são ambivalentes com relação ao seu objetivo, o terapeuta pode perguntar: "Por um lado parece que o seu objetivo é importante e você quer mudar, mas por outro está preocupado com muitas outras coisas que estão acontecendo na sua vida, como sua carreira e sua família, que também são prioridades para você agora. Se não fizer algumas mudanças agora, que efeito acha que seu uso de [inserir o nome da substância] teria sobre a sua vida no próximo ano?".
O terapeuta pode prosseguir, perguntando, "O que acha que poderia levá-lo a parar de usar [inserir o nome da substância] neste exato momento?".

Proporcionar aos clientes um *feedback* de seus dados da avaliação

T: "Se você se lembra, na sessão de avaliação fiz-lhe muitas perguntas e você preencheu alguns formulários sobre seu uso de álcool ou drogas, incluindo um calendário mostrando seu uso de álcool ou drogas nos últimos meses. Usamos estas informações e lhe preparamos um resumo de *feedback* personalizado para poder ver onde seu uso de álcool [ou drogas] se insere em comparação com aquele de outras pessoas. Isso proporciona às pessoas informações que lhes permite tomar decisões mais informadas sobre a mudança."

Nota para o terapeuta: Mostre ao cliente uma cópia do resumo de *feedback* que foi preparado (álcool: Folheto do Cliente 4.3; drogas: Folheto do Cliente 4.4).

T: "Então, você relatou que bebe em média [inserir o número] doses por semana. Neste gráfico, onde isso o coloca em relação a todos os homens/mulheres que bebem?"

T: "No fim desta página está a sua pontuação no AUDIT [ou no DAST-10], que reflete a gravidade do seu uso relatado de álcool [ou drogas] (AUDIT: Folheto do Cliente 4.1; DAST-10: Folheto do Cliente 4.2)."

Nota para o terapeuta: Se os clientes ficam surpresos diante do nível de gravidade do seu uso de álcool ou drogas no AUDIT ou no DAST-10, o terapeuta pode dizer: "Bem, vamos olhar as suas respostas para algumas das perguntas."

Exercício de balança decisória (Folheto do Cliente 3.1)

T: "Na semana passada também lhe pedimos para completar e trazer a esta sessão um exercício de balança recisória. O que extraiu do exercício?"
Investigue e discuta usando perguntas abertas, seguidas por reflexões e, quando apropriado, resumos. As respostas devem incluir alguma menção do seguinte.

T: "Este exercício pode ajudá-lo a organizar e avaliar coisas boas e coisas não tão boas em seu uso de álcool ou drogas. Também o ajuda a ver toda a extensão das coisas boas e das coisas não tão boas."

T: "Fale-me sobre o que você listou como as coisas boas sobre seu uso de [inserir o nome da substância]."

T: "Então, quais são as coisas não tão boas?"

T: "Muito bem, o que listou como coisas boas e coisas não tão boas com relação à mudança?"

Nota para o terapeuta: É importante que o cliente esteja consciente dos possíveis custos da mudança, pois isso vai preparar o terreno para planejar como evitar ou minimizar esses custos.

A pergunta de cinco milhões de reais
(ÚLTIMA PARTE DO EXERCÍCIO DA BALANÇA DECISÓRIA, FOLHETO DO CLIENTE 3.1)

T: "Agora que já discutimos as coisas boas e as não tão boas sobre seu uso de álcool ou drogas, o que seria necessário para inclinar a escala e mudar o seu comportamento agora? E se eu lhe oferecesse cinco milhões de reais para mudar seu uso de álcool ou drogas por apenas um dia?"

Como a maioria dos clientes responde afirmativamente, o terapeuta pode perguntar: "Então, o que isso lhe diz?". O terapeuta pode depois dizer: "Bem, eu não tenho cinco milhões, mas o que estamos lhe pedindo é para pensar sobre qual é seu preço pessoal para a mudança."

Nota para o terapeuta: A ideia é que a mudança é uma escolha que as pessoas podem fazer, embora possa ser uma escolha difícil. Uma vez que um cliente reconheça que a mudança é uma escolha, então a questão passa a ser o que será necessário para fazer essa escolha.

Explicar a leitura e o exercício de identificação dos gatilhos
(Folhetos do cliente 4.5 e 4.6, respectivamente)

T: "Vamos dar uma olhada na próxima da tarefa de casa."

T: "Percebi que você mencionou algumas situações em que se sente como se o seu uso de álcool ou drogas tivesse lhe criado alguns problemas, e isso nos conduziu à próxima tarefa de casa, que é sobre a identificação dos gatilhos. Esta tarefa de casa tem duas partes: uma leitura curta e depois o exercício de identificação dos gatilhos. Você deve primeiro ler o texto e depois fazer o exercício, que envolve identificar suas duas situações de risco mais elevado para o uso de álcool ou drogas no último ano. Gostaríamos que descrevesse os gatilhos em detalhes, como, onde e quando eles ocorrem e as consequências que seguem o uso de álcool ou drogas. O preenchimento deste exercício está explicado no início do folheto. Preencha esta tarefa de casa e traga-a na próxima sessão para termos uma oportunidade de falar mais sobre estas situações gatilhos de alto risco e examinar por que elas têm sido um problema para você."

Fim da sessão: o que lhe chamou a atenção

T: "Hoje falamos sobre muitas coisas. O que lhe chamou a atenção?"

Extraído de *Terapia de grupo para transtornos por abuso de substâncias*, de Linda Carter Sobell e Mark B. Sobell. Artmed Editora, 2012. A permissão para fotocopiar este folheto é concedida aos compradores deste livro apenas para uso pessoal.

APOSTILA PARA O TERAPEUTA 4.2

Objetivos, procedimentos, folhetos do cliente, diretrizes e diálogos clínicos

Sessão individual 2

OBJETIVOS DA SESSÃO

- Examinar o progresso do cliente.
- Identificar situações de alto risco para o cliente baseadas na tarefa de casa e no BSCQ.
- Dar a tarefa de casa e instruções para a Sessão 3.

ANTES DA SESSÃO

- Preparar e ter o perfil de *feedback* personalizado do BSCQ pronto para o cliente, baseado na avaliação do BSCQ.
- Dar nova tarefa de casa para o cliente (Folheto do Cliente 4.8).

PROCEDIMENTOS DA SESSÃO

- Introduzir a sessão.
- Rever e discutir os registros de automonitoramento realizadas pelo cliente; copiar ou registrar dados.
- Rever e discutir as respostas do cliente ao exercício da tarefa de casa de identificação dos gatilhos.
- Dar ao cliente o perfil de *feedback* do BSCQ (Folheto do Cliente 4.7) e discutir a sua relação com as respostas à tarefa de casa de identificação dos gatilhos.
- Fazer o cliente completar a Escala Onde Você Está Agora (Folheto do Cliente 3.6) e compará-la com a resposta da avaliação no mesmo formulário.
- Fim da sessão: perguntar o que lhe chamou a atenção na sessão, marcar a próxima sessão e lembrar ao cliente de fazer a tarefa de casa.

FOLHETOS DO CLIENTE

- Exercício: Desenvolvimento de novas opções e planos de ação (Folheto do Cliente 4.8)
- Fazer o cliente usar a *Escala de onde você está agora* nesta sessão.

COMPLETAR ANTES DA SESSÃO 3

- Rever e fazer anotações sobre a sessão.

DIRETRIZES E DIÁLOGOS CLÍNICOS PARA OS TERAPEUTAS QUE CONDUZEM A SESSÃO 2 DE TERAPIA INDIVIDUAL

Examinar os registros de automonitoramento

Terapeuta (T): "Como estão as coisas desde a nossa última sessão?" [A intenção é fazer o cliente discutir seus registros de automonitoramento.]

O terapeuta pode começar dizendo: "Vamos dar uma olhada no que colocou nos seus registros de automonitoramento desde a nossa última sessão."

Nota para o terapeuta: Lembre-se de olhar o quadro grande em vez de pedir um relato do dia a dia. Para esta e para as sessões subsequentes, o terapeuta deve fazer uma reflexão sobre o dia do cliente e sobre como foi a semana do cliente. Por exemplo, o terapeuta pode fazer a seguinte reflexão: "Parece que esta foi uma boa semana para você, pois fez algumas mudanças importantes desde a última sessão. Como se sente com relação a estas mudanças?" ou "Parece que você ainda está tendo um pouquinho de dificuldade em não usar álcool ou drogas".

Discutir a leitura e o exercício de identificação dos gatilhos (Folhetos do Cliente 4.5 e 4.6, respectivamente)

T: "Vamos dar uma olhada na leitura e na tarefa de casa sobre a identificação dos gatilhos que levou para casa na semana passada." (Leitura: Folheto do Cliente 4.5; Exercício: Folheto do Cliente 4.6.

T: "A leitura para esta semana descreveu a mudança como subir uma montanha. O que extraiu dessa leitura?"

Se o cliente entende o conceito da Montanha da Mudança, o terapeuta pode dizer: "Parece que entendeu o que estávamos tentando comunicar com este diagrama. Embora fosse ótimo acordar amanhã e seu uso de álcool ou drogas não ser mais uma preocupação, realisticamente a maioria das pessoas encontra alguns obstáculos no caminho. O que gostaríamos que você fizesse é encarar um deslize ou um lapso como uma experiência de aprendizagem e ir em frente."

Se o cliente parecer não entender o conceito da Montanha da Mudança, o terapeuta pode dizer: "Esta leitura foi destinada a ajudá-lo a adotar uma perspectiva realística e de longo prazo sobre a mudança do seu uso de álcool ou droga. Embora fosse ótimo mudar da noite para o dia, para algumas pessoas este é um processo mais lento".

Nota para o terapeuta: Os pontos importantes da leitura são assumir uma perspectiva realística sobre a mudança (isto é, a Montanha da Mudança) e sobre a importância de encarar os lapsos como experiências de aprendizagem. Ao discutir a possibilidade de deslizes, também é essencial que o terapeuta não comunique uma profecia autorrealizável para o cliente (isto é, que os lapsos vão ocorrer). Uma boa maneira de apresentar o conceito que também evita essa profecia é o treinamento para o caso de incêndio. Assim, pode-se perguntar ao cliente: "Por que você acha que temos treinamentos para o caso de incêndio nas escolas?". Os clientes quase sempre apresentarão a razão óbvia de que a pessoa fica mais bem preparada caso ocorra um incêndio.

O terapeuta pode continuar, dizendo: "Essa é a mesma ideia aqui. Esperamos que não tenha nenhum deslize, mas faz sentido estar preparado no caso de eles ocorrerem. Se ocorrer um deslize ou um lapso, o importante é interrompê-lo o mais rapidamente possível, ver o que consegue aprender com ele e voltar ao caminho certo. Para aprender com esta experiência você pode perguntar a si mesmo: 'O que foi diferente nesta situação?' ou 'Como posso lidar de modo diferente com esta situação da próxima vez?'".

T: "Agora vamos dar uma olhada no que colocou para suas duas situações desencadeantes de alto risco para o uso de álcool ou drogas. Fale-me um pouco sobre essas situações."

Nota para o terapeuta: Fazer os clientes discutirem o que escreveram. O terapeuta faz uma reflexão sobre o que o cliente diz, mas como as situações gatilhos são críticas em termos do processo de mudança, o terapeuta precisa explorar plenamente estas situações com o cliente.

Exemplos de respostas aos gatilhos identificados pelo cliente

- "Parece que uma situação de alto risco para você é estar sozinho e ter drogas à mão."
- "Então, parece que está tendo dificuldades para equilibrar criar seus filhos e lidar com sua carreira e, no fim do dia, precisa de algo para compensar."
- "Deixe-me ver se entendi o que está querendo dizer sobre essa segunda situação. Parece que você está dizendo que um gatilho pode acontecer quando tem algum tempo livre e está entediado."

REVISÃO DO BRIEF SITUATIONAL CONFIDENCE QUESTIONNAIRE

T: "Uma das coisas que fez na avaliação foi responder um questionário chamado Brief Situational Confidence Questionnaire. Ele lhe perguntou sobre a sua capacidade para resistir ao desejo de beber nocivamente ou usar drogas em oito situações comuns de alto risco. Fiz um gráfico dos seus níveis de confiança nessas situações, e destaquei as três situações nas quais indicou que se sentia menos confiante na sua capacidade para resistir ao desejo de beber nocivamente ou de usar drogas. O que lhe chama a atenção neste gráfico?

Nota para o terapeuta: O objetivo é fazer os clientes relatarem fato de que o risco varia segundo as situações e que algumas situações são de risco particularmente alto para eles.

É então explicado aos clientes que às vezes é mais fácil lembrar suas situações de alto risco referindo-se a elas usando um rótulo abreviado. A Tabela 4.2 apresenta vários tipos de perfis do BSCQ aos quais demos nomes abreviados (por exemplo, Bons Momentos, Afetivo Negativo, Testando o Controle Pessoal) que podem ser facilmente lembrados. O terapeuta então prossegue, pedindo aos clientes que relacionem seu perfil do BSCQ com suas respostas ao exercício de identificação dos gatilhos. Descobrimos que em quase todos os casos as duas situações pessoais desencadeantes de alto risco são similares ao que é mostrado em seu perfil genérico do BSCQ.

T: "Diga-me o que você vê em termos de como o seu perfil das situações de alto risco se compara com as duas situações de alto risco que você identificou no exercício de identificação dos gatilhos que acabamos de discutir."

Faça uma reflexão sobre o que o cliente diz: "O que o ouvi dizer foi que as situações mais problemáticas são aquelas em que experimenta emoções negativas."

Se as duas situações de alto risco do cliente e o perfil genérico do BSCQ são similares, o terapeuta pode dizer: "Seu perfil apresenta uma ideia sobre as situações em relação às quais deve ficar vigilante nas próximas semanas. Por exemplo, entre hoje e a próxima semana, em quais destas situações gerais acha que pode se ver envolvido?".

Rever a escala "Onde você está agora?"

T: "Quando veio aqui a primeira vez, nós lhe pedimos para avaliar o quão sério você julgava ser o seu uso de droga ou álcool em uma escala de 10 pontos. Nessa mesma escala, onde 1 = a preocupação mais séria e 10 = não é mais uma preocupação, como avaliaria hoje o seu uso de álcool ou drogas?"

T: "Você se lembra de que número caracterizou onde estava na entrevista de avaliação nesta escala? [O cliente responde] Como foi de um [número na Avaliação] para um [número agora]?"

Nota para o terapeuta: A escala "Onde você está agora?" é uma técnica de entrevista motivacional que permite aos terapeutas pedir aos clientes que relatem as mudanças que fizeram. Para um cliente que não mudou, o terapeuta pode dizer, "O que precisaria fazer para subir um ou dois números?" ou "Que tipos de coisas o impediram de mudar?".

Introduzir o exercício da tarefa de casa

Desenvolvimento de novas opções e planos de ação (Folheto do Cliente 4.8)

T: "O próximo exercício de tarefa de casa lhe pede para desenvolver novas opções e planos de ação para as duas situações gatilhos de alto risco do exercício de hoje. O que gostaríamos que fizesse é considerar estas duas situações gatilhos de alto risco e desenvolvesse algumas opções novas e depois avaliasse como elas podem ajudá-lo a resistir a usar álcool ou drogas. Depois que tiver desenvolvido as opções, avalie-as e decida qual é a melhor para você. Depois desenvolva um plano de ação para como pôr em prática a opção. Quando fizer planos de ação, tente fragmentá-los em vários passos menores para ser mais fácil enxergar o seu progresso. Este exercício deve demorar cerca de 10 minutos para ser realizado."

Fim da sessão: o que lhe chamou a atenção

T: "Falamos sobre muitas coisas hoje. O que lhe chamou a atenção?"

Extraído de *Terapia de grupo para transtornos por abuso de substâncias*, de Linda Carter Sobell e Mark B. Sobell. Artmed Editora, 2012. A permissão para fotocopiar este folheto é concedida aos compradores deste livro apenas para uso pessoal.

APOSTILA PARA O TERAPEUTA 4.3

Objetivos, procedimentos, folhetos do cliente, diretrizes e diálogos clínicos

Sessão individual 3

OBJETIVOS DA SESSÃO

- Revisão do progresso do cliente.
- Discussão dos planos de mudança do cliente.

ANTES DA SESSÃO

- Dar nova tarefa de casa para o cliente.
  Formulário de solicitação para sessões adicionais (Folheto do Cliente 4.10)
  Formulário de avaliação do objetivo (Folheto do Cliente 3.4 para membros com um objetivo de abstinência; Folheto do Cliente 3.5 para membros com um objetivo de uso de álcool de baixo risco)
- Pegar um formulário do BSCQ (Apêndice D) para o cliente completar na sessão.

PROCEDIMENTOS DA SESSÃO

- Introduzir a sessão.
- Rever e discutir os registros de automonitoramento realizadas pelo cliente; copiar ou registrar dados.
- Fazer o cliente completar um novo BSCQ na sessão (segunda administração).
- Rever e discutir as respostas do cliente à tarefa de casa Desenvolvimento de novas opções e planos de ação (Folheto do Cliente 4.8).
- Discutir possíveis oportunidades para testar as opções antes da Sessão 4.
- Fim da sessão: o que lhe chamou a atenção na sessão de hoje; lembrar ao cliente para fazer a tarefa de casa; marcar a próxima sessão.

FOLHETOS DO CLIENTE

- Dar ao cliente o formulário para solicitação de sessões adicionais (Folheto do Cliente 4.10) como tarefa de casa.
- Dar ao cliente o formulário de avaliação do objetivo (Abstinência: Folheto do Cliente 3.4; Ingestão de álcool de baixo risco: Folheto do Cliente 3.5) como tarefa de casa.
- Formulário do BSCQ (Apêndice D) para ser completado na sessão.

COMPLETAR ANTES DA SESSÃO 4

- Rever e fazer anotações sobre a sessão.
- Preparar perfil comparativo personalizado do BSCQ (avaliação e Sessão 3) das situações de alto risco do cliente para o uso de álcool ou drogas (Folheto do Cliente 4.9).
- Preparar um formulário de *feedback* comparativo personalizado (Avaliação até a Sessão 3) do uso de álcool ou drogas do cliente (álcool: Folheto do Cliente 4.3; drogas: Folheto do Cliente 4.4).

DIRETRIZES E DIÁLOGOS CLÍNICOS PARA OS TERAPEUTAS QUE CONDUZEM A SESSÃO 3 DE TERAPIA INDIVIDUAL

Exame dos registros de automonitoramento

Terapeuta (T): "Como foram as coisas desde a nossa última sessão?" Aqui o terapeuta está tentando fazer o cliente discutir seus registros de automonitoramento. O terapeuta pode começar dizendo: "Vamos dar uma olhada no que escreveu esta semana em seus registros de automonitoramento."

Nota para o terapeuta: Lembre-se de manter a discussão nas três principais características das anotações, em vez de pedir uma descrição do dia a dia. Faça os clientes relacionarem seu uso recente de álcool ou drogas com seu objetivo.

Discussão da tarefa de casa sobre o desenvolvimento de novas opções e planos de ação (Folheto do Cliente 4.8)

T: "A tarefa de casa que lhe solicitamos para completar para esta sessão pedia que você desenvolvesse novas opções e planos de ação para as duas situações gatilhos de alto risco que identificou na semana passada. Vamos começar discutindo as várias opções que considerou para cada gatilho e depois que plano de ação faz mais sentido você implementar e por quê."

Nota para o terapeuta: Use perguntas abertas, reflexões e resumos para explorar as opções do cliente e os planos de ação, e sua factibilidade. Enfatize a necessidade de fragmentar os planos em passos pequenos, quando possível.

T: "Que situações pode prever que ocorram entre hoje e a sua próxima sessão, em que poderia pôr em prática suas opções e planos de ação?"

Exercício durante a sessão

Dê ao cliente outro BSCQ para completar (Apêndice D)

T: "Esta é outra cópia de um formulário que preencheu na avaliação, o Brief Confidence Situational Questionnaire. O que gostaríamos que fizesse é preenchê-lo de novo, refletindo como se sente hoje. Vamos discuti-lo na sessão da próxima semana."

Tarefa de casa para a sessão 4

Dê ao cliente outro formulário de avaliação do objetivo (Folheto do Cliente 3.4 para os clientes com um objetivo de abstinência; Folheto do Cliente 3.5 para clientes com um objetivo de ingestão de álcool de baixo risco)

T: "Sua tarefa de casa para a próxima semana é preencher mais dois formulários. O primeiro é outra declaração de objetivo, como a primeira que você completou na sessão de avaliação. Preencha-o e traga-o na próxima sessão."

T: "Como foi mencionado na avaliação, a próxima sessão será nossa última sessão. Algumas pessoas acham que não necessitam de nenhuma sessão adicional, pois já realizaram progresso suficiente, enquanto outras podem querer continuar em tratamento. Neste formulário pode indicar se quer sessões adicionais e, se quiser, quantas mais e o que gostaria de realizar."

Fim da sessão: o que lhe chamou a atenção: "Hoje falamos sobre muitas coisas. O que lhe chamou a atenção?".

Extraído de *Terapia de grupo para transtornos por abuso de substâncias*, de Linda Carter Sobell e Mark B. Sobell. Artmed Editora, 2012. A permissão para fotocopiar este folheto é concedida aos compradores deste livro apenas para uso pessoal.

APOSTILA PARA O TERAPEUTA 4.4

Objetivos, procedimentos, folhetos do cliente, diretrizes e diálogos clínicos

Sessão Individual 4

OBJETIVOS DA SESSÃO

- Revisão do progresso do cliente.
- Revisão e discussão da motivação e do objetivo do cliente.
- Discutir o final do tratamento e o telefonema de seguimento ou a marcação de mais sessões.

ANTES DA SESSÃO

- Preparar os perfis de comparação do BSCQ da avaliação e da Sessão 3 (Folheto do Cliente 4.9).
- Preparar *feedback* comparativo personalizado (da avaliação até a Sessão 3) para o uso de álcool (Folheto do Cliente 4.3) ou para o uso de drogas (Folheto do Cliente 4.4).
- Dar a escala "Onde você está agora?" para o cliente completar novamente (Folheto do Cliente 3.6).

PROCEDIMENTOS DA SESSÃO

- Introduzir a sessão.
- Rever e discutir as anotações de automonitoramento realizadas pelo cliente; copiar ou registrar dados.
- Discutir as oportunidades para testar as opções desde a última sessão e os resultados.
- Dar ao cliente a comparação do *feedback* personalizado (da avaliação até a Sessão 3) do seu uso de álcool (Folheto do Cliente 4.3) ou do seu uso de drogas (Folheto do Cliente 4.4) e discuti-lo.
- Rever o objetivo e revisá-lo, se necessário.
- Rever o exercício da balança decisória e revisá-lo, se necessário.
- Dar ao cliente a comparação do BSCQ (Folheto do Cliente 4.9) das respostas da avaliação e da Sessão 4 e discuti-la.
- Rever e revisar o entendimento do cliente da leitura da identificação dos gatilhos relacionados à montanha da mudança e sua assunção de uma perspectiva realística e de longo prazo sobre a mudança.
- Fazer o cliente completar a Escala de Onde Você Está Agora e compará-la com suas respostas da avaliação e da Sessão 2 (Folheto do Cliente 3.6).
- Discutir o formulário de solicitação de sessões adicionais (Folheto do Cliente 4.10) completado pelo cliente como tarefa de casa.
- Garantir que o cliente sabe como entrar em contato com o programa se necessitar de tratamento adicional. Também mencione que você vai lhe telefonar mais ou menos um mês depois de sua última sessão para indagar sobre o seu progresso, para apoiar suas mudanças e para marcar sessões adicionais se necessário.
- Fim da sessão: pergunte o que lhe chamou a atenção na sessão.

DIRETRIZES E DIÁLOGOS CLÍNICOS PARA OS TERAPEUTAS QUE CONDUZEM A SESSÃO 4 DE TERAPIA INDIVIDUAL

Exame dos registros de automonitoramento

Terapeuta (T): "Como foram as coisas desde a nossa última sessão?" [Como o cliente agora está familiarizado com o procedimento de iniciar discutindo os registros de automonitoramento, o terapeuta pede-lhe para discutir suas anotações.]

O terapeuta pode começar dizendo: "Vamos dar uma olhada no que escreveu em suas anotações de automonitoramento".

Nota para o terapeuta: Se ocorreram mudanças importantes ou se o cliente enfrentou com sucesso uma situação difícil e não usou álcool ou drogas, o terapeuta pode fazer o cliente relatar as mudanças.

T: "Já são duas semanas sem beber, o que é uma grande mudança para você. Como conseguiu isso?" A resposta do cliente pode ser seguida por uma reflexão do terapeuta. Por exemplo: "Então, deixando seus amigos saberem o que estava tentando fazer, descobriu que eles foram solidários e você conseguiu parar de usar álcool ou drogas. Como se sente com relação a essa mudança?".

Revisão do uso de álcool ou drogas da avaliação até a Sessão 3

Dê aos clientes sua comparação de *feedback* personalizado do seu uso de álcool (Folheto do Cliente 4.3) ou drogas (Folheto do Cliente 4.4) da avaliação até a Sessão 3. Este *feedback* permite aos clientes relatar as mudanças que realizaram em seu uso de álcool ou drogas, em vez de o terapeuta lhes falar sobre as mudanças.

Clientes de álcool

T: "As informações que deu sobre o seu uso de álcool quando veio aqui pela primeira vez e durante o período em que esteve em tratamento estão mostradas neste gráfico. O primeiro gráfico compara a frequência (% de dias) em que ingeriu álcool durante os 90 dias anteriores ao seu tratamento e durante o período em que esteve no programa. Olhando este gráfico, como diria que mudou o seu uso de álcool?"

T: "O segundo gráfico compara quanto você bebeu durante os 90 dias anteriores ao seu tratamento e durante o período em que esteve no programa. Olhando este gráfico, como diria que mudou o seu uso de álcool?"

Clientes de drogas

T: "As informações que deu sobre seu uso de drogas quando veio aqui pela primeira vez e durante o período em que esteve em tratamento estão mostradas neste gráfico, que compara a frequência (% de dias) em que você usou drogas durante os 90 dias anteriores ao seu tratamento e durante o período em que esteve no programa. Olhando este gráfico, como diria que mudou o seu uso de drogas?"

Avaliações comparativas do objetivo

Avaliação do objetivo: abstinência (Folheto do Cliente 3.4)

T: "Se você se lembra, quando veio aqui pela primeira vez avaliou a importância do seu uso de álcool ou drogas e a sua confiança em modificá-lo. Parte da sua tarefa de casa desta semana foi completar outro formulário de avaliação do objetivo. Vamos dar uma olhada na sua nova avaliação e compará-la com a avaliação do objetivo que completou quando veio aqui a primeira vez. Como mudaram suas avaliações de importância e confiança, e o que conduziu a essas mudanças?"

Avaliação do objetivo: escolha do objetivo (Folheto do Cliente 3.5)

T: "Se você se lembra, quando veio aqui pela primeira vez selecionou um objetivo, e parte da tarefa de casa desta semana foi preencher outro formulário. Como isso mudou, se mudou, e por quê?"

T: "Como mudaram suas avaliações de importância e confiança, e o que conduziu a essas mudanças?"

Revisão da balança decisória

Nota para o terapeuta: Retorne ao primeiro exercício da balança decisória com o cliente (Folheto do Cliente 3.1).

Possíveis perguntas

T: "Vamos examinar o exercício da balança decisória que completou no início do tratamento. Há algumas coisas boas novas ou coisas não tão boas novas que não havia identificado anteriormente?"

T: "Algumas das coisas boas originais e das coisas não tão boas originais se provaram diferentes do que esperava? Por quê?" [Com frequência os clientes vão relatar que consequências negativas da mudança que eles anteciparam na verdade não ocorreram.]

Mudanças nos Brief Situational Confidence Questionnaires

Dê aos clientes os perfis de comparação do BSCQ (Folheto do Cliente 4.9) de suas respostas na avaliação e na Sessão 3.

T: "Vamos dar uma olhada no segundo BSCQ que completou na semana passada e compará-lo com aquele que completou na avaliação. O que fiz foi combinar os dois perfis em uma única folha para você. Que mudanças observa em sua capacidade para resistir ao desejo de beber nocivamente ou de usar drogas nestas oito diferentes situações de alto risco?" [Respostas do cliente] "O que conduziu a mudanças na sua confiança nestas situações?"

Implementação das opções

T: "Que situações surgiram desde a última sessão em que conseguiu pôr em prática seus planos de ação? Qual foi o resultado disso?"

Reexame da montanha da mudança

T: "Tendo por base nossas discussões prévias, o que significa para você assumir uma perspectiva realística da mudança?"
Nota para o terapeuta: Chame a atenção para o fato de que a mudança pode ser lenta, mas que é importante aprender com os lapsos e continuar em frente.

Revisão da escala de onde você está agora (Folheto do Cliente 3.6)

T: "Quando veio aqui pela primeira vez, e de novo na segunda sessão, eu lhe pedi para avaliar a gravidade que via no seu uso de álcool ou drogas em uma escala de 10 pontos. Como avaliaria seu uso de álcool ou drogas hoje nessa mesma escala onde 1 = a preocupação mais séria e 10 = não é mais uma preocupação? Você se lembra do que disse nas duas ocasiões anteriores? [Respostas do cliente] Como passou de um [número na avaliação] para um [número agora]?"

Revisão do formulário para solicitação de sessões adicionais (Folheto do Cliente 4.10)

T: "Antes de encerrarmos, na semana passada, dei-lhe um formulário de solicitação de sessões adicionais para preencher e trazer hoje. Vamos dar uma olhada no que escreveu."

Nota para o terapeuta: Se o cliente solicita sessões adicionais, marque uma consulta e anote quantas sessões extras foram solicitadas e por quê. Se o cliente não solicitar sessões adicionais, lembre-lhe que irá lhe telefonar daqui a um mês para ver como ele está indo.

Fim da sessão: o que lhe chamou a atenção

T: "Falamos sobre muitas coisas hoje. O que lhe chamou a atenção?"

Extraído de *Terapia de grupo para transtornos por abuso de substâncias*, de Linda Carter Sobell e Mark B. Sobell. Artmed Editora, 2012. A permissão para fotocopiar este folheto é concedida aos compradores deste livro apenas para uso pessoal.

FOLHETO DO CLIENTE 4.1

Feedback personalizado: onde se encaixa o seu uso de álcool?

Sessão individual e de grupo 1

VOCÊ ESTÁ PENSANDO EM MUDAR?

Tendo por base suas respostas aos questionários que completou anteriormente, preparamos um **resumo personalizado** do seu **USO DE ÁLCOOL**, que inclui:

1. **Um gráfico mostrando o quanto os homens e as mulheres ingerem de álcool por semana. Compare o seu uso de álcool com o uso dos outros para ver onde você se encaixa.**

   Você relatou beber em _____ % dos últimos 90 dias.

   Você relatou beber uma média de _____ doses por semana.

2. **Você obteve uma pontuação no AUDIT**, um questionário que avalia a extensão em que o uso de álcool de uma pessoa é um problema. **Onde a sua pontuação se encaixa?**

3. **Consequências relatadas por você que estão relacionadas ao seu uso de álcool.**

Extraído de *Terapia de grupo para transtornos por abuso de substâncias*, de Linda Carter Sobell e Mark B. Sobell. Artmed Editora, 2012. A permissão para fotocopiar este folheto é concedida aos compradores deste livro apenas para uso pessoal.

Número de doses consumidas em uma semana por adultos inspecionados nos Estados Unidos*

Onde se encaixa o seu uso de álcool?

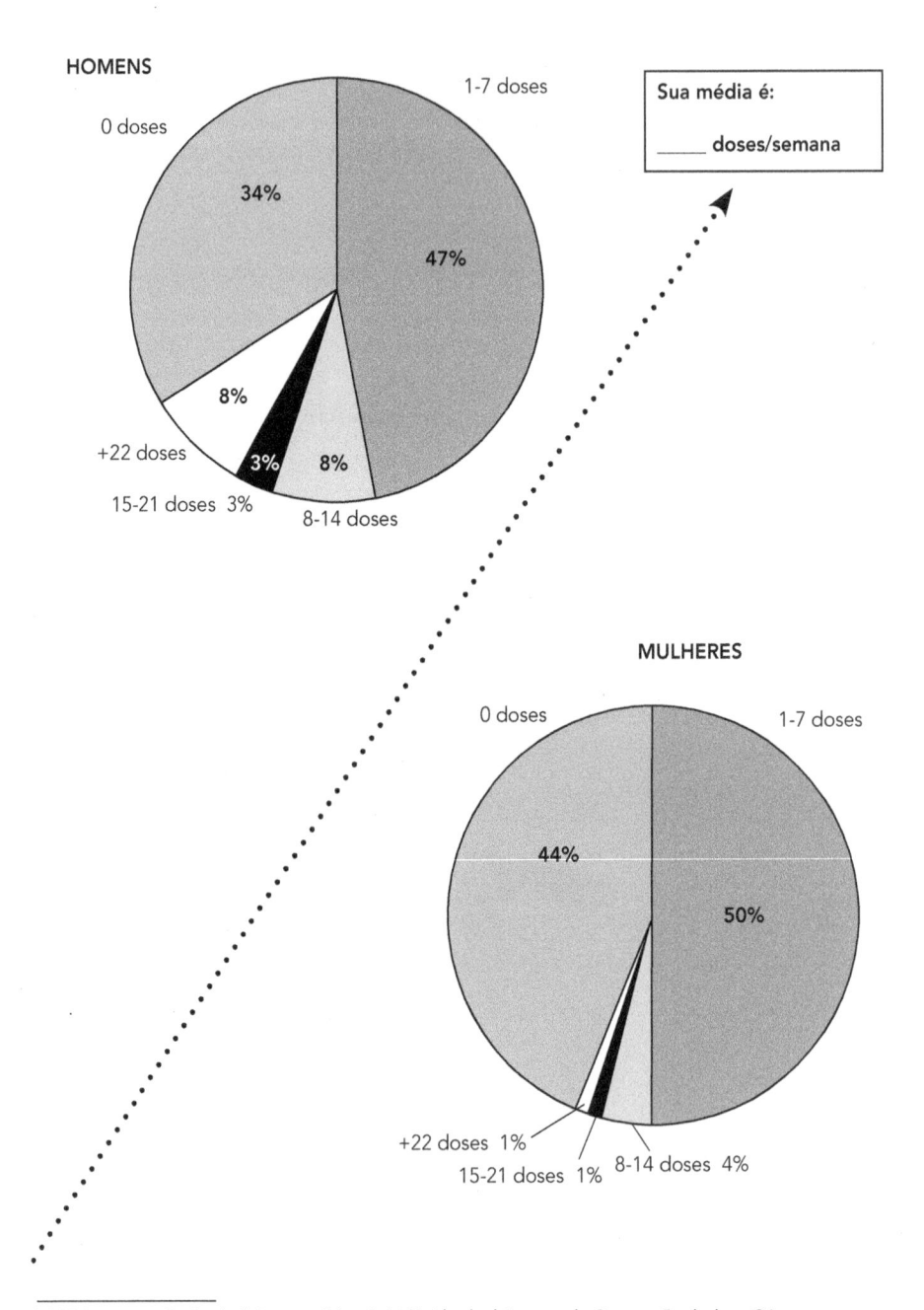

HOMENS

- 0 doses: 34%
- 1-7 doses: 47%
- 8-14 doses: 8%
- 15-21 doses: 3%
- +22 doses: 8%

Sua média é: _____ doses/semana

MULHERES

- 0 doses: 44%
- 1-7 doses: 50%
- 8-14 doses: 4%
- 15-21 doses: 1%
- +22 doses: 1%

* 2000 National Alcohol Survey (N = 7.612) Alcohol Research Group, Berkeley, CA.

Onde se encaixa o seu uso de ÁLCOOL?

O questionário AUDIT foi desenvolvido pela Organização Mundial da Saúde para avaliar o uso de álcool de uma pessoa e a extensão em que a bebida é um problema para ela. Abaixo está a sua pontuação no AUDIT, que se baseia nos materiais que completou anteriormente. As pontuações mais altas refletem em geral problemas mais graves.

Onde você se encaixa?
Sua pontuação no AUDIT é
_____

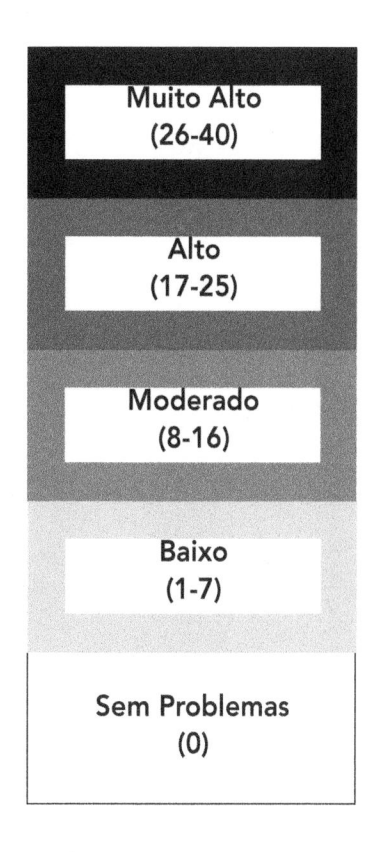

Muito Alto (26-40)

Alto (17-25)

Moderado (8-16)

Baixo (1-7)

Sem Problemas (0)

FOLHETO DO CLIENTE 4.2

Feedback personalizado: onde se encaixa o seu uso de drogas?

Sessão individual e de grupo 1

Você está pensando em mudar?

As informações que se seguem estão relacionadas ao seu uso de _____

Drogas primárias

Tendo por base suas respostas aos questionários que completou anteriormente, preparamos um **resumo personalizado** do seu **USO DE DROGAS**. Este inclui:

1. **Um gráfico mostrando quantas pessoas usaram sua droga primária no ano passado, no mês passado e durante a vida.**

   Compare o seu uso de drogas com aqueles para ver onde você se encaixa.

   Você relatou usar drogas em _____ % dos dias nos últimos três meses.

2. **Você obteve uma pontuação no DAST**, um questionário que avalia a extensão em que o uso de drogas de uma pessoa é um problema. **Onde sua pontuação se encaixa?**

3. **Consequências que relatou que estão relacionadas ao seu uso de drogas.**

Extraído de *Terapia de grupo para transtornos por abuso de substâncias*, de Linda Carter Sobell e Mark B. Sobell. Artmed Editora, 2012. A permissão para fotocopiar este folheto é concedida aos compradores deste livro apenas para uso pessoal.

Uso de cocaína e *crack* por pessoas maiores de 12 anos nos Estados Unidos*

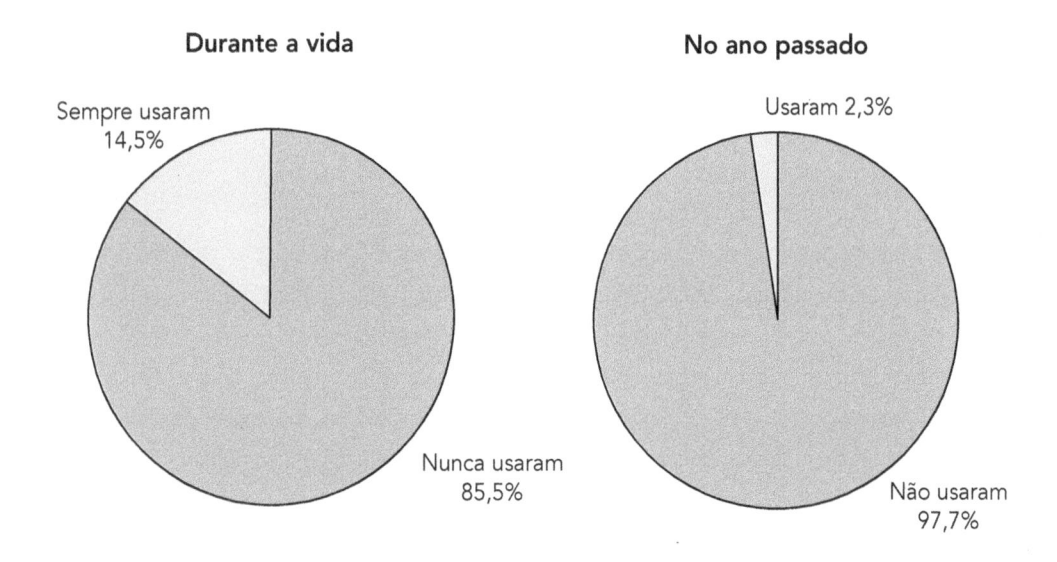

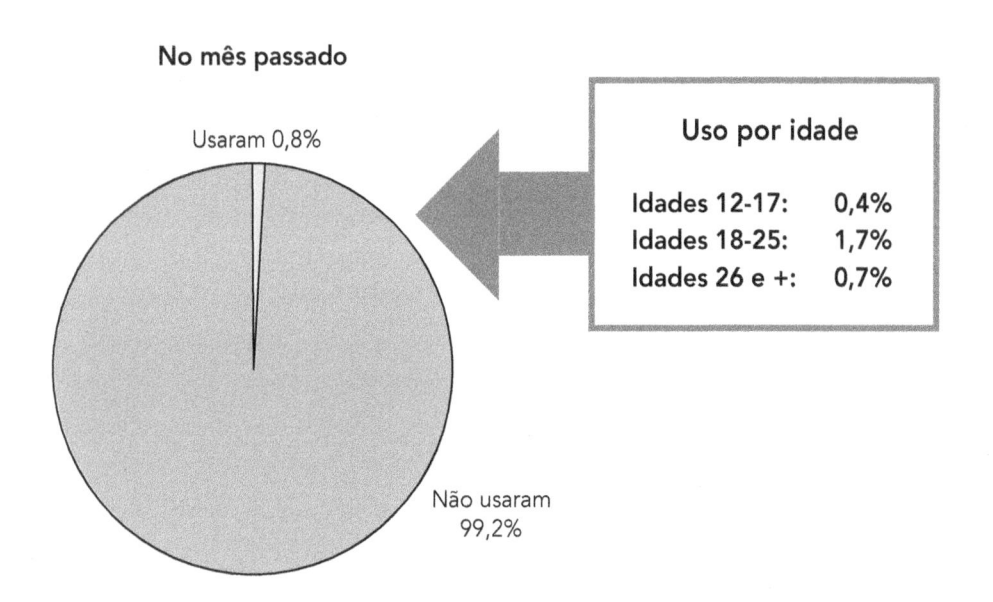

Onde você se encaixa?

Durante a vida

- Sempre usaram 14,5%
- Nunca usaram 85,5%

No ano passado

- Usaram 2,3%
- Não usaram 97,7%

No mês passado

- Usaram 0,8%
- Não usaram 99,2%

Uso por idade

Idades 12-17:	0,4%
Idades 18-25:	1,7%
Idades 26 e +:	0,7%

---

* 2007 National Alcohol on Drug Use & Health.

Uso de *crack* por pessoas maiores de 12 anos nos Estados Unidos*

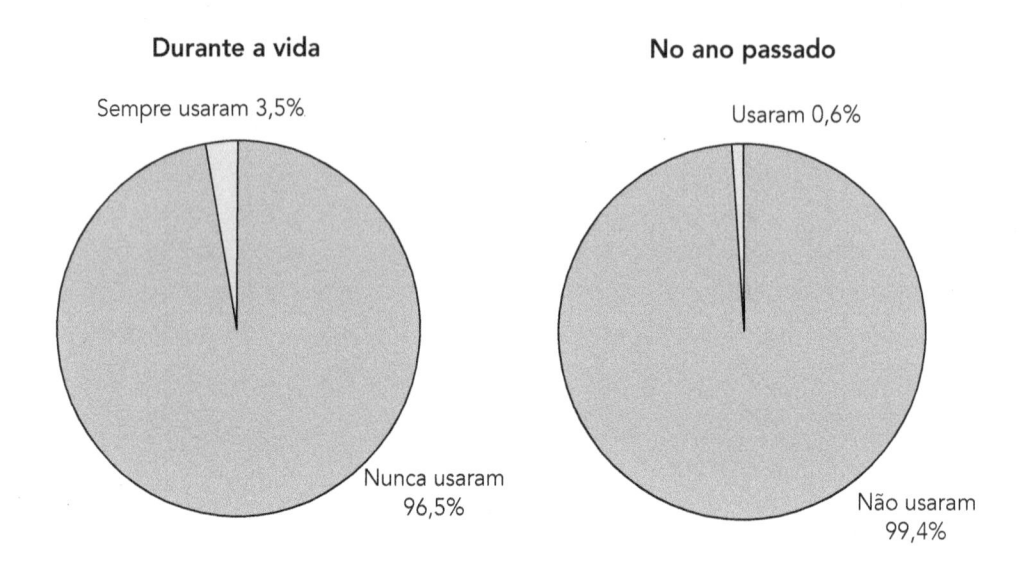

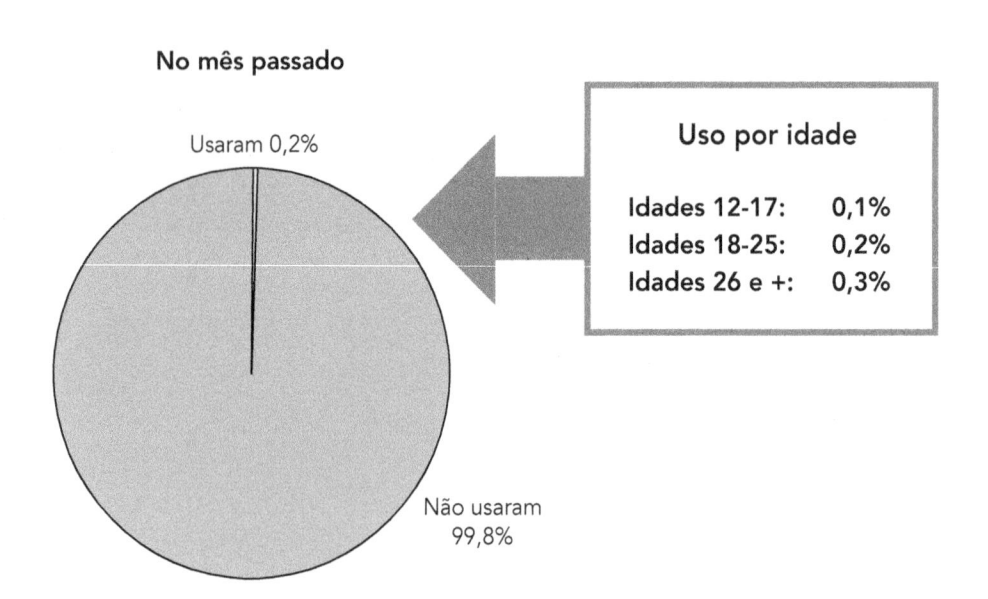

Onde você se encaixa?

Durante a vida

Sempre usaram 3,5%

Nunca usaram 96,5%

No ano passado

Usaram 0,6%

Não usaram 99,4%

No mês passado

Usaram 0,2%

Não usaram 99,8%

Uso por idade	
Idades 12-17:	0,1%
Idades 18-25:	0,2%
Idades 26 e +:	0,3%

* 2007 National Alcohol on Drug Use & Health.

Uso de alucinógenos por pessoas maiores de 12 anos nos Estados Unidos*

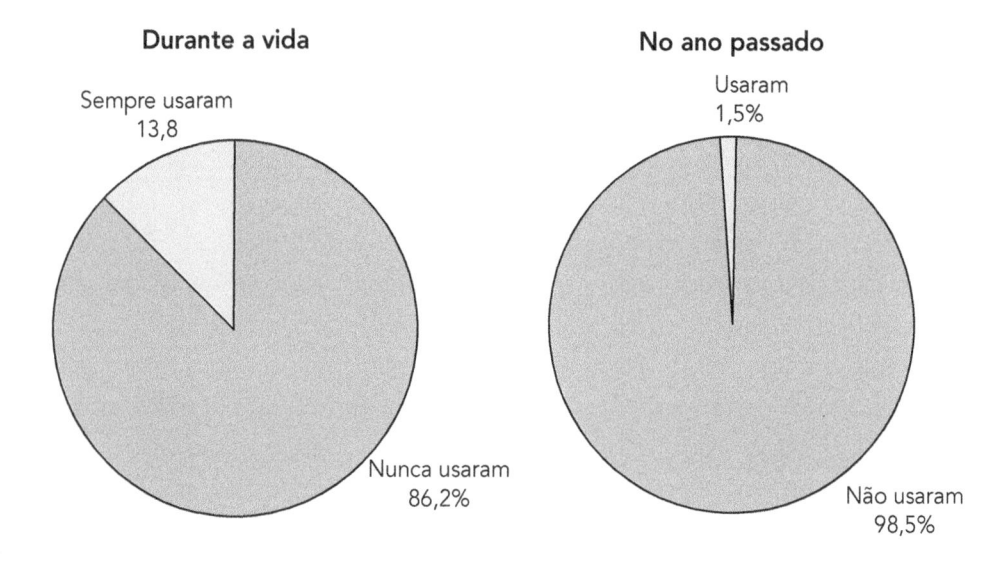

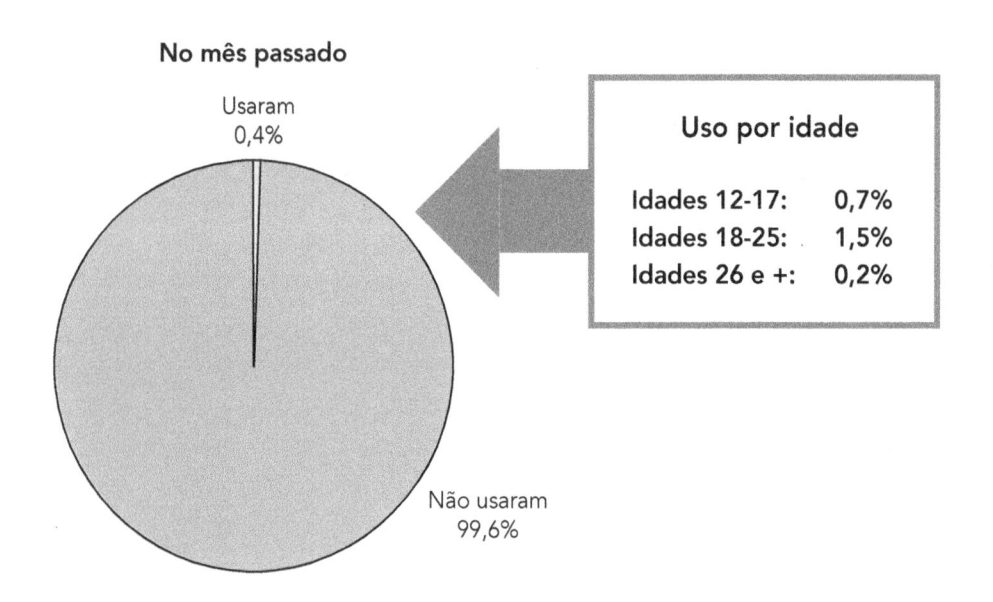

Onde você se encaixa?

Durante a vida
- Sempre usaram: 13,8
- Nunca usaram: 86,2%

No ano passado
- Usaram: 1,5%
- Não usaram: 98,5%

No mês passado
- Usaram: 0,4%
- Não usaram: 99,6%

Uso por idade

Idades 12-17: 0,7%
Idades 18-25: 1,5%
Idades 26 e +: 0,2%

---

* 2007 National Alcohol on Drug Use & Health.

Uso de heroína por pessoas maiores de 12 anos nos Estados Unidos*

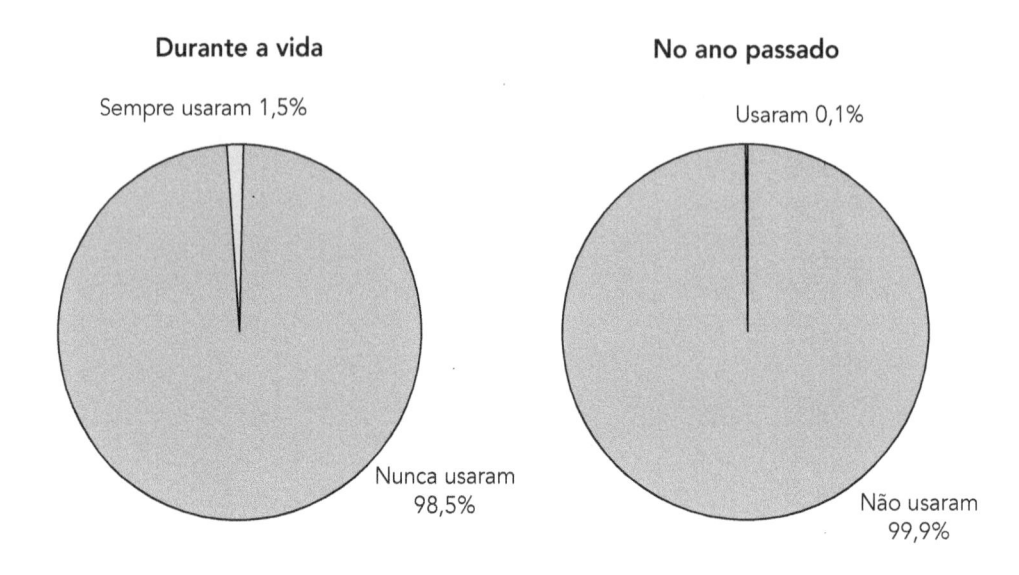

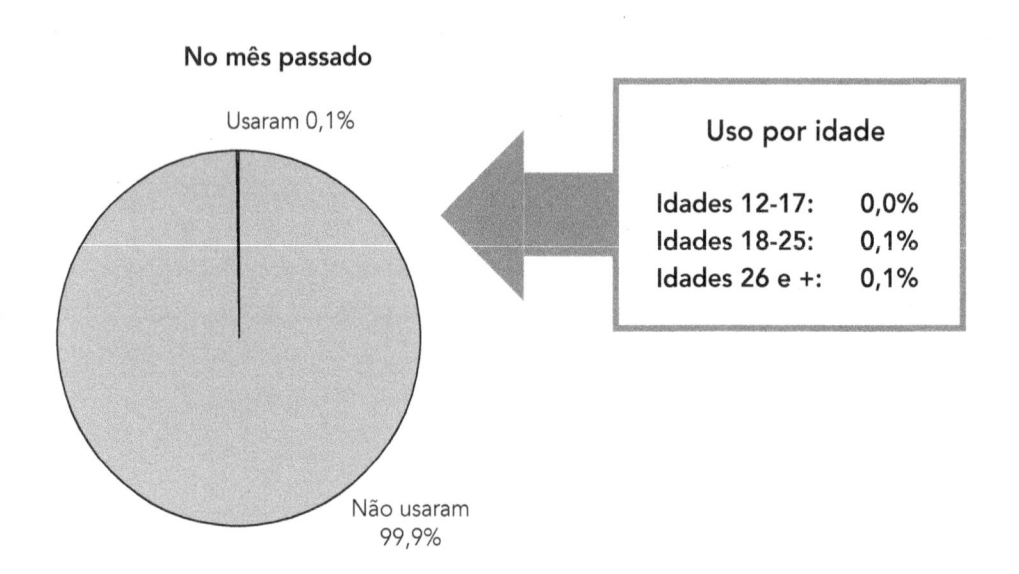

Onde você se encaixa?

Durante a vida

Sempre usaram 1,5%

Nunca usaram 98,5%

No ano passado

Usaram 0,1%

Não usaram 99,9%

No mês passado

Usaram 0,1%

Não usaram 99,9%

Uso por idade

Idades 12-17:   0,0%
Idades 18-25:   0,1%
Idades 26 e +: 0,1%

* 2007 National Alcohol on Drug Use & Health.

Uso de inalantes por pessoas maiores de 12 anos nos Estados Unidos*

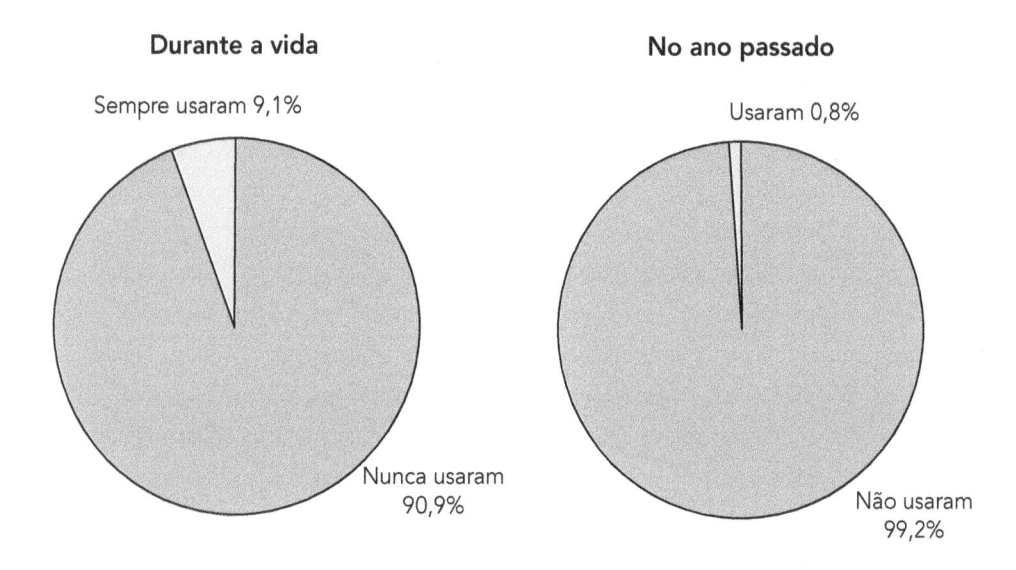

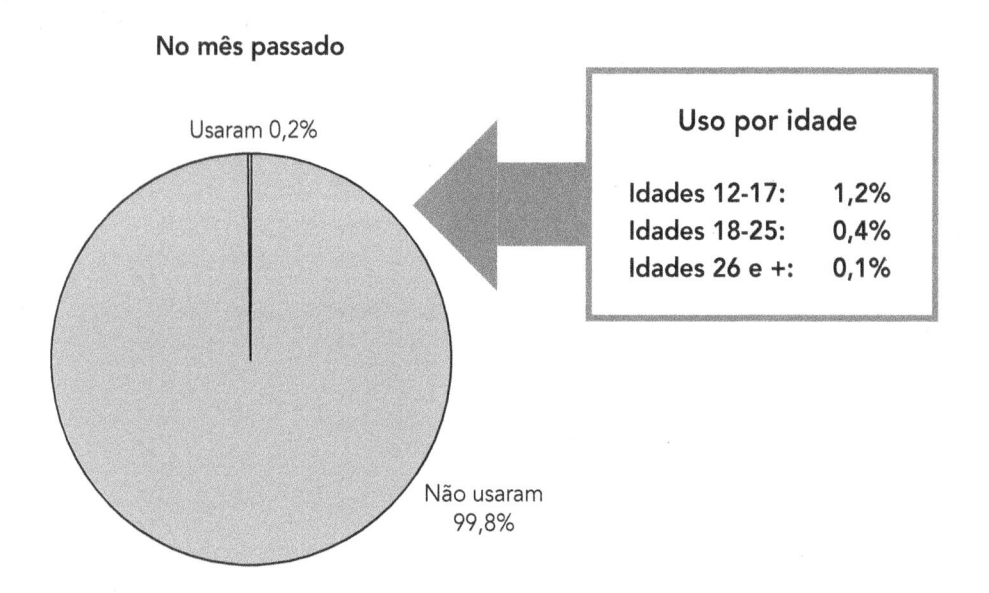

Onde você se encaixa?

Durante a vida

Sempre usaram 9,1%

Nunca usaram 90,9%

No ano passado

Usaram 0,8%

Não usaram 99,2%

No mês passado

Usaram 0,2%

Não usaram 99,8%

Uso por idade

Idades 12-17:	1,2%
Idades 18-25:	0,4%
Idades 26 e +:	0,1%

---

* 2007 National Alcohol on Drug Use & Health.

Uso de cigarros por pessoas maiores de 12 anos nos Estados Unidos*

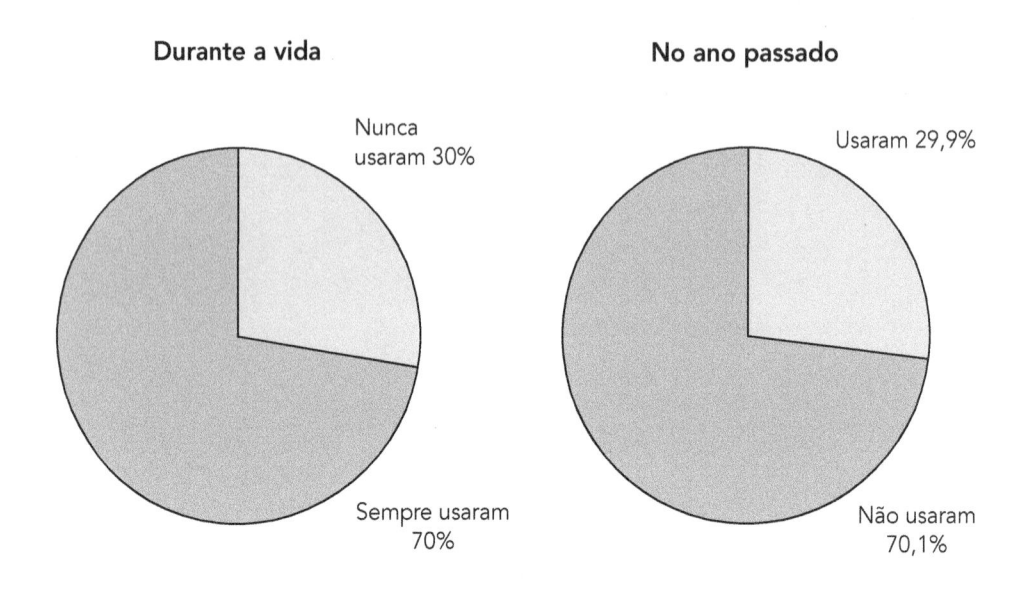

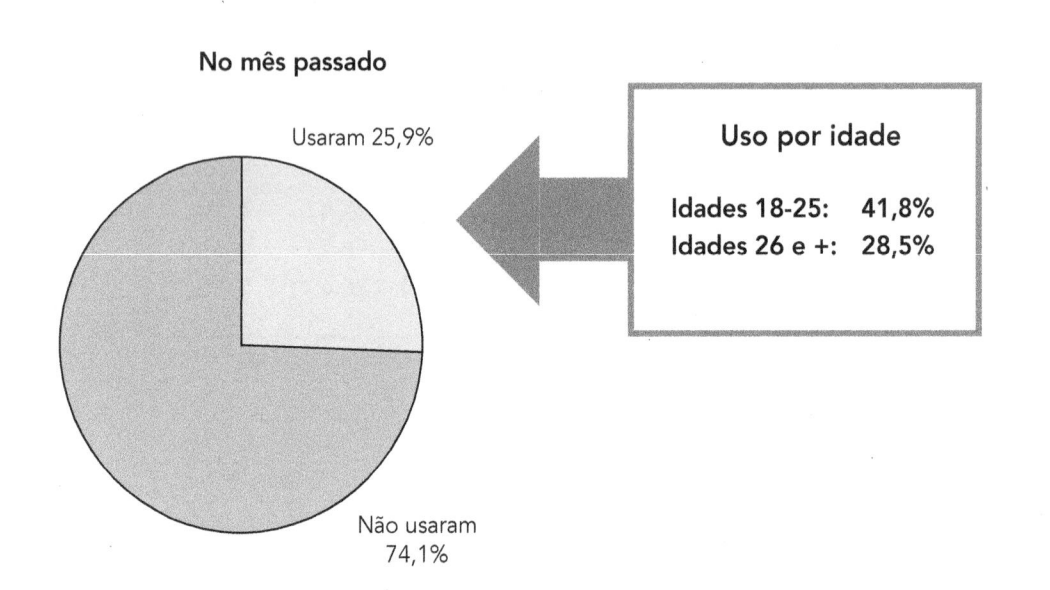

Onde você se encaixa?

Durante a vida

- Nunca usaram 30%
- Sempre usaram 70%

No ano passado

- Usaram 29,9%
- Não usaram 70,1%

No mês passado

- Usaram 25,9%
- Não usaram 74,1%

Uso por idade

Idades 18-25:   41,8%
Idades 26 e +:   28,5%

---

* 2007 National Alcohol on Drug Use & Health.

Uso de maconha e haxixe por pessoas maiores de 12 anos nos Estados Unidos*

Onde você se encaixa?

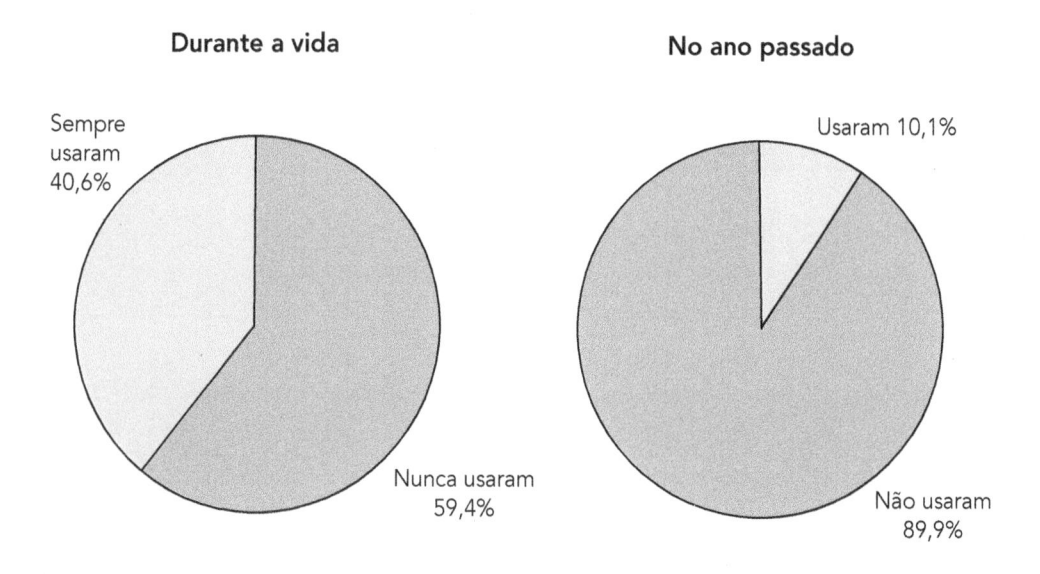

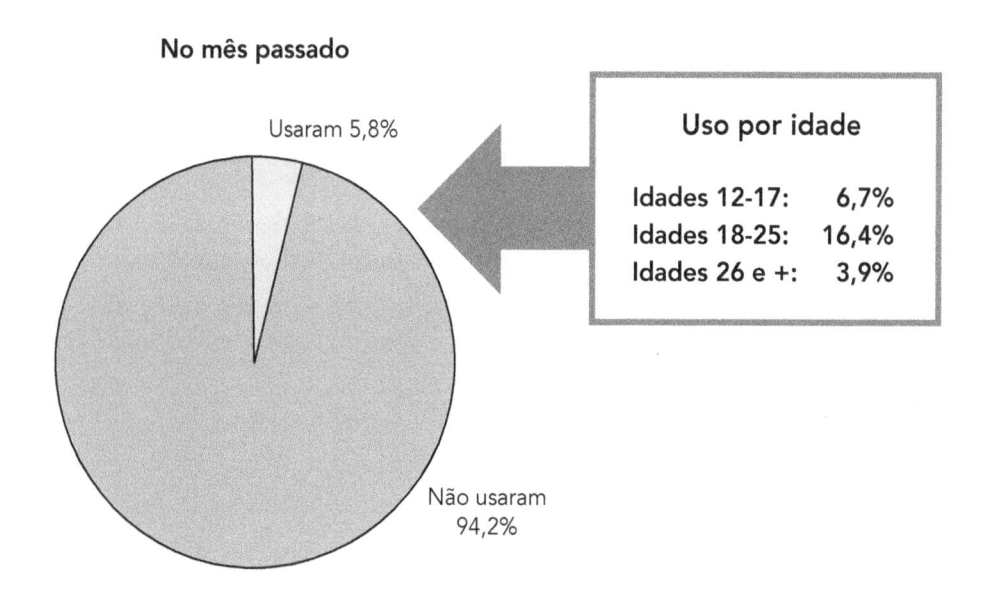

Durante a vida

Sempre usaram 40,6%
Nunca usaram 59,4%

No ano passado

Usaram 10,1%
Não usaram 89,9%

No mês passado

Usaram 5,8%
Não usaram 94,2%

Uso por idade

Idades 12-17:   6,7%
Idades 18-25:   16,4%
Idades 26 e +:   3,9%

---

* 2007 National Alcohol on Drug Use & Health.

Uso de metanfetamina não médica por pessoas maiores de 12 anos nos Estados Unidos*

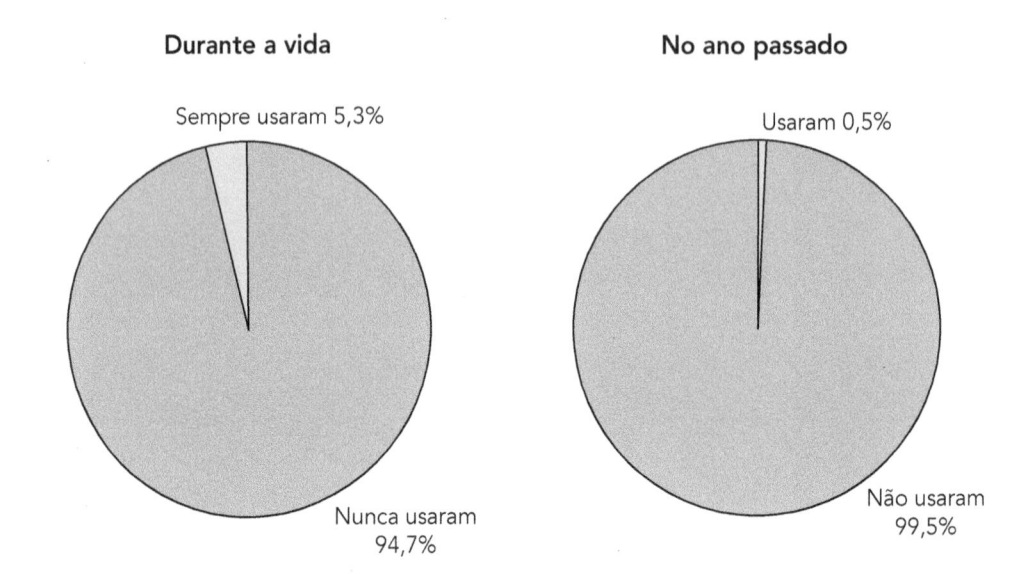

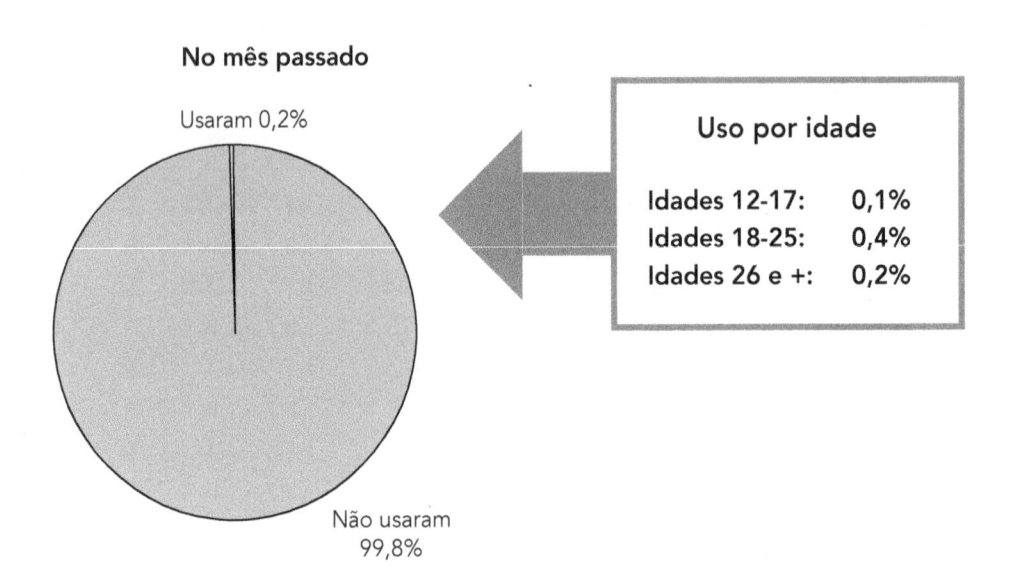

Onde você se encaixa?

Durante a vida

Sempre usaram 5,3%

Nunca usaram 94,7%

No ano passado

Usaram 0,5%

Não usaram 99,5%

No mês passado

Usaram 0,2%

Não usaram 99,8%

Uso por idade

Idades 12-17: 0,1%
Idades 18-25: 0,4%
Idades 26 e +: 0,2%

* 2007 National Alcohol on Drug Use & Health.

Uso de oxicodona por pessoas maiores de 12 anos nos Estados Unidos*

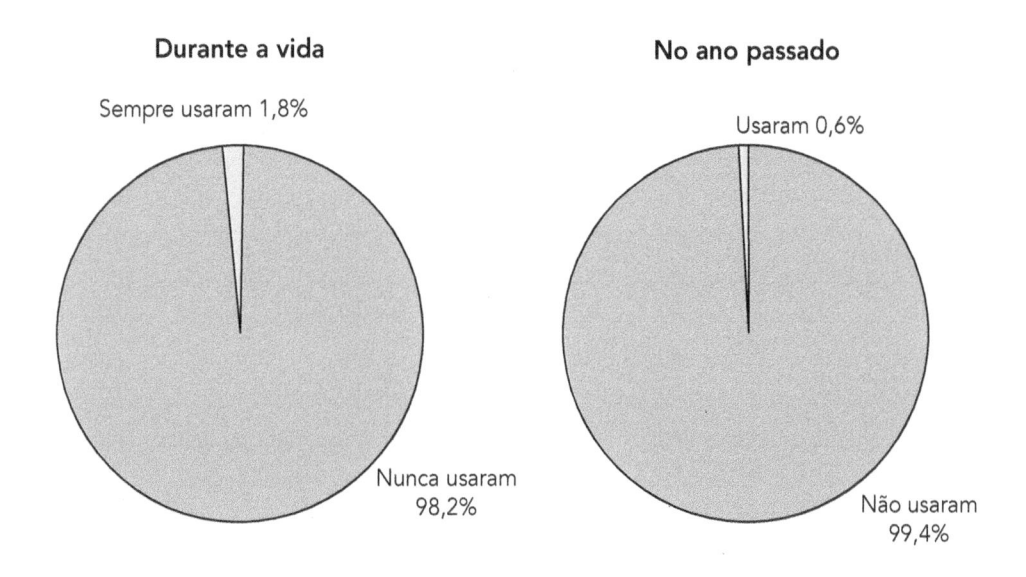

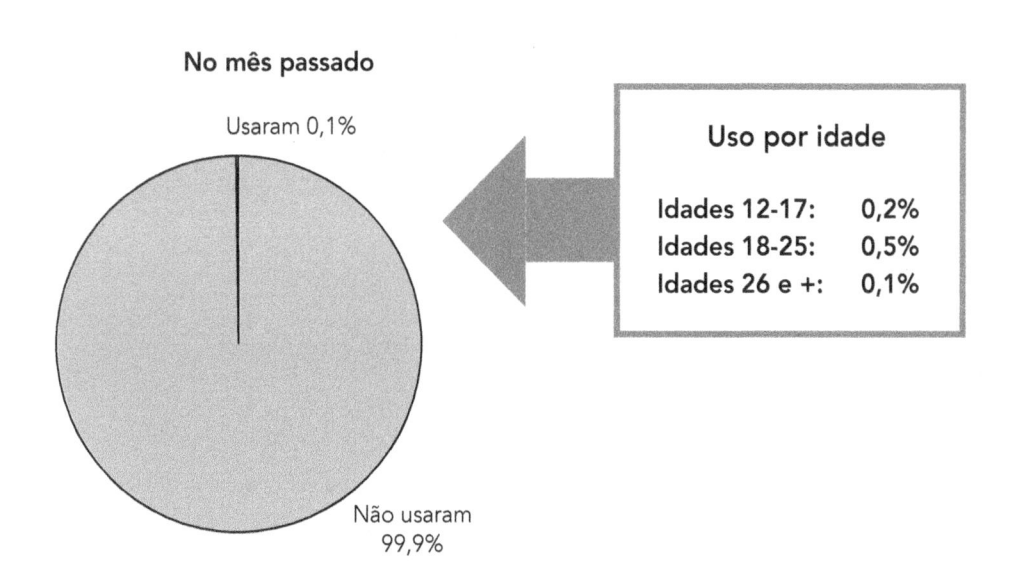

Onde você se encaixa?

Durante a vida

Sempre usaram 1,8%

Nunca usaram 98,2%

No ano passado

Usaram 0,6%

Não usaram 99,4%

No mês passado

Usaram 0,1%

Não usaram 99,9%

Uso por idade

Idades 12-17:   0,2%
Idades 18-25:   0,5%
Idades 26 e +: 0,1%

---

* 2007 National Alcohol on Drug Use & Health.

Uso não médico de analgésicos por pessoas maiores de 12 anos nos Estados Unidos*

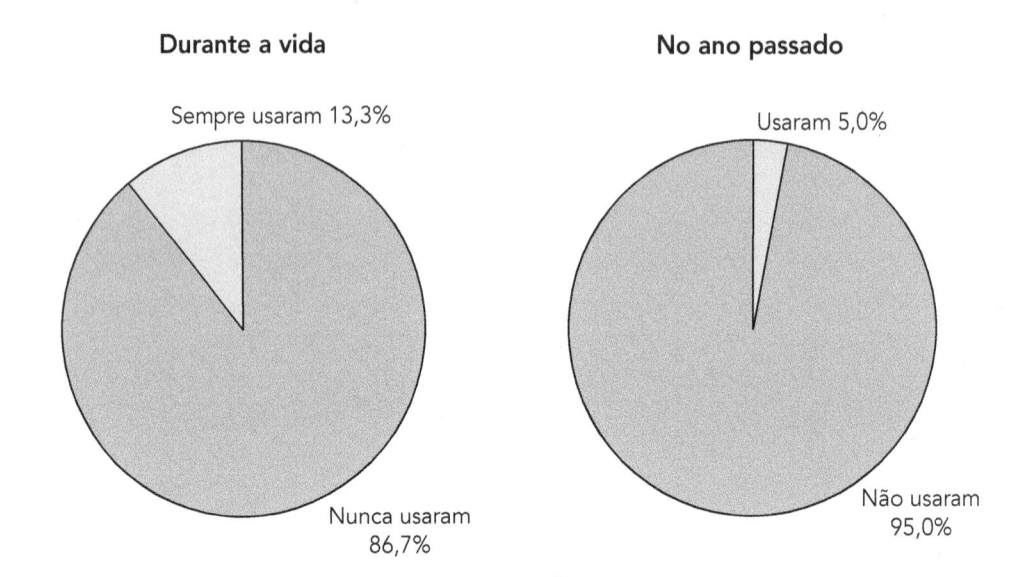

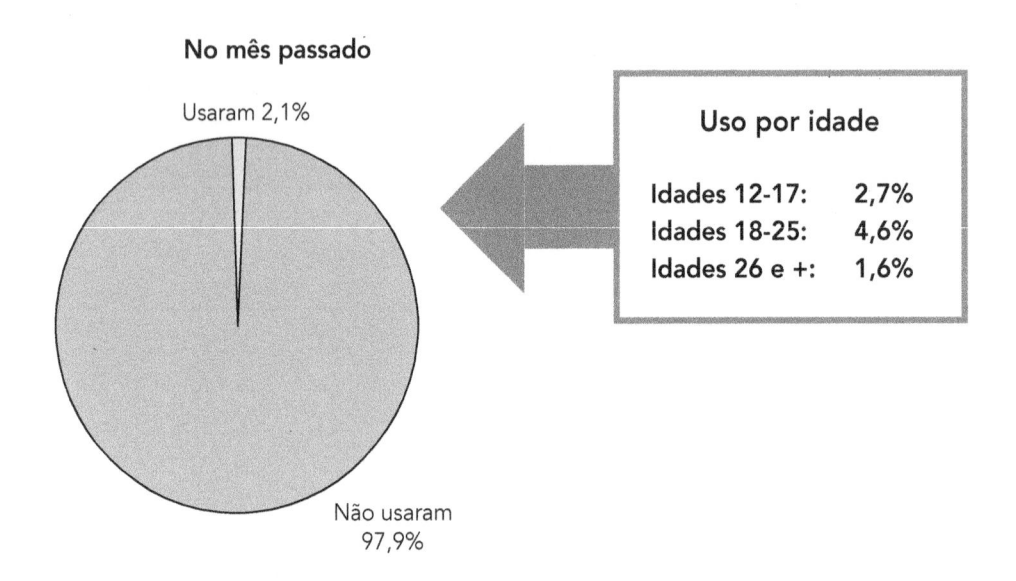

Onde você se encaixa?

Durante a vida

- Sempre usaram 13,3%
- Nunca usaram 86,7%

No ano passado

- Usaram 5,0%
- Não usaram 95,0%

No mês passado

- Usaram 2,1%
- Não usaram 97,9%

Uso por idade

Idades 12-17:	2,7%
Idades 18-25:	4,6%
Idades 26 e +:	1,6%

* 2007 National Alcohol on Drug Use & Health.

Uso de sedativo não médico por pessoas maiores de 12 anos nos Estados Unidos*

Onde você se encaixa?

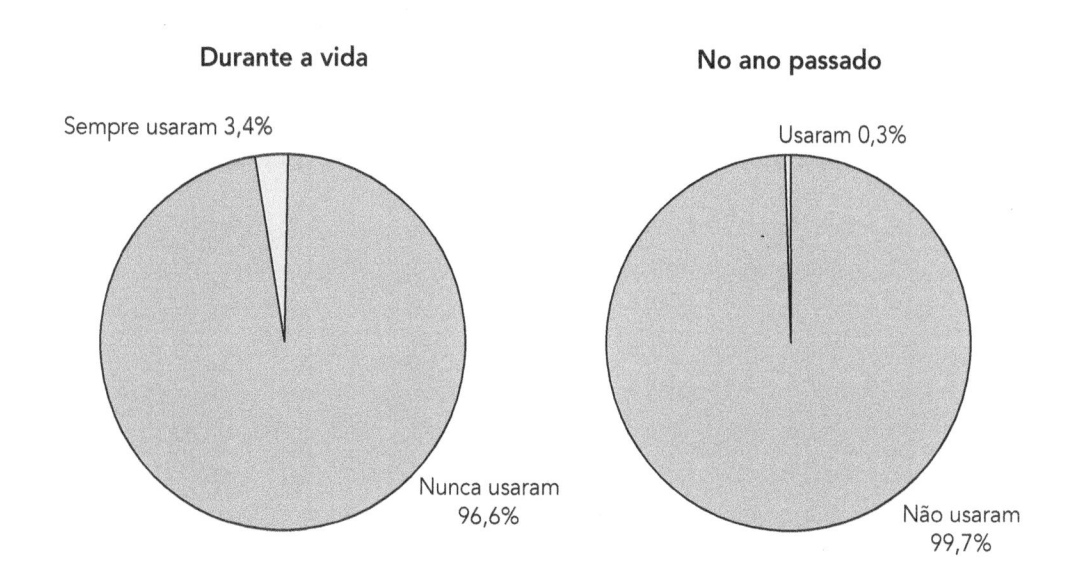

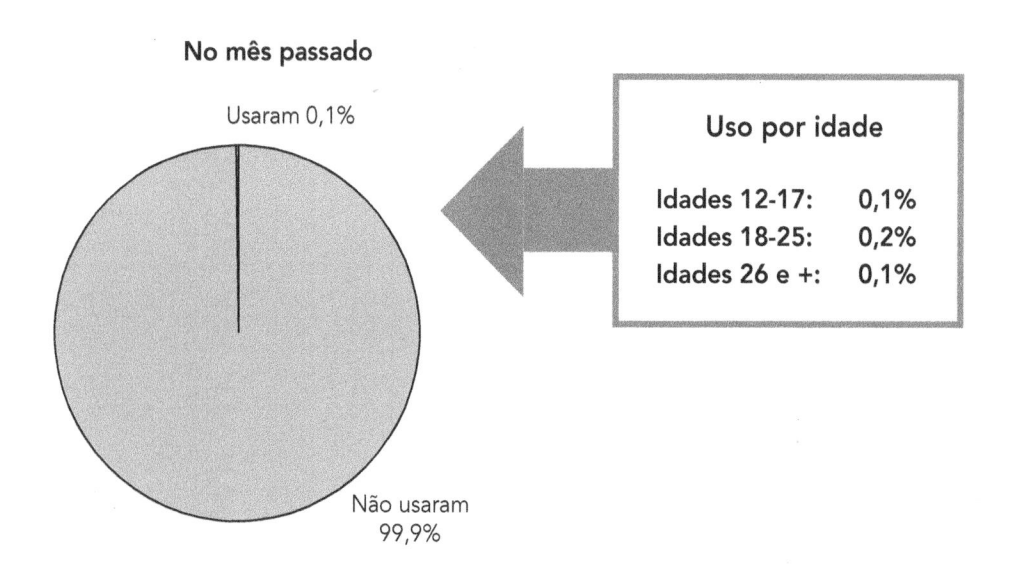

Durante a vida

Sempre usaram 3,4%

Nunca usaram 96,6%

No ano passado

Usaram 0,3%

Não usaram 99,7%

No mês passado

Usaram 0,1%

Não usaram 99,9%

Uso por idade

Idades 12-17:   0,1%
Idades 18-25:   0,2%
Idades 26 e +: 0,1%

---

* 2007 National Alcohol on Drug Use & Health.

Uso de estimulante não médico por pessoas maiores de 12 anos nos Estados Unidos*

Onde você se encaixa?

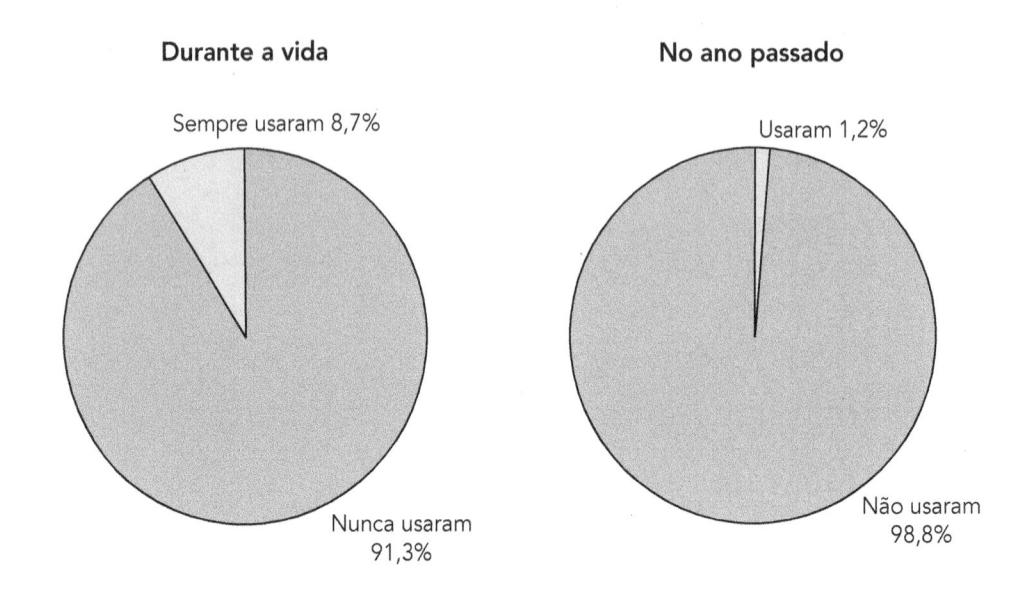

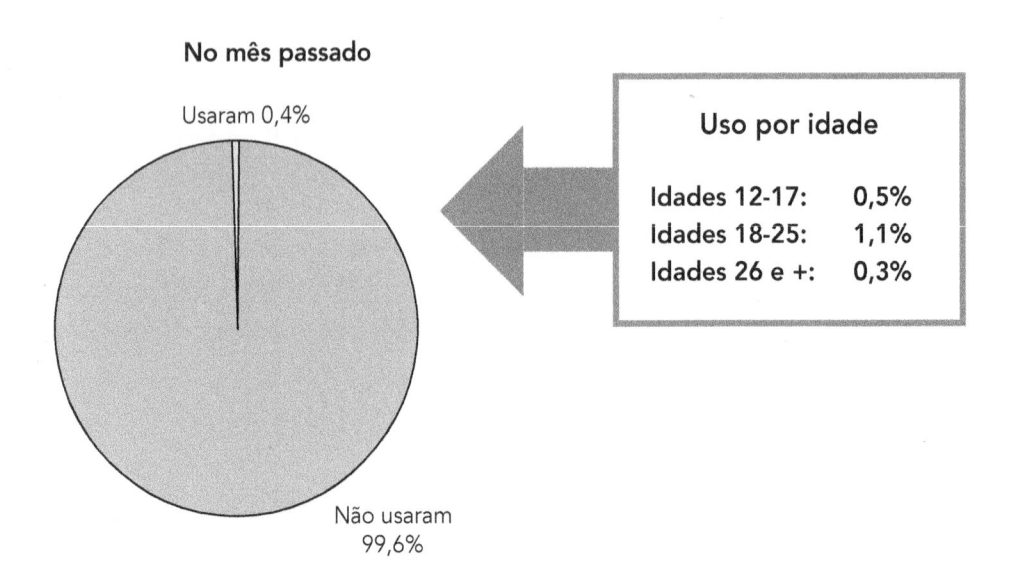

Durante a vida

Sempre usaram 8,7%

Nunca usaram 91,3%

No ano passado

Usaram 1,2%

Não usaram 98,8%

No mês passado

Usaram 0,4%

Não usaram 99,6%

Uso por idade

Idades 12-17:   0,5%
Idades 18-25:   1,1%
Idades 26 e +: 0,3%

* 2007 National Alcohol on Drug Use & Health.

Uso de tranquilizante não médico por pessoas maiores de 12 anos nos Estados Unidos*

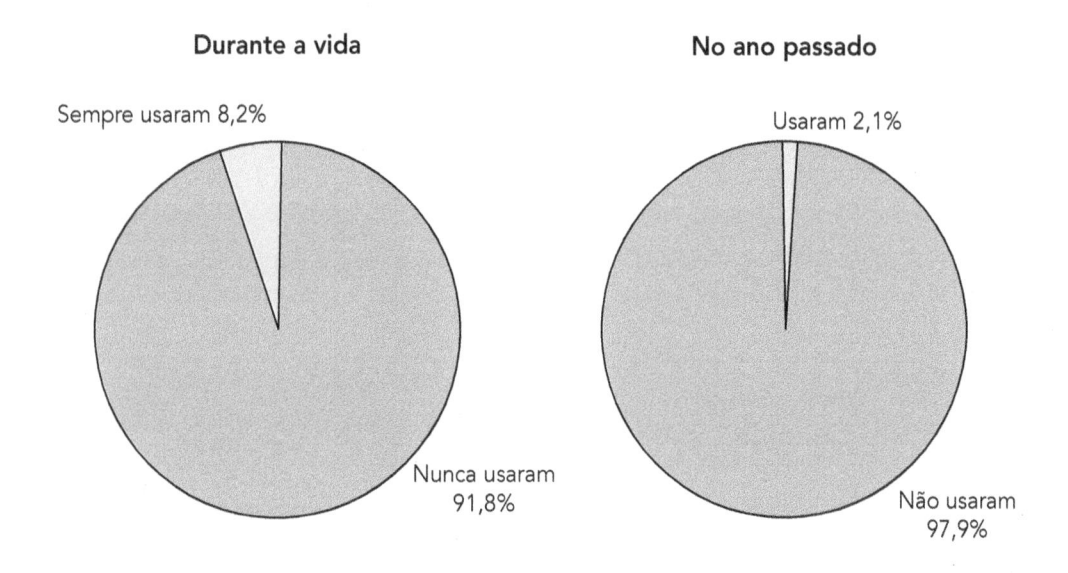

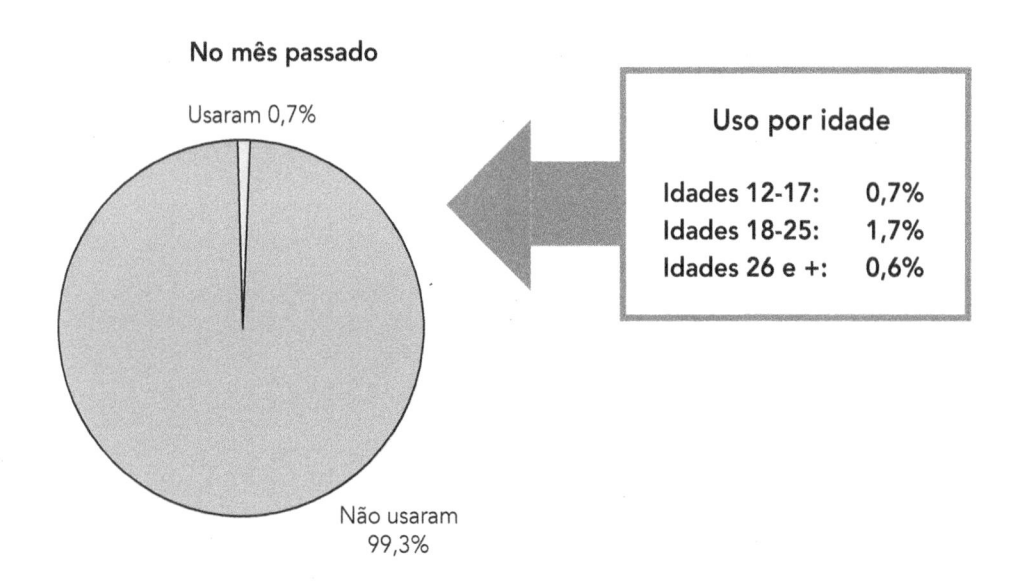

Onde você se encaixa?

Durante a vida

Sempre usaram 8,2%

Nunca usaram 91,8%

No ano passado

Usaram 2,1%

Não usaram 97,9%

No mês passado

Usaram 0,7%

Não usaram 99,3%

Uso por idade

Idades 12-17:   0,7%
Idades 18-25:   1,7%
Idades 26 e +:   0,6%

---

* 2007 National Alcohol on Drug Use & Health.

Onde se encaixa o seu uso de DROGAS?

A pontuação do DAST-10 avalia o nível de problemas com drogas de uma pessoa. A seguir apresenta-se sua pontuação no DAST, a qual se baseia no questionário que você completou anteriormente. As pontuações mais altas refletem problemas mais graves.

Minha primeira droga é

_____.

Onde você se encaixa?
Sua pontuação no DAST-10 é

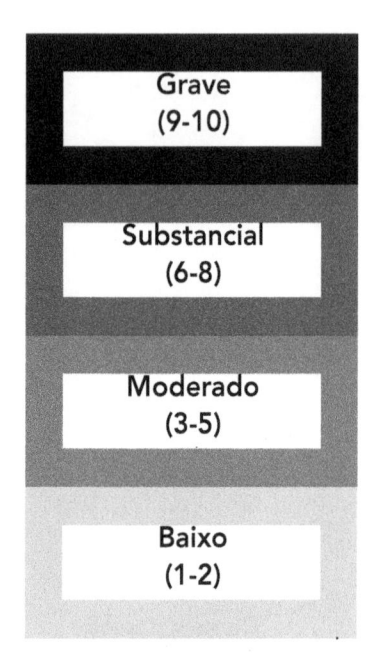

_____.

Grave
(9-10)

Substancial
(6-8)

Moderado
(3-5)

Baixo
(1-2)

Sem problemas
relatados
(0)

FOLHETO DO CLIENTE 4.3

Exemplo de *feedback* personalizado do uso de álcool do pré-tratamento até a Sessão 4

Sessão individual e de grupo 4

Feedback personalizado para _____

As informações que você proporcionou sobre o seu uso de álcool quando veio aqui pela primeira vez e no decorrer do tratamento estão mostradas nos gráficos a seguir.

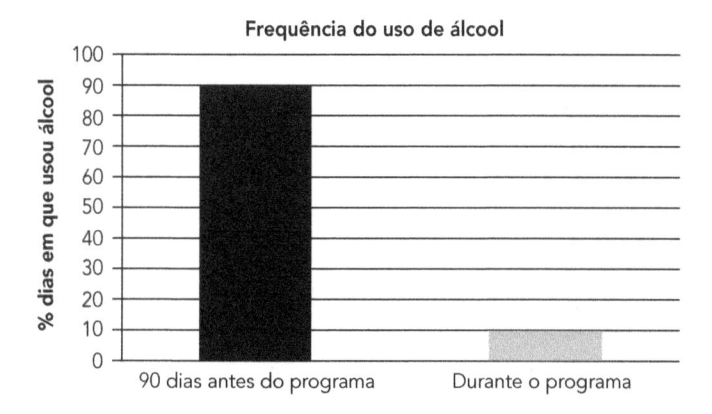

Frequência do uso de álcool

(gráfico de barras: % dias em que usou álcool — 90 dias antes do programa: 90; Durante o programa: 10)

O primeiro gráfico compara a frequência (% de dias) em que você ingeriu álcool durante os 90 dias anteriores ao seu tratamento e durante o período em que esteve no programa.

Observando este primeiro gráfico, como diria que mudou a sua ingestão de álcool?

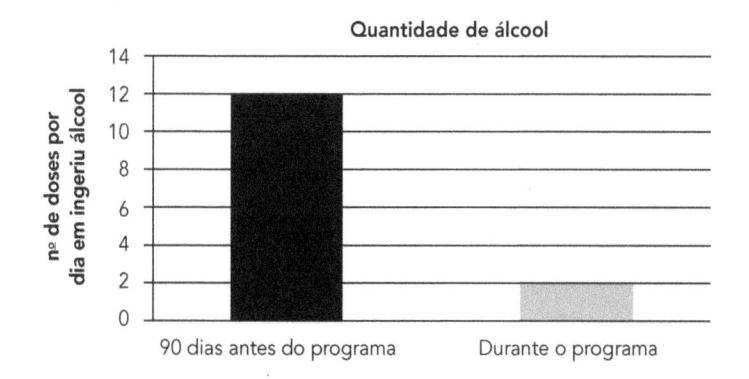

Quantidade de álcool

(gráfico de barras: nº de doses por dia em que ingeriu álcool — 90 dias antes do programa: 12; Durante o programa: 2)

O segundo gráfico compara o quanto você ingeriu de álcool por dia durante os 90 dias que precederam seu tratamento e durante o período em que esteve no programa.

Observando este segundo gráfico, como diria que mudou a sua ingestão de álcool?

Extraído de *Terapia de grupo para transtornos por abuso de substâncias*, de Linda Carter Sobell e Mark B. Sobell. Artmed Editora, 2012. A permissão para fotocopiar este folheto é concedida aos compradores deste livro apenas para uso pessoal.

FOLHETO DO CLIENTE 4.4

Exemplo de *feedback* personalizado do uso de drogas do pré-tratamento até a Sessão 4

Sessão individual e de grupo 4

Feedback personalizado para _____

Primeira droga para a qual você buscou tratamento _____

As informações que proporcionou sobre seu uso de drogas quando veio aqui pela primeira vez e durante o período de tratamento está mostrado no gráfico a seguir.

Frequência do uso de drogas

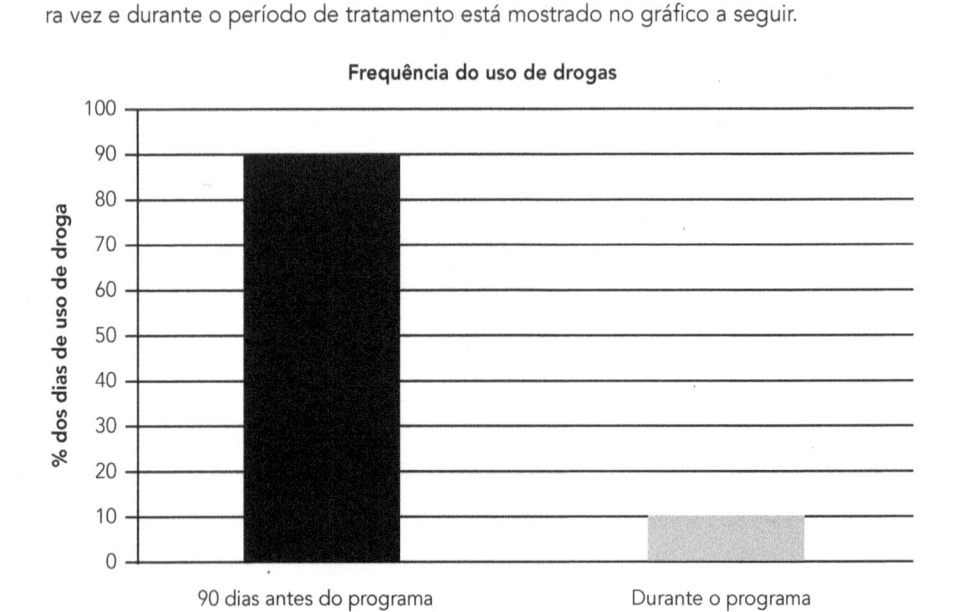

[Gráfico de barras: % dos dias de uso de droga. 90 dias antes do programa: ~90%. Durante o programa: ~10%.]

Este gráfico compara a frequência (% de dias) em que você usou a droga para a qual buscou tratamento durante os 90 dias precedentes ao seu tratamento e durante o período em que estava no programa.

Observando este gráfico, como você diria que mudou o seu uso de drogas?

Extraído de *Terapia de grupo para transtornos por abuso de substâncias*, de Linda Carter Sobell e Mark B. Sobell. Artmed Editora, 2012. A permissão para fotocopiar este folheto é concedida aos compradores deste livro apenas para uso pessoal.

FOLHETO DO CLIENTE 4.5

Leitura sobre a identificação dos gatilhos
Sessão individual e de grupo 2

- Os problemas em geral não se desenvolvem do dia para a noite, e também em geral não desaparecem da mesma forma.
- Para algumas pessoas, a trajetória pode ser tranquila desde o dia em que decidem mudar, mas para outras a mudança requer tempo.
- Pense sobre a mudança como uma tentativa de subir uma montanha. Algumas pessoas conseguem subir a montanha da mudança rapidamente por meio do Caminho B. Para outras, esta subida, como é mostrado no diagrama a seguir no Caminho A, pode requerer tempo.
- Embora a maioria das pessoas realize um progresso contínuo, algumas vão encontrar obstáculos no caminho que podem retardar o seu percurso, mas isso não deve fazê-las desistir. Por exemplo, se você está fazendo dieta e sai dela um dia, pode encarar isso de duas maneiras.
  1. Como um **fracasso**, desistir e retornar aos seus antigos padrões de alimentação. Fazer isso não vai ajudá-lo a atingir seu objetivo.
  2. Como um **revés temporário**. Assim fazendo, terá uma chance melhor de atingir o seu objetivo.

Montanha da Mudança
Seu objetivo
Caminho A
Caminho B
Onde você está agora?
Pontos de decisão fundamentais. Se você tiver um revés, mas voltar rapidamente ao seu caminho, isso só o atrasará um pouco.
Mar de preocupações

ENTENDENDO O PROBLEMA

Embora às vezes façamos coisas que não são boas para nós, em geral há razões que fazem com que nos comportemos de determinadas maneiras. O primeiro passo ao tentar mudar um comportamento é identificar por que ele ocorre.

GATILHOS

Gatilhos são coisas que com frequência conduzem a comportamentos problemáticos, como emoções agradáveis ou desagradáveis, ou simplesmente situações rotineiras. Por exemplo:
- **Situações inesperadas:** Seu plano é adiado; o emprego que estava esperando não saiu.
- **Situações que você busca:** Ir a uma festa.
- **Situações emocionais (positivas ou negativas):** Uma discussão; encontrar com um velho amigo; ficar entediado; uma comemoração.
- **Situações pessoais estressantes:** Problemas financeiros; uma entrevista de emprego; presença num tribunal.

Como você pode ver, as situações podem variar muito. Às vezes, pode ser um gatilho único; outras vezes podem ser vários gatilhos.

CONSEQUÊNCIAS

Se as pessoas têm uma compensação imediata por fazer algo, elas tendem a fazê-lo de novo. As **consequências positivas** podem incluir uma mudança no humor, sentir-se mais à vontade com os outros ou ter um bom momento.

Infelizmente, alguns comportamentos podem produzir **consequências negativas**, como problemas de saúde, conflitos familiares ou prisões. Embora as consequências negativas sejam sérias, elas nem sempre ocorrem imediatamente.

Quando você pensar sobre as consequências do seu comportamento, deve também considerar coisas que podem se desenvolver no futuro. Estas são chamadas **riscos**.

No exercício de balança decisória, nós lhe pedimos para pesar os custos e os benefícios da mudança. O próximo passo é identificar o que é um gatilho ou se está associado com o seu comportamento.

IDENTIFICAÇÃO DOS GATILHOS

- Identificar os gatilhos e as consequências do seu comportamento de risco.
- Desenvolver opções ou alternativas realísticas para se engajar no comportamento.
- Estabelecer suas opções como objetivos da maneira mais detalhada possível.
- Decidir que opções são melhores para você.
- Em seguida, desenvolver planos de ação para atingir seus objetivos. Permita um período de tempo razoável para atingir seus objetivos. **Seus problemas não se desenvolveram do dia para a noite e na verdade podem não desaparecer do dia para a noite.**
- Monitore o seu progresso. Se seu plano funcionar, assuma o crédito que merece. Se não funcionar, descubra por que e busque outras opções.

Exemplo: Identificação dos gatilhos e das consequências
Descreva brevemente uma de suas situações de risco ou problemáticas **mais sérias**.
Ir a uma festa quando está estressado.
Descreva o mais especificamente possível os tipos de **gatilhos** em geral associados a esta situação.
Relaxar depois do trabalho, pressão social, tomar alguns drinques com amigos.
Descreva as **consequências** em geral associadas a esta situação. Lembre-se de considerar as consequências **negativas** e **positivas**.
Positiva: sentir-se bem, relaxado
Negativa: cansado pela manhã, faltar ao trabalho
EXEMPLO: OPÇÕES
Comportamento problemático ou arriscado
Ir a uma festa quando está estressado.
Opções e consequências: Descrever pelo menos duas opções e suas prováveis consequências para este comportamento problemático ou arriscado.
Opção 1: Evitar ir à festa.
Prováveis consequências da opção 1:
Positiva: Não vou beber.
Negativa: Vou me sentir como estivesse em falta com meus amigos.
Opção 2: Ir à festa, mas limitar minha ingestão de álcool a duas cervejas.
Prováveis consequências da opção 2:
Positiva: Conseguirei desfrutar da companhia dos amigos.
Negativa: Poderá ser difícil no início.
EXEMPLO: PLANO DE AÇÃO
Para cada opção, desenvolva um plano de ação que o ajudaria a realizar essa opção.
Melhor Opção: Ir à festa e limitar minha ingestão de álcool.
Plano de Ação: Tomar um refrigerante entre os drinques. Servir seus próprios drinques. Após dois drinques, só tomar refrigerantes. Comer alguma coisa. Comprometer-se a ir embora em uma determinada hora. Encarregar um amigo de ajudá-lo.
Segunda Melhor Opção: Não ir à festa.
Plano de Ação: Ir a algum lugar gratificante, como assistir a um filme, jantar fora ou ir a um evento esportivo com amigos.

Extraído de *Terapia de grupo para transtornos por abuso de substâncias*, de Linda Carter Sobell e Mark B. Sobell. Artmed Editora, 2012. A permissão para fotocopiar este folheto é concedida aos compradores deste livro apenas para uso pessoal.

FOLHETO DO CLIENTE 4.6

Exercício sobre a identificação dos gatilhos

Sessão individual e de grupo 2

Parte deste programa envolve realizar leituras e completar exercícios de tarefa de casa antes de suas sessões. Estes se destinam a ajudá-lo a
- Preparar-se para suas sessões.
- Assumir um papel ativo na mudança do seu comportamento.
- Avaliar o seu progresso.

No primeiro exercício você pesou os custos e benefícios da mudança. Agora queremos ajudá-lo a identificar o que está desencadeando ou associado ao comportamento que quer mudar.

COISAS A CONSIDERAR AO REALIZAR ESTE EXERCÍCIO

Como o comportamento que você quer mudar veio a desempenhar um papel importante ou grande na sua vida, pode precisar realizar algumas mudanças no seu estilo de vida. Observe as seguintes áreas da sua vida:

- **Disponibilidade:** Se as coisas que desencadeiam seu comportamento estão prontamente disponíveis, você pode querer mudar seu ambiente.
- **Atividades:** Se você passa muito tempo envolvido no comportamento, pode precisar encontrar outras maneiras de passar o seu tempo.
- **Relacionamentos com amigos:** Em alguns casos, pode ser necessária uma mudança nos relacionamentos sociais para mudar os comportamentos. Se decidir que a associação com algumas pessoas é muito arriscada, pode decidir sobre a necessidade de uma mudança no seu círculo de amigos.

As perguntas que se seguem e as categorias gerais dos gatilhos destinam-se a ajudá-lo a realizar este exercício.

Perguntas:
- Onde e quando ocorre o seu comportamento?
- Que outras pessoas estão presentes nestas ocasiões e como elas afetam o seu comportamento?
- O que você ganha se engajando nesse comportamento? Ou seja, qual o propósito dele para você?

Categorias gerais dos gatilhos:
- **Estado emocional** (por exemplo, zangado, deprimido, feliz, triste)
- **Estado físico** (por exemplo, relaxado, tenso, cansado, excitado)
- **Presença de outras pessoas** (por exemplo, quando o comportamento ocorre algumas pessoas estão presentes?)
- **Disponibilidade**
- **Ambiente físico** (por exemplo, trabalho, festa, casa do ex-cônjuge)
- **Pressão social** (por exemplo, você é obrigado ou coagido a fazer coisas que não quer?)
- **Atividades** (por exemplo, trabalho, trabalho em casa, praticar esportes, assistir à TV, jogar cartas)
- **Pensamentos** (por exemplo, lembra-se de momentos em que se engajou no comportamento)

Você agora está pronto para realizar este exercício!

EXERCÍCIO

Descreva **dois tipos gerais de situações** que desencadearam o comportamento que você quer mudar.

Uma coisa que pode ajudá-lo a identificar os gatilhos e as consequências relacionadas à mudança é pensar nas experiências reais que já teve.

SITUAÇÃO GATILHO 1

Descreva brevemente **UMA** das suas **situações gatilhos de alto risco**.

_____
_____
_____
_____
_____
_____
_____
_____
_____
_____
_____
_____
_____
_____

Descreva os tipos de **CONSEQUÊNCIAS** em geral associadas a esta situação.
Considere tanto as consequências **NEGATIVAS** quanto as **POSITIVAS** e se elas ocorrem imediatamente ou são adiadas.

_____
_____
_____
_____
_____
_____
_____
_____
_____
_____
_____
_____
_____
_____

SITUAÇÃO GATILHO 2

Descreva brevemente **UMA** das suas **situações gatilhos de alto risco.**

_____
_____
_____
_____
_____
_____
_____
_____
_____
_____
_____
_____
_____

Descreva os tipos de **CONSEQUÊNCIAS** em geral associadas a esta situação. Considere tanto as consequências **NEGATIVAS** quanto as **POSITIVAS** e se elas ocorrem imediatamente ou são adiadas.

_____
_____
_____
_____
_____
_____
_____
_____
_____
_____
_____
_____

Extraído de *Terapia de grupo para transtornos por abuso de substâncias*, de Linda Carter Sobell e Mark B. Sobell. Artmed Editora, 2012. A permissão para fotocopiar este folheto é concedida aos compradores deste livro apenas para uso pessoal.

FOLHETO DO CLIENTE 4.7

Amostra do perfil do uso de álcool ou drogas do BSCQ da avaliação

Sessão individual e de grupo 2

SEU PERFIL DE AUTOCONFIANÇA

O gráfico a seguir mostra a sua confiança de que pode resistir a beber nocivamente ou resistir aos desejos para usar drogas em diferentes situações. É provável que as situações nas quais você tem baixa autoconfiança lhe constituam risco. Você pode achar particularmente útil pensar em maneiras de identificar e fazer planos antecipados para estas situações. Por exemplo, se tem pouca confiança de que pode resistir a beber nocivamente ou a usar drogas em situações de pressão social, pode querer evitar essas situações ou lidar com elas de maneira diferente. Pode também observar seu calendário diário de uso de álcool e drogas para ver se seus dias de ingestão pesada de álcool ou de uso de droga ocorreram quando teve problemas para resistir ao desejo de beber nocivamente ou para resistir ao desejo de usar drogas.

O quanto você está confiante?

As três situações em que você indicou ter tido menor confiança na sua capacidade para resistir a beber nocivamente ou para resistir a usar drogas estão destacados em **preto** a seguir.

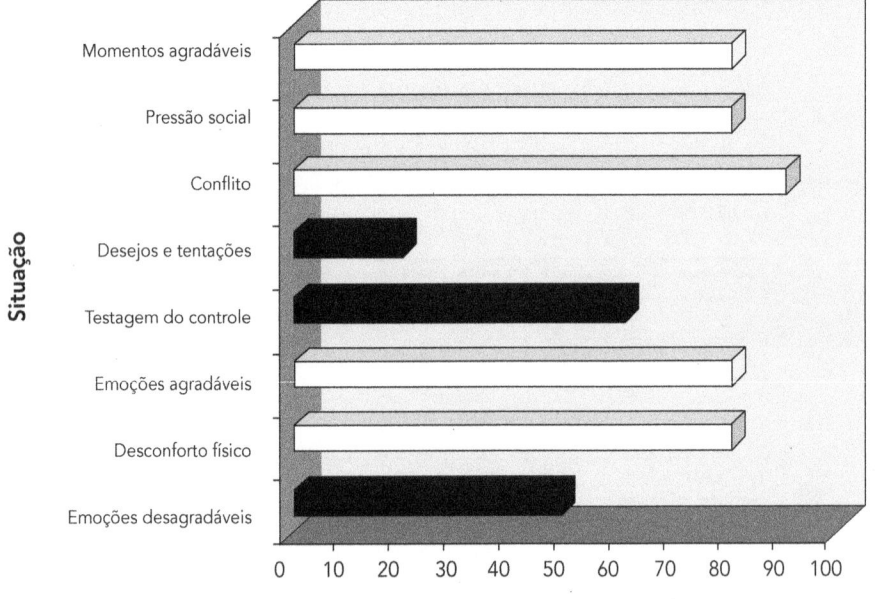

Extraído de Terapia de grupo para transtornos por abuso de substâncias, *de Linda Carter Sobell e Mark B. Sobell. Artmed Editora, 2012. A permissão para fotocopiar este folheto é concedida aos compradores deste livro apenas para uso pessoal.*

FOLHETO DO CLIENTE 4.8

Exercício sobre o desenvolvimento de novas opções e planos de ação

Sessão individual e de grupo 3

Neste exercício você vai desenvolver novas opções e planos de ação para situações desencadeantes de alto risco que descreveu no exercício sobre **Identificação dos gatilhos.**

SITUAÇÃO GATILHO 1

Descreva duas opções e suas prováveis consequências para sua **primeira situação desencadeante** no exercício sobre **Identificação dos gatilhos.**

- Seja o mais **específico** possível na descrição das suas opções, todas as quais devem ser **factíveis.**
- **Para cada opção**, descreva o que acha que aconteceria se usasse essa opção.
- Considere **tanto as consequências negativas quanto as positivas.**
- Finalmente, **decida que opção** seria a melhor e a segunda melhor para você para lidar com esta situação desencadeante.

- **Opção 1:** _____

  Prováveis consequências: _____

- **Opção 2:** _____

  Prováveis consequências: _____

Extraído de *Terapia de grupo para transtornos por abuso de substâncias*, de Linda Carter Sobell e Mark B. Sobell. Artmed Editora, 2012. A permissão para fotocopiar este folheto é concedida aos compradores deste livro apenas para uso pessoal.

PLANO DE MUDANÇA

Você selecionou duas opções para seu gatilho 1. **Para cada opção**, descreva o que necessita fazer para cumprir essa opção.

- Seu **Plano de mudança** deve descrever em alguns detalhes **como poderia pôr em prática a sua opção**.
- Ajuda se você fragmentar seu plano em **passos menores**.
- **Plano de mudança – Opção 1**

_____
_____
_____
_____
_____
_____
_____
_____
_____
_____
_____
_____

- **Plano de mudança – Opção 2**

_____
_____
_____
_____
_____
_____
_____
_____
_____
_____
_____
_____

SITUAÇÃO GATILHO 2

Descreva duas opções e suas prováveis consequências para sua **segunda situação desencadeante** no exercício sobre **identificação dos gatilhos**.

- Seja o mais **específico** possível na descrição das suas opções, todas as quais devem ser **factíveis**.
- **Para cada opção**, descreva o que acha que aconteceria se usasse essa opção.
- Considere **tanto as consequências negativas quanto as positivas**.
- Finalmente, **decida que opção** seria a melhor e a segunda melhor para lidar com esta situação desencadeante.

- **Opção 1:** _____

    Prováveis consequências: _____
    _____
    _____
    _____
    _____
    _____
    _____
    _____
    _____
    _____
    _____
    _____

- **Opção 2:** _____

    Prováveis consequências: _____
    _____
    _____
    _____
    _____
    _____
    _____
    _____
    _____
    _____
    _____
    _____

PLANO DE MUDANÇA

Você selecionou duas opções para seu gatilho 2. **Para cada opção**, descreva o que necessita fazer para cumprir esta opção.

- Seu **Plano de mudança** deve descrever em alguns detalhes **como poderia pôr em prática a sua opção**.
- Ajuda se você fragmentar seu plano em **passos menores**.
- **Plano de mudança – Opção 1**

_____
_____
_____
_____
_____
_____
_____
_____
_____
_____
_____
_____
_____
_____

- **Plano de mudança – Opção 2**

_____
_____
_____
_____
_____
_____
_____
_____
_____
_____
_____
_____
_____
_____

FOLHETO DO CLIENTE 4.9

Amostra do perfil de uso de álcool e drogas da avaliação do BSCQ e da Sessão 3

Sessão individual e de grupo 4

SEU PERFIL DE AUTOCONFIANÇA

O gráfico a seguir mostra a sua confiança de que pode resistir a beber pesadamente ou resistir ao desejo para usar drogas em diferentes situações. As barras **CINZAS** mostram sua confiança quando você iniciou o programa e as **PRETAS** mostram o quão confiante está agora. É provável que as situações nas quais você tem baixa confiança lhe constituam risco. Lembre-se de que pode precisar evitar situações em que ainda tem baixa confiança em resistir ao uso nocivo de alcool ou de que pode resistir ao desejo de usar drogas, ou aprender a lidar com elas diferentemente.

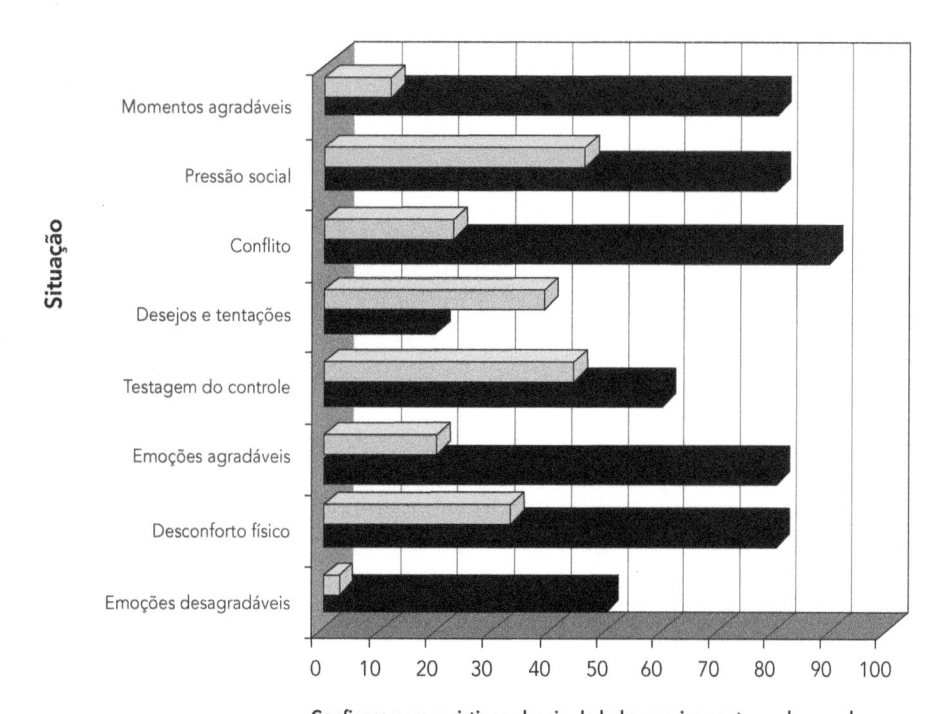

Confiança para resistir ao desejo de beber nocivamente ou de usar drogas

---

Extraído de *Terapia de grupo para transtornos por abuso de substâncias*, de Linda Carter Sobell e Mark B. Sobell. Artmed Editora, 2012. A permissão para fotocopiar este folheto é concedida aos compradores deste livro apenas para uso pessoal.

FOLHETO DO CLIENTE 4.10

Solicitação de sessões adicionais

Sessão individual e de grupo 4

- Este programa de tratamento permite-lhe solicitar sessões individuais adicionais, além das quatro primeiras sessões.
- O programa é individualizado. Algumas pessoas irão necessitar de mais sessões do que outras; algumas podem necessitar mais agora; outras podem necessitar mais posteriormente.
- Consistente com a proposta de estar em um programa que permite que cada indivíduo guie a sua própria mudança, se você acha que precisa de sessões adicionais, só precisa solicitar ao seu terapeuta.
- Além disso, seu terapeuta estará fazendo contato por telefone um mês depois da sua última sessão. Este contato permite que seu terapeuta descubra como você está indo e também lhe permite uma oportunidade de discutir quaisquer questões e problemas com os quais você esteja preocupado ou solicitar sessões adicionais.
- Por favor, cheque a opção abaixo que reflete o que sente que necessita no presente momento e entregue este formulário ao seu terapeuta no início da sua próxima sessão.

   a) _____ Não acho que necessito de nenhuma sessão adicional além da próxima sessão, mas entendo que posso telefonar e solicitar sessões adicionais a qualquer momento no futuro.

   b) _____ Acho que necessito de ___ sessões adicionais neste momento, pelas seguintes razões:

   _____

   _____

   c) _____ Gostaria de na próxima sessão do tratamento discutir com o meu terapeuta a questão de necessitar de sessões adicionais.

Extraído de *Terapia de grupo para transtornos por abuso de substâncias*, de Linda Carter Sobell e Mark B. Sobell. Artmed Editora, 2012. A permissão para fotocopiar este folheto é concedida aos compradores deste livro apenas para uso pessoal.

5
Integração da entrevista motivacional e das técnicas cognitivo-comportamentais na terapia de grupo

> Embora alguns grupos de TCC [terapia cognitivo-comportamental] atualmente empreguem processos de grupo, pouca atenção tem sido dada a como um grupo de TCC pode usar sistematicamente seu poder grupal para maximizar a eficácia ou a como as intervenções da TCC podem causar impacto no processo de grupo.
>
> SATTERFIELD (1994, p. 185)

> Poderia ser desenvolvido um *grupo de psicoterapia de entrevista motivacional pura* [ênfase no original] em que um terapeuta hábil utilizasse técnicas de entrevista motivacional e as unisse aos princípios da entrevista motivacional no grupo.
>
> INGERSOLL, WAGNER e GHARIB (2002, p. 52)

Este capítulo discute questões relacionadas às dificuldades que outras pessoas têm encontrado quando tentam estender os métodos cognitivo-comportamentais e da entrevista motivacional para um contexto de terapia de grupo. Também inclui uma breve revisão dos poucos ECRs (ensaios clínicos) que têm sido conduzidos comparando os tratamentos individuais e de grupo para os TASs (transtornos por abuso de substâncias).

A entrevista motivacional destina-se a desenvolver um relacionamento colaborativo entre os clientes e os terapeutas em que a resistência dos clientes é minimizada e o seu compromisso com a mudança é fortalecido e mantido. Além de tratar os TASs, os estudos que usam a entrevista motivacional têm tido resultados impressionantes em vários problemas de saúde física e mental

(Britt et al., 2003; Burke et al., 2003; Heather, 2005; Miller, 2005; Resnicow et al., 2002; Wright, 2004). Entretanto, muitos estudos só têm envolvido tratamento realizado em um formato individual. Em contraste, a adaptação bem-sucedida da entrevista motivacional para a terapia de grupo, tem sido difícil (Walters, Bennet e Miller, 2000; Walter, Ogle e Martin, 2002). Em sua revisão da entrevista motivacional em grupos, Walter e colaboradores (2002) descobriram que, quando a entrevista motivacional era usada no contexto de proporcionar *feedback* psicoeducacional para os participantes dos grupos, ela não era bem-sucedida. Com frequência isto envolvia uma única sessão não realizada em uma maneira de entrevista motivacional para corrigir o conhecimento deficitário. De muitas maneiras, esses esforços psicoeducacionais são mais bem caracterizados como aulas expositivas ou como a condução de terapia individual em um formato de grupo comparados com a psicoterapia de grupo que utiliza processos de grupo para facilitar a mudança de comportamento.

Em sua revisão dos estudos fracassados de entrevista motivacional em grupo, Walters e colaboradores (2000) podem ter inadvertidamente apresentado uma explicação para o sucesso limitado dos estudos de grupo usando a entrevista motivacional:

> Diferentemente da educação do paciente, a entrevista motivacional é mais um processo de navegação do que uma transmissão de informação. A mudança do comportamento acontece quando o indivíduo pondera razões relevantes em relação às recompensas de curto prazo do comportamento. Devido à complexidade das interações em um grupo, há mais potencial para a difusão de discrepância, não participação, resistência e argumentação coletiva. (p. 381)

Outra maneira de entender por que a entrevista motivacional não se adapta particularmente bem aos grupos psicoeducacionais e a muitos outros grupos de apoio é entender que, embora "o grupo seja um veículo para a transmissão de um pacote específico de material teórico, a natureza da interação dos membros não é o foco primário" (MacKenzie, 1994, p. 47-48). MacKenzie (1994) diz que, na psicoterapia de grupo tradicional, a experiência de interação dos membros é o principal veículo da aprendizagem. Em um aspecto relacionado, Ingersoll e colaboradores (2002), reconhecendo que seu modelo de grupo motivacional era psicoeducacional em sua natureza, declararam que "poderia ser desenvolvido um **grupo de psicoterapia de entrevista motivacional pura** em que um terapeuta hábil utilizasse técnicas de entrevista motivacional e as unisse aos princípios da entrevista motivacional dentro do grupo (p. 52, destaque no original).

O PODER DO GRUPO: CAPITALIZAÇÃO NOS PROCESSOS DE GRUPO

Quase todos os tratamentos cognitivo-comportamentais são baseados em evidências e têm se mostrado eficazes com uma série de transtornos clínicos em um formato individual (ver Bieling, McCabe e Antony, 2006; Satterfield,

1994). Embora as terapias cognitivo-comportamentais tenham sido tradicionalmente conduzidas em formato individual, um número crescente de estudos tem estendido esses tratamentos para um formato grupal. Apesar dessa expansão, como foi brevemente discutido, os ECRs comparando os tratamentos de grupo e individual, particularmente o mesmo tratamento, têm sido escassos (Tucker e Oei, 2007). Duas revisões, publicadas com uma década de intervalo entre ambas, compararam a terapia cognitivo-comportamental em formato de grupo *versus* individual e as duas concluíram que os resultados foram mistos ou inconsistentes (Satterfield, 1994; Tucker e Oei, 2007). Satterfield (1994) sugeriu que muitos estudos de tratamento cognitivo-comportamental em grupo têm "desenfatizado a dinâmica de grupo" (p. 187).

Dois importantes problemas que têm ocorrido com os tratamentos cognitivo-comportamentais em grupo são 1) a sua falha no uso sistemático dos processos de grupo, que, segundo Satterfield (1994), "dilui o seu poder" (p. 192) e 2) a sua falha em integrar as técnicas cognitivo-comportamentais com os processos de grupo. Essas preocupações, articuladas 15 anos atrás (Satterfield, 1994), foram recentemente reiteradas em um livro sobre este tópico (Bieling et al., 2006). Em sua revisão de 1994, Satterfield declarou que a maioria dos grupos de terapia cognitivo-comportamental pareciam encarar as dinâmicas de grupo como "epifenomenais ou minimizam a importância dos progressos de grupo em vários graus" (p. 185) e, "embora ocorram trocas interpessoais nos grupos de TCC (terapia cognitivo-comportamental), as intervenções em geral se concentram em tratar o indivíduo dentro do grupo, em vez de por meio do grupo" (Satterfield, 1994, p. 185). Além disso, tanto Satterfield (1994) quanto Bieling e colaboradores (2006), têm afirmado que, quando os grupos cognitivo-comportamentais visam à intervenção dos indivíduos no grupo, eles ignoram o poder do grupo.

Por exemplo, em um estudo comportamental envolvendo grupos de treinamento de habilidades sociais, Monti e colaboradores (1989) relataram que seus grupos destinavam-se a "educar os clientes, em vez de explorar seus sentimentos" (p. 126). Eles também comentaram que, "no contexto dos grupos de treinamento das habilidades comportamentais, o 'processo' pode ter um significado um pouco diferente do que quando é usado em uma psicoterapia de grupo mais tradicional" (p. 125). Similarmente, ao descrever como prestar tratamento cognitivo-comportamental para fobia social em um ambiente de grupo, Heimberg e Becker (2002) advertiram que, em termos da sua instrução do grupo, muitas das atividades "se concentram na interação do(s) terapeuta(s) com um único cliente" (p. 268). Como aconteceu com o estudo de Monti e colaboradores, os grupos de treinamento de habilidades para fobia social de Heimberg e Becker podem ser encarados como interações diádicas conduzidas em um contexto de grupo, em vez de refletindo os verdadeiros processos de grupo. Em resumo, os estudos cognitivo-comportamentais têm sido, via de regra, extremamente estruturados, e com frequência têm envolvido um terapeuta trabalhando com um cliente em um momento em que outros membros do grupo observam a interação. Isto, é claro, é muito diferente de usar as interações entre os membros do grupo como uma força para a mudança.

Satterfield (1994) sugeriu que a atenção aos processos e à estrutura do grupo podem melhorar os resultados dos estudos da terapia cognitivo-comportamental. Observando algumas das principais variáveis do processo de grupo identificadas por Satterfield (por exemplo, coesão grupal, normas do grupo, isomorfismo), é fácil entender por que as intervenções cognitivo-comportamentais bem-sucedidas e as técnicas de entrevista motivacional conduzidas em um formato individual não foram prontamente generalizadas para um formato de grupo. Por exemplo, a coesão grupal, discutida em detalhes no Capítulo 6, é definida como a extensão em que um grupo é reforçador para seus membros. Os grupos coesos são caracterizados por terem uma atmosfera de grupo positiva, uma cultura em que os membros assumem responsabilidade pessoal pelo trabalho grupal e pelas mudanças do grupo. Os grupos coesos também têm uma ausência de tensão interpessoal. Por isso, os grupos que falham em usar os processos de grupo têm maior probabilidade de ter baixos níveis de coesão, uma característica que a pesquisa descobriu estar associada com resultados de tratamento mais insatisfatórios (MacKenzie, 1997; Satterfield, 1994).

Um formato de grupo proporciona uma base para influenciar o comportamento dos membros do grupo em termos do apoio social e da pressão social a serem modificados, algo que não é possível na terapia individual. Quando a dinâmica de grupo está operando, as interações ocorrem em múltiplos níveis, assim como dentro de todo o grupo. Uma razão de a psicoterapia de grupo ser encarada como complexa e desafiadora é que um terapeuta tem de operar em múltiplos níveis (Dies, 1994; Yalom e Leszcz, 2005): 1) como um membro do grupo; 2) como um terapeuta direcionando o grupo para objetivos e lidando com membros resistentes ou desafiadores e, 3) como é discutido no Capítulo 6, como um regente fazendo com que os membros do grupo atuem harmonicamente para produzir um som não atingível por um único instrumento.

ADAPTAÇÃO DO MODELO DE TRATAMENTO DA AMG

O capítulo precedente descreveu como conduzir o tratamento da AMG usando um modelo de terapia individual e contém quatro esboços de sessão de tratamento individual para os terapeutas. Em contraste, este capítulo descreve a adaptação do modelo de tratamento da AMG para a terapia de grupo. Esta adaptação envolve integrar as estratégias e técnicas cognitivo-comportamentais e da entrevista motivacional em um formato de grupo. Como no Capítulo 4, no final do presente há quatro apostilas de sessão para os facilitadores do grupo (Apostilas para o Terapeuta de Grupo 5.1-5.4), que descrevem os objetivos da sessão, seus procedimentos, os folhetos do cliente e o planejamento pré-grupo. Além disso, cada folheto de grupo apresenta várias discussões grupais, o formato usado para conduzir a intervenção clínica em um grupo de terapia. Este formato de discussão destina-se a conseguir o apoio, o *feedback* e os conselhos que emanam principalmente dos membros do grupo, em vez dos facilitadores do grupo. Dentro de cada discussão grupal há diálogos de amostra e exemplos clínicos que permitem aos facilitadores integrarem as técnicas, estratégias e exercícios para tarefa de casa cognitivo-comportamentais e da entrevista motivacional em um formato de grupo. Para evitar redundância, as descrições das medidas da AMG e outros detalhes da sessão, explicados exaustivamente nos Capítulos 3 e 4, não são repetidos aqui. Em vez disso, é feita referência a eles terem sido descritos em outros capítulos.

Composição e estrutura dos grupos de AMG

Como está descrito no Capítulo 1 (ver a Tabela 1.2), vários estudos baseados em evidências têm avaliado o modelo de tratamento da AMG. Com exceção do estudo descrito neste livro (L.C. Sobell et al., 2009), os demais estudos foram conduzidos utilizando um formato de terapia individual. Em termos de composição e estrutura, a intervenção de grupo da AMG, como seu contraparte individual, é uma estrutura cognitivo-comportamental que utiliza o estilo e as estratégias do aconselhamento motivacional durante todo o tratamento. Como a intervenção é de tempo limitado (isto é, avaliação e quatro sessões semiestruturadas), é usado um formato de grupo fechado (isto é, nenhum membro é adicionado depois da primeira sessão).

A mistura de clientes pode ser heterogênea e incluir homens e mulheres, assim como indivíduos com problemas de abuso de substâncias diferentes. O número ideal de membros para esses grupos é de seis a oito (além dos facilitadores). As sessões de grupo são realizadas uma vez por semana durante 2 horas. Os membros do grupo recebem um telefonema na véspera de cada encontro para lembrá-los da próxima sessão. Como o modelo de tratamento de grupo da AMG usa processos de grupo para evitar a condução de terapia individual em um ambiente de grupo, os facilitadores do grupo (coterapeutas) necessitam ser treinados em como usar os processos grupais. Os mesmos exercícios de tarefa de casa, leituras e registros de automonitoramento usados para conduzir a terapia individual de AMG são utilizados na versão de grupo do tratamento, sendo que as discussões grupais são usadas empregando-se um formato de discussão grupal, que é brevemente descrito.

Antes do início da terapia de grupo, os clientes são avaliados individualmente e o futuro grupo é discutido com eles. Como parte da avaliação, eles recebem uma brochura (Folheto do Cliente 5.1) que descreve os benefícios da terapia de grupo e as expectativas dos membros do grupo. Antes e depois de cada grupo, os facilitadores se reúnem durante 10-15 minutos para a preparação pré-grupo e discussões pós-grupo. Embora sejam apenas quatro sessões estruturadas, os clientes podem solicitar sessões adicionais que seriam conduzidas como sessões de terapia individual. Em nossa experiência clínica, tem funcionado bem quando um dos facilitadores do grupo atua como terapeuta dos membros que solicitam sessões adicionais. Finalmente, todos os clientes são informados de que um dos facilitadores do grupo vai lhes telefonar cerca de um mês depois da sua última sessão de grupo para indagar sobre o seu progresso, para apoiar as mudanças e para marcar sessões adicionais, se necessário.

Preparação para liderar grupos

Como está discutido nos Capítulos 7 e 8, a condução de grupos de terapia (*versus* processo ou grupos psicoeducacionais) é complexo e pode apresentar desafios. Há várias razões de a terapia de grupo ser vista como mais complexa do que a terapia individual. A primeira é que múltiplos clientes devem ser tratados simultaneamente. A segunda, como está discutido no Capítulo 9, é que muitos terapeutas de grupo têm pouco ou nenhum treinamento de grupo formal. Para enfrentar os desafios do trabalho em grupo e proporcionar o cuidado apropriado aos pacientes, especialistas no campo da psicoterapia de grupo consideram essencial o treinamento especializado (Bieling et al., 2006; Dies, 1994; Markus e King, 2003; Thorn, 2004; Yalom e Leszcz, 2005). Como muitas das habilidades necessárias para a condução de terapia individual não são generalizadas para a terapia de grupo (Dies, 1994), até mesmo os melhores terapeutas individuais necessitarão de treinamento para usarem aplicarem de forma efetiva os processos de grupo. Finalmente, uma apreciação insuficiente dos processos grupais tem sido uma razão importante de dificuldade para integrar as intervenções cognitivo-comportamentais e motivacionais, especialmente componentes como exercícios de tarefa de casa e *feedback* personalizado (Bieling et al., 2006).

Preocupações ao adaptar as técnicas e estratégias da entrevista motivacional e cognitivo-comportamentais em um formato de grupo

Pelas razões que acabamos de analisar, estender qualquer tratamento baseado em evidências prestado como terapia individual para um formato de grupo requer adaptações sérias. Como foi discutido no Capítulo 1, quando decidimos estender o modelo do tratamento da AMG para um formato de grupo, isto requereu um planejamento e um trabalho consideráveis. Uma das adaptações envolveu reconhecer a necessidade de entender a dinâmica de dirigir os grupos usando processos grupais. A principal razão para isto é que, diferentemente da terapia individual, em que há uma interação diádica, nos grupos há interações múltiplas e complexas que precisam ser administradas. Uma condição *sine qua non* para a condução bem-sucedida dos grupos é que os facilitadores do grupo entendam como utilizar as interações do grupo para guiar os membros para a mudança do comportamento (Yalom e Leszcz, 2005) e "usar os processos de grupo de forma rigorosa e responsável" (Satterfield, 1994, p. 192).

Tivemos três importantes preocupações ao incorporar as técnicas cognitivo-comportamentais e de entrevista motivacional em um formato de grupo. A primeira foi garantir que o tratamento faria uso do formato de grupo em vez de ser simplesmente um local para a observação de interações diádicas. Neste aspecto, Satterfield (1994) afirmou que, "embora as trocas interpessoais ocorram em grupos cognitivo--comportamentias, as intervenções em geral se concentram em tratar o indivíduo *no* grupo, em vez de *por meio* do grupo" (p. 184, ênfase no original). Nossa segunda preocupação foi garantir que os processos grupais seriam utilizados para facilitar a mudança. A terceira preocupação importante foi integrar as estratégias motivacionais e cognitivo-comportamentais no formato de grupo de uma maneira que mantivesse seu impacto e efetividade terapêuticos.

As duas primeiras preocupações podem ser abordadas se os terapeutas receberem treinamento adequado nos processos grupais. Em termos da integração das estratégias da entrevista motivacional e cognitivo-comportamentais em um formato de grupo, que é o foco principal deste capítulo, primeiro examinamos a literatura sobre terapia de grupo para aprender como criar uma integração efetiva que pudesse capitalizar os processos grupais. Também conseguimos que especialistas em terapia de grupo treinassem os profissionais. Essa experiência nos mostrou que terapeutas com pouca experiência de grupo podem ser treinados de maneira eficiente em processos de grupo (isto é, os resultados para as condições de tratamento de grupo e individual no nosso estudo foram muito similares, e ambos demonstraram mudanças importantes do pré para o pós-tratamento; L.C. Sobell et al., 2009).

Ao mesmo tempo em que estávamos determinando como integrar as estratégias cognitivo-comportamentais e da entrevista motivacional em um formato de grupo, também tivemos que lidar com as limitações inerentes na terapia de grupo. A principal limitação encontrada foi incluir todos os membros nas discussões dentro dos limites de tempo do grupo. Neste aspecto, decidimos usar o que chamamos de discussões alternadas. Assim, para muitos dos procedimentos da AMG (por exemplo, *feedback* personalizado, análise dos exercícios de tarefa de casa), a principal maneira em que as sessões de grupo diferem das sessões individuais é que eles usam um formato de discussão grupal.

DISCUSSÕES GRUPAIS

As discussões grupais são usadas em todas as sessões de grupo da AMG como uma maneira de incluir todos os membros na discussão de todos os principais tópicos e exercícios. A Tabela 5.1 contém descrições das várias discussões grupais utilizadas nas quatro sessões de grupo da AMG (L.C. Sobell et al., 2009). As quatro Apostilas para o Terapeuta de Grupo (5.1-5.4) apresentadas no final deste capítulo incluem sugestões específicas de como concentrar cada discussão grupal e exemplos de maneiras em que os facilitadores do grupo podem iniciar e manter a discussão. Além disso, os folhetos contêm anotações para os facilitadores do grupo relacionadas à condução das discussões. A Tabela 5.2 apresenta exemplos de declarações que os facilitadores do grupo podem fazer para levar os membros e os tópicos para a discussão do grupo (por exemplo, tratar de questões sensíveis levantadas por um membro, fazer todos os membros comentarem um determinado tópico).

Tabela 5.1 Tópicos da discussão grupal usados no tratamento de grupo da AMG

SESSÃO 1
- **Introduções**: Inclui normalizar os sentimentos sobre os grupos e discutir as regras do grupo, o que os membros esperam do tratamento e por que vêm para o tratamento.
- **Registros de automonitoramento**: Discussão dos registros realizadas pelos clientes para o uso de álcool ou drogas desde a entrevista de avaliação (álcool: Folheto do Cliente 3.2; drogas: Folheto do Cliente 3.3).
- **Avaliações do objetivo**: Análise das avaliações do objetivo realizadas pelos clientes para abstinência ou baixo risco, uso limitado de álcool, incluindo suas avaliações da importância do objetivo e da confiança de que vão atingir o objetivo (abstinência: Folheto do Cliente 3.4; escolha do objetivo: Folheto do Cliente 3.5).
- **Feedback personalizado**: Discussão dos folhetos de *feedback* personalizado (isto é, resumos do uso de álcool e drogas pré-tratamento; onde o seu uso de álcool ou drogas se encaixa com respeito às normas nacionais; pontuações no AUDIT ou no DAST-10 que avaliam a severidade do seu uso de substâncias pré-tratamento (álcool: Folheto do Cliente 4.1; drogas: Folheto do Cliente 4.2).
- **Balança decisória**: Discussão das coisas boas e das coisas não tão boas com relação à mudança do uso de álcool ou drogas, utilizando o exercício da balança decisória (Folheto do Cliente 3.1).
- **Fim da sessão**: Encerramento e o que lhe chamou a atenção.

SESSÃO 2
- **Registros de automonitoramento**: Discussão dos registros realizados pelos clientes para o uso de álcool ou drogas desde a Sessão 1 (álcool: Folheto do Cliente 3.2; drogas: Folheto do Cliente 3.3).
- **Gatilhos de alto risco**: Discussão da leitura e do exercício sobre a identificação dos gatilhos de alto risco para o uso de álcool e drogas, incluindo como assumir uma perspectiva realística sobre a mudança (isto é, a montanha da recuperação) e como encarar os lapsos como experiências de aprendizagem (leitura: Folheto do Cliente 4.5; exercício: Folheto do Cliente 4.6).
- **BSCQ**: Análise dos perfis personalizados das situações de alto risco para o uso de álcool ou drogas usando o BSCQ que os clientes completaram na avaliação; inclui uma discussão do relacionamento do perfil do BSCQ com seu exercício de tarefa de casa dos gatilhos de alto risco (Folheto do Cliente 4.7).
- **Escala onde você está agora**: Análise da escala Onde Você Está Agora completada pelos clientes (Folheto do Cliente 3.6).
- **Fim da sessão**: Encerramento e o que lhe chamou a atenção.

SESSÃO 3
- **Registros de automonitoramento**: Discussão dos registros realizados pelos clientes para seu uso de álcool ou drogas desde a Sessão 2 (álcool: Folheto do Cliente 3.2; drogas: Folheto do Cliente 3.3).
- **Desenvolvimento de novas opções e planos de ação**: Discussão do exercício de tarefa de casa sobre o desenvolvimento de novas opções e planos de ação para lidar com situações desencadeantes de alto risco identificadas na Sessão 2 (Folheto do Cliente 4.8).
- **Fim da sessão**: Encerramento e o que lhe chamou a atenção.

SESSÃO 4
- **Registros de automonitoramento**: Discussão dos registros realizados pelos clientes para o seu uso de álcool ou drogas desde a Sessão 3 (álcool: Folheto do Cliente 3.2; drogas: Folheto do Cliente 3.3).
- **Feedback comparativo personalizado sobre as mudanças no uso de álcool ou drogas**: Discussão do *feedback* personalizado sobre as mudanças no uso de álcool ou drogas desde a sessão de avaliação até a Sessão 3 (Folhetos do Cliente 4.3 e 4.4, respectivamente).
- **Avaliações comparativas do objetivo**: Avaliação comparativa da primeira (avaliação) e da segunda (Sessão 3) avaliações do objetivo, incluindo suas avaliações da importância do objetivo e da sua confiança de que vai atingi-lo (abstinência: Folheto do Cliente 3.4; escolha do objetivo: Folheto do Cliente 3.5).
- **Revisão do exercício da balança decisória**: Discussão de quaisquer adições ou mudanças nas respostas do exercício do equilíbrio decisional da Sessão 1 até a 4.
- **Mudanças no BSCQ**: Análise dos perfis personalizados pré-preparados das situações de alto risco dos clientes para o uso de álcool ou drogas usando o BSCQ completado na avaliação e na Sessão 3 (Folheto do Cliente 4.9).

continua

Tabela 5.1 *continuação*

- **Implementação das opções:** Discussão da implementação do exercício relacionado às novas opções para lidar com as situações desencadeantes de alto risco.
- **Revisão da Montanha da Recuperação e da prevenção de recaída:** Análise da leitura dos gatilhos de alto risco.
- **Escala "Onde você está agora?":** Análise comparativa da escala "Onde você está agora?" completada pelos clientes (Folheto do Cliente 3.6) durante o tratamento.
- **Fim da sessão:** Encerramento e o que lhe chamou a atenção.

Tabela 5.2 Maneiras de trazer os diferentes membros e tópicos para as discussões de grupo

Foco do grupo	Comentários dos facilitadores
Buscar os pontos comuns na discussão.	• "Quem mais teve esse tipo de experiência?" • "Quem mais teve sentimentos similares?" • "Quem mais se sente da mesma maneira que Mary?"
Incluir mais membros do grupo na discussão.	• "O que o grupo pensa sobre os motivos que levam alguém a decidir ingerir álcool ou usar drogas depois de estar abstinente há vários meses?"
Convidar todos os membros para comentar (usado com exercícios de tarefa de casa).	• "O que se destacou no exercício da balança decisória que cada um de vocês completou para esta sessão?"
Suscitar declarações de apoio por parte do grupo sobre as mudanças de outros membros.	• "Parece que vários membros realizaram grandes mudanças em seu uso de substâncias desde a semana passada. Como o grupo se sente com relação a essas mudanças?"
Tratar de uma questão levantada por um membro e convidar outros para comentarem.	• "Parece que Bill está ambivalente sobre não usar cocaína. Como os outros têm lidado com sentimentos similares?"
Fazer outros membros apresentarem sugestões adicionais.	• "OK, então Bill apresentou uma sugestão para Mary lidar com suas dificuldades com sua filha. O grupo pode pensar em outras opções para ajudar Mary?"
Fazer todos os membros do grupo comentarem sobre um tópico particular.	• "Como cada uma de suas vidas seria diferente daqui a seis meses se vocês parassem de usar álcool e droga?"
Convidar outros membros do grupo para apresentarem respostas alternativas à resposta rude de um membro.	• "Mary, esta é uma maneira de encarar o que aconteceu com Bill. Quais são outras maneiras de ver o que aconteceu com Bill?"
Lidar com uma interação desconfortável e convidar os outros membros para comentá-la.	• "Estou tendo a sensação de que os outros membros do grupo parecem desconfortáveis com o que acabou de acontecer."
Lidar com a tensão que surgiu entre membros do grupo; os líderes do grupo solicitam um intervalo para processar o que aconteceu.	• "Parece que muita coisa está acontecendo e quero solicitar um 'intervalo'. Podemos voltar ao tópico mais tarde, mas vamos ver o que está acontecendo no grupo neste momento."
Lidar com uma questão sensível levantada por um membro e convidar os outros para comentarem.	• "Mary revelou algumas coisas muito pessoais sobre ela. Isso deve ter sido difícil. Como os outros membros do grupo se sentem com relação ao que Mary compartilhou conosco?"
Apontar as reações não verbais dos membros e convidá-los a traduzir as reações não verbais para respostas verbais.	• "Percebi que, quando Mary discutiu suas dificuldades com seu marido, muitos de vocês fizeram acenos de cabeça concordando com ela. O que significam os acenos de cabeça?"

Discussões grupais: Uma maneira de os membros dividirem o tempo nos grupos

Embora os membros do grupo não consigam receber tanta atenção (por exemplo, respostas da tarefa de casa) como na terapia individual, as discussões grupais proporcionam uma oportunidade para todos os membros do grupo discutirem algum aspecto de cada tópico ou atribuição e receberem *feedback* e apoio por parte de seus pares. Na primeira sessão, são discutidos os seguintes aspectos importantes do grupo: expectativas dos membros, regras do grupo, necessidade de participação regular e necessidade de os membros do grupo atuarem como agentes de mudança (isto é, proporcionarem apoio e reforço um ao outro). Finalmente, para as discussões grupais funcionarem efetivamente, os facilitadores do grupo precisam administrar o tempo para que todos os membros tenham uma oportunidade de participar e todos os tópicos programados para cada sessão sejam cobertos (por exemplo, *feedback* personalizado, discussões da tarefa de casa).

Os facilitadores também explicam ao grupo que estão buscando uma participação equilibrada e que uma maneira de garantir isto é usar as discussões grupais. Embora cada membro do grupo sempre consiga uma oportunidade para discutir cada atribuição e seus registros de automonitoramento semanais, cada um é solicitado a selecionar um exemplo da tarefa de casa (por exemplo, no Folheto do Cliente 4.6, uma das duas situações gatilhos de alto risco) em vez de discutir tudo em cada atribuição. Com o passar dos anos, descobrimos que, se a justificativa para as discussões grupais forem apresentadas aos membros do grupo, eles vão entender e rapidamente se acostumarão com o procedimento.

Em toda sessão de grupo, os membros são solicitados a compartilhar suas experiências e comentar sobre os comportamentos e as atribuições dos outros membros. Desta maneira, os pontos comuns entre os membros podem ser identificados e os membros do grupo têm uma oportunidade de proporcionar apoio ou críticas aos comportamentos de outros membros. Exceto nas atividades de grupo estruturadas (por exemplo, tarefas de casa), não é necessário que todos os membros participem de todas as discussões grupais. Entretanto, todos os membros devem participar de cada sessão do grupo. O que constrói a coesão grupal não é a quantidade de tempo em que um membro participa, mas, sim, conseguir que todos participem ativamente.

As discussões grupais começam com os facilitadores introduzindo um tópico e depois abrindo a discussão para os membros do grupo. Se ninguém iniciar os comentários, os facilitadores do grupo podem perguntar a todo o grupo quem gostaria de iniciar a discussão, ou os facilitadores podem pedir a um membro específico do grupo para começar. Quando os membros comentam voluntariamente nas primeiras sessões, os grupos devem reforçar seus comentários (por exemplo: "É isto exatamente o que estamos querendo que os membros façam no grupo").

Discussões grupais e coesão grupal

As discussões grupais não só garantem que todos os membros do grupo participem regularmente, mas também promovem o desenvolvimento da coesão usando os processos grupais (por exemplo, os membros identificam os pontos em comum e proporcionam comentários de apoio aos outros membros). Para usar o tempo do grupo de maneira eficaz durante a preparação pré-grupo (ver o Capítulo 6), os facilitadores do grupo precisam alocar tempo para cobrir os procedimentos planejados da sessão (por exemplo, Sessão 1: início e fim dos grupos; análise dos registros de automonitoramento; discussão dos exercícios da balança decisória dos membros; apresentação de materiais de *feedback* aos membros; explicação dos exercícios de tarefa de casa para a próxima sessão).

Um objetivo importante da terapia de grupo é fazer com que os membros do grupo, mais que os facilitadores, sejam a principal fonte de reforço e apoio para os outros membros. Além de proporcionar apoio emocional um ao outro, os membros do grupo podem também oferecer um ao outro validação consensual e conselhos sobre como lidar com os problemas. Como é discutido no próximo capítulo, o objetivo é *fazer a música vir do grupo*. Encarados desta maneira, os membros do grupo devem realizar a maior parte das falas, enquanto os facilitadores do grupo orquestram as discussões e trazem os membros para as conversas. No início da formação do grupo, os facilitadores precisam encorajar a participação de todos os membros. Identificar pontos comuns entre os membros é uma maneira fundamental de desenvolver a coesão grupal.

Iniciar e finalizar os grupos usando discussões grupais

Como alguns membros do grupo relatam uma ansiedade inicial sobre falar em grupo, um objetivo da primeira sessão é desenvolver um clima seguro para o compartilhamento e a revelação de informações sobre si mesmo. Uma maneira de facilitar isto é iniciar a primeira sessão do grupo fazendo todos os membros se apresentarem. A primeira sessão contém vários tópicos de discussão grupal não ameaçadores (ver a Apostila para o Terapeuta de Grupo 5.1; por exemplo, apresentação dos membros, normalizar as preocupações dos membros sobre grupos, o que os membros esperam do tratamento). O uso de discussões de grupo não ameaçadoras durante a primeira parte da Sessão 1 pode ajudar a estabelecer a coesão grupal, algo que é essencial para resultados positivos da terapia de grupo (Dies, 1993; Satterfield, 1994; Yalom e Leszcz, 2005). Similarmente, é importante que a finalização das sessões de grupo seja feita de uma maneira que mantenha a coesão e os sentimentos positivos sobre a terapia de grupo. Seguem-se algumas maneiras de os facilitadores finalizarem os grupos usando discussões grupais.

O USO DE DISCUSSÕES GRUPAIS PARA FINALIZAR OS GRUPOS

- "Como foi estar na sua primeira sessão de grupo?" ou "Como foi ouvir outras pessoas falarem de problemas similares aos seus?"
- Para promover habilidades baseadas em aquisições de uma sessão para outra, os facilitadores do grupo podem perguntar: "O que extraiu do grupo de hoje que pode implementar entre agora e a próxima sessão?".

A próxima pergunta, que é formulada nos últimos cinco minutos dos grupos abertos e fechados, de muitas maneiras se parece com um resumo de entrevista motivacional da perspectiva de cada membro, incluindo os facilitadores do grupo, sobre o que aconteceu no grupo.

"Hoje falamos sobre muitas coisas no grupo. Vamos percorrer o grupo e fazer que cada um, inclusive os facilitadores, digam o que lhe chamou a atenção nesta sessão."

INTEGRAÇÃO DAS ESTRATÉGIAS E TÉCNICAS DA ENTREVISTA MOTIVACIONAL EM UM FORMATO DE GRUPO USANDO DISCUSSÕES GRUPAIS

Esta parte do capítulo apresenta sugestões específicas sobre como usar as estratégias e técnicas específicas da entrevista motivacional em um formato de grupo usando discussões grupais. Como as estratégias de entrevista motivacional foram discutidas em detalhes no Capítulo 2, só serão apresentadas aqui breves descrições das técnicas relacionadas ao seu uso nas discussões grupais.

O uso de discussões grupais com a tarefa de casa

Como os grupos têm muitos membros, não é possível fazer todos discutirem as respostas ao seu exercício de tarefa de casa, como ocorreria em uma sessão de terapia individual. Conforme foi discutido no Capítulo 3, a tarefa de casa tem sido há muitos anos um suporte das intervenções cognitivo-comportamentais e tem vários benefícios: 1) fortalece o que é discutido na terapia; 2) os membros se mantêm engajados no tratamento fora das sessões; 3) ela permite que os facilitadores do grupo apontem os pontos comuns durante uma discussão, o que, por sua vez, proporciona a construção de uma base coesa; 4) os exercícios de tarefa de casa escritos ajudam a manter todos os membros do grupo na mesma página; e 5), muito importante, a pesquisa tem mostrado que aqueles que realizam suas lições de casa têm melhores resultados de tratamento, talvez por estarem trabalhando fora das sessões (Burns e Spangler, 2000; Kazantzis et al., 2000).

Uma maneira de evitar ou minimizar os problemas de adesão à tarefa de casa é explicar sua justificativa e como ela se insere no tratamento (Addis e

Jacobson, 2000; Kazantzis, Deane, Ronan e L'Abate, 2005). Discutir a necessidade de realizar os exercícios de tarefa de casa é igualmente importante, quer o formato de tratamento seja individual quer seja de grupo. Como foi discutido no Capítulo 1, 90% dos clientes de grupo no estudo GRIN (L.C. Sobell et al., 2009) realizaram e trouxeram sua tarefa e seus registros de automonitoramento para as sessões. Acreditamos que este alto índice de adesão está diretamente relacionado ao fato de nossos terapeutas explicarem a justificativa e a importância da realização dos exercícios de tarefa de casa.

A discussão dos exercícios de tarefa de casa, que envolve todos os membros do grupo, inicia-se com os facilitadores do grupo solicitando aos membros que discutam o que extraíram da tarefa de casa. Os facilitadores podem então perguntar: "Quem mais teve experiências similares?". Perguntas como esta podem ser usadas para identificar pontos comuns entre os membros.

O exercício da identificação dos gatilhos (Folheto do Cliente 4.6) proporciona um bom exemplo de como usar os exercícios de tarefa de casa em uma discussão grupal. Este exercício, que é entregue e explicado aos membros na Sessão 1, é discutido com os clientes na Sessão 2. Ele solicita aos clientes para identificarem e discutirem duas situações gatilhos de alto risco relacionadas ao seu uso de álcool ou drogas que ocorreram no ano anterior (ver a Sessão 2 no Capítulo 4). Na terapia individual, os clientes discutiram ambas as situações gatilhos com seus terapeutas. Entretanto, como não há tempo suficiente para que todos os membros do grupo discutam as duas situações desencadeantes no grupo, cada membro é solicitado a escolher e discutir uma de suas duas situações gatilhos. A concessão é que, embora os membros do grupo tenham menos tempo para discutir suas situações pessoais, eles se beneficiam compartilhando suas experiências com outros membros do grupo podem oferecer apoio e conselhos sobre como lidaram com situações similares. As Apostilas para o Terapeuta de Grupo contêm discussões de como apresentar os exercícios de tarefa de casa usando um formato de discussão grupal.

Tarefa de casa incompleta

Se os clientes chegam para a sessão de grupo sem sua tarefa de casa ou os registros de automonitoramento, recomendamos que os facilitadores do grupo lhes solicitem completá-los antes ou no início do grupo. Isto, é claro, requer que os facilitadores do grupo verifiquem se as várias tarefas foram realizadas antes de iniciar a sessão. Embora isto possa parecer prejudicial, as alternativas (ou seja, as tarefas não terem sido realizadas, os facilitadores não saberem se os membros realizaram sua tarefa de casa) podem diminuir a participação dos membros.

É importante que os facilitadores do grupo tratem da não adesão à tarefa de casa desde o início, porque, se um ou mais clientes repetidamente não realizarem sua tarefa de casa, os outros membros podem ter a impressão de que não é importante realizá-la. Entretanto, como foi já discutido, se os facilitadores do grupo explicam a justificativa e a importância de realizarem a tarefa de casa na primeira sessão, a adesão em geral não é um problema. Se um membro do grupo deixa repetidamente de realizar as tarefas, os facilitadores do grupo devem lidar com isto de uma maneira não crítica, melhorando a motivação (por exemplo: "Parece que alguns de vocês estão tendo dificuldades para realizar sua tarefa de casa antes da sessão do grupo. Sei que todos são ocupados, mas fico imaginando que conselhos os outros têm para vocês sobre como inserir estas tarefas no seu dia a dia?").

O uso das discussões grupais com materiais de *feedback* personalizado

Os grupos proporcionam um rico fórum para a discussão dos materiais de *feedback*. Usando as discussões grupais, fazemos com que os membros do grupo comentem sobre os materiais de *feedback* personalizado que lhes proporcionamos no grupo. Os membros também são encorajados a discutir suas reações aos materiais. Como foi mostrado na Tabela 4.1, vários tipos de folhetos de *feedback* motivacional são parte da intervenção de grupo da AMG. As quatro Apostilas para o Terapeuta de Grupo contêm exemplos de maneiras em que os facilitadores do grupo podem apresentar *feedback* em todas as sessões de grupo. O exemplo que se segue é uma maneira genérica de apresentar *feedback*.

> *Hoje estaremos dando a todos muitas informações. O primeiro tipo de* feedback *baseia-se nas informações que vocês forneceram em sua sessão de avaliação e estão relacionadas ao seu uso passado de álcool ou drogas. A razão por que lhes damos* feedback *sobre seu [inserir aqui o comportamento de risco] é lhes dar informações que podem utilizar na escolha mais consistente sobre a mudança. Queremos que todos deem uma olhada nos gráficos personalizados que preparamos para o seu [insira aqui o comportamento problemático arriscado] e digam ao grupo o que lhes chamou a atenção com relação a estes resumos.*

A motivação para a mudança com frequência ocorre quando as pessoas reconhecem uma discrepância em seu comportamento de risco (isto é, uma diferença entre como estão agindo e como acham que deveriam agir). O *feedback* personalizado é uma maneira de lidar com essas discrepâncias. Como é discutido no Capítulo 2, a maneira como o *feedback* é apresentado é importante. O *feedback* sobre as informações apresentadas de uma maneira neutra, não crítica, tem maior probabilidade de ser recebido positivamente pelos clientes do que uma aula expositiva sobre os aspectos negativos do seu comportamento ou conselhos para mudar. O objetivo fundamental de proporcionar *feedback* é fazer os clientes reconhecerem que seus comportamentos de risco não estão dentro das normas e, caso continuem, podem resultar em consequências mais sérias.

O uso das discussões grupais com um exercício da balança decisória

O exercício da balança decisória (Folheto do Cliente 3.1) destinado a lidar com a ambivalência sobre a mudança solicita aos clientes que considere tanto as coisas boas quanto as coisas não tão boas com relação à mudança e à não mudança do seu uso de álcool ou drogas (ou de quaisquer comportamentos de risco). Este exercício é utilizado para ajudar os clientes a reconhecerem que há recompensas associadas ao seu uso de substâncias, embora essas recompensas sejam de curto prazo e possam resultar em consequências negativas de longo prazo. A discussão tanto das coisas boas quanto das coisas não tão boas sobre o engajamento em um comportamento também ajuda os clientes a extrair sentido de suas ações, e isso ressalta que a continuação do comportamento corre o risco de produzir resultados extremamente indesejáveis.

Como foi discutido na primeira apostila para os terapeutas de grupo (5.1), a discussão grupal da balança decisória convida todos os membros do grupo a falar sobre suas respostas e sobre o que eles aprenderam com este exercício. Esta discussão proporciona uma excelente oportunidade para os facilitadores do grupo identificarem as similaridades entre os membros do grupo e provocarem discussões grupais sobre a necessidade de tomar decisões baseadas nos objetivos de longo prazo. O objetivo final de um exercício da balança decisória é ajudar os clientes a reconhecerem sua ambivalência com relação à mudança e fazê-los pensar sobre o que seria necessário para a realização da mudança. Embora vários tópicos de discussão estejam listados aqui, nem todos os tópicos precisam ser tratados, apenas aqueles relevantes para a discussão contínua do grupo.

POSSÍVEIS TÓPICOS DE DISCUSSÃO A SEREM UTILIZADOS COM O EXERCÍCIO DA BALANÇA DECISÓRIA

- "O que cada um de vocês extraiu deste exercício?"
- "Como o uso do exercício da balança decisória afetou o seu modo de pensar sobre o seu [inserir aqui o comportamento problemático de risco]?"
- "Quais são as coisas boas e as coisas não tão boas com relação à realização deste exercício?"
- "O que mais o impressiona com relação a este exercício?"
- "O que mais o surpreendeu na realização deste exercício?"

O uso das discussões grupais para apoiar a autoeficácia

Os facilitadores do grupo precisam reconhecer os pequenos ganhos dos clientes de uma sessão para outra. O reforço dos ganhos é mais bem realizado conseguindo que os membros do grupo comentem sobre as mudanças positivas realizadas por outros membros do grupo. Se um membro do grupo discute as mudanças, mas outros deixam de comentá-las, os facilitadores precisam suscitar comentários por parte deles dizendo algo como: "Bill estava bebendo 30 doses por semana antes de vir para o grupo, e agora baixou para uma ou duas por dia. Como o grupo se sente com relação ao que ele fez?". Fazer os membros do grupo reforçarem os ganhos um do outro é um bom exemplo de como os membros do grupo atuam como agentes de mudança.

O uso das discussões grupais para reforço positivo

Um reforço positivo é uma estratégia da entrevista motivacional utilizada para reconhecer os pontos fortes, os sucessos e os esforços para mudar dos clientes. Os reforços positivos podem ser usados para os clientes individuais dentro do grupo e para o grupo como um todo. Seguem-se dois exemplos de como usar os reforços positivos em um grupo:

> *Todos fizeram um bom trabalho ao realizar sua tarefa de casa de balança decisória para esta semana. Agora que discutimos as coisas boas e as coisas não tão boas sobre o uso de substâncias de cada pessoa, vamos percorrer o grupo e ver o que seria necessário para cada pessoa mudar agora.*
>
> *Quando Mary chegou, disse que não conseguiria passar um dia sem usar cocaína. Como acabamos de ouvir, ela não a usa há uma semana. O que isto nos diz a respeito dela?*

O uso das discussões grupais para apresentar reflexões e perguntas abertas

Como na terapia individual, os facilitadores do grupo podem usar perguntas abertas e reflexões para encorajar os membros a contribuírem para o grupo. Quando os facilitadores usam perguntas abertas, as respostas dos membros são em geral mais ricas ou dão mais informações sobre uma história (por exemplo: "Como as pessoas se sentem em relação a isso?" ou "Quando você usa cocaína, o que isso provoca em você?"). As perguntas abertas podem ser formuladas sem nenhum membro particular em mente, ou podem ser dirigidas a um membro específico se o facilitador acha que o membro pode proporcionar comentários relevantes para outro membro. Seguem-se alguns exemplos de perguntas e reflexões focadas no grupo.

EXEMPLOS DE PERGUNTAS ABERTAS E REFLEXÕES PARA AS DISCUSSÕES DE GRUPO

- "Essa parece ser uma questão importante. O que mais pode ser relacionado ao que Bill disse?"
- "Como isso se relaciona à razão de cada um de vocês estar aqui?"
- "Como outros têm lidado com situações similares?"

- "Mary, parece que alguns de seus amigos têm feito muita pressão para você beber. Como os outros têm lidado com a pressão social para beber?"
- "Mary, essa é uma maneira de ver como Bill consegue lidar com sua sogra. Que outras sugestões o grupo pode dar a Bill?"

Às vezes, especialmente quando os facilitadores estão preocupados com uma participação mínima dos membros, as perguntas e as reflexões podem ser direcionadas a um membro específico e não para todo o grupo. Por exemplo, um facilitador do grupo pode dizer:"Esse parece ser um problema com o qual muitos podem estar preocupados. E quanto a você, Bill?". Outras vezes, os facilitadores podem refletir algo que é importante para um membro particular, como: "Bill, você parece estar destroçado por querer mudar". Eles podem também explorar mais um tópico, dizendo: "Mary, você pode falar ao grupo sobre o que levou à sua decisão de deixar o seu emprego?"

As reflexões sensatas estão no cerne do trabalho de grupo

Na entrevista motivacional, as reflexões são a principal maneira de reagir aos clientes. As reflexões são importantes porque validam o entendimento dos terapeutas sobre os comportamentos dos clientes e elas constroem empatia. Quando os facilitadores reconhecem que um membro disse algo significativo no grupo, é importante fazer o grupo (mais do que os facilitadores) se concentrar no que ocorreu. Por exemplo, o facilitador pode dizer: "Vamos passar algum tempo pensando no que Mary acabou de dizer". Desta maneira, os membros têm a responsabilidade de interpretar e refletir sobre o comentário do cliente.

Os facilitadores do grupo como consultores do processo

Os facilitadores do grupo têm o papel específico de atuar como consultores do processo. Neste aspecto, suas responsabilidades incluem chamar a atenção do grupo para o que é importante e apontar os comportamentos adequados para os demais integrantes. Seguem-se alguns exemplos de reflexões que os facilitadores do grupo podem usar para esses propósitos (ver o Capítulo 2 para exemplos adicionais de como usar as reflexões).

EXEMPLOS DE COMO USAR AS REFLEXÕES NAS DISCUSSÕES DO GRUPO

- "Mary acabou de compartilhar com o grupo alguns sentimentos muito fortes. Vamos percorrer o grupo e ver como os outros se sentem a respeito [inserir o tópico relacionado à discussão]."
- "Parece que a maioria dos membros está dizendo que equilibrar uma carreira e criar filhos é muito estressante. Vamos percorrer o grupo e fazer aqueles que têm essas experiências compartilhem como têm lidado com elas e apontem quais são alguns dos maiores desafios."
- "Parece que Bill acabou de se referir a uma questão importante. Como os outros têm lidado com situações similares?"

Os facilitadores do grupo precisam refletir as respostas dos membros do grupo que são mais relevantes para o comportamento visado, e precisam fazê-lo de maneira que promova a conversa sobre a mudança por parte dos membros. Os resumos, em forma de reflexões, podem também ser usados para: 1) analisar e destacar as informações relevantes proporcionadas pelo grupo, 2) relacionar a resposta dada por um membro com um comentário anterior realizado por outro membro e 3) fazer a transição da discussão do grupo de um tópico para outro.

O uso das discussões grupais para lidar com a resistência

Lidar com clientes difíceis ou resistentes na terapia individual é em geral mais fácil do que lidar com estes clientes em formato de grupo. Nos grupos o problema pode ser exacerbado se os facilitadores tentarem lidar com um cliente resistente individualmente grupal. Seguem-se sugestões para lidar com tais situações. A coesão grupal também pode ser prejudicada se os membros com personalidades fortes monopolizarem o grupo ou influenciarem outros membros desencorajando-os de falar. Maneiras específicas de lidar com sujeitos monopolizadores ou conversadores serão discutidas no Capítulo 8. Alguns contratempos podem ser evitados discutindo-se o comportamento aceitável do grupo (por exemplo, não interromper quando os outros estiverem falando, não elevar a voz) na primeira sessão do grupo.

Lidando com a resistência

Os facilitadores devem evitar confrontar os membros no grupo. Por exemplo, ao lidar com um membro zangado do grupo, o facilitador do grupo deve atrair outros membros para a conversa e lhes perguntar como eles têm lidado com esses sentimentos (por exemplo: "Mary, parece que você se sente como se não tivesse escolha em vir para cá e está zangada. Se eu me lembro, outros membros do grupo tiveram algumas experiências similares. Quem pode compartilhar com Mary como lidou com essas situações?"). No fim, os facilitadores do grupo precisam resumir o que aconteceu no grupo (por exemplo: "Mary, embora você preferisse não estar no grupo hoje, parece que a alternativa era a prisão. Acho que o grupo estava tentando fazer você pensar sobre que alternativa lhe parece melhor agora?").

Ao lidar com membros do grupo resistentes, é importante que os líderes se lembrem de duas coisas: 1) "pensar no grupo" (Dies, 1994, p. 86) e lançar as perguntas e os comentários de volta ao grupo (isto é, atrair os membros do grupo e perguntar como outros lidaram com essas situações e sentimentos) e 2) os facilitadores do grupo não devem interpretar nenhum dos comentários dos membros do grupo como se fosse um ataque pessoal. A reação do facilitador do grupo (isto é, devolver os comentários para o grupo) deve estar em relação ao papel do facilitador, não em relação a um papel pessoal.

PREPARAÇÃO DOS POTENCIAIS MEMBROS DO GRUPO DURANTE A AVALIAÇÃO

Antes da primeira reunião do grupo, os membros potenciais do grupo comparecem a uma sessão de avaliação individual com um terapeuta, de preferência um terapeuta que será um dos facilitadores do grupo. Os procedimentos da avaliação foram apresentados em detalhes no Capítulo 3, mas os procedimentos que se seguem também devem ocorrer no final da avaliação para os potenciais membros do grupo. Todos os potenciais membros do grupo devem receber o folheto "Introdução aos grupos" (Folheto do Cliente 5.1). Fornecer este folheto aos clientes não apenas é um componente essencial da preparação do grupo, mas também representa uma oportunidade para discutir o valor do grupo e lidar com quaisquer preocupações que os clientes possam ter sobre a terapia de grupo.

IDEIAS A SEREM MENCIONADAS AOS POTENCIAIS MEMBROS DO GRUPO NA AVALIAÇÃO

- "Temos um folheto sobre terapia de grupo que trata de algumas preocupações que as pessoas têm tido com relação aos grupos."
- "Muitos estudos têm descoberto que o tratamento de grupo funciona tão bem quanto o tratamento individual."
- "O grupo dá às pessoas uma oportunidade para fazer várias coisas que elas não conseguem fazer na terapia individual, como compartilhar experiências com outros membros e aprender como outros têm lidado com problemas similares. Os membros do grupo também recebem apoio de outros que lidaram com problemas similares, o que por sua vez lhes permite saber que não estão sozinhos em tentar mudar."
- "Finalmente, e muito importante, o que os membros compartilham nos grupos é confidencial: O que é dito no grupo permanece no grupo!"

A TERAPIA DE GRUPO PODE SER LIMITADA POR FATORES CULTURAIS ENTRE OUTROS

Embora os grupos possam ser uma maneira extremamente eficiente de prestar serviços clínicos, haverá algumas situações nas quais a aplicabilidade da terapia de grupo é limitada por fatores sociais, entre outros. Um caso específico que vivenciamos diz respeito a um estudo semelhante ao estudo GRIN que foi conduzido na Cidade do México usando materiais de AMG traduzidos para o espanhol. Nesse estudo, a esmagadora maioria dos clientes eram homens (Ayala et al., 1997, 1998). Embora a condição da terapia individual tenha sido replicada, não foi possível replicar a condição da terapia de grupo. Na verdade, nesse estudo nem um único grupo de terapia foi conduzido. Segundo os investigadores, isto aconteceu porque quase todos os potenciais clientes eram homens, e eles não estavam dispostos a participar de um tratamento em que estariam discutindo seus problemas de uso de substâncias diante de outras pessoas (o que entraria em conflito com o aspecto de *machismo* da cultura). Por isso, embora o tratamento de grupo seja custo-efetivo, no México os fatores culturais impediram a implementação da intervenção com clientes hispânicos/latinos homens.

Resumo

As quatro apostilas, 5.1-5.4, para os terapeutas de grupo apresentadas no final deste capítulo, foram especificamente destinadas a ajudar os facilitadores de grupo a integrar as estratégias e técnicas da entrevista motivacional e cognitivo-comportamentais na terapia de grupo, particularmente usando discussões grupais. As quatro apostilas para o terapeuta de grupo foram adaptadas do protocolo do estudo GRIN (ver Sobell e Sobell, 2009). Os leitores também poderão voltar ao Capítulo 4, que descreve extensamente os componentes do tratamento da AMG.

Esperamos que este capítulo, juntamente com a explicação do modelo de tratamento apresentado no Capítulo 5, descreva e ilustre a adaptação da AMG ao formato de grupo em detalhes suficientes para permitir que os terapeutas integrem com sucesso uma abordagem de entrevista motivacional e técnicas cognitivo-comportamentais para conseguirem formar um grupo terapêutico coeso. Os capítulos restantes discutem também como conduzir grupos efetivos e como lidar com desafios que podem surgir quando se realiza terapia de grupo.

APOSTILA PARA O TERAPEUTA 5.1

Objetivos, procedimentos, folhetos do cliente, planejamento pré-grupo e exemplos de discussões grupais

Sessão de grupo 1

INTRODUÇÃO

Cada uma das apostilas do terapeuta para as sessões de grupo destina-se a ajudar os facilitadores de grupo a integrar as técnicas e estratégias cognitivo-comportamentais e da entrevista motivacional em um formato de tratamento de grupo. No decorrer de cada sessão, os facilitadores devem buscar e apontar os pontos comuns entre os membros e encorajá-los a apoiarem as mudanças dos outros membros.

Se os facilitadores de grupo quiserem manter cópias dos exercícios de tarefa de casa e dos registros de automonitoramento dos membros do grupo, devem desenvolver um procedimento que lhes permita copiar as informações antes ou depois da sessão de grupo, pois os membros irão necessitar dos formulários durante a sessão de grupo.

Em cada discussão grupal, há uma lista de perguntas e tópicos sugeridos. Embora vários tópicos e perguntas sejam apresentados, os facilitadores de grupo não precisam fazer todas as perguntas ou lidar com todos os tópicos; as perguntas e os tópicos devem ser selecionados na medida em que se relacionem com o que está acontecendo no grupo.

OBJETIVOS DA SESSÃO

- Examinar e discutir as avaliações do objetivo dos membros; fornecer diretrizes ou informações sobre as contraindicações para o uso, se apropriado.
- Examinar as anotações de automonitoramento dos membros com respeito aos seus objetivos.
- Proporcionar aos membros *feedback* personalizado baseado na avaliação.
- Avaliar e discutir a motivação para mudança dos membros.
- Dar a tarefa de casa e as instruções para a Sessão 2.

PROCEDIMENTOS DA SESSÃO

- Introduzir a sessão, completar quaisquer indagações remanescentes da avaliação.
- Examinar e discutir os registros de automonitoramento realizados pelos membros, copiar ou registrar dados.
- Dar aos membros *feedback* personalizado dos formulários de avaliação e discuti-lo.
- Examinar e discutir a avaliação do objetivo realizada pelos membros.
- Examinar e discutir as respostas da tarefa de casa da balança decisória dadas pelos membros.
- Fazer aos membros a pergunta dos cinco milhões de reais; afirmar que mudar é uma "escolha" que as pessoas fazem.
- Fim da sessão: O que lhe chamou a atenção na sessão de hoje? Lembrar aos membros de realizar a tarefa de casa.

FOLHETOS DO CLIENTE

- Leitura: identificação dos gatilhos (Folheto do Cliente 4.5)
- Exercício: identificação dos gatilhos (Folheto do Cliente 4.6)
- Distribuir cópias do Folheto do Cliente 5.1 para os membros do grupo quando discutir as regras do grupo

---

Extraído de *Terapia de grupo para transtornos por abuso de substâncias*, de Linda Carter Sobell e Mark B. Sobell. Artmed Editora, 2012. A permissão para fotocopiar este folheto é concedida aos compradores deste livro apenas para uso pessoal.

PLANEJAMENTO PRÉ-GRUPO

O planejamento pré-grupo é considerado fundamental por várias razões: a adesão dos membros do grupo contribui para a satisfação de todos, constrói a coesão grupal e resulta em aspectos positivos grupais. Embora o planejamento pré-grupo só demore de 15 a 20 minutos, é importante fazê-lo antes de cada sessão de grupo. O planejamento pré-grupo para a primeira sessão é mais extenso e pode demorar um pouco mais do que o planejamento para as outras sessões. Inclui o seguinte:

- Exame das informações da avaliação sobre todos os membros.
- Conhecer algo sobre cada membro do grupo antes do início do grupo, incluindo seus primeiros nomes.
- Usar cartões 3x5 para fazer anotações breves sobre cada membro (por exemplo, idade; primeiro nome; estado civil; tipo de problema, extensão e consequências; problemas médicos; razão do encaminhamento).
- Em uma folha de papel separada, faça um diagrama circular para o grupo e escreva nele os primeiros nomes de cada membro à medida que forem se sentando na primeira sessão; isto lhe permite saber quem está sentado onde, e ser capaz de chamar os clientes usando seus nomes.
- Dispor as cadeiras em um círculo para o número de membros do grupo esperado e para os dois facilitadores; para melhor comunicação, as cadeiras dos facilitadores do grupo devem ser posicionadas opostas uma à outra (para reservar estas cadeiras, coloque antecipadamente uma prancheta ou outros materiais sobre elas).
- Ter novas lições de casa disponíveis para os membros (Folhetos do Cliente 4.5 e 4.6).
- Antes desta sessão, prepare e destaque os pontos-chaves no Folheto de *Feedback* Personalizado: "Onde se encaixa seu uso de álcool?" de cada membro do grupo (Folheto do Cliente 4.1) ou "Onde se encaixa seu uso de droga?" (Folheto do Cliente 4.2).

Nota para os facilitadores do grupo: Para preparar estes folhetos, use informações coletadas do TLFB e de outras medidas administradas na avaliação e discutidas no Capítulo 4 (confira no *site* www.nova.edu/gsc/online_files para medidas e formulários).

- Os facilitadores do grupo também precisam decidir quem vai assumir a liderança de cada um dos principais tópicos de discussão nesta sessão (por exemplo, introdução, automonitoramento, tarefa de casa, encerramento da sessão).

PRIMEIRA DISCUSSÃO GRUPAL

- Introduzir os facilitadores do grupo e dar as boas-vindas aos membros do grupo.
- Fazer os membros se apresentarem.
- Para começar, um dos facilitadores do grupo pode dizer: "Por que não começamos passando alguns minutos falando sobre os benefícios da terapia de grupo e em que consistem os grupos?".
- Além de apresentar informações básicas sobre o grupo, os facilitadores também podem dizer: "Outra coisa sobre a qual é importante pensar é que cada membro do grupo é um agente de mudança, e o objetivo é aprender um com o outro e apoiar a mudança. Outra maneira de pensar sobre isto é que as soluções vêm dos membros do grupo, não dos terapeutas".
- Depois de terminar os aspectos básicos, o facilitador do grupo pode dizer: "Vamos percorrer o grupo e pedir a cada membro que nos diga o que espera obter do grupo".

Normalize os sentimentos dos membros sobre os grupos, dizendo: "Embora seja natural os membros de início se sentirem pouco à vontade nos grupos, estes proporcionam aos membros uma oportunidade de aprender com outras pessoas com problemas similares. Há benefícios em fazer os membros darem conselhos e *feedback* um ao outro?".

Outro foco da discussão: Os facilitadores podem facilitar a participação dos membros no grupo fazendo perguntas como "Vamos percorrer o grupo e fazer que cada um nos fale sobre [insira aqui uma das perguntas que se seguem; faça uma pergunta de cada vez]."

- "O que trouxe cada um de vocês ao tratamento?"
- "Digam-nos duas ou três palavras que melhor os descrevam." Em seguida, pergunte: "Agora, pensem nessas palavras; como vocês acham que elas se relacionam à razão de estarem aqui?".

DISCUSSÃO GRUPAL

Tópico: Regras do grupo

Como as regras do grupo são destinadas a moldar os comportamentos de grupo apropriados, promova as normas de grupo positivas e reduza as ansiedades dos clientes. Uma das discussões mais importantes que os facilitadores do grupo podem ter com os membros no início da primeira sessão se relaciona às regras do grupo. As regras do grupo mais comumente defendidas e suas justificativas estão listadas na Tabela 5.3. Embora cada membro do grupo deva ter recebido um folheto descrevendo o grupo (Folheto do Cliente 5.1) na sua avaliação, cada um deve receber outra cópia deste folheto na primeira sessão.

Cada regra do grupo apresentada na Tabela 5.3 precisa ser examinada. As regras incluem: manter a confidencialidade, não socializar fora do grupo, chegar pontualmente às sessões de grupo e telefonar se não puder ir a uma sessão, não usar álcool ou drogas ilícitas antes das sessões, não discutir os membros ausentes nas sessões do grupo, realizar as tarefas de casa e trazê-las às sessões, participar regularmente e exibir comportamentos apropriados nas sessões (isto é, não gritar, não proferir impropérios, não usar telefone celular durante as sessões, não conversar enquanto outro estiver falando).

DISCUSSÃO GRUPAL

Tópico: Programa do tratamento de grupo

Foco da discussão: Breve exame do programa de tratamento da AMG, incluindo menção dos seguintes pontos:

- Haverá quatro sessões de grupo de 120 minutos, aproximadamente com 6 a 10 membros.
- Serão atribuídos exercícios e leituras como tarefa de casa.
- Os membros do grupo participarão de automonitoramento e estabelecimento de objetivo para o uso de álcool ou drogas.
- Os membros do grupo aprenderão uma abordagem geral à resolução de problema que irão ajudá-los a guiar sua própria mudança e motivá-los a assumir a responsabilidade por sua própria mudança.
- Um dos facilitadores do grupo vai telefonar para cada membro do grupo um mês depois da última sessão para checar como cada um está indo e se mais sessões serão necessárias.

Tabela 5.3 Regras do grupo e suas justificativas

Confidencialidade. As discussões de grupo são confidenciais: o que é dito no grupo permanece no grupo!

    Justificativa: A confidencialidade é a regra *sine qua non* do grupo; sem ela, é improvável que os membros compartilhem ou até mesmo venham para o grupo.

Não socializar fora dos grupos. Embora algumas interações vão ocorrer fora do grupo (por exemplo, conversas na sala de espera, ir para casa em transporte público), é melhor evitar que os clientes se socializem um com o outro enquanto estiverem no grupo.

    Justificativa: Socializar fora do grupo pode prejudicar o tratamento dos clientes, obscurecendo as questões de limites. Mesmo que os clientes saiam para um café depois de uma sessão, eles formam um relacionamento que outros não podem compartilhar, e, quanto mais forte o relacionamento, maior a probabilidade de este interferir nas interações do grupo.

Chegar pontualmente às sessões do grupo. Espera-se que os membros encarem os grupos como uma prioridade e frequentem todas as sessões, cheguem no horário e permaneçam no grupo durante toda a sessão, a menos que haja uma emergência. Espera-se que os membros que não possam ir a uma sessão avisem com antecedência.

    Justificativa: A frequência é importante, pois cada sessão é desenvolvida sobre a sessão anterior e as sessões perdidas não podem ser recuperadas.

Não usar álcool ou drogas ilícitas antes das sessões do grupo.

    Justificativa: Chegar ao grupo sob a influência de álcool ou drogas pode prejudicar as interações do grupo e tende a colocar o foco sobre o membro intoxicado, em vez de sobre o grupo como um todo.

Não falar sobre membros do grupo que não estão presentes.

    Justificativa: Os membros que não estão mais no grupo ou não puderam comparecer a uma sessão não podem falar por si mesmos. As discussões sobre membros ausentes pode prejudicar a confiança no grupo.

Realizar as tarefas de casa e levá-las para as sessões do grupo.

    Justificativa: Como as tarefas realizadas são discutidas no grupo, é prejudicial se alguns membros não as tiverem realizado. Para melhorar a adesão, os terapeutas precisam fazer uma explanação aos membros sobre a justificativa e a importância de realizar as atribuições (ver os Capítulos 5 e 6).

Todos os membros precisam participar de todas as sessões do grupo.

    Justificativa: É importante que os membros participem ativamente do grupo (isto é, compartilhem seus problemas e sentimentos com os outros). A participação é muito importante, pois cada membro é encarado como um agente de mudança, ajudando outros membros, dando apoio e apresentando *feedback* aos outros.

Exibir comportamentos apropriados nas sessões do grupo. (1) Alternar a vez de falar e não falar sobre a fala do outro; (2) respeitar os direitos do outro de expressar suas opiniões; (3) os telefones celulares devem ser desligados durante a sessão; (4) proferir impropérios, gritar e berrar não são adequados; as emoções fortes precisam ser comunicadas de uma maneira não prejudicial e permitir que os membros do grupo ajudem uns aos outros.

    Justificativa: os membros devem ser respeitosos uns com os outros e com os facilitadores. Ataques ou perturbações individuais tiram o foco do processo do grupo.

DISCUSSÃO GRUPAL

Tópico: Examinar os registros de automonitoramento realizados pelos membros para o seu uso de álcool ou drogas desde a entrevista de avaliação (álcool: Folheto do Cliente 3.2; drogas: Folheto do Cliente 3.3)

Foco da discussão

- A discussão pode começar com um facilitador do grupo dizendo: "Vamos dar uma olhada nos registros de automonitoramento e observar o uso de álcool e droga de todos na semana passada". Continue pedindo a um membro para começar a discussão: "[Insira o nome do cliente], dê-nos um quadro geral de como foi seu uso de álcool ou droga na semana passada".
- **Nota para os facilitadores do grupo:** A menos que seja relevante, evite detalhes específicos sobre o uso de álcool ou drogas de um cliente (isto é, não façam os membros apresentarem uma descrição detalhada, pois isso toma muito tempo e em geral não é informativo).
- Se tiverem ocorrido mudanças importantes ou se um membro tiver lidado com uma situação difícil e não tenha feito uso de substância, os facilitadores do grupo podem perguntar ao grupo como eles se sentem sobre a mudança daquele membro.

DISCUSSÃO GRUPAL

Tópico: Avaliações do objetivo (abstinência: Folheto do Cliente 3.4; escolha do objetivo: Folheto do Cliente 3.5)

Nota para os facilitadores do grupo: Quando os grupos têm membros com objetivos tanto de abstinência quanto de ingestão de álcool de baixo risco, os facilitadores podem começar dizendo: "Vamos examinar o formulário de objetivo de cada membro e queremos que vocês comentem livremente sobre os objetivos uns dos outros e até que ponto eles são realísticos".

Discussão da abstinência

- Usando uma abordagem de entrevista motivacional, peça aos membros do grupo para discutir as razões para não usarem álcool e drogas.
- Os membros do grupo devem apresentar razões sólidas para serem abstinentes (por exemplo, relacioná-las ao que seria arriscado no uso de substâncias).
- A motivação para a abstinência deve ser: "Optei por não usar álcool ou drogas porque essa é a melhor maneira de eu evitar problemas futuros", em vez de atribuições de traço (isto é, as razões não devem ser declarações como "Porque tenho uma doença" ou "Porque não tenho força de vontade").

Estruturar a abstinência como uma escolha, embora uma escolha difícil, permite a discussão de como realizar a mudança, enquanto uma declaração de incapacidade para mudar pode conduzir a uma profecia autorrealizável.

Discussão da escolha do objetivo

- Esta discussão deve começar com os facilitadores explicando que as pessoas com contraindicações para beber são aconselhadas a não beber nada e descrevendo as diretrizes recomendadas para aqueles que não têm contraindicações e escolhem um objetivo de ingestão de álcool de baixo risco. Para qualquer membro que selecionou o objetivo de ingestão de álcool de baixo risco, mas tem contraindicações para o uso de álcool, os facilitadores podem apontar que o membro pode não estar consciente da contraindicação, mas agora deve levá-la em conta.
- Pergunte aos membros que selecionaram um objetivo de ingestão de álcool de baixo risco e não têm contraindicações: "Você já conseguiu beber pouco e sem problemas?".

- Pode-se também perguntar aos membros do grupo sob que condições a ingestão de álcool de baixo risco constitui um risco. Esta discussão pode ser facilitada dando aos membros que estão considerando um objetivo de ingestão de álcool de baixo risco um conjunto de diretrizes impressas que delineiam os riscos que podem ser discutidos.

Nota para os facilitadores do grupo: Se o objetivo de um membro do grupo excede as diretrizes recomendadas ou a pessoa quer se engajar em ingestão de álcool de baixo risco, mas tem contraindicações para o uso de álcool, os facilitadores devem fazer outros membros do grupo comentarem sobre os riscos que a pessoa estaria correndo. Para estimular outros membros a comentarem sobre aqueles cujo objetivo excede as diretrizes, pergunte: "Como estivemos ouvindo cada um descrever sua avaliação do objetivo, precisamos lembrar que os limites recomendados da ingestão de álcool de baixo risco são muito baixos. Que conselho os membros do grupo podem dar um ao outro em termos de até que ponto são realísticos os objetivos dos outros membros?".

Tópicos adicionais de avaliação do objetivo: Com respeito aos objetivos de uso de álcool ou drogas dos membros, os facilitadores podem usar as seguintes perguntas para fazer os membros do grupo falar sobre seus objetivos.
- "Até que ponto o seu objetivo é realístico?"
- "Que obstáculos, se há algum, você está encontrando ao tentar atingir seu objetivo?"
- Para os clientes que fizeram mudanças importantes no seu uso de álcool ou drogas, você pode perguntar: "Você fez algumas mudanças muito importantes no seu uso de álcool ou drogas. Como foi capaz de fazê-las e como se sente a respeito destas mudanças?".

Avaliações do objetivo dos membros relacionadas à sua confiança de que vão atingir seus objetivos e a importância dos seus objetivos

- **Os facilitadores do grupo podem abrir a discussão, dizendo:** "Agora que discutimos o objetivo de cada um, vamos examinar a segunda parte da avaliação do objetivo, quando foi solicitado que cada um avaliasse a importância do objetivo e a sua confiança de que vai atingi-lo. Para começar, vamos examinar o que cada um escreveu para a importância do seu objetivo e por que escolheu sua avaliação".
- Durante esta discussão, os facilitadores devem buscar os pontos comuns. Vários membros não terão avaliado o seu objetivo como a coisa mais importante em suas vidas, mas em vez disso terão avaliado outras coisas (por exemplo, a saúde, o emprego) como mais importantes. Com essa discussão, a ideia é encorajar os membros a discutir a importância da mudança.
- Depois de uma discussão sobre a importância, os facilitadores do grupo podem passar para até que ponto os membros estão confiantes de que irão atingir seus objetivos, perguntando: "OK, agora vamos fazer a mesma coisa para as avaliações de confiança de cada um".
- Pergunte aos membros do grupo: "Que número você atribuiu para o quanto está confiante neste momento em termos de atingir o seu objetivo, e por quê?". Isto pode ser seguido por: "O que precisaria acontecer para o seu objetivo ir de um [inserir o número atual] para um [número mais alto]?".

DISCUSSÃO GRUPAL

Tópico: Discussão dos folhetos de *feedback* personalizados (isto é, resumos do uso de álcool pré-tratamento, Folheto do Cliente 4.2; uso de drogas, Folheto do Cliente 4.3)

Nota para os facilitadores do grupo: O resumo do *feedback* personalizado de cada membro deve ter sido previamente preparado e destacado (por exemplo, com marca-texto amarelo) no impresso que você dará a todos os membros do grupo durante esta discussão (isto é, destacar os aspectos do uso de álcool ou drogas que você quer que os membros observem).

Foco da discussão: O aspecto crucial do *feedback* é comparar o uso pessoal de álcool ou droga dos membros do grupo com os dados normativos sobre o uso de substância. Fazer os participantes comentarem sobre seu *feedback* personalizado os engaja em uma discussão sobre seu atual uso de substâncias e risco em oposição aos facilitadores do grupo lhes passarem essa informação. A intenção é que os facilitadores do grupo gerem uma discussão para que os membros entendam que o seu uso atual de álcool ou drogas não é normativo e que se eles persistirem em tal uso isso é preditivo de riscos de longo prazo (isto é, consequências negativas).

Feedback baseado no timeline followback que os participantes completaram na avaliação (uso de álcool: Folheto do Cliente 4.1; uso de drogas: Folheto do Cliente 4.2)

Comece dando aos membros do grupo seus resumos de *feedback* personalizado.
- "Se você se lembra, fizemos a cada um de vocês muitas perguntas sobre seu uso de álcool e drogas na avaliação, e uma coisa que fizeram foi preencher um calendário descrevendo seu uso de álcool ou drogas antes de entrarem no tratamento. Hoje estaremos dando a todos um *feedback* sobre seu uso de álcool ou drogas para que possam usar esta informação para tomar decisões mais informadas sobre a mudança do seu uso de álcool ou drogas. Queremos que cada um examine os gráficos e digam ao grupo o que chama a sua atenção nestes resumos."
- Com os clientes de álcool, não é incomum se surpreenderem em como sua ingestão de álcool é pesada em comparação com a população geral, em especial se muitos de seus amigos também bebem pesadamente. Do mesmo modo, os clientes de drogas também nos relatam ter se surpreendido que tão poucas pessoas (por exemplo, ≤ 1%) tenham usado muitas das drogas ilícitas como heroína ou cocaína no ano anterior.

Feedback baseado no AUDIT (Folheto do Cliente 4.1) e no DAST-10 (Folheto do Cliente 4.2)
- "Na entrevista de avaliação, também lhes perguntamos sobre as consequências que podem ter experimentado devido ao seu uso de álcool ou drogas no ano passado. Suas respostas produziram uma pontuação que reflete a gravidade do seu uso de álcool (AUDIT) ou drogas (DAST-10). Isso está na última página do seu resumo do *feedback*. Vamos examinar estes gráficos e suas pontuações e dizer ao grupo o que se destaca neste *feedback*."
- Para os membros surpresos, os facilitadores do grupo podem dizer: "Alguns de vocês parecem surpresos com o *feedback*. O que os surpreendeu nele?".

DISCUSSÃO GRUPAL

Tópico: Exercício da balança decisória (Folheto do Cliente 3.1)

Foco da discussão: Este exercício, uma ferramenta motivacional destinada a ajudar os clientes a entender a sua ambivalência e por que a mudança pode ser difícil, envolve uma discussão dos relatos dos membros do grupo das coisas boas e não tão boas sobre mudar seu uso de álcool ou drogas. Listar os custos e benefícios de curto e longo prazos em um lugar pode ajudá-los a justificar e fortalecer as decisões sobre a mudança. Durante toda esta discussão, os membros do grupo são convidados a fazer comentários sobre suas percepções das declarações dos outros membros sobre as coisas boas e não tão boas relacionadas ao seu uso de álcool e drogas e o que seria necessário para a mudança. Possíveis tópicos da discussão do grupo incluem:
- "O que cada um de vocês extraiu deste exercício?"
- "Como o uso de um exercício da balança decisória afetou sua maneira de pensar sobre o uso de álcool ou drogas?"
- "Que coisas boas e não tão boas você não reconhecia antes de fazer este exercício?"
- "O que mais o surpreendeu ao fazer este exercício?"

Nota aos facilitadores do grupo: A discussão dos participantes sobre seus exercícios da balança decisória devem incluir alguma menção do seguinte:
- O que eles reconheceram sobre suas razões para ingerir álcool ou usar drogas (isto é, coisas boas sobre o uso)
- Potenciais obstáculos à mudança

DISCUSSÃO GRUPAL

Tópico: Pergunta de cinco milhões de reais (Folheto do Cliente 3.1)

Foco da Discussão: Depois de discutir os exercícios da balança decisória dos membros, pergunte ao grupo: "E se lhes fossem oferecidos cinco milhões de reais para não usar álcool ou drogas por apenas um dia? O que faria?".

Nota para os facilitadores do grupo: A pergunta de cinco milhões de reais é usada para mostrar aos membros que, por um preço, eles mudariam seu comportamento. O ponto importante deste exercício é que, embora a mudança possa ser difícil, é uma escolha que as pessoas podem fazer. Este ponto pode com frequência ser mostrado depois que os participantes relatam por que eles mudariam.

Lembre-se de convidar os membros do grupo a comentarem as respostas um do outro para a pergunta de cinco milhões de reais. Para provar que a mudança é possível, os facilitadores do grupo podem dizer: "Como não temos cinco milhões de reais, qual seria o seu preço pessoal para mudar seu uso de álcool ou drogas?" ou "O que seria necessário para cada um de vocês inclinarem a escala em favor da mudança?".

Tarefas de casa para a Sessão 2: Leitura (Folheto do Cliente 4.5) e exercício (Folheto do Cliente 4.6) sobre a identificação dos gatilhos
- Dê a cada membro do grupo a leitura e o exercício de identificação dos gatilhos.
- Diga aos membros do grupo: "Esta é uma leitura curta e um exercício de tarefa de casa para ser realizado para a nossa próxima sessão de grupo. Este exercício destina-se a ajudá-los a identificar suas situações de alto risco para o uso de álcool ou drogas e as consequências do uso. Em geral, as razões para o uso são resultados de curto prazo. O que estamos lhes pedindo para fazer está explicado no folheto. Quando realizarem esta tarefa de casa e as trouxerem para a próxima sessão de grupo, isso lhes dará uma oportunidade de falarem mais sobre estas situações desencadeantes de alto risco e examinarem por que elas têm sido um problema para vocês. Uma tarefa de casa futura vai ajudá-los a desenvolver maneiras de lidar com essas situações fazendo outras coisas em vez de usar álcool ou drogas."
- "A leitura vai ajudá-los a entender como realizar a tarefa de casa e também vai ajudá-los a considerarem assumir uma perspectiva de longo prazo sobre a mudança do seu uso de álcool e drogas. A leitura e o exercício são fáceis de realizar e devem demorar cerca de 10 minutos."
- Finalmente, diga aos participantes do grupo que na próxima semana vocês os farão escolher um dos dois desencadeantes de alto risco do exercício a ser discutido posteriormente.

DISCUSSÃO GRUPAL

Tópico: Fim da Sessão 1, encerramento e o que se destacou

Faça cada membro do grupo e os facilitadores comentarem sobre suas experiências no grupo e uma coisa que se destacou nesta sessão.

Foco da discussão: Diga aos membros que esta e todas as sessões subsequentes do grupo vão terminar pedindo a cada membro que comente uma coisa que se destacou para eles no grupo. Como os facilitadores fazem parte do grupo, eles também resumem isso, mas no final. Os comentários dos facilitadores destinam-se a reforçar os comportamentos que eles observaram no grupo ou como algumas questões foram discutidas e tratadas pelos participantes. Inicie os dois próximos encerramentos pedindo a alguém que ofereça como voluntário. Se ninguém fizer comentários, peça a um membro para começar.

Como foi o grupo?: "Agora que terminamos a primeira sessão do grupo, o que gostaríamos de fazer é perguntar a cada um como se sentiu no grupo hoje, particularmente em relação ao que cada um esperava dele."

O que chamou a atenção?: Faça cada membro do grupo e os facilitadores comentarem sobre uma coisa que se destacou no grupo. "Conversamos sobre muitas coisas no grupo hoje. O que mais lhe chamou a atenção?"

Lembrar aos membros do grupo: 1) para comparecerem a todas as sessões; 2) para telefonarem se não puderem comparecer a uma sessão; 3) para continuarem a usar as anotações de automonitoramento e trazê-las, assim como o exercício de tarefa de casa, para a próxima sessão e 4) que um dos facilitadores vai lhes telefonar na véspera da sessão do grupo para lembrar a todos sobre o próximo grupo.

DISCUSSÃO PÓS-GRUPO

- A discussão pós-grupo dura em geral cerca de 5-10 minutos.
- Discuta o que aconteceu no grupo, tanto as coisas boas quanto as não tão boas.
- Os facilitadores devem fazer anotações sobre o que querem destacar na próxima sessão e sobre qualquer coisa que tenha lhes chamado a atenção sobre os membros do grupo.
- Antes da próxima sessão, prepare para cada membro do grupo um Folheto do Cliente 4.7: Perfil do BSCQ de situações de alto risco para o uso de álcool ou drogas.

APOSTILA PARA O TERAPEUTA 5.2

Objetivos, procedimentos, folhetos do cliente, planejamento pré-grupo e exemplos de discussões grupais

Sessão de grupo 2

OBJETIVOS DA SESSÃO

- Examinar o progresso dos membros.
- Identificar situações de alto risco para os membros baseadas na tarefa de casa e no BSCQ.
- Entregar a tarefa de casa e as instruções para a Sessão 3.

PROCEDIMENTOS DA SESSÃO

- Introduzir a sessão.
- Examinar e discutir os registros de automonitoramento dos membros: copiar ou registrar dados.
- Examinar e discutir as respostas dos membros ao exercício de tarefa de casa de identificação dos gatilhos.
- Dar aos membros os perfis de *feedback* do BSCQ e discutir o relacionamento com as respostas da tarefa de casa de identificação dos gatilhos.
- Fazer os membros completarem a escala "Onde você está agora?" (Folheto do Cliente 3.6) e comparar suas respostas com as respostas que deram na avaliação.
- Fim da sessão: perguntar o que se destacou na sessão; lembrar os membros para fazerem sua tarefa de casa.

FOLHETOS DO CLIENTE

- Exercício: desenvolvimento de novas opções e planos de ação (Folheto do Cliente 4.8).
- Fazer a escala "Onde você está agora?" para os participantes a fim de checar onde eles estão nesta sessão.

PLANEJAMENTO PRÉ-GRUPO

- Os facilitadores examinam o que aconteceu na última sessão do grupo.
- O grupo decide quem vai assumir a liderança de quais tópicos da discussão (por exemplo, automonitoramento, tarefa de casa).
- Preparar e realizar os perfis de *feedback* personalizado do BSCQ para os membros baseados na entrevista de avaliação.
- Preparar nova tarefa de casa para os participantes (Folheto do Cliente 4.8).
- Fazer os membros do grupo completarem a escala "Onde você está agora?".

DISCUSSÃO GRUPAL

Tópico: Examinar os registros de automonitoramento realizados pelos membros para seu uso de álcool ou drogas desde a Sessão 2 (álcool: Folheto do Cliente 3.2; drogas: Folheto do Cliente 3.3)

Foco da discussão

- **A discussão pode começar com um facilitador do grupo dizendo:** "Vamos examinar os registros de automonitoramento e observar o uso de álcool e drogas de todos na semana passada". Prosseguir pedindo a um membro para começar a discussão: "[Insira

---

Extraído de *Terapia de grupo para transtornos por abuso de substâncias*, de Linda Carter Sobell e Mark B. Sobell. Artmed Editora, 2012. A permissão para fotocopiar este folheto é concedida aos compradores deste livro apenas para uso pessoal.

o nome do cliente], dê-nos um quadro geral de como foi o seu uso de álcool ou drogas na semana passada".

- **Nota para os Facilitadores do Grupo:** A menos que seja relevante, evite detalhes específicos do uso de álcool ou drogas de um cliente (isto é, não façam os membros apresentarem uma descrição dia a dia, pois isto demanda muito tempo e em geral não é tão informativo).
- Caso tenham ocorrido mudanças importantes ou se um membro do grupo enfrentou uma situação difícil e não fez uso de substâncias, os facilitadores do grupo podem perguntar aos membros do grupo como eles se sentem com relação à mudança daquele paticipante.

DISCUSSÃO GRUPAL

Tópico: Identificação dos gatilhos de alto risco para o uso de álcool ou drogas (leitura: Folheto do Cliente 4.5; exercício: Folheto do Cliente 4.6)

Foco da discussão

- Discutir a leitura e o exercício sobre a identificação de situações gatilhos de alto risco para o uso de álcool e drogas, incluindo assumir uma perspectiva realística sobre a mudança (isto é, a montanha da mudança) e encarar os lapsos como experiências de aprendizagem.
- Sondar o entendimento dos membros do grupo da leitura sobre a identificação dos gatilhos do uso de álcool e drogas (Folheto do Cliente 4.5). Este exercício tem duas partes: 1) identificar e avaliar os gatilhos pessoais de alto risco para o uso de álcool ou drogas e 2) uma abordagem de prevenção da recaída para a mudança e assumir uma perspectiva realística sobre a mudança.
- Uma boa pergunta que os facilitadores podem fazer sobre a leitura é: "A leitura fala sobre assumir uma visão de longo prazo da mudança e de que pode haver alguns obstáculos no caminho. O que acha que isto significa?".
- Outro tópico para os membros é fazê-los discutir o diagrama da montanha da mudança (ver a figura no Folheto do Cliente 4.5). Por exemplo, os facilitadores podem dizer: "Qual você diria ser a principal mensagem da montanha da mudança em termos de lidar com seu uso de álcool ou drogas?".
- Fazer os clientes selecionarem e discutirem um de seus dois gatilhos identificados no exercício: "Vamos percorrer o grupo e fazer cada membro nos falar sobre uma das situações gatilhos de alto risco que descreveram para o seu uso de álcool ou drogas".
- Nota para os facilitadores do grupo: Como parte desta discussão, busque e reconheça os pontos comuns entre os membros em termos das situações de alto risco. Os facilitadores podem reconhecer os pontos comuns com reflexões: "Então, parece que uma situação de alto risco tanto para Bill quanto para Mary é quando eles estão zangados. Quem mais se sente em risco quando experimenta emoções fortes?".

Nota para os facilitadores do grupo: Com relação à leitura, os membros devem reconhecer que para muitas pessoas a mudança pode estar associada a lapsos, mas que o importante no caso de ocorrência de um lapso é continuar a subir a montanha. Entretanto, também é essencial que os líderes não comuniquem uma profecia autorrealizável ao grupo (isto é, que eles terão lapsos).

Uma boa maneira de apresentar o conceito é um dos facilitadores do grupo perguntar: "Por que as escolas têm treinamento para o caso de incêndio?". A maioria dos membros apresenta a resposta óbvia. "Para as crianças estarem mais bem preparadas no caso de ocorrer um incêndio". Os facilitadores podem seguir com: "Essa é a mesma ideia aqui.

Espera-se que vocês não tenham nenhum lapso, mas faz sentido estar preparado no caso de eles ocorrerem".

Também é importante que os membros do grupo reconheçam que, se ocorrerem lapsos, devem interrompê-los o mais cedo possível e aprender com eles. Se um membro do grupo traz um lapso para o grupo, um dos facilitadores pode dizer:

- "Mary, você pode dizer ao grupo o que acha ter desencadeado o lapso que ocorreu na última quarta-feira? O que aconteceu de diferente nesse dia?"
- "Como os outros membros do grupo têm lidado com um lapso?"
- "Qual é outra maneira de encarar um lapso, em vez de como um fracasso?"

DISCUSSÃO GRUPAL

Tópico: Examinar o *feedback* do Brief Situational Confidence Questionnaire (BSCQ) e o seu relacionamento com os gatilhos de alto risco (Folheto do Cliente 4.7)

Foco da discussão

- Dar aos membros cópias de seus Perfis do BSCQ (Folheto do Cliente 4.7) preparados tendo por base o BSCQ que completaram na avaliação.
- Fazer os membros do grupo compararem seus perfis do BSCQ com suas duas situações individuais de alto risco do exercício de identificação dos gatilhos. Perguntar como os dois gatilhos de alto risco no seu exercício de tarefa de casa se relacionam com seu perfil genérico do BSCQ.
- Para a maioria dos membros, os perfis do BSC e os gatilhos do exercício de identificação dos gatilhos serão similares.
- Indique para aqueles cujos perfis do BSCQ e gatilhos são similares que os nomes gerais do perfil do BSCQ são uma abreviação que pode ajudá-los a identificar mais facilmente situações que podem desencadear o uso futuro de álcool ou drogas e que eles devem ficar vigilantes nessas situações. Um dos facilitadores pode perguntar: "Por que é importante saber os tipos de situações em que você pode estar em risco de um uso pesado de álcool ou de um uso de drogas?".

Nota para os facilitadores do grupo: Na discussão será útil os participantes lembrarem suas situações de alto risco se os facilitadores rotularem os perfis do BSCQ dos membros com nomes abreviados dos perfis diferentes do BSCQ listados na Tabela 4.2 (por exemplo, perfil de Momentos Agradáveis; perfil de Emoções Desagradáveis; perfil de Testagem do Controle Pessoal).

DISCUSSÃO GRUPAL

Tópico: Exame das escalas completadas "Onde você está agora?" (Folheto do Cliente 3.6)

Foco da discussão

- Entregar aos membros a escala "Onde você está agora?" completada na avaliação e pedir-lhes para responder às mesmas perguntas agora, mas para a Sessão 2.
- "Quando vocês vieram aqui pela primeira vez, pedimos que cada um avaliasse o quão sério considerava seu uso de álcool ou drogas em uma escala de 10 pontos. Como cada um de vocês avaliaria seu uso de álcool ou drogas hoje nessa mesma escala, onde 1 = a preocupação mais séria e 10 = não é mais uma preocupação?"
- Faça os membros tentarem lembrar que número caracterizava onde estavam nesta escala na entrevista de avaliação.
- Pergunte aos participantes: "Como vocês foram de um [número na Avaliação] para um [número agora]?".
- Esta pergunta da escala é uma técnica da entrevista motivacional que permite aos membros dar voz às mudanças que realizaram.

- Como parte desta discussão, busque e reconheça pontos comuns entre os membros e os encoraje a apoiar as mudanças que os outros estão realizando.
- Para os participantes que não mudaram, os fcilitadores podem perguntar: "O que precisaria fazer para subir um número ou dois?" ou "Que tipos de coisas impediram a sua mudança?".

TAREFA DE CASA SOBRE O DESENVOLVIMENTO DE NOVAS OPÇÕES E PLANOS DE AÇÃO PARA A SESSÃO 3 (FOLHETO DO CLIENTE 4.8)

Foco de discussão

- Dar a cada membro o Folheto do Cliente 4.8, que lhes pede para desenvolverem novas opções e planos de ação para os dois gatilhos de alto risco que descreveram no exercício sobre a identificação dos desencadeantes de alto risco associados ao seu uso de álcool ou drogas.
- Os facilitadores do grupo podem dizer aos membros: "Este exercício destina-se a ajudá-lo a aprender como lidar com aquelas situações que você identificou como gatilhos de alto risco fazendo outras coisas além de usar álcool ou drogas. Este exercício vai lhe pedir não apenas para apresentar algumas novas opções que você poderia implementar, mas também avaliar como elas poderiam funcionar para ajudá-lo a resistir a usar álcool ou drogas. Depois você decide quais são suas melhores opções e desenvolva planos para como pô-las em ação. O exercício deve demorar cerca de 10 minutos para ser realizado."
- Finalmente, peça aos membros do grupo para realizarem o exercício em casa e trazê-lo para a Sessão 3. Diga-lhes que na próxima semana cada participante será solicitado a falar sobre as opções e planos de ação que desenvolveu para um de seus dois gatilhos de alto risco.

DISCUSSÃO GRUPAL

Tópico: Fim da sessão, encerramento e o que chamou a atenção

Foco da discussão

- **O que chamou a atenção?:** Cada membro do grupo e os facilitadores devem comentar sobre uma coisa que se destacou no grupo: "Falamos sobre muitas coisas no grupo hoje. O que chamou a atenção?"
- **Lembrar aos membros do grupo:** 1) de comparecer a todas as sessões do grupo, 2) de telefonar se não puderem comparecer a uma sessão, 3) de continuar a usar os registros de automonitoramente e trazê-los, assim como o exercício de tarefa de casa, para a próxima sessão e 4) de que um dos facilitadores vai telefonar para todos na véspera da sessão para lhe lembrarem sobre a próxima sessão do grupo.

Discussão pós-grupo

- A discussão pós-grupo em geral demora cerca de 5-10 minutos.
- Discutir o que aconteceu no grupo, tanto as coisas boas quanto as não tão boas.
- Os facilitadores do grupo devem fazer anotações sobre o que querem destacar na próxima sessão e sobre qualquer coisa importante sobre o comportamento dos membros do grupo.

APOSTILA PARA O TERAPEUTA 5.3

Objetivos, procedimentos, folhetos do cliente, planejamento pré-grupo e exemplos de discussões grupais

Sessão de grupo 3

OBJETIVOS DA SESSÃO

- Examinar o progresso dos membros.
- Discutir os planos de mudança dos membros.
- Discutir novas opções e planos de ação para os gatilhos de alto risco.
- Entregar a tarefa de casa e dar as instruções para a Sessão 4.

PROCEDIMENTOS DA SESSÃO

- Introduzir a sessão.
- Examinar e discutir os registros de automonitoramento realizadas; copiar ou registrar dados.
- Fazer os membros completarem o segundo BSCQ.
- Examinar e discutir as respostas dos membros ao exercício de tarefa de casa Desenvolvimento de Novas Opções e Planos de Ação.
- Discutir as possíveis oportunidades para testar as opções antes da Sessão 4.
- Fim da sessão: perguntar o que se destacou na sessão; lembrar os membros de fazer suas lições de casa.

FOLHETOS DO CLIENTE

- Tarefa de Casa: Formulário para a solicitação de sessões adicionais (Folheto do Cliente 4.10)
- Tarefa de Casa: Formulário de avaliação do objetivo (Folheto do Cliente 3.4 para os particpantes com um objetivo de abstinência; Folheto do Cliente 3.5 para participantes com um objetivo de ingestão de álcool de baixo risco)
- Formulário do BSCQ (Apêndice D) a ser completado na sessão pelos participantes do grupo individualmente.

PLANEJAMENTO PRÉ-GRUPO

- Os facilitadores do grupo reveem o que aconteceu na última sessão do grupo.
- Os facilitadores do grupo decidem quem vai assumir a liderança em quais tópicos de discussão (por exemplo, automonitoramento, tarefa de casa).
- Entregar nova tarefa de casa para os membros.
- Formulário para a solicitação de sessões adicionais (Folheto do Cliente 4.10)
- Formulário de avaliação do objetivo (Folheto do Cliente 3.4 para participantes com um objetivo de abstinência; Folheto do Cliente 3.5 para participantes com um objetivo de ingestão de álcool de baixo risco)
- Entregar um novo formulário do BSCQ para cada membro do grupo completar nesta sessão (Apêndice D).

DISCUSSÃO GRUPAL

Tópico: Examinar os registros de automonitoramento realizados pelos membros do grupo para seu uso de álcool ou drogas desde a sessão 2 (álcool: Folheto do Cliente 3.2; drogas: Folheto do Cliente 3.3)

Extraído de *Group Therapy for Substance Use Disorders: A Motivational Cognitive-Behavioral Approach*, de Linda Carter Sobell e Mark B. Sobell. Copyright 2011 de The Guilford Press. A permissão para fotocopiar este folheto é autorizada aos compradores deste livro apenas para uso pessoal (ver a página de *copyright* para os detalhes).

Foco da discussão
- A discussão pode começar com um facilitador do grupo dizendo: "Vamos examinar os registros de automonitoramento e observar o uso de álcool e drogas de todos na última semana". Prosseguir pedindo a um membro para iniciar a discussão: "[Insira o nome do cliente], dê-nos um quadro geral de como foi o seu uso de álcool ou droga nesta última semana".
- Nota para os facilitadores do grupo: A menos que seja relevante, evite os detalhes específicos do uso de álcool e drogas de um cliente (isto é, não faça os membros apresentarem uma descrição dia a dia, pois isso demanda muito tempo e em geral não é tão informativo).
- Se tiverem ocorrido mudanças importantes ou se um membro enfrentou uma situação difícil e não fez uso de substâncias, os facilitadores podem perguntar ao grupo como se sentem sobre a mudança do membro do grupo.

DISCUSSÃO GRUPAL

Tópico: Discutir o novo exercício de tarefa de casa sobre o desenvolvimento de novas opções e planos de ação (Folheto do Cliente 4.8)

Foco da discussão
- Peça a cada membro para discutir as opções e o plano de ação para um de seus dois gatilhos identificados na tarefa de casa.
- O objetivo é usar uma abordagem de entrevista motivacional para fazer os membros do grupo relatarem seus planos de mudança.
- "Que tipos de opções e planos de ação você desenvolveu para suas situações de alto risco?"
- "Que opção você selecionou como a mais realística a ser implementada e por quê?"
- Nota para os facilitadores do grupo: Diga aos membros que é importante, quando possível, fragmentar os planos de ação em passos pequenos para que o progresso possa ser identificado.

Pergunte a cada membro, "Quais gatilhos pode prever que ocorram entre hoje e a próxima sessão, em que você possa pôr em prática suas opções e planos de ação?" [Esta pergunta é usada para identificar possíveis situações futuras de alto risco que os membros do grupo possam encontrar e as maneiras de lidar antecipadamente com essas situações.]

TAREFA NA SESSÃO

Completar o Brief Situational Confidence Questionnaire breve da confiança situacional (Apêndice D)

Foco da discussão
- Dar a cada participante um BSCQ para completar durante a sessão e lhe dizer: "Este formulário avalia o quanto você está confiante atualmente de que pode resistir ao desejo de beber nocivamente ou usar drogas. Você completou este formulário na avaliação e queremos que o complete de novo. Na próxima semana vamos discutir e comparar suas respostas de hoje com as respostas que deu quando veio aqui pela primeira vez."

TAREFA DE CASA DO FORMULÁRIO DE AVALIAÇÃO DO OBJETIVO PARA A SESSÃO 4 (ABSTINÊNCIA: FOLHETO DO CLIENTE 3.4; ESCOLHA DO OBJETIVO: FOLHETO DO CLIENTE 3.5)

Foco da discussão
- Dar a cada membro o Folheto do Cliente 3.4 (participantes com um objetivo de abstinência) ou o Folheto do Cliente 3.5 (participantes com um objetivo de ingestão de álcool limitada de baixo risco) e lhes pedir para completar o formulário em casa e trazê-lo para a próxima sessão.

"Este é o mesmo formulário que completou e trouxe para a Sessão 1. Gostaríamos que você o completasse de novo e o trouxesse para a próxima sessão, quando vamos comparar suas respostas com aquelas que deu a primeira vez que veio aqui."

TAREFA DE CASA DO FORMULÁRIO PARA SOLICITAÇÃO DE SESSÕES ADICIONAIS (FOLHETO DO CLIENTE 4.10)

Foco da discussão
- Entregar aos membros o formulário para solicitação de sessões adicionais (Folheto do Cliente 4.10) e pedir que completem o formulário em casa e o tragam na próxima sessão.
- "Como mencionamos na avaliação, a próxima semana será nossa última sessão do grupo. Algumas pessoas vão achar que não precisam de nenhuma sessão adicional, pois já fizeram progresso suficiente, enquanto outras vão querer continuar em tratamento. As sessões adicionais ocorrerão como sessões individuais, em vez de em grupo. Neste formulário você pode indicar se quer sessões adicionais e, caso queira, quantas e o que gostaria de realizar. Se quiser mais sessões, podemos discutir sua solicitação individualmente após a sessão de grupo da próxima semana."

DISCUSSÃO GRUPAL

Fim da Sessão, encerramento e o que chamou a atenção
Fazer cada membro do grupo e os facilitadores comentarem sobre uma coisa que se destacou no grupo. "Falamos sobre muitas coisas no grupo hoje. O que chamou a atenção?"

Lembrar aos membros do grupo: 1) de comparecerem a todas as sessões do grupo, 2) de telefonarem se não puderem comparecer a uma sessão, 3) de continuarem a usar os registros de automonitoramento e de trazê-los, assim como os exercícios de tarefa de casa, para a próxima sessão e 4) de que um dos facilitadores vai telefonar para todos na véspera da próxima sessão de grupo para lembrá-los da sessão.

DISCUSSÃO PÓS-GRUPO

- A discussão pós-grupo em geral dura cerca de 5-10 minutos.
- Discutir o que aconteceu no grupo, tanto as coisas boas quanto as não tão boas.
- Os facilitadores devem fazer anotações sobre o que querem destacar na próxima sessão e sobre qualquer coisa importante no comportamento dos membros do grupo.
- Prepare para todos os participantes perfis personalizados comparativos do BSCQ (avaliação e Sessão 3) de situações de alto risco para o uso de álcool ou drogas (Folheto do Cliente 4.9).
- Prepare para todos os participantes um formulário de *feedback* personalizado comparativo (avaliação até a Sessão 3) do seu uso de álcool e drogas (álcool: Folheto do Cliente 4.3; drogas: Folheto do Cliente 4.4).

APOSTILA PARA O TERAPEUTA 5.4

Objetivos, procedimentos, folhetos do cliente, planejamento pré-grupo e exemplos de discussões grupais

Sessão de grupo 4

OBJETIVOS DA SESSÃO

- Examinar o progresso dos membros.
- Rever e revisar a motivação e os objetivos dos membros.
- Discutir o fim do tratamento e o telefonema posterior, ou marcar sessões adicionais.

PROCEDIMENTOS DA SESSÃO

- Introduzir a sessão.
- Examinar e discutir os registros de automonitoramento realizadas pelos membros em relação ao objetivo; copiar ou registrar dados.
- Discutir as oportunidades para testar as opções desde a última sessão e os resultados.
- Entregar aos membros suas comparações de *feedback* personalizado do uso de álcool (Folheto do Cliente 4.3) ou do uso de drogas (Folheto do Cliente 4.4) no decorrer do tratamento e discuti-las.
- Rever os objetivos e revisá-los, se necessário.
- Rever o exercício de balança decisória e revisá-lo, se necessário.
- Entregar aos participantes a comparação do BSCQ (Folheto do Cliente 4.9) das respostas na avaliação e na sessão 3 e discuti-las.
- Rever e revisar o entendimento dos membros do diagrama da montanha da mudança e assumir uma perspectiva de longo prazo realística sobre a mudança.
- Fazer os participantes completarem a escala "Onde você está agora" e compará-la com suas respostas da avaliação e da Sessão 2.
- Discutir o formulário para solicitação de sessões adicionais (Folheto do Cliente 4.10) completado pelos membros como tarefa de casa.
- Garantir que os membros sabem como entrar em contato com o programa caso necessitem de tratamento adicional. Além disso, mencionar que um dos líderes do grupo vai contatá-los daqui a um mês para checar como eles estão indo e se alguma outra coisa é necessária.
- Fim da sessão: perguntar o que chamou a atenção na sessão.

PLANEJAMENTO PRÉ-GRUPO

- Os facilitadores reveem o que aconteceu na última sessão do grupo.
- Os facilitadores decidem que tópicos de discussão (por exemplo, automonitoramento, tarefa de casa) cada um vai liderar nesta sessão.
- Entregar a cada participante uma cópia de seus perfis de *feedback* comparativo do BSCQ (avaliação e Sessão 3: Folheto do Cliente 4.9).
- Entregar a cada participante uma cópia de seus perfis de *feedback* comparativo (da avaliação até a sessão 3) para o uso de álcool (Folheto do Cliente 4.3) ou uso de drogas (Folheto do Cliente 4.4).
- Fazer os membros do grupo completarem novamente a escala "Onde você está agora?".

Extraído de *Terapia de grupo para transtornos por abuso de substâncias*, de Linda Carter Sobell e Mark B. Sobell. Artmed Editora, 2012. A permissão para fotocopiar este folheto é concedida aos compradores deste livro apenas para uso pessoal.

DISCUSSÃO GRUPAL

Examinar os registros de automonitoramento realizados por todos os membros para seu uso de álcool e drogas desde a Sessão 3 (álcool: Folheto do Cliente 3.2; drogas: Folheto do Cliente 3.3)

Foco da discussão

- A discussão pode começar com um facilitador do grupo dizendo: "Vamos examinar os registros de automonitoramento e observar o uso de álcool e drogas de todos na última semana". Prosseguir pedindo a um membro para iniciar a discussão: "[Inserir o nome do cliente], dê-nos um quadro geral de como foi o seu uso de álcool ou drogas nesta última semana".
- Nota para os facilitadores do grupo: A menos que seja relevante, evite detalhes específicos do uso de álcool ou drogas de um cliente (isto é, não faça os membros apresentarem uma descrição dia a dia, pois isto demanda muito tempo e em geral não é tão informativo).
- Se tiverem ocorrido mudanças importantes ou se um membro enfrentou uma situação difícil e não fez uso de substância, os facilitadores podem perguntar ao grupo como ele se sente com relação à mudança do membro.

DISCUSSÃO GRUPAL

Tópico: Discussão do *feedback* personalizado comparativo sobre mudanças no uso de álcool ou drogas durante o tratamento (uso de álcool: Folheto do Cliente 4.3; uso de drogas: Folheto do Cliente 4.4)

Foco da discussão: uso de álcool

- Entregar aos participantes cópias de seus folhetos de *feedback* do uso de álcool (Folheto do Cliente 4.3). Este formulário de *feedback* permite que os membros relatem as mudanças em seu uso de álcool.
- "Estes folhetos mostram seu uso de álcool quando vieram aqui pela primeira vez e no decorrer do tratamento. O primeiro gráfico compara a frequência em que cada um de vocês bebeu durante os 90 dias precedentes ao seu tratamento e a frequência em que beberam durante o período em que estiveram no programa até a última semana. O segundo gráfico compara a quantidade que vocês beberam por dia durante os 90 dias precedentes ao seu tratamento e durante o período em que estiveram no programa até a última semana. Observando estes dois gráficos, como cada um de vocês diria que mudou sua ingestão de álcool?"

Foco da discussão: uso de drogas

- Entregar aos membros cópias de seus folhetos de *feedback* de uso de drogas (Folheto do Cliente 4.4). Este formulário de *feedback* permite que os membros relatem as mudanças em seu uso de drogas.
- "Estes folhetos mostram seu uso de drogas quando vieram aqui pela primeira vez e no decorrer do tratamento. O gráfico compara a frequência em que cada um de vocês usou drogas durante os 90 dias precedentes ao seu tratamento e durante o período em que estiveram no programa até a última semana. Observando estes gráficos, como cada um de vocês diria que mudou seu uso de drogas?"

DISCUSSÃO GRUPAL

Tópico: Avaliações de objetivo comparativas (avaliação e Sessão 3; abstinência: Folheto do Cliente 3.4; escolha do objetivo: Folheto do Cliente 3.5)

Foco da discussão

- Este formulário de avaliação foi entregue como tarefa de casa na última sessão. A discussão vai se concentrar no uso de álcool ou drogas dos membros do grupo durante o tratamento e como ele se relaciona aos seus objetivos e a possíveis mudanças em seus objetivos.

- "Em primeiro lugar, vamos examinar seu novo objetivo e compará-lo com o seu objetivo quando veio aqui pela primeira vez. Que mudanças – se houve alguma – você realizou e o que conduziu a elas?"
- "Observando seus registros de automonitoramento, qual a consistência do seu uso recente de álcool e drogas com seu objetivo atual?". Para os membros cujo comportamento não é consistente com seus objetivos, pergunte ao grupo: "Quem tem algumas ideias sobre a razão de as coisas não terem funcionado para [inserir o nome do membro]?".
- "Como e por que mudaram suas avaliações de importância e confiança?"
- Se ocorreu mudança, pergunte: "Como vocês se sentiu com relação à mudança e como ela afetou o seu nível de confiança em comparação com quando você veio aqui pela primeira vez?".
- Os facilitadores podem fazer os outros participantes comentarem, perguntando: "Quem mais teve experiências similares?".
- Comentários de apoio por parte de outros participantes sobre os membros que mudaram podem ser estimulados perguntando: "Bill e Mary realizaram algumas mudanças importantes. Como os outros se sentem com relação ao que fizeram?".
- Finalmente, os líderes do grupo podem perguntar: "O que os membros têm de fazer para manter as mudanças que realizaram?".

DISCUSSÃO GRUPAL

Tópico: Revisão do exercício da balança decisória.

Foco da discussão

- Fazer os membros observarem seus exercícios da balança decisória da Sessão 1 e reverem o que escreveram. A discussão se relaciona a quaisquer adições ou mudanças nas respostas dos membros desde a Sessão 1.
- "Vamos examinar o exercício da balança decisória que realizou no início do tratamento. Há algumas coisas novas boas ou não tão boas que você não identificou anteriormente?"
- "Alguma das coisas originais boas ou não tão boas se mostraram diferentes do que você esperava? Por quê?" [Com frequência os membros vão relatar que as consequências negativas antecipadas da mudança afinal não ocorreram.]

DISCUSSÃO GRUPAL

Tópico: Discussão das mudanças no Brief Situational Confidence Questionnaire (BSCQ: Folheto do Cliente 4.9)

Foco da discussão

- Rever os perfis personalizados do BSCQ das situações de alto risco dos membros para o uso de álcool ou drogas realizados na avaliação e na Sessão 3.
- Dar aos participantes *feedback* comparando seu primeiro e segundo perfis do BSCQ. O uso de um estilo de aconselhamento motivacional permite aos membros do grupo relatarem as mudanças que experimentaram em sua confiança em resistir ao impulso de beber pesadamente ou usar drogas.
- "Que mudanças perceberam na situação que anteriormente identificaram como de alto risco?"
- "O que conduziu à sua mudança na confiança?"

DISCUSSÃO GRUPAL

Tópico: Discussão da implementação de opões para lidar com gatilhos de alto risco desde a última sessão

Foco da discussão

- "Quem pode nos falar sobre uma oportunidade em que teve de pôr para funcionar um de seus planos de ação e como isso se revelou?"

DISCUSSÃO GRUPAL

Tópico: Revisão da montanha da mudança e da prevenção da recaída

Foco da discussão

Rever o conceito de assumir uma perspectiva realística e de longo prazo sobre a mudança. Buscar declarações de que a mudança pode ser lenta e que se ocorrer um deslize, a pessoa pode aprender com ele, se levantar e continuar em frente.

- "Pensem na sessão 2, quando falamos sobre a montanha da mudança e sobre assumir uma perspectiva de longo prazo sobre a mudança. Tendo por base nossas discussões e sessões de grupo anteriores, o que significa para vocês agora assumir uma perspectiva realística sobre a mudança?"
- "Como vão fazer isso?"

DISCUSSÃO GRUPAL

Tópico: Rever as respostas da escala "Onde Você Está Agora?" durante o tratamento (Folheto do Cliente 3.6)

Foco da discussão

- Entregar aos participantes a escala "Onde você está agora?" completada na avaliação e na Sessão 2 e lhe pedir para responder as mesmas perguntas de novo na Sessão 4.
- "Quando vieram aqui pela primeira vez, e novamente na segunda sessão, pedimos a cada um que avaliasse o grau de gravidade em que avaliavam seu uso de álcool ou drogas em uma escala de 10 pontos. Como cada um de vocês avalia hoje seu uso de álcool ou droga nessa mesma escala, onde 1 = a preocupação mais séria e 10 = não é mais uma preocupação?"
- Fazer os membros tentarem se lembrar de que número caracterizava onde estavam nessa escala na entrevista de avaliação e que número colocaram na Sessão 2. Depois pergunte: "Como cada um de vocês foi de onde estavam quando entraram no tratamento para onde estão agora, e como se sentem sobre isto?".
- Observe e busque aspectos comuns, e encoraje os membros a elogiar os outros pela mudança.

SOLICITAÇÃO DE SESSÕES ADICIONAIS

"Antes de encerrarmos, na última semana lhes demos para preencher um formulário para solicitação de sessões adicionais e pedimos que o trouxesse. Depois da sessão do grupo vamos nos reunir individualmente com aqueles que estão solicitando sessões adicionais."

DISCUSSÃO GRUPAL

Fim da sessão, encerramento e o que chamou a atenção

Fazer cada membro do grupo e os facilitadores comentarem sobre uma coisa que se destacou no grupo. "Falamos sobre muitas coisas no grupo hoje. O que chamou a atenção?"

Lembrar aos membros do grupo: "Um de nós irá telefonar para um de vocês daqui a mais ou menos um mês para indagar sobre o seu progresso e para marcar sessões adicionais se necessário."

DISCUSSÃO PÓS-GRUPO

- A discussão pós-grupo dura por volta de 5-10 minutos.
- Discutir o que aconteceu no grupo como um todo, tanto as coisas boas quanto às coisas não tão boas, e que lições os facilitadores podem extrair de toda a experiência com o grupo.

FOLHETO DO CLIENTE 5.1

Introdução aos grupos

**A PESQUISA MOSTRA QUE A TERAPIA DE GRUPO
É TÃO EFICAZ QUANTO A TERAPIA INDIVIDUAL.**

Os grupos lhe dão uma oportunidade para
- Compartilhar suas experiências com outras pessoas.
- Aprender como os outros lidam com seus problemas.
- Receber apoio daqueles que têm problemas similares.
- Ajudar outras pessoas a lidar com seus problemas.

COMO SE BENEFICIAR DOS GRUPOS

Comparecer a todas as sessões: Comparecer a todas as sessões e chegar pontualmente. Se por alguma razão você não puder ir a uma sessão, telefonar antes e informar os facilitadores do grupo.

Realizar as leituras e as tarefas de casa: Vocês receberam leituras, exercícios de tarefa de casa e registros de automonitoramento para realizar em casa e trazer de volta aos grupos. Isto ajuda a usar de maneira mais eficiente o tempo nos grupos. As tarefas e as anotações de automonitoramento serão discutidas no grupo.

Participar: Para extrair o máximo dos grupos, os membros precisam participar de todas as sessões de grupo e se alternar para falar.

Autorrevelação: Use o grupo para ajudá-lo com seus próprios problemas compartilhando com os demais integrantes.

Trabalhar juntos: O grupo realiza mais quando os membros trabalham juntos, de uma maneira parecida com uma equipe esportiva.

REGRAS DO GRUPO

Confidencialidade: O que é discutido no grupo não é repetido fora.

Não socializar fora do grupo.

Evitar comportamentos inadequados.

Não usar álcool ou drogas: É importante não usar álcool ou drogas antes de vir para o grupo.

Desligar os telefones celulares durante as sessões do grupo.

Extraído de *Terapia de grupo para transtornos por abuso de substâncias*, de Linda Carter Sobell e Mark B. Sobell. Artmed Editora, 2012. A permissão para fotocopiar este folheto é concedida aos compradores deste livro apenas para uso pessoal.

PARTE III

Condição e manejo dos grupos

planejamento pré-grupo, coesão grupal e situações e clientes difíceis

# 6

Construção da coesão grupal
a música vem do grupo

> Há evidências extremamente convincentes de que a preparação pré-grupo acelera o curso da psicoterapia de grupo.
>
> YALOM e LESZCZ (2005, p. 294)

> Na psicoterapia de grupo, o relacionamento entre o líder e o membro do grupo parece menos importante do que as relações dos membros do grupo uns com os outros como um grupo.
>
> SCHOENHOLTZ-READ (1994, p. 157)

PREPARAÇÃO E PLANEJAMENTO DO GRUPO

O planejamento e a preparação pré-grupo são fundamentais para a retenção dos membros nos grupos e na contribuição para a satisfação dos participantes, coesão grupal e desfecho do grupo (Burlingame, Fuhriman e Johnson, 2001; MacKenzie, 1994; Rosenberg e Zimet, 1995; Satterfield, 1994; Yalom e Leszcz, 2005). A pesquisa tem mostrado que o planejamento pré-grupo apresenta muitos benefícios, incluindo a redução dos índices de abandono, o aumento da frequência, da autorrevelação por parte dos membros do grupo, da coesão grupal, a facilitação da participação precoce do grupo, a redução da apreensão geral com relação aos grupos e, mais importante, o aumento da motivação para a mudança (examinados em Piper, 1993; Rosenberg e Zimet, 1995; Satterfield, 1994; Yalom e Leszcz, 2005).

Vendendo o grupo

Como foi discutido no Capítulo 1, embora a pesquisa venha mostrando que os grupos em geral são tão eficazes quanto seus contrapartes da terapia individual, muitos clientes acham que não são tão eficazes quanto a terapia individual (Yalom e Leszcz, 2006). Como vários estudos (Budman et al., 1966; Hofmann e Suvak, 2006), incluindo aquele apresentado neste livro (L.C. Sobell et al., 2009) relataram que os clientes preferem esmagadoramente a terapia individual à de grupo, é importante vender os grupos para os clientes.

Quando possível, os facilitadores do grupo devem se reunir com os potenciais membros antes da primeira sessão de grupo para explicar seu funcionamento e para lidar com as preocupações sobre a participação nos grupos. As discussões com potenciais membros do grupo em geral incluem 1) como o grupo funciona; 2) o papel e as expectativas dos membros do grupo (por exemplo, aprender com seus pares, apoiar os outros membros, apresentar *feedback* construtivo); 3) as regras do grupo e 4) a importância da participação de todos os membros em cada grupo. Como pode ser esperado que a maioria dos clientes seja ambivalente com relação a participar de uma terapia de grupo, a apresentação de informações sobre os benefícios do grupo e expectativas dos membros deve ser feita de uma maneira que seja consistente com os princípios da entrevista motivacional (Miller e Rollnick, 2002). Os potenciais membros podem receber um folheto sobre os benefícios dos grupos (ver Folheto do Cliente 5.1 para uma amostra), incluindo informações práticas sobre a logística dos grupos, como estacionamento ou com quem entrar em contato se surgir um problema).

As regras do grupo destinam-se a moldar os comportamentos apropriados no grupo, promover normas positivas e reduzir as ansiedades dos clientes. As regras do grupo mais comumente defendidas e suas justificativas foram listadas na Tabela 5.3 (Bieling et al., 2006; MacKenzie, 1994; Yalom e Leszcz, 2005). Entre as mais importantes estão chegar no horário às sessões, manter a confidencialidade, não usar álcool ou drogas ilícitas antes da sessão, não falar sobre os membros do grupo que não estão presentes, participar regularmente, não socializar fora dos grupos, realizar as lições de casa e levá-las para o grupo e exibir comportamentos apropriados nas sessões (isto é, não gritar, não proferir impropérios, não usar o telefone celular durante as sessões, não conversar um com o outro).

Preparação anterior a cada sessão

O planejamento pré-grupo inclui tudo, desde se certificar de que a sala onde o grupo vai se reunir está pronta e tem o número certo de cadeiras (MacKenzie, 1994) até discutir as questões relacionadas a membros específicos. Em geral, a preparação e o planejamento pré-grupo devem requerer 15 a 20 minutos. Para facilitar a comunicação não verbal no grupo, tem sido recomendado que os coterapeutas se sentem em posições opostas um ao outro (Yalom e Leszcz, 2005). Antes do início da sessão, quando as cadeiras estiverem sendo arrumadas, os facilitadores podem colocar seus folhetos ou uma prancheta nas cadeiras onde eles se sentarão. Como está descrito na Tabela 6.1, antes de cada grupo os coterapeutas devem realizar várias tarefas (por exemplo, discutir os objetivos do grupo; determinar como as responsabilidades serão compartilhadas, como quem acompanhará o tempo despendido nas diferentes tarefas; discutir o progresso dos membros e questões especiais, como, por exemplo, de que maneira engajar melhor os membros silenciosos; tarefas de preparação, bem como ter as folhas de registro e as tarefas importantes de tarefa de casa). Finalmente, quando o grupo estiver pronto para começar, as cadeiras vazias devem ser retiradas do círculo.

Tabela 6.1 Tarefas dos coterapeutas antes de cada sessão de terapia de grupo

- Especificar os objetivos e as tarefas a serem realizadas e os tópicos a serem discutidos durante a sessão.
- Decidir quem vai iniciar e encerrar o grupo, assim como quem vai assumir a responsabilidade por iniciar as discussões relacionadas aos tópicos específicos da sessão e aos exercícios de tarefa de casa. Para os grupos abertos, é uma boa ideia pensar previamente sobre os tópicos de discussão geral para que haja alguma estrutura.
- Examinar as anotações da sessão anterior para identificar tópicos que devem ser seguidos e discutidos na próxima sessão do grupo. Também rever brevemente a participação de cada membro e o seu progresso no decorrer das sessões. Se os terapeutas usarem um livro de registro para realizar suas anotações pós-grupo, será mais fácil lembrar o que aconteceu na sessão anterior.
- Certificar-se de que os materiais necessários para a sessão estejam disponíveis (por exemplo, folhas de registro, formulários de confidencialidade, regras do grupo, folhetos).
- Dispor as cadeiras em círculo e ter apenas o número suficiente para os participantes previstos e os facilitadores do grupo.

Discussões pós-grupo

As discussões pós-grupo também são importantes (Dies, 1994; Yalom e Leszcz, 2005) e em geral duram de 10 a 15 minutos. Os tópicos que podem ser discutidos incluem como foi o desempenho do grupo e quaisquer preocupações ou problemas que surgiram das discussões do grupo. Se algo não aconteceu dentro do planejado (por exemplo, discussão do exercício planejado), os coterapeutas podem discutir por que e como lidar com ele da próxima vez. Baseado na discussão pós-grupo, pode ser desenvolvido um plano para a próxima sessão, incluindo identificação dos membros e dos tópicos a serem abordados (Heimberg e Becker, 2002). Se estiverem presentes terapeutas em treinamento, a discussão pós-grupo apresenta uma oportunidade para eles fazerem perguntas. Finalmente, as questões que precisam ser acompanhadas ou tratadas na próxima sessão devem ser escritas em um livro de registros do grupo para serem recordadas antes da próxima reunião.

O GRUPO: UMA SALA DE ESPELHOS VIVA E DE APRENDIZAGEM

A experiência de grupo é uma parte fundamental do processo de aprendizagem para os seus membros. Discutir os próprios sucessos ou dificuldades nos grupos permite que os outros membros aprendam com essas interações, ofereçam apoio e sugestões para a mudança. Neste sentido, os grupos podem ser considerados como uma *sala de espelhos viva e de aprendizagem*, na qual os membros têm a oportunidade de praticar comportamentos, ver como são percebidos pelos outros e obter *feedback*, tanto positivo quanto negativo dos outros membros do grupo (R.R. Dies, comunicação pessoal, 19 de fevereiro de 1996; Dies, 1992, 1994; MacKenzie, 1994). Os grupos proporcionam um contexto em que as experiências e situações da vida real podem ser simuladas em circunstâncias seguras com *feedback* de outras pessoas (por exemplo: "Bill, poderia dizer ao grupo como foi o encontro da semana passada que você e sua esposa tiveram com o orientador psicológico de seus filhos?"). Os membros do grupo, em contraste com os facilitadores, podem apresentar perspectivas diferentes sobre os comportamentos dos membros e oferecer apoio social e pressão dos pares para encorajar os membros a mudar. Os grupos também proporcionam uma oportunidade para aprender com os outros membros mediante a aprendizagem observacional ou indireta. Ao discutir os benefícios dos grupos, Satterfield disse: "As interações do grupo também proporcionam uma arena natural para testar hipóteses sociais, praticar habilidades recém-adquiridas e criar um 'espelho terapêutico' mostrando as consequências sociais objetivas das ações e crenças de um paciente" (1994, p. 186).

A MÚSICA VEM DO GRUPO: OS TERAPEUTAS COMO REGENTES DE ORQUESTRA

Como foi discutido na seção dos Agradecimentos, vários anos atrás participamos de dois *workshops* conduzidos pelo Dr. Robert Dies. Durante os treinamentos, ele discutiu dois importantes conceitos que consideramos fundamentais para se entender como administrar bem os grupos. O primeiro, *Pensar no grupo*, destinava-se a ajudar os terapeutas a se lembrarem de que o próprio grupo é um agente de mudança e a não realizarem terapia individual em ambientes de grupo (ver também a p. 68 em Dies, 1994). O segundo conceito – *A música vem do grupo* e *Terapeutas como regentes* – está relacionado ao papel do terapeuta no desenvolvimento das interações entre os membros do grupo. Na terapia de grupo, a tarefa dos facilitadores é fazer a música vir do grupo, o que envolve os membros aceitarem a responsabilidade pela mudança e os processos grupais que direcionam a mudança. Como vamos discutir subsequentemente, os conceitos *A música vem do grupo* e *Terapeutas como regentes* são diretos e visualmente comunicativos. Com o passar dos anos, descobrimos que estes dois conceitos simples e eloquentes são muito eficazes para comunicar aos estagiários como lidar e pensar sobre os processos grupais.

A maioria dos especialistas em terapia de grupo recomenda que se tenham dois facilitadores, ou coterapeutas. Os coterapeutas podem ser comparados a regentes de orquestra, com os membros do grupo sendo os instrumentos que compõem a orquestra. A tarefa do facilitador é fazer os membros do grupo trabalharem juntos, ajudando um ao outro a mudar. Aplicando a analogia de *A música vem do grupo*, uma orquestra só soa bem quando os instrumentos tocam juntos harmonicamente. Na terapia de grupo, para a música vir com sucesso do grupo, os membros devem realizar a maior parte da fala (isto é, tocar a música) e da interação para facilitar a mudança. Às vezes, o regente (isto é, o facilitador do grupo) vai querer ouvir toda a orquestra e vai convidar o grupo todo para responder (por exemplo: "Quem mais consegue se identificar com o que Bill disse?"). Outras vezes, o regente/facilitador vai querer ouvir uma seção particular da orquestra (por exemplo, os trombones) (por exemplo: "Bill, você pode ajudar Mary?") ou querer ouvir um instrumento diferente (por exemplo: "Bill, não ouvimos você hoje. Pode oferecer a Mary algumas sugestões para a maneira como pode lidar com a sua situação no trabalho?"). Em outras ocasiões, o regente/facilitador pode ouvir um instrumento/membro do grupo tocando mal e vai solicitar que outro instrumento/membro do grupo demonstre como tocar aquela parte (por exemplo: "Bill, essa é uma maneira de lidar com as coisas. Quem pode oferecer outra sugestão a Mary?"). Finalmente, em raras ocasiões, um regente/facilitador pode achar que o som da orquestra inteira não está bom. Quando isso acontece, o regente/facilitador pode baixar a batuta e solicitar um intervalo, dizendo:"Muita coisa está acontecendo no grupo neste momento, e não estou me sentindo confortável com o que estou ouvindo. Vamos dar uma parada e conversar sobre o que estar acontecendo". O objetivo final do regente da orquestra/facilitador do grupo é capacitar os membros da orquestra/grupo para atuar em conjunto (isto é, coesão) para produzir um som harmonioso.

COESÃO: UMA FORÇA POTENTE NA TERAPIA DE GRUPO

A coesão, um processo dinâmico que flutua no correr do tempo, tem sido associada a resultados positivos (Beal, Cohen, Burke e McLendon, 2003; Burlingame et al., 2001; Rose, 1990; Satterfield, 1994; Tschuschke, Hess e MacKenzie, 2002) e a vários atributos fundamentais do grupo (Burlingame et al., 2001; Satterfield, 1994; Stokes, 1983; Yalom e Leszcz, 2005). Tais atributos incluem: 1) produtividade, 2) participação dentro e fora do grupo, 3) autorrevelação, 4) assumir riscos,(5) frequência regular, 6) preparação pré-grupo, 7) *feedback* e 8) adesão aos exercícios de tarefa de casa. Segundo Yalom e Leszcz (2005), "a coesão grupal não é apenas por si mesma uma força terapêutica potente. É uma pré-condição para outros fatores terapêuticos funcionarem da maneira mais eficiente" (p. 55). Por essas razões, a coesão pode ser encarada como a cola que une o grupo e como uma condição *sine qua non* para uma terapia de grupo eficaz.

Construção da coesão grupal

Para desenvolver a coesão grupal, seus facilitadores precisam buscar e destacar as similaridades entre os membros baseados nas informações das avaliações (por exemplo, tipos de problemas que o cliente tem) e das interações durante as sessões de grupo (por exemplo, como os clientes têm tratado ou evitado os problemas). Os facilitadores podem usar pontos comuns entre os membros 1) para atrair mais membros do grupo para a discussão, 2) para demonstrar que outros têm tido experiências similares e 3) para estimular os membros a compartilharem como têm lidado com problemas similares. A boa preparação do grupo por parte dos facilitadores é importante para desenvolver a coesão grupal. Por exemplo, se dois ou mais membros passaram por um divórcio recente e o tópico aparece no grupo, um dos facilitadores pode dizer: "Se eu me lembro, Mary não é a única que passou por um divórcio. Quem pode compartilhar com Mary como lidou com isso?". Um facilitador pode também perguntar: "Quem mais teve experiências similares?" ou "Quem mais consegue se identificar com o que Mary está sentindo?". Embora alguns membros mencionem similaridades e diferenças com outros clientes, às vezes os facilitadores terão que estimular o grupo ("Quem pode oferecer algum conselho a Mary sobre como lidaram com os papéis do divórcio e ter de procurar um advogado?"). Embora os clientes contem histórias diferentes, há temas comuns que os terapeutas podem identificar e pedir aos outros para comentarem a respeito ("Talvez outros que lidaram com [inserir o tipo de problema] possam compartilhar com Mary como lidaram com a situação.").

A construção da coesão grupal se inicia na primeira sessão do grupo, quando os clientes começam falando sobre tópicos relativamente seguros (por exemplo, se apresentando, descrevendo suas expectativas em relação ao grupo). À medida que os clientes revelam seus pensamentos e sentimentos, é importante que os terapeutas estabeleçam um clima favorável fazendo comentários sobre as semelhanças e estimulando os clientes a se relacionarem uns com os outros e compartilharem suas experiências. Por exemplo, após a participação apropriada de um membro, o facilitador pode dizer: "Mary, é exatamente isso que estamos buscando. Queremos que cada um de vocês compartilhe suas experiências com o grupo". É também importante que os facilitadores garantam que todos os membros tenham uma oportunidade de participar. Como foi ilustrado no Capítulo 5, as discussões grupais podem ser usadas para garantir que todos os membros participem regularmente.

Coesão: a cola que une os grupos

Burlingame e colaboradores (2001, p. 373) definiram a coesão como "o relacionamento terapêutico na psicoterapia de grupo que emerge do agregado de relacionamentos membro-facilitador, membro-membro e membro-grupo."

Yalom e Leszcz (2005) consideram a coesão grupal um dos fatores terapêuticos mais importantes na terapia de grupo. Em seu livro *Group Dynamics*, Forsyth (2006) afirma que "um grupo coeso é um grupo unificado, porque os membros ficam literalmente 'colados'" (p. 136).

Na psicologia do esporte, a coesão grupal é também muito importante. Os psicólogos do esporte falam sobre a coesão como a integração dos membros de uma equipe (Moran, 2004). É interessante notar que o conceito tem sido usado para explicar o sucesso das equipes esportivas que não se esperava terem um bom desempenho. Dois exemplos-chave são a equipe masculina de hóquei dos Estados Unidos, "Miracle on Ice", que ganhou a medalha de ouro olímpica em 1980, e a equipe de beisebol Florida Marlins de 1997, uma equipe de jogadores muito jovens e inexperientes que começaram a ter um bom desempenho, acreditarem em si mesmos e um no outro, vindo a vencer a World Series.

O grupo é maior do que a soma de suas partes

A importância dos processos grupais está resumida na observação de que mais pode ser realizado por membros que trabalham juntos como um grupo do que como indivíduos (Forsyth, 2006; MacKenzie, 1994). Burlingame e colaboradores (2001) resumiram e discutiram seis princípios empiricamente apoiados relacionados aos relacionamentos terapêuticos nos grupos. Esses seis princípios são reproduzidos do artigo original na Tabela 6.2. O notável é que muitas de suas interações *membro-com-membro* e *facilitador-com-membro* discutidas por Burlingame e colaboradores são consistentes com as estratégias cognitivo-comportamentais e com a abordagem da entrevista motivacional usada no modelo de tratamento da AMG. Em retrospecto, os muitos paralelos entre a abordagem da AMG e os processos grupais podem explicar por que conseguimos integrar com sucesso as técnicas cognitivo-comportamentais e uma abordagem de entrevista motivacional em um formato de terapia de grupo. Nos dois próximos parágrafos, as palavras e frases comuns ao estudo de Burlingame e colaboradores e o modelo de tratamento da AMG estão em itálico.

Interações membro-com-membro

Tem sido mostrado que várias interações membro-com-membro aumentam a coesão grupal e contribuem para grupos bem-sucedidos (Burlingame et al., 2001): 1) apoiarem a mudança um do outro; 2) reagirem *empaticamente* (isto é, com um respeito genuíno); 3) darem *feedback* aos outros *de uma maneira não crítica* (minimizar a negatividade tem maior probabilidade de fazer os membros aceitarem o *feedback* e serem *menos resistentes à mudança*); 4) os membros *assumirem a responsabilidade por sua própria mudança* e 5) *realizarem as atividades comportamentais estruturadas* nos grupos (por exemplo, os exercícios de tarefa de casa e as anotações de automonitoramento estimulam os pontos comuns em termos do conhecimento e do *feedback* compartilhado sobre as maneiras de lidar com os problemas, todos os quais conduzem a maior coesão grupal).

Tabela 6.2 Princípios empiricamente embasados com referência ao relacionamento terapêutico no tratamento de grupo

Princípio 1: A preparação pré-grupo determina as expectativas do tratamento, define as regras do grupo e instrui os membros nos papéis e habilidades apropriadas necessárias para a efetiva participação no grupo e coesão grupal.

Princípio 2: Os facilitadores devem estabelecer clareza com relação aos processos do grupo nas sessões iniciais, pois considera-se que níveis mais elevados de estrutura conduzem a níveis mais elevados de revelação e coesão grupal.

Princípio 3: Os facilitadores do grupo, que exemplificam as observações em tempo real, guiam efetivamente o *feedback* interpessoal e mantêm um nível moderado de controle e afiliação podem impactar positivamente a coesão grupal.

Princípio 4: A escolha do momento certo e a apresentação de *feedback* devem ser considerações essenciais para os facilitadores do grupo, pois facilitam o processo de construção de relacionamento.

Princípio 5: A presença dos facilitadores do grupo não só afeta o relacionamento com os líderes individuais, mas também com todos os membros, pois eles experimentam de forma indireta a maneira dos líderes se relacionarem, e assim aprendem a importância de lidar com a sua própria presença emocional a serviço dos outros.

Princípio 6: Um objetivo fundamental dos facilitadores deve ser facilitar a expressão emocional dos membros, a reação dos outros a essa expressão e o significado compartilhado derivado dessa expressão.

Nota. Extraída de Burlingame, Fuhriman e Johnson (2001, p. 375). *Copyright* 2001 da Division of Psychoterapy (29) da American Psychological Association. Reprodução autorizada.

Interações facilitador-com-membro

Com respeito às interações facilitador-com-membro, estudos de seguimentos têm mostrado produzir resultados positivos nos grupos (Burlingame et al., 2001): 1) a *escuta reflexiva* demonstra que os facilitadores ouviram e entenderam os membros; 2) *empatia, tolerância* e *calor humano*; 3) *reforço efetivo do feedback interpessoal*; 4) comunicação no início do grupo que o desconforto e a apreensão por estarem nos grupos é normal (isto é *normalizar os comportamentos que os membros podem pensar que só eles estão experienciando*) e 5) *comunicação da importância de realizar as tarefas do grupo.*

Medidas da coesão grupal

A maioria dos que escrevem sobre psicoterapia de grupo tem enfatizado a importância de medir a coesão. Embora diferentes questionários de coesão do grupo tenham sido desenvolvidos (Kanas, Stewart, Deri, Ketter e Haney, 1989; MacKenzie, 1983; Treadwell, Lavertue, Kumar e Veeraraghavan, 2001; Tschuschke et al., 2002), a avaliação da coesão grupal não tem recebido a atenção que merece por parte da pesquisa. No estudo GRIN, usamos o Questionário de Coesão do Grupo – Versão Reduzida (Group Cohesion Questionnaire – Short Version; GCQ-S) porque ele era breve e fácil de pontuar (Kanas et al., 1989; MacKenzie, 1983; Tschuschke et al., 2002).

Os 12 itens do GCQ-S são avaliados em escalas Likert de 7 pontos. A medida produz três pontuações: 1) *Engajamento* (cinco itens, variação = 0-30), uma atmosfera positiva dentro do grupo, ou coesão; 2) *Conflito* (quatro itens, variação = 0-24), atrito interpessoal dentro do grupo e 3) *Evitação* (três itens, variação = 0-18), os membros não assumem responsabilidade pessoal pelo trabalho do grupo. Em termos da coesão grupal, as características de grupo desejáveis no GCQ-S incluiriam *alto engajamento, baixo nível de conflito* e *evitação relativamente baixa*.

No estudo GRIN, todos os clientes foram solicitados a completar o GCQ-S em sua última sessão (Sessão 4). Após apenas quatro sessões, o estudo GRIN encontrou que o tratamento de grupo da AMG resultou em altos sentimentos de coesão e engajamento do grupo, baixos níveis de conflito interpessoal e baixa evitação do trabalho em grupo (L.C. Sobell et al., 2009). Postulamos que vários fatores podem ter contribuído para a alta coesão: 1) como parte da preparação pré-grupo, todos os membros potenciais receberam uma introdução que descrevia o grupo, seus benefícios e as expectativas dos membros (Folheto do Cliente 5.1); 2) como os tratamentos breves precisam se concentrar em objetivos específicos, o desenvolvimento dos processos grupais pode ter sido facilitado porque os membros e os facilitadores sabiam que o grupo só se reuniria por quatro sessões; 3) os facilitadores do grupo foram instruídos a reforçar e apoiar a discussão dos pontos comuns e das interações apropriadas entre os membros e 4) os exercícios de tarefa de casa e as anotações semanais de automonitoramento do uso de substâncias que os clientes realizaram fora das sessões serviram para concentrar as discussões do grupo em temas comuns.

Resumo

Neste capítulo nos concentramos em três tópicos importantes: 1) planejamento e preparação pré-grupo, 2) *A Música Vem do Grupo* e 3) a construção da coesão grupal. O desenvolvimento da coesão grupal é essencial porque está associada a resultados positivos. Talvez nada capte melhor a importância da coesão grupal do que a frase *ela é a cola que une o grupo*. Como foi discutido em todo este capítulo, há várias maneiras pelas quais os facilitadores do grupo podem estimular o desenvolvimento da coesão: 1) planejar e preparar o pré-grupo, incluindo ajudar os membros potenciais a entender seus papéis e as expectativas do grupo antes de nele ingressarem; 2) garantir que todos os membros tenham uma oportunidade para contribuir nas discussões do grupo; 3) fazer com que os membros discutam os pontos comuns e comentem sobre experiências similares que têm tido; 4) promover a autorrevelação por parte dos membros e 5) encorajar os membros a reforçar as mudanças de comportamento dos outros membros.

7

Manejo dos grupos
questões estruturais

> A terapia de grupo é singular por ser a única terapia que oferece aos clientes a oportunidade de beneficiarem outras pessoas. Isso também encoraja a versatilidade do papel, requerendo que os clientes se desloquem entre os papéis de receptores de ajuda e provedores de ajuda.
>
> YALOM e LESZCZ (2005, p. 13)

Tanto este capítulo quanto o próximo dizem respeito ao manejo dos grupos, mas a partir de perspectivas diferentes. Aqui são tratadas muitas questões estruturais (por exemplo, composição, frequência, papel dos coterapeutas, interrupção do contato visual) que são fundamentais que os facilitadores entendam quando conduzem terapia de grupo. Em contraste, o Capítulo 8 trata das maneiras de lidar com clientes difíceis nos grupos.

Quando se compara a terapia de grupo com a individual, há vantagens e desvantagens, muitas das quais são de natureza estrutural (Morrison, 2001; Piper e Joyce, 1996; Satterfield, 1994; Stangier, Heidenreich, Peitz, Lauterbach e Clark, 2003; Yalom e Leszcz, 2005). As principais diferenças entre os dois formatos estão listadas na Tabela 7.1. Embora o manejo dos grupos seja mais complexo, exigente e desafiador do que a condução na terapia individual, a estrutura dos grupos tem várias vantagens importantes sobre aquela. Essas vantagens também permitem aos membros oportunidades (por exemplo, apoio social) não disponíveis na terapia individual.

FORMAÇÃO DOS GRUPOS

Grupos abertos

Os grupos abertos não têm um número fixo de sessões e, consequentemente, em geral não têm datas de início ou de encerramento. Se o espaço permitir, novos membros podem ingressar no grupo a qualquer momento. A qualquer dado momento, devido à natureza dos grupos abertos, alguns membros terão comparecido a muitas sessões, outros a apenas algumas e outros ainda serão novos no grupo. A mistura levanta várias questões: 1) sempre que um novo membro ingressa no grupo, as regras e expectativas grupais precisam ser revistas (uma maneira de lidar com isto é pedir que um membro sênior apresente os novos membros ao grupo e explique as regras do grupo); 2) a continuidade de sessão-para-sessão é mais difícil de ser mantida e 3) devido à constante rotatividade dos membros, os grupos abertos não são tão propícios às tarefas estruturadas quanto os grupos fechados.

Tabela 7.1 Vantagens e desvantagens da terapia de grupo *versus* a terapia individual

Vantagens
- Mais clientes podem ser tratados nos grupos, reduzindo assim os custos dos participantes e dos pagadores.
- Os grupos podem proporcionar apoio dos pares, o que não pode ser conseguido na terapia individual.
- Os membros do grupo podem proporcionar apoio emocional e reforço uns aos outros.
- Os grupos podem ajudar os membros a reconhecer que outras pessoas têm problemas similares.
- Os membros do grupo podem aprender uns com os outros (por exemplo, servir como modelos; oferecer sugestões para a mudança).

Desvantagens
- É mais difícil de manejar por trabalhar simultaneamente com muitos clientes, devido ao maior potencial de não participação de alguns membros e aos problemas potenciais de manejar o comportamento dos membros (por exemplo, monopolização, perturbações).
- Índices de abandono mais elevados no ingresso e durante o tratamento.
- Em geral, menos satisfação do cliente com os grupos.
- Treinamento e habilidades especiais necessárias aos terapeutas para lidar com a dinâmica e com as interações complexas do grupo.
- Questões de frequência: as sessões de grupo perdidas não podem ser reprogramadas; se muitos membros abandonam ou faltam aos grupos, pode se tornar difícil ou impossível conduzir o grupo.
- Os membros do grupo podem achar que sua confidencialidade e/ou privacidade está menos protegida.

Grupos fechados

Os grupos fechados se reúnem para um número preestabelecido de sessões com datas explícitas de início e fim. Após a primeira sessão, os grupos fechados em geral não adicionam novos membros. Como todos os membros começam simultaneamente, para maximizar os ganhos do tratamento, os grupos fechados com frequência usam atividades estruturadas (por exemplo, tarefas de casa) e tópicos específicos para diferentes sessões. Quando o número de sessões é pequeno, os facilitadores precisam desenvolver de início a coesão grupal (isto é, começando na primeira sessão). Uma questão séria com os grupos fechados é conseguir e manter uma massa crítica. Nós e outros descobrimos três coisas que podem ajudar a maximizar a frequência: 1) realizar um encontro pré-grupo em que os membros potenciais são informados sobre os benefícios do grupo e recebem um folheto descrevendo os benefícios e as regras do grupo (Folheto do Cliente 5.1) – isso pode ser feito em um grupo ou individualmente; 2) enfatizar a importância de comparecer a todas as sessões do grupo e de chegar no horário e 3) muito importante, como lembrete, dar um telefonema ou escrever um *e-mail* para os clientes na véspera de cada sessão de grupo.

Início e fim das sessões na hora marcada

É importante iniciar as sessões na hora marcada, mesmo que apenas alguns clientes estejam presentes, em vez de esperar que mais cheguem, porque agir de outro modo vai prejudicar a norma que os facilitadores estão tentando implementar (Bernard, 1994). Finalizar os grupos na hora marcada também é igualmente importante. Embora possa ocorrer uma crise próximo ao fim da sessão, elas são raras e em geral podem ser tratadas pelos facilitadores depois da sessão. Ocasionalmente, no entanto, os membros esperarão até o final da sessão para levantar um tópico. Por exemplo, para os clientes que esperam até os últimos minutos da sessão para levantar questões importantes, mas não relacionadas a crises (por exemplo, perder um emprego, tirar uma nota baixa em uma matéria), recomendamos que os facilitadores reajam dizendo algo como: "Mary, parece que a perda do seu emprego é uma questão importante. Queremos poder dedicar tempo suficiente para discutir isso no grupo, mas com apenas poucos minutos antes do encerramento da sessão será difícil. Você se importa se discutirmos isso no início da sessão na próxima semana?". A maioria dos clientes vai concordar com essa solicitação, e um dos líderes do grupo precisa fazer uma anotação para se lembrar de colocar a questão em discussão no início da sessão seguinte.

Problemas de comparecimento

Os problemas de comparecimento não são específicos dos grupos terapêuticos. É prática comum, por exemplo, para muitos profissionais (por exemplo, médicos, dentistas, cabeleireiros) telefonar aos clientes ou pacientes para lembrar-lhes de seus horários. Uma maneira de reduzir os problemas de comparecimento é discutir a importância do comparecimento aos grupos quando estiver recrutando os potenciais membros do grupo. Quando os clientes estão constantemente atrasados ou faltam às sessões, esse comportamento pode ser prejudicial e deve ser tratado. Entretanto, é melhor deixar que o grupo trate da questão (isto é, deixar que "A música venha do grupo") em vez de os facilitadores do grupo confrontarem os membros. Com clientes que chegam repetidamente atrasados ou invadam e prejudiquem o grupo, os terapeutas podem envolver o grupo no problema com um comentário como: "Esta é a terceira vez que Mary chega atrasada. Estou imaginando como o grupo pode ajudar Mary a chegar pontualmente na sessão". Nossa experiência tem sido de que os comentários dos membros do grupo têm maior probabilidade de afetar o comportamento do cliente do que os comentários dos terapeutas.

Não comparecimento às sessões do grupo

Quando os clientes não comparecem às sessões de terapia individual, é custoso aos profissionais (isto é, perda de tempo e de dinheiro). Entretanto, enquanto as sessões de terapia individual podem ser remarcadas, se um cliente falta a uma sessão de grupo, esse grupo vai continuar a se reunir, e não há como captar a essência das interações do grupo em uma sessão de recuperação. Por isso, telefonar para os clientes na véspera das sessões de grupo pode ajudar a reduzir o número de sessões perdidas e só requer alguns minutos. Com a permissão dos clientes, uma mensagem curta sobre o grupo pode ser deixada em uma secretária eletrônica ou em um telefone celular. No estudo GRIN, os terapeutas telefonavam para todos os clientes do grupo na véspera de suas sessões. Seria necessário um estudo separado para avaliar o relacionamento causal entre esses telefonemas e o comparecimento, mas é importante notar que os membros do grupo neste estudo faltaram a muito menos sessões ($n = 25$) do que os clientes na condição de tratamento individual ($n = 210$; L.C. Sobell et al., 2009).

Membros que saem de uma sessão de grupo em andamento

Embora não seja comum, eventualmente a maioria dos terapeutas de grupo vai encontrar um membro do grupo que abandona a sessão prematuramente, seja drasticamente ou de maneira discreta. Embora deixar a sessão de grupo durante seu andamento deva ter sido discutido como parte das regras do grupo (isto é, os membros não saem antes do final do grupo, a menos que haja uma emergência), isso não evitará sua ocorrência. Se um membro do grupo tenta se retirar ou sai da sessão, um dos co-terapeutas deve ir atrás da pessoa para descobrir por que ela saiu. Os membros do grupo podem sair por diferentes razões (por exemplo, para chamar a atenção; porque estão zangados sobre o que ocorreu no grupo). Por exemplo, um membro do grupo que saiu no meio de uma sessão nos disse que saiu porque a discussão lhe trouxe lembranças vivas de um assalto que ela havia sofrido anos antes. Seja qual for a razão, um dos coterapeutas precisa também sair do grupo e descobrir a razão de o membro ter se retirado, lidar com a situação e, se for apropriado, conseguir que o indivíduo retorne ao grupo. O terapeuta que permanece no grupo deve confiar que, se o membro do grupo retornar, o coterapeuta terá a situação sob controle. A razão de o membro ter decidido sair da sessão não precisa necessariamente ser discutida com o resto do grupo quando a pessoa retorna. Além de não forçar autoconhecimento constrangedor, há uma necessidade de manter e respeitar o fluxo do que esteve acontecendo dentro do grupo que continuou em atividade. Por isso, o que ocorreu (isto é, a saída do membro) não deve ser um tópico da discussão do grupo, a menos que os facilitadores achem que isso é importante para a coesão grupal.

ESTRUTURA DA SESSÃO: DURAÇÃO E TAMANHO

A maioria dos grupos ambulatoriais se reúne semanalmente, e sua duração via de regra varia de 90 a 120 minutos. Embora não haja consenso sobre o que constitui um tamanho de grupo ideal, as recomendações variam de seis a 12 clientes com dois terapeutas. Uma questão para todos os grupos é o tamanho, que pode variar de uma semana para outra, criando o que tem sido caracterizado como *banquete ou fome*. Se apenas alguns clientes (por exemplo, um a três) aparecem para o grupo, nossa sugestão é perguntar-lhes se querem manter a sessão. Se for decidido que um grupo significativo não pode ser conduzido, então no mínimo recomendamos que os facilitadores do grupo se reúnam com aqueles presentes durante 15-20 minutos para lhes permitir compartilhar como foi a sua semana desde a sessão anterior e lidar com quaisquer preocupações importantes.

O PAPEL DOS COTERAPEUTAS/FACILITADORES DO GRUPO

O consenso entre os especialistas em psicoterapia de grupo é que usar dois terapeutas, chamados de coterapeutas, facilita a condução de terapia de grupo (Dies, 1994; Yalom e Leszcz, 2005). Um terapeuta geralmente assume o papel ativo quando o outro cuida dos comportamentos não verbais dos membros do grupo e administra as atividades do grupo. Além disso, os coterapeutas podem trocar de papéis durante o grupo. Há várias vantagens em se usar coterapeutas: 1) é mais fácil administrar e lidar com os exercícios estruturados; 2) as tarefas podem ser compartilhadas – um terapeuta pode administrar as tarefas clínicas (por exemplo, lições de casa, formulários), enquanto o outro administra a distribuição do tempo para que todos os tópicos e exercícios da sessão sejam discutidos; e 3) se um terapeuta fica paralisado ou inseguro de como proceder, seu coterapeuta pode atuar para proporcionar orientação.

Durante todas as fases do grupo, a comunicação entre os coterapeutas é fundamental (Bieling et al., 2006; Yalom e Leszcz, 2005). Por exemplo, durante as discussões grupais, um dos coterapeutas pode monitorar o tempo despendido em um tópico, enquanto o outro fica responsável por fazer os membros participarem e compartilharem suas experiências um com o outro (ver o Capítulo 5 para exemplos específicos).

Embora seja raro os coterapeutas interferirem na fala um do outro ou seguirem um ao outro em uma discussão, ambos precisam se comunicar, verbal ou não verbalmente um com o outro durante as sessões (Bernard, 1994). Se houver alguma confusão sobre o que está acontecendo no grupo, é importante que os coterapeutas chequem os sinais um com o outro. Por exemplo, um coterapeuta pode dizer ao outro:"Doug, tudo bem se permanecermos um pouco mais no tópico de como lidar com as recaídas?" ou "Doug, me ajude. Estou confuso sobre a direção que o grupo está tomando com relação ao tópico do sofrimento". Finalmente, embora os terapeutas tenham estilos e orientações diferentes, às vezes podem ter ideias diferentes de como proceder. Ainda que isso possa ser esperado, o conflito aberto entre os coterapeutas deve ser evitado a todo custo. Se um terapeuta contradiz o outro diante dos membros do grupo, isso pode levar os membros a questionarem o valor do grupo e prejudicar a coesão grupal. Os coterapeutas podem discutir estas questões na discussão pós-grupo, quando os membros do grupo estão ausentes (examinado em Morrison, 2001).

Mudança de terapeutas em grupos abertos

Como os grupos abertos não têm datas para iniciar ou terminar, é concebível que um coterapeuta possa deixar o grupo, particularmente se um dos coterapeutas está em treinamento. Nesses casos, há uma necessidade de se ser sensível à transição dos dois terapeutas, o antigo e o novo. Uma razão importante para ser sensível à mudança dos terapeutas de grupo é que os clientes estão compartilhando informações íntimas com o grupo, incluindo os terapeutas. Nossa experiência tem mostrado que mudanças abruptas na liderança do grupo podem ser desconcertantes para os clientes, devendo ser evitadas sempre que possível. O ideal é que a transição seja gradual, e os membros do grupo devem ser informados antecipadamente sobre quando vai ocorrer a mudança nos coterapeutas. Nos grupos abertos que atualmente conduzimos, mudamos nossos estudantes de doutorado como coterapeutas a cada três meses. Os membros do grupo são informados previamente sobre essas mudanças e suas justificativas, e também sabem que um dos coterapeutas vai continuar, o que proporciona alguma estabilidade. Em termos da transição real, descobrimos que ela funciona bem quando conseguimos justapor o novo terapeuta com o antigo terapeuta durante algumas semanas. Por fim, durante a transição do antigo e do novo coterapeuta, é importante trabalhar suavemente com o novo, em especial se for um terapeuta em treinamento, no fluxo do grupo, fazendo com que ele progressivamente contribua mais a cada sessão.

SELEÇÃO DOS MEMBROS DO GRUPO: COMPOSIÇÃO E EQUILÍBRIO

Yalom e Leszcz (2005) declararam que o destino de um grupo está relacionado à seleção dos clientes. Selecionar os clientes que se ajustam a critérios comuns (por exemplo, clientes divorciados, vítimas de trauma, bebedores problemáticos) proporciona um maior potencial para o elo entre os membros e para o desenvolvimento da coesão. Além disso, o grau de homogeneidade entre os membros é um critério que está associado ao bom funcionamento do grupo e a resultados positivos. Na prática, a homogeneidade permite que os facilitadores usem similaridades inerentes entre os membros do grupo (por exemplo, transtorno de estresse pós-traumático (TEPT), abuso de substâncias, questões de relacionamento) para construir coesão, pedindo-lhes para discutir experiências compartilhadas. Buscando harmonia nos grupos, Dies (R.R. Dies, comunicação pessoal, 19 de fevereiro de 1996) sugeriu aplicar o princípio da Arca de Noé (tentar ter pelo menos dois membros que compartilhem uma característica importante). Tendo pelo menos dois membros que compartilhem uma característica em comum é de fundamental importância em algumas circunstâncias (por exemplo, ter mais do que uma mulher em um grupo de homens que abusam de substâncias).

OUTRAS IMPORTANTES QUESTÕES DO GRUPO

O silêncio é de ouro

Alguns terapeutas, especialmente novos terapeutas de grupo, têm dificuldade em relação ao silêncio (Dies, 1994). Neste aspecto, é importante reconhecer que o silêncio é um comportamento. Se ninguém está falando por um tempo estendido, algo está acontecendo e o facilitador pode dizer: "Está muito quieto aqui. Estou imaginando o que está acontecendo".

Interrupção do contato visual com os clientes

Na terapia de grupo, o objetivo é fazer os membros falarem principalmente para os outros integrantes do grupo e não para os seus facilitadores. Quando os membros são novos em um grupo, eles com frequência, quando estão falando, tentam manter contato visual com um dos facilitadores. Quando isso ocorre, o facilitador precisa interromper o contato visual com o cliente. Embora isso pareça estranho e pouco natural, nossa experiência tem sido de que quando um facilitador do grupo interrompe o contato visual, os clientes vão olhar para outro membro do grupo e finalmente se acostumar a falar para *todo* o grupo. Embora interromper o contato visual seja difícil, é útil para construir a coesão grupal.

Os clientes falam com seus corpos

As pessoas falam com seus corpos, assim como quando sorriem, fazem acenos com a cabeça, desviam o olhar ou cruzam os braços. Os sinais não verbais são especialmente importantes em grupos em que os membros possam estar reagindo às interações entre os membros. Embora a maioria dos sinais não verbais esteja relacionada à linguagem corporal (por exemplo, dar de ombros, sorrir, girar os olhos), às vezes eles serão mais óbvios (por exemplo, os membros do grupo movendo suas cadeiras para fora do círculo do grupo). Os facilitadores do grupo precisam estar constantemente vigilantes e reconhecer qualquer comportamento não verbal importante. Seguem-se alguns exemplos de como os facilitadores podem chamar a atenção do grupo para os comportamentos não verbais.

EXEMPLOS DE COMO LIDAR COM AS REAÇÕES NÃO VERBAIS

- "Quando Mary acabou de falar sobre seu divórcio recente, alguns de vocês fizeram acenos de cabeça." [Nota: Com frequência, quando os terapeutas exibem sua reação a isto, os membros do grupo vão reagir. Se houver um silêncio prolongado, o facilitador do grupo pode dizer:"O que queriam dizer esses acenos?"]
- "Várias pessoas do grupo estão sorrindo. O que significam esses sorrisos?"
- "Bill tem compartilhado alguns sentimentos difíceis conosco, e muitos de vocês têm baixado o olhar. Fico imaginando o que está acontecendo."

Clientes que não realizam sua tarefa de casa

Outra questão relacionada à manutenção do controle do grupo pelos facilitadores é a comunicação aos membros da importância de realizar sua tarefa de casa e de trazê-la a cada sessão do grupo. Como foi discutido no Capítulo 3, nós (L.C. Sobell et al. 2009) e outros autores (Dies, 1994; Garland e Scott, 2002; Kazantzis et al., 2005) descobrimos que os clientes vão realizar as tarefas de casa se entenderem sua justificativa e que as tarefas estão relacionadas aos problemas para os quais estão buscando tratamento. Os clientes podem ser lembrados de trazer sua tarefa de casa ao mesmo tempo em que o terapeuta lhes telefona para lembrá-los da reunião do grupo. Para os clientes que regularmente deixam de levar sua tarefa de casa à sessão, os terapeutas podem transferir a questão para o grupo, dizendo: "Bill parece estar tendo dificuldades para realizar suas atribuições de tarefa de casa. Que sugestões o grupo tem para lhe dar?".

Transição para um novo tópico

Como na terapia individual, haverá momentos em que uma discussão divaga, desvia do tema ou se alonga muito, e isso pode interferir na abordagem de outras questões. Uma maneira fácil de lidar com isso é dizer: "Parece que o grupo tem muitas coisas a dizer sobre esse tópico. Temos algumas coisas mais para trabalhar nesta sessão, então vamos trocar de tema e podemos voltar a este mais tarde."

Comparecer às sessões de grupo sob a influência de substâncias

Os clientes que chegam às sessões sob a influência de álcool ou de drogas ilícitas não apenas desafiam as regras do grupo, mas também estimulam a ocorrência de contratempos se lá permanecerem. Aqueles que chegam aos grupos sob a influência de substâncias devem ser lembrados que uma das regras do grupo discutidas previamente foi não usar álcool ou drogas no dia das sessões. Quando um cliente é solicitado a se retirar, é essencial que os terapeutas se assegurem de que ele não vá para casa dirigindo sob a influência de substâncias.

TÉRMINO DOS GRUPOS

A questão do término do tratamento é importante, quer envolva terapia individual ou de grupo. O término envolve duas considerações fundamentais: lidar com questões inacabadas e ajudar os membros a se planejarem para o que vão fazer depois do tratamento (Dies, 1992). Com os grupos de tempo limitado, o tópico do término deve ser tratado previamente no tratamento para que os clientes saibam quando o grupo vai terminar e possam planejar o que fazer se necessitarem de tratamento adicional (Heimberg e Becker, 2002; Yalom e Leszcz, 2005). Para muitos clientes, um tratamento breve será suficiente para lidar com suas necessidades e resultará em resultados positivos. Para os clientes que buscam serviços adicionais, as alternativas disponíveis podem ser discutidas com eles individualmente.

Telefonemas de acompanhamento

Como foi discutido no Capítulo 4, parte do modelo de tratamento da AMG inclui os terapeutas darem telefonemas de acompanhamento para os clientes um mês depois da última sessão de grupo ou individual. Esses telefonemas destinam-se a dar apoio à mudança e ao mesmo tempo proporcionar uma oportunidade para os clientes falarem sobre quaisquer dificuldades que tenham experienciado e solicitar tratamento adicional, caso necessário. No estudo GRIN (L.C. Sobell et al., 2009), no seguimento após um ano, 64% dos clientes que abusavam de substâncias disseram ter achado úteis os telefonemas de seguimento, enquanto 23% afirmaram que teriam gostado se houvesse mais telefonemas.

Resumo

Este capítulo discutiu várias questões estruturais envolvidas na condução de grupos terapêuticos. Essas questões variaram desde diferenças entre grupos abertos e fechados até a composição do grupo, como lidar com os membros que faltam às sessões, chegam rotineiramente atrasados ou se retiram durante uma sessão, além da interrupção do contato visual. Trabalhando juntos, os coterapeutas podem efetivamente administrar um grupo e ao mesmo tempo observar importantes aspectos do desenvolvimento do processo grupal (por exemplo, comportamentos não verbais). Foi discutida uma série de outras circunstâncias que podem dificultar a condução dos grupos terapêuticos, inclusive maneiras de lidar com essas situações. Finalmente, as principais vantagens e desvantagens da condução de grupos em comparação com a terapia individual estão listadas na Tabela 7.1.

8

Manejo de clientes difíceis nos grupos

> Um questionário enviado pela Associação Americana de Psicoterapia de Grupo para os terapeutas de grupo indagava sobre as questões fundamentais necessárias a serem dominadas por eles. Mais de 50% responderam: "Trabalhar com clientes difíceis".
>
> YALOM e LESZCZ (2005, p. 391)

> Os clientes de grupo trazem toda a extensão da sua psicopatologia para o tratamento; além disso, a dinâmica interpessoal, do subgrupo e do grupo como um todo, que é exibida no ambiente do tratamento de grupo, resulta em uma série de situações problemáticas no correr do tempo.
>
> BERNARD (1994, p. 156)

No decorrer dos anos, os especialistas em terapia de grupo têm comentado que os terapeutas podem esperar encontrar clientes desafiadores e situações difíceis quando conduzem grupos (Bernard, 1994; Bieling et al., 2006; Yalom, 1985). Na verdade, em seu livro, Bieling e colaboradores (2006) declararam que na sua experiência "é provável que cada grupo que um terapeuta conduz tenha pelo menos um cliente que apresente um desafio ao processo do grupo, aos outros membros do grupo e aos facilitadores do grupo" (p. 104). Nossa experiência tem sido similar a essa. Não é raro encontrar clientes difíceis e desafiadores nos grupos. Consequentemente, este capítulo trata das maneiras de administrar os clientes difíceis nos grupos. Para ajudar os leitores a imaginar e recordar os clientes e os comportamentos que estão sendo tratados, nos referimos aos tipos de clientes difíceis com os seguintes rótulos abreviados: *Sam Silencioso, Anna Atrasada, Tommie Terapeuta, Cathy Conversadora, Mike Monopolizador, Roberta Resistente* e *Ivan Intrometido*. Embora uma discussão dos clientes difíceis seja desenvolvida neste capítulo, a Tabela 8.1 contém diálogos com exemplos específicos para dar aos leitores uma referência rápida de maneiras de reagir a esses clientes nos grupos.

PENSAR NO GRUPO: INTERRUPÇÃO DOS CLIENTES EM PROL DO BEM MAIOR

As interrupções ocorrem frequentemente nas conversas cotidianas e, como se poderia esperar, também durante a terapia de grupo. Entretanto, as interrupções durante a terapia de grupo podem interferir no desenvolvimento da coesão grupal. Embora ocorram interrupções isoladas, quando os clientes repetidamente perturbam o grupo, os facilitadores precisam fazer o grupo lidar com os comportamentos perturbadores, mas de uma maneira construtiva.

O exemplo a seguir é de como os facilitadores de grupo podem lidar com os clientes Cathy Conversadora ou Mike Monopolizador que dominam a discussão do grupo. Nesses casos, tais clientes frequentemente não têm consciência do impacto do seu comportamento no grupo, e por isso os facilitadores precisam encontrar maneiras eficazes de interrompê-los.

Tabela 8.1 Sugestões para reagir aos clientes difíceis nos grupos

Sam Silencioso
Com esses clientes, o objetivo é encontrar uma maneira de fazer todos os membros, especialmente aqueles que são menos verbais, participarem de todas as sessões de grupo.
- "Mary, não a ouvimos falar esta noite."
- "Mary, percebi que você não falou muito esta noite. Como foi a sua semana?"
- "Bill acabou de compartilhar suas frustrações com o grupo. Mary, sei que você disse que se sente frustrada em situações semelhantes. Que conselho pode dar a Bill?" [Este exemplo visa diretamente a um cliente silencioso, solicitando-lhe que ofereça conselhos ou sugestões a outro cliente.]

Anna Atrasada
Embora a maioria dos clientes que chega atrasada aos grupos tenha consciência do seu comportamento, alguns não entendem o efeito que o seu comportamento tem sobre o grupo. Fazer o grupo reagir a esses clientes tem uma maior probabilidade de resultar em mudanças (por exemplo, chegar às sessões depois do horário) do que se os facilitadores do grupo lhe disserem que estão atrasados. As respostas que se seguem seriam usadas apenas com os clientes que estão repetidamente atrasados ou que faltam a várias sessões do grupo.
- "Esta é a terceira vez que Mary chega atrasada. Que sugestões o grupo pode dar para ajudá-la a chegar aqui no horário?"
- "Fico imaginando como os outros se sentem pelo fato de Mary ter chegado várias vezes atrasada às reuniões do grupo." [Embora esta reação seja mais direta do que a do primeiro exemplo, a discussão aberta de algumas questões pode aumentar a sensibilidade do grupo para o seu próprio comportamento, assim como ajudá-los a entender como o seu comportamento afeta todo o grupo.]

continua

Tabela 8.1 *continuação*

Tommie Terapeuta

Esses clientes podem estar frequentando um grupo há várias sessões, ou podem ter uma experiência prévia considerável com terapia. Às vezes, as interações desses clientes nos grupos serão paralelas àquelas de um terapeuta. Embora esse conselho possa às vezes ser útil aos membros do grupo, em outras ocasiões o conselho pode ser perturbador ou direto demais.
- "Bill, seus comentários têm sido úteis. Vamos ver como os outros encaram as preocupações de Mary."
- "Bill, essa é uma maneira de ver como Mary consegue lidar com a situação. Que opções adicionais os outros podem oferecer a Mary?"

Cathy Conversadora e Mike Monopolizador

Esses clientes dominam as discussões de grupo. Os facilitadores do grupo precisam encontrar maneiras eficazes para interromper tais clientes, pois com frequência eles não têm consciência do impacto do seu comportamento sobre o grupo. Uma estratégia que os facilitadores do grupo podem usar quando uma cliente tipo Cathy Conversadora está falando é direcionar as perguntas para o grupo como um todo. Por exemplo:
- "Bill, parece que muitas coisas aconteceram com você esta semana. Fico imaginando o que aconteceu com outros membros do grupo." (O facilitador do grupo então se dirige a outro membro.) "Mary, como foi sua semana?"
- "Mary, você parece ter passado por muita coisa nesta última semana. Vamos dar uma olhada no que aconteceu com você durante mais alguns minutos, e depois vamos ver como os outros passaram esta semana."

Ivan Intrometido

O comportamento desses clientes nos grupos é perturbador, pois frequentemente interrompem as discussões contínuas dos grupos.
- "Parece que hoje estamos tendo uma discussão ativa sobre [inserir o tópico], mas vários membros estão falando ao mesmo tempo. Fico imaginando como isto está afetando o grupo e o que o grupo acha que devemos fazer."
- "Sei que todos temos coisas importantes a dizer, mas precisamos respeitar um ao outro e deixar que os outros acabem o que estão dizendo antes de a próxima pessoa falar."

Roberta Resistente

Os clientes que acham que são obrigados ou coagidos a frequentar os grupos (por exemplo, por um cônjuge, oficial de condicional, empregador) com frequência não estão felizes e, consequentemente, participam o menos possível, se é que participam.
- "Bill, como muitas pessoas, parece que você está irritado por seu oficial de condicional lhe dizer que tem de vir para o tratamento. Que sugestões o grupo tem para Bill?"
- "Mary, parece que você acha que não teve escolha ao vir para o grupo e está zangada. Quem mais, que tenha experiências semelhantes, pode compartilhar com Mary como lidou com essas situações?"

ASSUMINDO O CONTROLE DO GRUPO

- "Mary, você parece ter feito muita coisa nesta última semana. Vamos examinar o que está dizendo por mais alguns minutos e depois vamos ver como foi a semana dos outros."
- Depois de alguns minutos, o facilitador do grupo pode atrair outros membros para a discussão, dizendo: "Mary, evidentemente muita coisa aconteceu com você na semana passada. Vamos ver o que aconteceu com os outros." [Nota: Depois desse comentário, o facilitador pode direcionar a discussão do grupo dirigindo-se a outro membro.] "Bill, como foi a sua semana?"

Com o passar dos anos, percebemos que os facilitadores que podem hesitar em interromper os clientes porque se preocupam com o que os outros membros do grupo vão pensar. Na maioria dos casos, os facilitadores precisam confiar em seus próprios sentimentos como um termômetro do que está acontecendo no grupo. Na maioria das vezes, se os facilitadores do grupo não se sentem à vontade com um membro constantemente interrompendo ou falando ao mesmo tempo que demais membros do grupo, estes vão se sentir do mesmo modo. Além disso, é improvável que esta seja uma ocorrência isolada (isto é, tais clientes há algum tempo apresentam comportamentos similares). Com Ivans Intrometidos, os facilitadores do grupo precisam interrompê-los, agradecer-lhes por compartilhar sua experiência e depois atrair outros membros para a discussão. Uma maneira de atrair outros membros é quando um Ivan Intrometido ou uma Cathy Conversadora está falando, dirigir a pergunta ao grupo como um todo. Nessas ocasiões, é importante que os facilitadores do grupo se lembrem de *Pensar no grupo*. Se os facilitadores deixam um membro prosseguir indefinidamente, o resto da orquestra não consegue tocar bem. Entretanto, os facilitadores também devem se lembrar de lidar com os clientes perturbadores de uma maneira que não crie raiva ou conflito dentro do grupo.

Em outras ocasiões, uma discussão do grupo pode resultar em vários membros falarem ao mesmo tempo, e o som resultante não é música para os ouvidos de ninguém. Nesses casos, os facilitadores do grupo podem achar necessário solicitar um intervalo. Neste aspecto, o facilitador do grupo reconhece que há alguma confusão e interrompe o grupo para descobrir o que está acontecendo, voltando depois à discussão.

PENSAR NO GRUPO: TRAZENDO ORDEM AO CAOS

- "Parece que estamos tendo uma discussão ativa sobre [inserir o tópico] hoje. Muita gente está falando ao mesmo tempo. Fico imaginando como as interrupções estão afetando o grupo e o que o grupo acha que devemos fazer."
- Se vários membros estiverem falando ao mesmo tempo, o facilitador pode dizer: "Sei que todos temos coisas importantes a dizer, mas precisamos respeitar um ao outro e deixar que os outros terminem antes de a próxima pessoa falar."

EQUILÍBRIO DAS VOZES NO GRUPO

Um objetivo importante para os facilitadores quando conduzem grupos é fazer com que todos os clientes participem regularmente. Com os clientes Sam Silencioso é importante que os facilitadores do grupo façam esforços ativos e constantes para que eles se envolvam no grupo. Esses esforços são importantes para desenvolver a coesão grupal. Para tanto, os facilitadores do grupo precisam orquestrar as oportunidades para estimular os membros do grupo relutantes ou tímidos a participar. Por exemplo, o facilitador do grupo pode dizer: "Mary, não a ouvimos falar hoje" ou "Mary, você está quieta esta noite. Como foi sua semana?"

Uma boa maneira de conseguir que os clientes calados participem é os facilitadores reconhecerem os pontos comuns e conduzirem a discussão nessa direção: "Bill acabou de compartilhar suas frustrações com o grupo. Mary, sei que você nos disse que se sentiu frustrada em situações similares. Que conselho você pode dar a Bill?". Nem todos os membros do grupo têm de falar extensamente sobre todos os tópicos, mas é desejável haver um equilíbrio das vozes no grupo.

O manejo do tempo é uma questão que torna muito importante o equilíbrio das vozes, particularmente para grupos de tempo limitado (Heimberg e Becker, 2002; MacKenzie, 1996). Um bom exemplo é lidar com os clientes conhecidos como *contadores de histórias*. Esses membros, se mantidos sem controle, podem sabotar um grupo com longas histórias que não levam a lugar nenhum. Nos grupos de tempo limitado, os facilitadores precisam estar vigilantes ao cuidar dos processos grupais, e quando o grupo se desvia do assunto, um dos facilitadores precisa trazer o grupo de volta ao tópico.

Às vezes a questão do equilíbrio das vozes envolve os papéis que os clientes assumem, mais do que a quantidade de tempo que falam, como acontece com os clientes Tommie Terapeuta, os quais podem estar frequentando um grupo há várias sessões, ou podem ter uma considerável experiência prévia com terapia. Seja qual for a razão, às vezes eles tentam assumir o papel do terapeuta. Ocasionalmente, isto pode ser muito útil. Por exemplo, em um grupo aberto, um membro sênior do grupo pode explicar as regras do grupo aos membros novos e ajudar a facilitar sua transição para o grupo. Esses clientes, no entanto, podem também ser inconvenientes se começarem a dar conselhos livremente ou apresentar sua opinião como se fossem terapeutas treinados. Nesses casos, um facilitador pode dizer: "Bill, essa é uma maneira de ver como Mary consegue lidar com a situação. Que opções adicionais os outros podem pensar para Mary?".

Outra questão se relaciona aos membros do grupo que acham que são obrigados ou coagidos a frequentar grupos (por exemplo, por um cônjuge, oficial da condicional, empregador). Os clientes Roberta Resistente em geral não são felizes e, consequentemente, participam o mínimo possível, se é que participam, nos grupos. Como os clientes que chegam atrasados, aqueles que são obrigados a vir para o grupo são mais bem conduzidos pelos facilitadores usando o grupo como o agente da mudança. Com esses clientes, o facilitador pode pedir ao grupo para comentar sobre o comportamento de um membro. Por exemplo, o facilitador pode dizer: "Bill, como acontece com muitas pessoas, parece que está irritado pelo fato de seu oficial da condicional lhe dizer que você tem de vir para o tratamento. Que sugestões o grupo tem para Bill?". Nessas situações, outros membros podem compartilhar como enfrentaram circunstâncias em que tiveram pouca escolha. Essas respostas podem ser também diretamente encorajadas pelo facilitador dizendo: "Mary, parece que você se sente como se não tivesse escolha em vir para o grupo e está zangada. Quem mais com experiências similares pode compartilhar com Mary como lidou com essas situações?". Como se discute no Capítulo 6, fazer "A música vir do grupo" em geral será mais eficaz do que os facilitadores do grupo isolarem ou fazerem aulas expositivas para um membro.

MANEJO DO CONFLITO E SOLICITAÇÃO DE INTERVALOS

Yalom e Leszcz (2005) afirmam que: "Em certo grau, algumas tensões estão sempre presentes em todo grupo terapêutico" (p. 169). Na verdade, a maioria dos especialistas em psicoterapia de grupo reconhece que algum grau de conflito nos grupos é normal e inevitável. Isso não é de modo algum surpreendente quando nos lembramos de que os grupos consistem em muitos clientes com personalidades diferentes. Entretanto, quando surgem conflitos, os coterapeutas devem reconhecê-los e lidar com eles para uma resolução bem-sucedida. Muitos clientes, particularmente em um ambiente de grupo, vão se sentir desconfortáveis com o conflito ou a raiva expressada em um grupo. Nessas ocasiões, um dos facilitadores precisa tratar o desconforto com o grupo como um todo. Por exemplo, o facilitador pode dizer: "Há muitas coisas acontecendo agora, algumas das quais parecem um pouquinho desconfortáveis. Vamos falar um pouco sobre o que isto significa". Alternadamente, os facilitadores do grupo podem pedir a clientes específicos para comentar: "Bill e Mary, muitas coisas estão acontecendo no grupo esta noite, e vocês dois parecem estar se sentindo um pouco desconfortáveis. O que acham que está acontecendo?". Às vezes, quando um facilitador de grupo interrompe a discussão do grupo para refletir sobre o que está acontecendo, isso pode produzir um ganho secundário, permitindo que os membros do grupo que estão perturbados se acalmem.

Os terapeutas devem usar seus sentimentos como um termômetro

Os facilitadores de grupo precisam usar seus próprios sentimentos como um termômetro do que está acontecendo afetivamente no grupo (Dies, 1994). Por exemplo, se os facilitadores do grupo estão reagindo às interações membro-com-membro, é provável que demais membros estejam tendo sentimentos similares. Embora se possa esperar algum conflito nos grupos, a melhor maneira de lidar com o conflito no grupo é os facilitadores o devolverem ao grupo. No entanto, há ocasiões em que lidar com o conflito pode não ser imediatamente produtivo, e então os intervalos podem ser úteis.

Os intervalos são geralmente solicitados em relação a reações emocionais muito fortes que o grupo apresentou ao que um membro disse. Nesses casos o facilitador solicita um intervalo, dizendo: "OK, vamos fazer um intervalo. Parece que está acontecendo muita coisa neste momento no grupo. Vamos todos recuar um minuto e processar o que acabou de acontecer". Em raras ocasiões, os facilitadores podem ter de conseguir a atenção do grupo convocando um intervalo similar àquele de um treinador de basquete, fazendo suas mãos formarem um "T". Durante o intervalo, os facilitadores precisam concentrar a discussão na reação afetiva do grupo à situação, em vez de no tópico que está sendo discutido. Por exemplo, suponhamos que o tópico fosse violência doméstica, e um membro tenha afirmado que seu parceiro merecia ser espancado. Isto pode facilmente escalar para outros membros que reagem forte e negativamente ao que o primeiro membro falou. Do mesmo modo, pode haver situações nas quais os membros estão tão perturbados que a coisa mais prudente é fazê-los se acalmarem. Nesses casos, um facilitador de grupo pode dizer: "Neste momento as coisas parecem muito emocionais. Acho que pode ser melhor para nós voltar a examinar este tópico na próxima semana, quando todos tivermos tido algum tempo para refletir sobre o que aconteceu no grupo hoje".

Em suma, quando se convoca um intervalo ou reage a uma interrupção, é importante se concentrar no afeto que os membros estão experimentando, e não na questão abordada. Em relação a isso, o facilitador pode dizer: "Às vezes questões difíceis são levantadas nos grupos. Entretanto, podemos aprender a partir de diferentes perspectivas e lidando com as questões difíceis de uma maneira ponderada e calma, como temos feito aqui". Tal abordagem também permite que o membro ou membros inconvenientes observem as maneiras apropriadas de discutir tópicos sensíveis.

AUTORREVELAÇÃO

Autorrevelação por parte dos clientes

Embora possa haver desacordo sobre o que revelar, especialistas em psicoterapia de grupo, como Yalom e Leszcz (2005) e Dies (1992), concordam que "a autorrevelação é absolutamente essencial no processo terapêutico de grupo" (Yalom e Leszcz, 2005, p. 130, destaque no original). Entretanto, se um cliente revela constrangimento ou informações sensíveis e o grupo não oferece apoio ou ninguém reage, isso pode afetar se os membros irão se autorrevelar no futuro ou mesmo se retornarão à próxima sessão do grupo. Os membros podem não reagir porque não sabem o que dizer ou porque se sentem muito desconfortáveis sobre o que foi revelado. Em qualquer dos casos, os facilitadores do grupo precisam refletir o que aconteceu e reforçar a autorrevelação. Por exemplo: "Mary acabou de nos falar sobre uma situação muito pessoal na sua vida, e ninguém disse nada". Quando os facilitadores dizem algo nesta linha, isso dá às pessoas do grupo permissão para comentar. Outra maneira em que os facilitadores de grupo podem tentar conseguir que os membros reajam se um dos membros se autorrevela e ninguém reage é dizer: "Fico imaginando como podemos oferecer apoio a Mary com relação ao que ela acabou de nos contar". Em termos de reforço à autorrevelação de um cliente no grupo, um dos facilitadores do grupo pode dizer: "Observo que Mary deu um grande passo revelando algumas coisas muito pessoais sobre ela mesma. Isso deve ter sido difícil. Como os outros do grupo se sentem a respeito do que Mary acabou de dizer?". Finalmente, o grupo pode também ser estimulado a usar a autorrevelação como um ponto de partida para o compartilhamento: "Bill assumiu um grande risco compartilhando o que aconteceu com ele na semana passada. Quem mais pode se relacionar ao que aconteceu com Bill?".

Autorrevelação inadequada do cliente

Outra questão a ser considerada diz respeito aos membros que levantam tópicos (por exemplo, abuso) que não são considerados apropriados para a discussão do grupo. Frequentemente essas questões estão relacionadas apenas a um cliente e não são adequadas para o grupo, a menos que todo o grupo esteja lidando com questões similares (por exemplo, um grupo de TEPT). Além disso, quando tópicos inadequados são revelados no grupo, eles podem afetar negativamente a coesão grupal. Por exemplo, quando sobreviventes de trauma revelam detalhes de seu incidente traumático, isso pode conduzir a preocupações sobre como os outros membros do grupo os percebem e à sua descompensação. Além disso, se os membros do grupo reagem com pouca ou nenhuma empatia ou se parecem críticos, isso pode aumentar a responsabilização ou culpa que esses clientes (isto é, sobreviventes do trauma) podem estar experimentando.

A introdução de tópicos inadequados em geral é fácil de reconhecer (por exemplo, outros membros vão baixar os olhos e/ou há um total silêncio). Quando os facilitadores do grupo reconhecem que um tópico não é apropriado para o resto do grupo, eles podem dizer: "Mary, embora pareça que essa é uma questão importante para você, com frequência essas preocupações são tratadas melhor em terapia individual. Deixe-me tratá-la com você depois do grupo". Há, é claro, vários tipos de questões que podem ser inadequadas para os grupos, Mais frequentemente, essas questões não estão relacionadas ao que trouxe os membros do grupo para o tratamento (por exemplo, as próximas eleições políticas; opiniões políticas; discussão sobre como uma pessoa se sente a respeito de *gays* e lésbicas em um grupo para deixar de fumar). No fim, as decisões sobre a adequação dos tópicos ficam a critério dos facilitadores do grupo.

Autorrevelação por parte dos terapeutas

Na terapia de grupo, a expressão *autorrevelação por parte dos terapeutas* tem um significado diferente da maneira como ela seria usada na terapia individual (Dies, 1994). Na terapia individual, a autorrevelação em geral se refere aos terapeutas revelarem informações sobre si próprios (por exemplo: "Eu me divorciei duas vezes" ou "Eu também já fumei maconha uma vez"). Em contraste, as autorrevelações por parte dos coterapeutas em um grupo são em geral expressões dos sentimentos aqui e agora sobre o que está acontecendo no grupo. Por exemplo, um facilitador de grupo pode dizer: "Estou me sentindo desconfortável com o que acabou de acontecer. Quem mais está se sentindo assim?". É claro que as autorrevelações por parte dos facilitadores de grupo podem envolver a revelação de informações pessoais para o grupo. Entretanto, nesses casos a revelação deve ter uma intenção específica ou uma justificativa terapêutica, como aconteceria na terapia individual.

A autorrevelação do terapeuta de sentimentos sobre o grupo pode proporcionar uma boa maneira de lidar com dilemas em torno de tópicos e questões difíceis, especialmente quando os facilitadores estão tendo dificuldade para aferir a reação do grupo. Seguem-se alguns exemplos de como isto pode ser realizado.

EXEMPLOS DE AUTORREVELAÇÕES DO TERAPEUTA RELACIONADAS AOS SEUS SENTIMENTOS SOBRE O GRUPO

- "Parece que há alguma tensão na sala depois do que acabou de acontecer. Fico imaginando como os outros estão se sentindo."
- "Tenho a sensação de que todos gostariam de falar mais sobre a situação, mas muitos de vocês parecem estar um pouco ansiosos sobre falar a respeito de [inserir o tópico sensível]."
- "O que o grupo acha que está acontecendo?"
- "Mary, não conseguimos imaginar o que isso deve ter sido para você. Você pode compartilhar conosco como está se sentindo neste exato momento com o grupo?"
- "Parece que todos estão se sentindo um pouco ansiosos."

PERSONALIZAÇÃO DOS PROBLEMAS UTILIZANDO O AFETO

Outra maneira fundamental de encorajar os membros a se tornarem mais envolvidos no grupo é personalizar os problemas e fazer os membros discutirem seus sentimentos (Dies, 1994). Seguem-se alguns exemplos de como os terapeutas podem encorajar essa discussão, enquanto se concentram no afeto.

EXEMPLOS DE COMO FAZER OS MEMBROS PERSONALIZAREM OS PROBLEMAS USANDO O AFETO

- "Mary, como seria se sentir nessa situação?"
- "Bill, parece que isso tem sido difícil para você. Quem mais tem tido experiências similares?"
- "Como os outros se sentiram quando coisas similares aconteceram com eles?"
- "Como você se sentiria se isso acontecesse com você?"
- "Como isso está relacionado ao porquê de você estar aqui?"

Resumo

Em vários capítulos de todo este livro, incluindo o presente, discutimos as habilidades que os terapeutas necessitam para conduzir e manejar efetivamente os grupos. Essas habilidades incluem 1) construir a coesão buscando os pontos comuns entre os membros; 2) usar a escuta reflexiva; 3) assegurar-se de que todos os membros do grupo participem regularmente; 4) administrar muitos clientes de uma vez; 5) administrar a resistência e lidar com o conflito; 6) transformar situações difíceis em oportunidades de aprendizagem para os membros do grupo e 7) mais importante, deixar "a música vir do grupo".

9

O caminho à frente

> A economia decorrente da transição para a modalidade de tratamento mais custo-efetiva pode liberar recursos que podem ser reinvestidos para melhorar o acesso a tratamento para abuso de substância para um número maior de indivíduos com necessidade desse tratamento.
>
> MOJTABAI e ZIVIN (2003, p. 233)

> O conhecimento da psicopatologia individual e das intervenções clínicas é necessário, mas não suficiente, para se tornar um hábil terapeuta de grupo.
>
> MARKUS e KING (2003, p. 203)

Os custos do cuidado com a saúde e com a saúde mental aumentaram significativamente na última década (Cummings, O'Donohue e Ferguson, 2002; Orszag, 2008). Os custos crescentes colocam maior pressão sobre os provedores de saúde e saúde mental, companhias de seguro, formuladores de políticas e políticos para monitorar e proporcionar informações sobre a eficácia e a eficiência dos serviços proporcionados. Parte essencial dessa análise é uma preocupação aumentada com a contabilidade.

Para todas as áreas de saúde e saúde mental, as principais questões do planejamento dizem respeito à contenção de custos e a como alocar os recursos limitados. A relação custo-benefício é a intersecção da eficácia e da eficiência. A partir desta perspectiva, os tratamentos baseados em evidências são o ponto de partida, mas não o ponto final, das considerações de contenção de custos. Por exemplo, pode-se esperar que a relação custo-benefício desempenhe um papel importante no custeio das decisões quando se comparam dois ou mais tratamentos igualmente eficazes. Na prática, isto significa que, no caso de tratamentos mais caros ou com utilização intensiva de recursos a serem selecionados, eles devem produzir resultados muito melhores do que os tratamentos menos dispendiosos para justificar os custos adicionais. Isso sugere que a terapia de grupo será cada vez mais o tratamento de escolha, exceto quando há evidência de resultados superiores com o tratamento individual. Atualmente, há carência de demonstrações dessa superioridade.

PONDO EM PRÁTICA TRATAMENTOS EFETIVOS EM TERMOS DE CUSTO-BENEFÍCIO

Há evidências consideráveis de que os tratamentos breves devem, na maioria dos casos, ser o primeiro tratamento de escolha para aqueles com TASs. Estudos avaliando diferentes formatos e durações de tratamento têm favorecido tratamentos e serviços mais breves e menor utilização intensiva de recursos, quer tenha sido comparado o tratamento ambulatorial com o hospitalar, a desintoxicação ambulatorial com a hospitalar, ou os tratamentos breves com alguns minutos de aconselhamento médico (Feldman, Pattison, Sobell, Graham e Sobell, 1975; Fleming et al., 1997; French, 2000; Heather, 1989; Holder, Longabaugh, Miller e Rubonis, 1991; Longabaugh et al., 1983). Além disso, embora os tratamentos intensivos para os TASs não tenham se mostrado nem um pouco mais eficazes do que os menos intensivos, eles são mais caros (Mojtabai e Zivin, 2003). Neste aspecto, embora alguns indivíduos em tratamentos breves não melhorem e possam necessitar de serviços adicionais, tais preocupações podem ser tratadas usando-se um modelo de tratamento de cuidado escalonado similar àquele utilizado no campo médico (Davidson, 2000; M.B. Sobell e Sobell, 2000).

Modelo de tratamento de cuidado escalonado

Como está mostrado na Figura 9.1, quando se usa um modelo de cuidado escalonado, a primeira intervenção é baseada em evidências, em geral as menos intensivas e invasivas, e tem um atrativo para o consumidor e uma chance razoável de sucesso. Se o primeiro produzir resultados satisfatórios, visitas de monitoramento e acompanhamento podem ser tudo o que é necessário. Se a intervenção não produz resultados positivos, o tratamento pode ser "escalonado", estendendo-se o mesmo tratamento (isto é, mais sessões) ou implementando uma intervenção diferente e talvez mais intensiva (por exemplo, a farmacoterapia para fumantes no tratamento comportamental que não é atualmente efetiva). Usando um modelo de cuidado escalonado, as decisões sobre o tratamento adicional se baseiam na resposta de uma pessoa aos tratamentos anteriores. Desta maneira, somente aqueles que necessitam de serviços mais intensivos recebem os tratamentos mais caros.

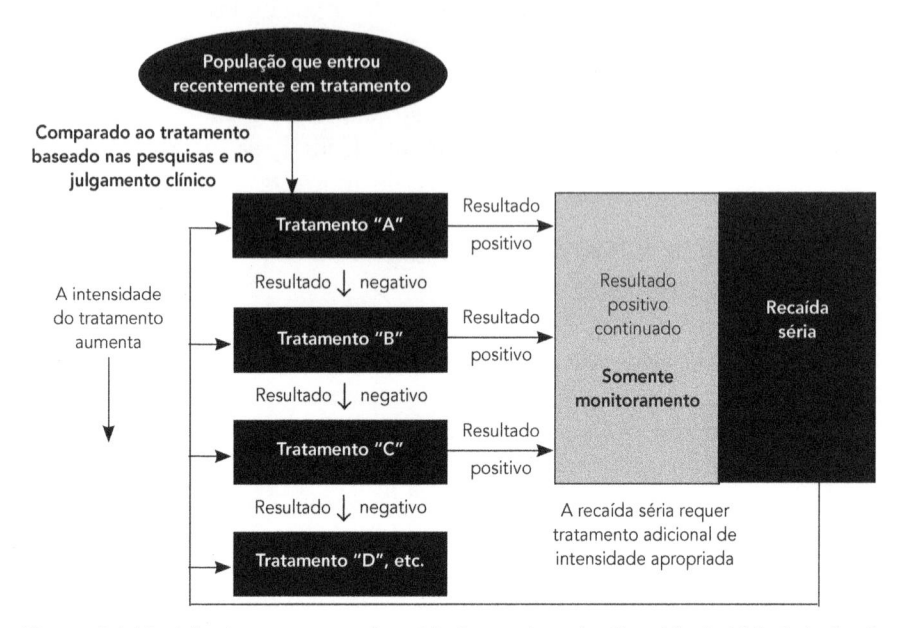

Figura 9.1 Modelo de tratamento de cuidado escalonado. Extraída de M.B. Sobell e Sobell (1993b, p. 150). *Copyright* 1993 da Sage Publications, Inc. Adaptação autorizada.

O campo de abuso de substâncias, embora lentamente, tem se movido na direção de tratamentos menos intensivos. Por exemplo, no início da década de 1980, a maioria dos programas de tratamento para álcool e drogas era hospitalar ou residencial, mas hoje tais programas são a minoria (Substance Abuse and Mental Health Administration, 2003; Swift e Miller, 1997). Como a contenção de custos continua, é possível esperar que os serviços sejam baseados em evidências e com uma boa relação custo-benefício. Nesse sentido, a terapia de grupo de tempo limitado descrita neste livro é baseada em evidências, consistente com um modelo escalonado de prestação de serviço, e seria um bom primeiro tratamento de escolha para muitos indivíduos com TASs.

OS GRUPOS TÊM BOA RELAÇÃO CUSTO-BENEFÍCIO?

Como foi discutido no Capítulo 1, o número de estudos que têm avaliado a relação custo-benefício (isto é, apresentado dados de custo e tempo) da terapia de grupo é limitado. Entretanto, como pode ser visto no exemplo a seguir, é fácil fazer uma avaliação à primeira vista de que a terapia de grupo tem uma vantagem sobre a terapia individual em termos da relação custo-benefício.

RELAÇÃO CUSTO-BENEFÍCIO DA TERAPIA DE GRUPO *VERSUS* A TERAPIA INDIVIDUAL

Exemplo: Oito clientes vistos em seis sessões semanais
- **Terapia individual:** sessão de 1 hora conduzida por um terapeuta
- **Terapia de grupo:** sessões de 2 horas conduzidas por dois terapeutas
- **Tempo do terapeuta para as sessões individuais: 48 horas** [oito clientes diferentes x seis sessões cada (1 hora por semana) x um terapeuta]
- **Tempo do terapeuta para sessões de grupo: 24 horas** [seis sessões de grupo (com oito clientes por grupo) x 2 horas por sessão de grupo x dois terapeutas]

O exemplo precedente resulta em uma economia de 50% do tempo para a terapia de grupo *versus* a individual. Além disso, a vantagem de eficiência para todos os grupos é maior com mais clientes por grupo. Considere o exemplo precedente com 10 em vez de oito clientes. O tempo do terapeuta individual seria de 60 horas, enquanto o tempo do terapeuta de grupo para 10 clientes (isto é, seis sessões x 2 horas por sessão de grupo x dois terapeutas) ainda seria de 24 horas, o que é uma economia de 60% no tempo do terapeuta. Na verdade, no estudo controlado randomizado do tratamento de grupo *versus* o individual para a AMG já descrito neste livro, uma análise similar encontrou que a terapia de grupo produziu uma economia de 41,4% no tempo do terapeuta (L.C. Sobell et al., 2009). Além disso, se um membro perde uma sessão, ainda assim a sessão de grupo acontece. Entretanto, quando os clientes deixam de comparecer às sessões individuais, os terapeutas não podem usar esse tempo para atender outros clientes. Por isso, mesmo na ausência de estudos para avaliação da relação custo-benefício, há uma vantagem importante para a terapia de grupo. Como a contenção de custos continua a ser uma prioridade na provisão de serviços de saúde, é provável que os grupos sejam favorecidos em relação à terapia individual, a menos que haja uma justificativa específica para a terapia individual.

ONDE É O TREINAMENTO?

No decorrer dos anos, quando os especialistas no campo da terapia de grupo têm comentado sobre os desafios e as complexidades da condução de grupos (Dies, 1980; Fuhriman e Burlingame, 2001; Markus e King, 2003; Piper e Joyce, 1996; Scheidlinger, 1995), eles também têm reconhecido a necessidade de um treinamento adequado (Fuhriman e Burlingame, 2001; Markus e King, 2003; Thorn, 2004). Em um levantamento de treinamento em terapia de grupo realizado por programas credenciados em psiquiatria, psicologia e serviço de assistência social, várias deficiências importantes foram identificadas (Fuhriman e Burlingame, 2001). Para as três disciplinas houve uma lacuna importante entre as tendências que ocorrem no campo da terapia de grupo e o que foi ensinado em seus programas de graduação. Por exemplo, embora 83% dos psicólogos pesquisados conduzam psicoterapia de grupo, apenas 21% tiveram que cumprir a exigência de fazer um curso ou prática de terapia de grupo como parte do seu treinamento.

Se, como previsto, a prevalência da terapia de grupo continuar a aumentar durante os próximos anos, uma prioridade importante será garantir que haja terapeutas competentemente treinados para conduzir os grupos. Devido aos desafios e às complexidades da condução de terapia de grupo, o treinamento necessita incluir mais do que seminários didáticos (Markus e King, 2003). Em vez disso, deve haver um foco importante na terapia de grupo como uma parte do treinamento profissional, análogo à maneira como o treinamento é proporcionado para a terapia individual.

TERAPIA DE GRUPO: A ONDA DO FUTURO

Durante duas décadas, Norcross e colaboradores estiveram conduzindo estudos de revisão baseados em evidências usando um painel de especialistas para prever as tendências na psicoterapia. Na pesquisa mais recente (Norcross, Hedges e Prochaska, 2002), os especialistas constataram que quatro formatos de terapia iriam aumentar, dois dos quais são a terapia de grupo e a terapia breve. Caso se fosse especular sobre a razão desses dois formatos terem sido incluídos, seria provável relacioná-los à sua vantagem econômica sobre os formatos de terapia de longo prazo que foram consideradas estar em declínio. Isso também pode refletir um crescente reconhecimento de que a mudança com frequência ocorre no início do tratamento.

A terapia de grupo no sistema de atenção à saúde do futuro

Conforme foi discutido no Capítulo 1, a literatura proporciona evidências de igual eficácia e menores custos para a terapia de grupo comparada à terapia individual. Isto é consistente com o resultado do estudo GRIN. Os resultados similares para a terapia individual e a de grupo dificultará aos profissionais ignorar os grupos como uma modalidade efetiva e eficaz na relação custo-benefício no futuro.

Baseados no que apresentamos neste livro, os comentários que se seguem são oferecidos com respeito à terapia de grupo e o seu lugar no nosso sistema futuro de atenção à saúde.

- As pressões para conter os crescentes custos da atenção à saúde vão continuar a aumentar, com uma ênfase em proporcionar serviços menos dispendiosos, baseados em evidências, incluindo a terapia de grupo.

- Embora a contenção de custos na atenção à saúde seja necessária, ela não deve pôr em risco a qualidade do cuidado.
- A terapia de grupo é complexa e desafiadora, e os terapeutas de grupo necessitam ser adequadamente treinados.
- A maior parte dos programas de treinamento da graduação precisa mudar seus currículos para garantir que os profissionais sejam competentemente treinados para proporcionar terapia de grupo.
- Mais pesquisa é necessária sobre como tornar os grupos mais aceitáveis para os clientes.
- Os serviços de tratamento devem ser consistentemente proporcionados com um modelo de tratamento de cuidado escalonado para maximizar a eficiência sem sacrificar o cuidado individualizado.

Resumo

Neste capítulo final, sugerimos que a terapia de grupo de tempo limitado é uma intervenção eficaz em termos de custo-benefício em um modelo de tratamento de cuidado escalonado. Em todo este livro defendemos a tese, assim como têm feito outros especialistas em terapia de grupo, de que a condução de terapia de grupo é complexa e desafiadora. Para este fim, no entanto, o treinamento adequado na condução e no manejo efetivos da dinâmica das interações interpessoais nos grupos está carente em muitos níveis. Não obstante, como a pressão pela contenção de custos na atenção a saúde continua a aumentar, a terapia de grupo de tempo limitado será encarada como eficaz em termos de custo-benefício em geral e uma abordagem particularmente adequada para ajudar os indivíduos cujos problemas de saúde e saúde mental não são graves. Em resumo, como a popularidade da terapia de grupo aumentou na última década, um desafio importante será garantir que haja profissionais competentemente treinados para conduzir esses grupos.

APÊNDICES*

---

* N de R.T.: A utilização de escalas, questionários e outros instrumentos de medida necessitam de validação dentro dos padrões criteriosos e reconhecidos cientificamente com adaptação cultural para serem usados no Brasil. As escalas listadas neste apêndice foram apenas traduzidas, com exceção do AUDIT.
A adequação cultural de um questionário, a fim de ser utilizado em um país diferente, para o qual foi criado, requer uma metodologia específica com vistas a obter uma medida válida em outro país. Não basta realizar um trabalho de tradução, uma vez que o instrumento necessita ser adaptado culturalmente para que mantenha sua validade e confiabilidade em um novo idioma e população.

A
Questionário AUDIT

Circule o número que ficar mais próximo à resposta dada:

1. Com que frequência o(a) Sr.(a) toma bebidas de álcool?

0	1	2	3	4
nunca	Uma vez por mês ou menos	duas a quatro vezes por mês	duas a três vezes por semana	quatro ou mais vezes por semana

2. Nas ocasiões em que bebe, quantas doses, copos ou garrafas o(a) Sr.(a) costuma tomar?

0	1	2	3	4
1 ou 2 doses	3 ou 4 doses	5 ou 6	7 a 9	10 ou mais doses

3. Com que frequência o(a) Sr.(a) toma "seis ou mais doses" em uma ocasião?

0	1	2	3	4
nunca	menos de uma vez por mês	uma vez por mês	uma vez por semana	todos os dias ou quase todos

4. Com que frequência, durante o último ano, o(a) Sr.(a) achou que não seria capaz de controlar a quantidade de bebida depois de começar?

0	1	2	3	4
nunca	menos de uma vez por mês	uma vez por mês	uma vez por semana	todos os dias ou quase todos

5. Com que frequência, durante o último ano, o(a) Sr.(a) não conseguiu cumprir com algum compromisso por causa da bebida?

0	1	2	3	4
nunca	menos de uma vez por mês	uma vez por mês	uma vez por semana	todos os dias ou quase todos

6. Com que frequência, durante o último ano, depois de ter bebido muito, o(a) Sr.(a) precisou beber pela manhã para se sentir melhor?

0	1	2	3	4
nunca	menos de uma vez por mês	uma vez por mês	uma vez por semana	todos os dias ou quase todos

7. Com que frequência, durante o último ano, o(a) Sr.(a) sentiu culpa ou remorso depois de beber?

0	1	2	3	4
nunca	menos de uma vez por mês	uma vez por mês	uma vez por semana	todos os dias ou quase todos

8. Com que frequência, durante o último ano, o(a) Sr.(a) não conseguiu se lembrar do que aconteceu na noite anterior por causa da bebida?

0	1	2	3	4
nunca	menos de uma vez por mês	uma vez por mês	uma vez por semana	todos os dias ou quase todos

9. Alguma vez na vida o(a) Sr.(a) ou alguma outra pessoa já se machucou, se prejudicou por causa de o(a) Sr.(a) ter bebido?

0	2	4
não	sim, mas não no último ano	sim, durante o último ano

10. Alguma vez na vida, algum parente, amigo, médico ou outro profissional da saúde já se preocupou com o(a) Sr.(a) por causa de bebida ou lhe disse para parar de beber?

0	2	4
não	sim, mas não no último ano	sim, durante o último ano

- Nas questões 1 e 3, caso não seja compreendido, substitua "com que frequência" por "quantas vezes por ano, mês ou semana"; nas de 4 a 8, substitua por "de quanto em quanto tempo".
- Nas questões de 4 a 8, caso não seja compreendido, substitua "durante o último ano" por "desde o mês de _____ (corrente) do ano passado".
- Na questão 3, substitua "seis ou mais doses" pela quantidade equivalente da(s) babida(s) no(s) recipiente(s) em que é(são) consumida(a), por ex.; "três garrafas de cerveja ou mais".

Preencha as questões 2 e 3, transformando as quantidades em doses, baseado no quadro a seguir:

- **Cerveja:** 1 copo (de chope - 350 ml), 1 lata - 1 dose ou 1 garrafa - 2 doses.
- **Vinho:** 1 copo comum grande (250 ml) - 2 doses ou 1 garrafa - 8 doses.
- **Cachaça, vodca, uísque ou conhaque:** 1 martelinho (60 ml) - 2 doses; 1 martelo (100 ml) - 3 doses ou 1 garrafa - mais de 20 doses
- **Uísque, rum, licor, etc.:** 1 "dose de dosador" (45-50 ml) - 1 dose

1 dose padrão é igual a

1 lata/garrafa de cerveja de 350 ml

Uma taça de 150 ml de vinho comum

45 ml de bebida destilada (p. ex., rum, vodca, uísque)

1 coquetel com 45 ml de bebida destilada

Estas perguntas se referem ao seu uso de álcool. Por favor, faça um círculo em torno da resposta certa no seu caso.

1. Com que frequência você bebe uma dose contendo álcool?

0	1	2	3	4
nunca	mensalmente ou menos	2 a 4 vezes/mês	2 a 3 vezes/semana	4 ou mais vezes/semana

2. Quantas doses contendo álcool você bebe em um dia típico quando está bebendo?

0	0	1	2	3	4
nenhum	1 ou 2	3 ou 4	5 ou 6	7 a 9	10 ou mais

3. Com que frequência você bebe seis ou mais doses em uma ocasião?

0	1	2	3	4
nunca	menos que mensalmente	mensalmente	semanalmente	diariamente ou quase diariamente

4. Com que frequência, durante o último ano, você percebeu que não conseguia parar de beber uma vez que houvesse começado?

0	1	2	3	4
nunca	menos que mensalmente	mensalmente	semanalmente	diariamente ou quase diariamente

5. Com que frequência, durante o último ano, você deixou de fazer o que normalmente se espera que faça por causa da bebida?

0	1	2	3	4
nunca	menos que mensalmente	mensalmente	semanalmente	diariamente ou quase diariamente

6. Com que frequência, durante o último ano, você precisou tomar uma primeira dose pela manhã para iniciar o dia após beber pesadamente na véspera?

0	1	2	3	4
nunca	menos que mensalmente	mensalmente	semanalmente	diariamente ou quase diariamente

7. Com que frequência, durante o último ano, você teve um sentimento de culpa ou remorso depois de beber?

0	1	2	3	4
nunca	menos que mensalmente	mensalmente	semanalmente	diariamente ou quase diariamente

8. Com que frequência, durante o último ano, você foi incapaz de se lembrar do que aconteceu na noite anterior porque bebeu demais?

0	1	2	3	4
nunca	menos que mensalmente	mensalmente	semanalmente	diariamente ou quase diariamente

9. Você ou outra pessoa foi ferido como consequência de você ter bebido?

0	2	4
não	sim, mas não no último ano	sim, durante o último ano

10. Você tem um parente, amigo, médico ou outro profissional da área de saúde que tem se preocupado com a sua bebida ou sugeriu que você parasse de beber?

0	2	4
não	sim, mas não no último ano	sim, durante o último ano

Pontuação no AUDIT: _____

Extraído de Saunders, J.B. Aasland, O.G., Babor, T.F., De La Fuente, J.R. & Grant, M. (1993). Development of the Alcohol Use Disorders Identification Test (AUDIT): WHO collaborative project on early detection of persons with harmful alcohol consumption – II. Addiction, 88, 791-804. Copyright de Wiley-Blackwell, mas tem sua reprodução autorizada.

PONTUAÇÃO-CHAVE DO AUDIT

- O Alcohol Use Disorders Identification Test (AUDIT) foi desenvolvido pela Organização Mundial da Saúde para avaliar o uso de álcool de uma pessoa e a extensão em que a bebida é um problema.
- O AUDIT contém 10 perguntas. A maioria delas se relaciona aos últimos 12 meses, enquanto algumas se referem ao uso durante a vida.
- As questões são pontuadas de 0 a 4. As pontuações podem variar de 0 a 40.
- As pontuações mais altas em geral refletem problemas mais sérios.
- Se a pontuação de uma pessoa é 8 ou mais, é sugestiva de problemas com álcool.
- O AUDIT está disponível em várias línguas e pode ser usado livremente, pois é de domínio público.

PONTUAÇÕES RELACIONADAS À GRAVIDADE DO USO DO ÁLCOOL

Pontuação	Gravidade do problema do álcool
0	Nenhum
1-7	Baixo
8-16	Moderado
17-25	Alto
26-40	Muito alto

B

Drug Abuse Screening Test (DAST-10)

As perguntas a seguir dizem respeito a informações sobre o seu potencial envolvimento com drogas, excluindo-se o álcool e o tabaco, durante os últimos 12 meses. Leia atentamente cada pergunta e decida se sua resposta é "Não" ou "Sim". Depois, coloque-a no espaço apropriado ao lado da pergunta.

Quando as palavras "abuso de drogas" são usadas, elas significam o uso de drogas prescritas ou vendidas sem prescrição médica além das recomendações e qualquer uso não médico das drogas. As várias classes de drogas podem incluir *cannabis* (p. ex., maconha, haxixe), solventes, tranquilizantes (p. ex., Valium), barbitúricos, cocaína, estimulantes (p. ex., anfetamina), alucinógenos (p. ex., LSD) ou narcóticos (p. ex., heroína). Lembre-se de que as perguntas não incluem álcool ou tabaco.

Por favor, responda a todas as perguntas. Se você tiver dificuldade com uma delas, escolha a resposta que mais se aproxima da verdade.

Estas perguntas se referem aos 12 últimos meses: Não   Sim

1. Você usou outras drogas além daquelas indicadas por razões médicas?   ____   ____
2. Você abusa de mais de uma droga ao mesmo tempo?   ____   ____
3. Você é sempre capaz de parar de usar drogas quando quer?   ____   ____
4. Você tem *blackouts* ou *flashbacks* como resultado do uso de drogas?   ____   ____
5. Você já se sentiu mal ou culpado devido ao seu uso de drogas?   ____   ____
6. Seu cônjuge (ou pais) sempre reclamam do seu envolvimento com drogas?   ____   ____
7. Você já negligenciou a sua família por causa do seu uso de drogas?   ____   ____
8. Você se envolveu em atividades ilegais para obter drogas?   ____   ____

9. Você já experimentou sintomas de abstinência (sentiu-se doente) quando parou de usar drogas? _____ _____

10. Você já teve problemas médicos como resultado do seu uso de drogas (por exemplo, perda de memória, hepatite, convulsões, hemorragia, etc.)? _____ _____

Extraído de Skinner, H.A. (1982). The Drug Abuse Screening Test. *Addictive Behaviors*, 7, 363-371. O DAST-10 é de domínio publico e pode ser livremente copiado.

PONTUAÇÃO-CHAVE DO DAST-10

PONTUAÇÃO: Para cada resposta "**Sim**" às perguntas 1-2 e 4-10 marque 1 ponto, e para a pergunta 3 marque 1 ponto para uma resposta "**Não**".

Pontuação	Grau do problema relacionado ao abuso de drogas
0	Nenhum problema relatado
1-2	Baixo nível de problema
3-5	Nível de problema moderado
6-8	Nível de problema substancial
9-10	Nível de problema grave

C

Questionário sobre o histórico do uso de drogas (DAST-10)

CATEGORIA DE DROGA (Inclui uso de medicamentos sem prescrição médica) Nota: Use um cartão com os nomes de categoria de drogas para determinar inicialmente aquelas que já foram usadas, para então obter informações sobre drogas sempre usadas	Sempre usou circule Sim ou Não[a]	Total de anos de uso[b]	Uso de drogas intravenosas N = Não se aplica	Último ano de uso (p. ex., 1998)	Frequência de uso nos ultimos seis meses[c]
Álcool	Não Sim		NA		
Cannabis: maconha, haxixe, óleo de haxixe	Não Sim		NA		
Estimulantes: cocaína, *crack*	Não Sim		Não Sim		
Estimulantes: metanfetamina – *speed, ice, crack*	Não Sim		Não Sim		
Anfetaminas: ritalina, metilfenidato, benzedrina, dexedrina	Não Sim		NA		
Benzodiazepínicos/Tranquilizantes: valium, clordiazepóxido, alprazolam, diazepam, rohypnol	Não Sim		NA		
Sedativos/Hipnóticos/Barbitúricos: amitriptilina, secobarbital, flurazepam, fenobarbital	Não Sim		NA		
Heroína	Não Sim		Não Sim		
Metadona de rua ou ilícita	Não Sim		NA		
Outros opioides: perdocan, percocet, ópio, morfina, demerol ou dolantina, dilaudid	Não Sim		NA		
Alucinógenos: LSD, PCP, STP, MDA, DAT, peyote (mescalina), cogumelos, *extasy* (MDMA), óxido nitroso, beladona, jurema, datura, ayuasca	Não Sim		NA		
Inalantes: cola, gasolina, aerosóis, *thinner*, incenso líquido, ou *poppers* (nitratos)	Não Sim		NA		
[a]Se Já usado é **não** para qualquer linha, o restante da linha deve ser deixado em branco.	[b]Uso Infrequente (= 2 x/ano) ou Uso Experimental Breve (< e meses de uso durante a vida) = escrever 87		[c]Códigos de Frequência: 0 = não uso 4 = 1x/sem. 1 = <1x/mês 5 = 2 a 3x/sem. 2 = 1x/mês 6 = 4 a 6x/sem. 3 = 2 a 3x/mês 7 = diariamente		

Extraído de Sobell, L.C., Kwan, E. & Sobell, M.B. (1995). *The reliability of a Drug History Questionnaire* (DHQ). *Addictive Behaviors*, 20, 233-241. Copyright 1995, reproduzido com permissão da Elsevier.

D

Brief Situational Confidence Questionnaire (BSCQ)

Estão listados a seguir oito tipos de situações nas quais algumas pessoas experienciam problemas de álcool ou drogas. As perguntas devem ser respondidas em relação ao seu problema com álcool ou com a primeira droga de escolha.

Imagine que você esteja **neste momento** em cada um dos seguintes tipos de situação. Indique na escala apresentada o quanto está confiante **neste momento** de que conseguiria resistir a beber pesadamente ou resistir ao impulso de usar sua droga primária em cada situação, colocando um **"X"** ao longo da linha, de **0% "Nem um pouco confiante"** até **100% "Totalmente confiante"**, como no exemplo abaixo.

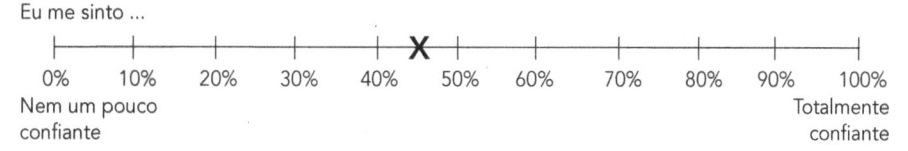

Eu me sinto ...

0%	10%	20%	30%	40%	50%	60%	70%	80%	90%	100%
Nem um pouco confiante				**X**						Totalmente confiante

Neste momento eu seria capaz de resistir ao desejo de beber muito ou de resistir ao desejo de usar minha droga primária em situações envolvendo ...

1. EMOÇÕES DESAGRADÁVEIS (p. ex.: Se eu estivesse deprimido por causa das coisas em geral; Se tudo estivesse indo mal para mim).

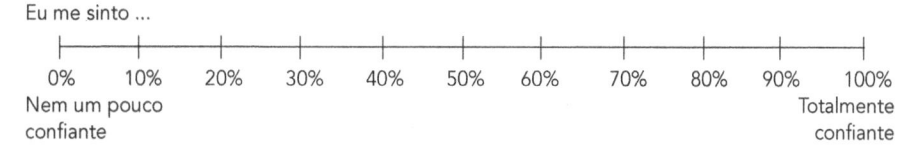

Eu me sinto ...

0%	10%	20%	30%	40%	50%	60%	70%	80%	90%	100%
Nem um pouco confiante										Totalmente confiante

2. DESCONFORTO FÍSICO (p. ex.: Se eu tivesse dificuldade para dormir; Se eu me sentisse inquieto e fisicamente tenso).

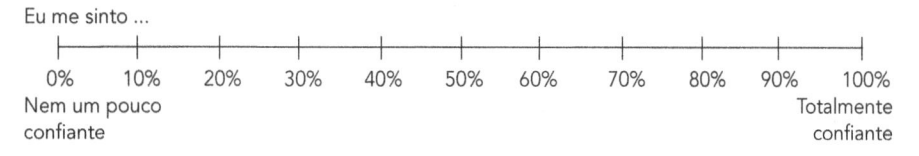

Eu me sinto ...

0%	10%	20%	30%	40%	50%	60%	70%	80%	90%	100%
Nem um pouco confiante										Totalmente confiante

3. EMOÇÕES AGRADÁVEIS (p. ex.: Se algo bom acontecesse e eu sentisse vontade de comemorar; Se tudo estivesse indo bem).

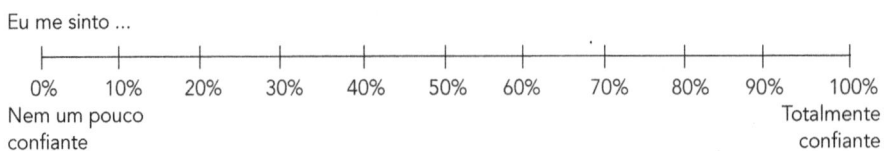

Eu me sinto ...

```
├───┼───┼───┼───┼───┼───┼───┼───┼───┼───┤
0%   10%  20%  30%  40%  50%  60%  70%  80%  90%  100%
Nem um pouco                                    Totalmente
confiante                                        confiante
```

4. TEESTANDO MEU CONTROLE SOBRE O USO DE ÁLCOOL OU DROGAS (p. ex.: Se eu começasse a achar que o álcool ou as drogas não eram mais problemas para mim; Se eu me sentisse confiante de que poderia lidar com drogas ou várias doses).

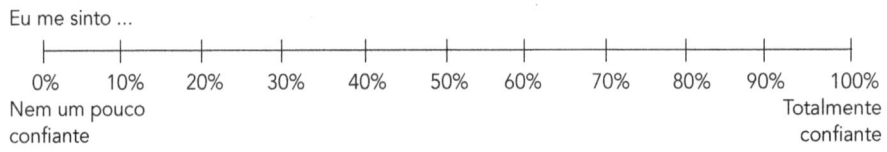

Eu me sinto ...

```
├───┼───┼───┼───┼───┼───┼───┼───┼───┼───┤
0%   10%  20%  30%  40%  50%  60%  70%  80%  90%  100%
Nem um pouco                                    Totalmente
confiante                                        confiante
```

5. DESEJOS E TENTAÇÕES (p. ex.: Se eu de repente tivesse um desejo para beber ou usar drogas; Se eu estivesse em uma situação em que com frequência usava drogas ou bebia nocivamente; Se eu começasse a pensar em como seria bom eu me sentir drogado).

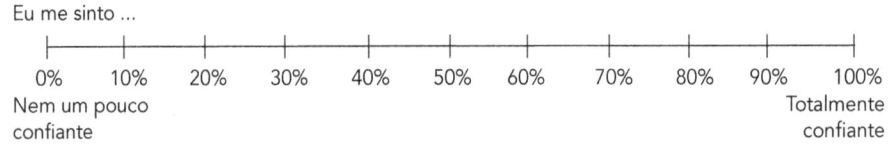

Eu me sinto ...

```
├───┼───┼───┼───┼───┼───┼───┼───┼───┼───┤
0%   10%  20%  30%  40%  50%  60%  70%  80%  90%  100%
Nem um pouco                                    Totalmente
confiante                                        confiante
```

6. CONFLITO COM OUTRAS PESSOAS (p. ex.: Se eu tivesse uma discussão com um amigo; Se eu não estivesse me dando bem com as outras pessoas no trabalho).

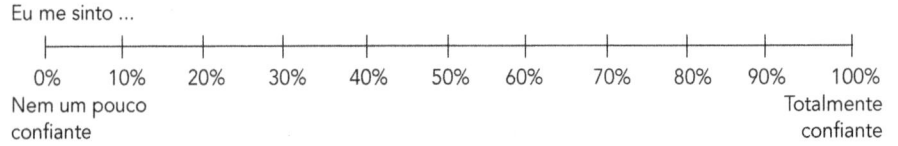

Eu me sinto ...

```
├───┼───┼───┼───┼───┼───┼───┼───┼───┼───┤
0%   10%  20%  30%  40%  50%  60%  70%  80%  90%  100%
Nem um pouco                                    Totalmente
confiante                                        confiante
```

7. PRESSÃO SOCIAL PARA BEBER (p. ex.: Se alguém me pressionasse para "ser uma pessoa divertida" e bebesse ou usasse drogas com ele; Se eu fosse convidado para ir a casa de alguém e me oferecessem uma dose ou drogas).

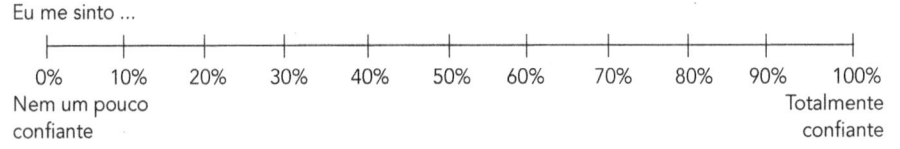

Eu me sinto ...

```
├───┼───┼───┼───┼───┼───┼───┼───┼───┼───┤
0%   10%  20%  30%  40%  50%  60%  70%  80%  90%  100%
Nem um pouco                                    Totalmente
confiante                                        confiante
```

8. MOMENTOS AGRADÁVEIS COM OUTRAS PESSOAS (p. ex.: Se eu quisesse comemorar com um amigo; Se eu estivesse me divertindo em uma festa e quisesse me sentir ainda melhor).

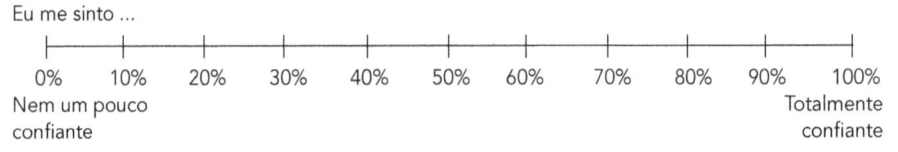

Eu me sinto ...

```
├───┼───┼───┼───┼───┼───┼───┼───┼───┼───┤
0%   10%  20%  30%  40%  50%  60%  70%  80%  90%  100%
Nem um pouco                                    Totalmente
confiante                                        confiante
```

Extraído de Breslin, F.C., Sobell, L.C., Sobell, M.B. & Agrawal, S. (2000). A comparison of a brief and long version of the Situational Confidence Questionnaire. *Behaviour Research and Therapy*, 38(12), 1211-1220. Copyright 2000, com permissão da Elsevier.

Referências

Abrams, D.B. & Wilson, G.T. (1979). Effects of Alcohol on social anxiety in women: Cognitive *versus* physiological processes. *Journal of Abnormal Psychology, 88*(2), 161-173.
Addis, M.E. & Jacobson, N.S. (2000). A closer look at the treatment rationale and homework compliance in cognitive-behavioral therapy for depression. *Cognitive Therapy and Research, 24*(3), 313-326.
Agrawal, S., Sobell, M.B. & Sobell, L.C. (2008). The Timeline Followback: A scientifically and clinically useful tool for assessing substance use. In R.F. Belli, F.P. Stafford & D.F. Alwin (Eds.), *Calendar and time diary methods in life course research* (pp. 57-68). Beverly Hills, CA: Sage.
Allsop, S. (2007). What is this thing called motivational interviewing? *Addiction, 102*(3), 343-345.
Andréasson, S., Hansagi, H. & Oesterlund, B. (2002). Short-term treatment for alcohol-related problems: Four-session guided self-change *versus* one session of advice – A randomized controlled trial. *Alcohol, 28*(1), 57-62.
Annis, H.M. (Ed.). (1986). *A relapse prevention model for the treatment of alcoholics*. New York: Pergamon Press.
Annis, H.M. & Davis, C.S. (1988). Assessment of expectancies. In D.M. Donovan & G.A. Marlatt (Eds.), *Assessment of addictive behaviors* (pp. 84-111). New York: Guilford Press.
Apodaca, T.R. & Longabaugh, R. (2009). Mechanisms of change in motivational interviewing: A review and preliminary evaluation of the evidence. *Addiction, 104*(5), 705-715.
Ayala, H.E., Echeverría, L., Sobell, M. & Sobell, L. (1997). Auto control dirigido: Intervenciones breves para bebedores problema em México. *Revista Mexicana de Psicología, 14*(2), 113-127.
Ayala, H.E., Echeverría, L., Sobell, M.B. & Sobell, L.C. (1998). Una alternativa de intervención breve y temprana para bebedores problema em México [An early and brief intervention alternative for problem drinkers in Mexico]. *Acta Comportamentalia, 6*, 71-93.
Ayala-Velazquez, H., Cardenas, C., Echeverría, L. & Gutierrez, M. (1995). Initial results of an autocontrol program for problem alcoholics in Mexico. *Salud Mental, 18*(4), 18-24.
Babor, T.F., Higgins-Biddle, J.C., Dauser, D., Burleson, J.A., Zarkin G.A. & Bray, J. (2006). Brief interventions for at-risk drinking: Patient outcomes and cost-effectiveness in managed care organizations. *Alcohol and Alcoholism, 41*(6), 624-631.
Babor, T.F., Steinberg, K., Anton, R. & Del Boca, F. (2000). Talk is cheap: Measuring drinking outcomes in clinical trials. *Journal of Studies in Alcohol, 61*(1), 55-63.
Bandura, A. (1977). Self-efficacy: Toward a unifying theory of behavioral change. *Psychological Review, 84*, 191-215.
Bandura, A. (1986). *Social foundations of thought and action: A social cognitive theory*. Englewood Cliffs. NJ: Prentice-Hall.
Barlow, S.H., Burlingame, G.M., Nebeker, R.S. & Anderson, E. (2000). Meta-analysis of medical self-help groups. *International Journal of Group Psychotherapy, 50*(1), 53-69.

Baumeister, R.F. (1994). The crystallization of discontent in the process of major life change. In T.F. Heatherton & J.L. Weinberger (Eds.), *Can personality change?* (pp. 281-297). Washington, DC: American Psychological Association.

Beal, D.J., Cohen, R.R., Burke, M.J. & McLendon, C.L. (2003). Cohesion and performance in groups: A meta-analytic clarification of construct relations. *Journal of Applied Psychology, 88*(6), 989-1004.

Bernard, H.S. (1994). Difficult patients and challenging situations. In H.S. Bernard & K.R. MacKenzie (Eds.), *Basics of group psychotherapy* (pp. 123-156). New York: Guilford Press.

Bernard, H.S. & MacKenzie, K.R. (Eds.). (1994). *Basics of group psychotherapy*. New York: Guilford Press.

Berridge, V. (1999). Histories of harm reduction: Illicit drugs, tobacco, and nicotine. *Substance Use and Misuse, 34*(1), 35-47.

Bieling, P.J., McCabe, R.E. & Antony, M.M. (2006). *Cognitive-behavioral therapy in groups*. New York: Guilford Press.

Brandsma, J.M. & Pattison, E.M. (1985). The outcome of group psychotherapy alcoholics: An empirical review. *American Journal of Drug and Alcohol Abuse, 11*, 151-162.

Breslin, C., Li, S., Sdao-Jarvie, K., Tupker, E. & Ittig-Deland, V. (2002). Brief treatment for young substance abusers: A pilot study in an addiction treatment setting. *Psychology of Addictive Behaviors, 16*(1), 10-16.

Breslin, F.C., Sobell, L.C., Sobell, M.B. & Agrawal, S. (2000). A comparison of a brief and long version of the Situational Confidence Questionnaire. *Behaviour Research and Therapy, 38*(12), 1211-1220.

Breslin, F.C., Sobell, M.B., Sobell, L.C., Buychan, G. & Cunningham, J.A. (1997). Toward a stepped care approach to treating problem drinkers: The predictive utility of within-treatment variables and therapist prognostic ratings. *Addiction, 92*(11). 1479-1489.

Breslin, F.C., Sobell, M.B., Sobell, L.C., Cunningham, J.A., Sdao-Jarvie, J. & Borsoi, D. (1998). Problem-drinkers: Evaluation of stepped-care approach. *Journal of Substance Abuse, 10*(3), 217-232.

Britt, E., Blampied, N.M. & Hudson, S.M. (2003). Motivational interviewing: A review. *Australian Psychologist, 38*(3), 193-201.

Budman, S.H., Demby, A., Redondo, J.P., Hannan, M., Feldstein, M., Ring, J., et al. (1988). Comparative outcome in time-limited individual and group psychotherapy. *International Journal of Group Psychotherapy, 38*, 63-86.

Burke, B.L., Arkowitz, H. & Menchola, M. (2003). The efficacy of motivational interviewing: A meta-analysis of controlled clinical trials. *Journal of Consulting and Clinical Psychology, 71*(5), 843-861.

Burlingame, G.M., Fuhriman, A. & Johnson, J.E. (2001). Cohesion in group psychotherapy. *Psychotherapy: Theory, Research, Practice, Training, 38*(4), 373-379.

Burns, D.D. & Spangler, D.L. (2000). Does psychotherapy homework lead to improvements in depression in cognitive-behavioral therapy or does improvement lead to increased homework compliance? *Journal of Consulting and Clinical Psychology, 68*(1), 46-56.

Cahalan, D. & Room, R. (1974). *Problem drinking among American men*. New Brunswick, NJ: Rutgers Center of Alcohol Studies.

Center for Substance Abuse Treatment. (1999). *Enhancing motivation for change in substance abuse treatment: Treatment improvement protocol (TIP) Series 35* (DHHS Publication No. SMA 99-3354). Rochville, MD: Substance Abuse and Mental Health Services Administration.

Center for Substance Abuse Treatment. (2005). *Substance abuse treatment: Group therapy. Treatment improvement protocol (TIP) Series 41* (DHHS Publication No. SMA 05-4991). Rockville, MD: Substance Abuse and Mental Health Services Administration.

Clifford, P.R., Maisto, S.A. & Davis, C.M. (2007). Alcohol treatment research assessment exposure subject reactivity effects: Part I. Alcohol use and related consequences. *Journal of Studies on Alcohol and Drugs, 68*(4), 519-528.

Connors, G.J., Carroll, K.M., DiClemente, C.C., Longabaugh, R. & Donovan, D.M. (1997). The therapeutic alliance and its relationship to alcoholism treatment participation and outcome. *Journal of Consulting and Clinical Psychology, 65*(4), 588-598.

Coviello, D.M., Alterman, A.I., Rutherford, M.J., Cacciola, J.S., McKay, J.R. & Zanis, D.A. (2001). The effectiveness of two intensities of psychosocial treatment for cocaine dependence. *Drug and Alcohol Dependence, 61*(2), 145-154.

Cummings, N.A., O'Donohue, W.T. & Ferguson, K.E. (2002). *The impact of medical cost offset on practice and research: Making it work for you*. Reno, NV: Context Press.

Cunningham, J.A., Sobell, M.B., Sobell, L.C., Gavin, D.R. & Annis, H.M. (1995). Heavy drinking and negative affective situations in a general population and a treatment sample: Alternative explanations. *Psychology of Addictive Behaviors, 9*(2), 123-127.

D'Amico, E.J. Feldstein Ewing, S.W., Engle, B., Hunter, S., Osilla, K.D. & Bryan, A. (2011). Group Alcohol and drug treatment. In S. Naar-King & M. Suarez, *Motivational Interviewing with adolescents and young adults* (pp. 151-157). New York: Guilford Press.

D'Amico, E.J., Osilla, K.C. & Hunter, S.B. (no prelo). Developing a group motivational interviewing intervention for adolescents at-risk for developing an alcohol or drug use disorder. *Alcoholism Treatment Quarterly*.

D'Onofrio, G., Bernstein, E. & Rollnick, S. (1996). Motivating patients for change: A brief strategy for negotiation. In E. Bernstein & J. Bernstein (Eds.), *Case studies in emergency room medicine and the health of the public* (pp. 295-303). Boston: Jones & Bartlett.

D'Zurilla, T.J. & Goldfried, M.R. (1971). Problem solving and behavior modification. *Journal of Abnormal Psychology, 78*, 107-126.

Davison, G.C. (2000). Stepped care: Doing more with less? *Journal of Consulting and Clinical Psychology, 68*(4), 580-585.

Dies, R.R. (1980). Group psychotherapy, training and supervision. In A.K. Hess (Ed.), *Psychotherapeutic supervision* (pp. 337-362). New York: Wiley.

Dies, R.R. (1992). The future of group therapy. *Psychotherapy, 29*, 58-64.

Dies, R.R. (1993). Research on group psychotherapy: Overview and clinical applications. In A. Alonso & H.I. Swiller (Eds.), *Group therapy in clinical practice* (pp. 473-518). Washington, DC: American Psychiatric Association Press.

Dies, R.R. (1994). The therapist's role in group treatments. In H.S. Bernard & K.R. MacKenzie (Eds.), *Basics of group psychotherapy* (pp. 60-99). New York: Guilford Press.

Duckert, F., Johnsen, J. & Amundsen, A. (1992). What happens to drinking after therapeutic intervention? *British Journal of Addiction, 87*(10), 1457-1467.

Dufour, M.C. (1999). What is moderate drinking? Defining "drinks" and drinking levels. *Alcohol Research and Health*, 23(1), 5-14.

Dunn, C., Deroo, L. & Rivara, F.P. (2001). The use of brief interventions adapted from motivational interviewing across behavioral domains: A systematic review. *Addiction*, 96(12), 1725-1742.

Edwards, G., Orford, J., Egert, S., Guthrie, S., Hawker, A., Hensman, C., et al. (1977). Alcoholism: A controlled trial of "treatment" and "advice." *Journal of Studies on Alcohol, 38*, 1004-1031.

Epstein, E.E., Drapkin, M.L., Yusko, D.A., Cook, S.M., McCrady, B.S. & Jensen, N.K. (2005). Is alcohol assessment therapeutic?: Pretreatment change in drinking among alcohol-dependent women. *Journal of Studies on Alcohol, 66*(3), 369-278.

Erickson, C.K. (2007). Let's not be afraid of harm reduction. *Addiction Professional, 5*(1), 10.

Feldman, D.J., Pattison, E.M., Sobell, L.C., Graham, T. & Sobell, L.C., Graham, T. & Sobell, M.B. (1975). Outpatient alcohol detoxification: Initial findings of 564 subjects. *American Journal of Psychiatry, 132*, 407-419.

Fleming, M.F., Barry, K.L., Manwell, L.B., Johnson, K. & London, R. (1997). Brief physician advice for problem alcohol drinkers: A randomized controlled trial in community-based primary care practices. *Journal of the American Medical Association, 227*, 1039-1045.

Forsyth, D.R. (2006). *Group dynamics* (4th ed.). Pacific Grove, CA: Brooks/Cole.

Foy, D.W., Nunn, L.B. & Rychtarik, R.G. (1984). Broad-spectrum behavioral treatment for chronic alcoholics: Effects of training controlled drinking skills. *Journal of Consulting and Clinical Psychology, 52*, 218-230.

French, M.T. (2000). Economic evaluation of alcohol treatment services. *Evaluation and Program Planning, 23*(1), 27-39.

Fuhriman, A. & Burlingame, G.M. (2001). Group psychotherapy training and effectiveness. *International Journal of Group Psychotherapy, 51*(3), 399-416.

Garland, A. & Scott, J. (2002). Using homework in therapy for depression. *Journal of Clinical Psychology, 58*(5), 489-498.

Gavin, D.R., Ross, H.E. & Skinner, H.A. (1989). Diagnostic validity of the Drug Abuse Screening Test in the assessment of the MSM-III drug disorders. *British Journal of Addiction, 84*, 301-307.

Gil, A.G., Wagner, E.F. & Tubman, J.G. (2004). Culturally sensitive substance abuse intervention for Hispanic and African American adolescents: Empirical examples from the Alcohol Treatment Targeting Adolescents in Need (ATTAIN) Project. *Addiction, 99*, 140-150.

Graham, K., Annis, H.M., Brett, P.J. & Venesoen, P. (1996). A controlled field trial of group *versus* individual cognitive-behavioural training for relapse prevention. *Addiction, 91*(8), 1127-1139.

Guimon, J. (2004). Evidence-based research studies on the results of group therapy: A critical review. *European Journal of Psychiatry, 18*, 49-60.

Harper, R. & Hardy, S. (2000). An evaluation of motivational interviewing as a method of intervention with clients in a probation setting. *British Journal of Social Work, 30*(3), 393-400.

Heather, N. (1989). Psychology and brief interventions. *British Journal of Addiction, 84*, 357-370.

Heather, N. (1999). Some common methodological criticisms of Project MATCH: Are they justified? *Addiction, 94*(1), 36-39.

Heather, N. (2005). Motivational interviewing: Is it all our clients need? *Addiction Research and Theory, 13*(1), 1-18.

Heather, N. & Robertson, I. (1981). *Controlled drinking*. London: Methuen.

Heather, N., Smailes, D. & Cassidy, P. (2008). Development of a readiness ruler for use with alcohol brief interventions. *Drug and Alcohol Dependence, 98*(3), 235-240.

Heimberg, R.G. & Becker, R.E. (2002). *Cognitive-behavioral group therapy for social phobia: Basic mechanisms and clinical strategies*. New York: Guilford Press.

Hofmann, S.G. & Suvak, M. (2006). Treatment attrition during group therapy for social phobia. *Journal of Anxiety Disorders, 20*(7), 961-972.

Holder, H., Longabaugh, R., Miller, W.R. & Rubonis, A.V. (1991). The cost of effectiveness of treatment for alcoholism: A first approximation. *Journal of Studies on Alcohol, 52*, 517-540.

Hore, B. (1995). You can't just leave the goal choice to the patient. *Addiction, 90*(9), 1172-1173.

Horvath, A.O. & Luborsky, L. (1993). The role of the therapeutic alliance in psychotherapy. *Journal of Consulting and Clinical Psychology, 61*(4), 561-573.

Humphreys, K., Wing, S., McCarty, D., Chappel, J., Gallant, L., Haberle, B. et al. (2004). Self-help organizations for alcohol and drug problems: Toward evidence-based practice and policy. *Journal of Substance Abuse Treatment, 26*(3), 561-573.

Hunt, W.A., Barnett, L.W. & Branch, L.G. (1971). Relapse rates in addiction programs. *Journal of Clinical Psychology, 27*, 455-456.

Ingersoll, K.S., Wagner, C.C. & Gharib, S. (2002). *Motivational groups for community substance abuse programs*. Richmond, VA: Mid-Atlantic Addictions Technology Transfer Cener.

Institute of Medicine. (1990). *Broadening the base of treatment for alcohol problems*. Washington, DC: National Academy Press.

International Center for Alcohol Policies. (1998, September). *International drinking guideline* (ICAP Report 14), Washington, DC: Author.

Janis, I.L. & Mann, L. (1977). *Decision-making: A psychological analysis of conflict, choice, and commitment*. New York: Free Press.

Kadden, R.M., Cooney, N.L., Getter, H. & Litt, M.D. (1989). Matching alcoholics to coping skills or interactional therapies: Posttreatment results. *Journal of Consulting and Clinical Psychology, 57*, 698-704.

Kahan, M. (1996). Identifying and managing problem drinkers. *Canadian Family Physician, 42*, 661-671.

Kalant, H. (1987). Nathan B. Eddy memorial award lecture: Tolerance and its significance for drug and alcohol dependence. *NIDA Research Monograph, 76*, 9-19.

Kaminer, Y. (2005). Challenges and opportunities of group therapy for adolescent substance abuse: A critical review. *Addictive Behaviors, 30*(9), 1765-1774.

Kanas, N., Stewart, P., Deri, J., Ketter, T. & Haney, K. (1989). Group process in short-term outpatient therapy groups for schizophrenics. *Group, 13*, 67-73.

Kazantzis, N. (2000). Power to detect homework effects in psychotherapy outcome research. *Clinical Psychology Review, 68*(1), 166-170.

Kazantzis, N., Deane, F.P. & Ronan, K.R. (2000). Homework assignments in cognitive and behavioral therapy: A meta-analysis. *Clinical Psychology: Science and Practice, 7*(2), 189-202.

Kazantzis, N., Deane, F.P., Ronan, K.R. & L'Abate, L. (2005). *Using homework assignments in cognitive-behavioral therapy*. New York: Routledge.

Kazantzis, N. & Shinkfield, G. (2007). Conceptualizing patient barriers to nonadherence with homework assignments. *Cognitive and Behavioral Practice, 14*(3), 317-324.

Kazdin, A.E. (2007). Mediators and mechanisms of change in psychotherapy research. *Annual Review of Clinical Psychology, 3*(1), 1-27.

Klingemann, H.K. & Sobell, L.C. (2007). *Promoting self-change from addictive behaviors: Practical implications for policy, prevention and treatment.* New York: Springer.

Knight, K.M., McGowan, L., Dickens, C. & Bundy, C. (2006). A systematic review of motivational interviewing in physical health care settings. *British Journal of Health Psychology 11*, 319-322.

Lieber, C.S., Weiss, D.G., Groszmann, R., Paronetto, F. & Schenker, S. (2003). I. Veterans Affairs cooperative study of polyenylphosphatidylcholine in alcoholic liver disease: Effects on drinking behavior by nurse/physician teams. *Alcoholism: Clinical and Experimental Research, 27*(11), 1757-1764.

Linehan, M.M., Schmidt, H., Dimeff, L.A., Craft, J.C., Kanter, J. & Comtois, K.A. (1999). Dialectical behavior therapy for patients with borderline personality disorder and drug dependence. *American Journal on Addictions, 8*(4), 279-292.

Longabaugh, R., McCrady, B., Fink, E., Stout, R., McAuley, T., Doyle, C. et al. (1983). Cost-effectiveness of alcoholism treatment in partial vs. inpatient settings: Six-month outcomes. *Journal of Studies on Alcohol, 44*, 1049-1071.

MacKenzie, K.R. (1983). The clinical application of a group climate measure. In R.R. & Dies K.R. MacKenzie (Eds.), *Advances in group psychotherapy: Integrating research and practice* (pp. 159-170). New York: International Universities Press.

MacKenzie, K.R. (1994). The developing structure of the therapy group system. In H.S. Bernard & K.R. MacKenzie (Eds.), *Basics of group psychotherapy* (pp. 35-59). New York: Guilford Press.

MacKenzie, K.R. (1996). Time-limited group psychotherapy. *International Journal of Group Psychotherapy, 46*(1), 41-60.

MacKenzie, K.R. (1997). Advances in group psychotherapy. *Current Opinion in Psychiatry, 10*(3), 239-242.

Maisto, S.A., Henry, R.R., Sobell, M.B. & Sobell, L.C. (1978). Implications of acquired changes in tolerance for the treatment of alcohol problems. *Addictive Behaviors, 3*(1), 51-55.

Mann, L. (1972). Use of a "balance sheet" procedure to improve the quality of personal decision making: A field experiment with college applicants. *Journal of Vocational Behavior, 2*, 291-300.

Marijuana Treatment Project Research Group. (2004). Brief treatments for cannabis dependence: Findings from a randomized multisite trial. *Journal of Consulting and Clinical Psychology, 72*(3), 455-466.

Markland, D., Ryan, R.M., Tobin, V.J. & Rollnick, S. (2005). Motivational interviewing and self-determination theory. *Journal of Social and Clinical Psychology, 24*(6), 811-831.

Markus, H.E. & King, D.A. (2003). A survey of group psychotherapy training during predoctoral psychology internship. *Professional Psychology – Research and Practice, 34*(2), 203-209.

Marlatt, G.A. & Donovan, D.M. (Eds.). (2005). *Relapse prevention: Maintenance strategies in the treatment of addictive behaviors* (2nd ed.). New York: Guilford Press.

Marlatt, G.A. & Gordon, J.R. (Eds.). (1985). *Relapse prevention: Maintenance strategies in the treatment of addictive behaviors.* New York: Guilford Press.

Marlatt, G.A., Miller, W.R., Duckert, F., Goetestam, G., Heather, N., Peele, S. et al. (1985). Abstinence and controlled drinking: Alternative treatment goals for alcoholism and problem drinking? *Bulletin of the Society of Psychologists in Addictive Behaviors, 4*, 123-150.

Marques, A.C. & Formigoni, M.L. (2001). Comparison of individual and group cognitive-behavioral therapy for alcohol and/or drug-dependent patients. *Addiction, 96*(6), 835-846.

Martin, G.W., Herie, M.A., Turner, B.J. & Cunningham, J.A. (1998). A social marketing model for disseminating research-based treatments to addictions treatment providers. *Addiction, 93*(11), 1703-1715.

Martin, G.W. & Wilkinson, D.A. (1989). Methodological issues in the evaluation of treatment of drug dependence. *Advances in Behavioural Research and Therapy, 11*, 133-150.

Martino, S., Carroll, K.M., O'Malley, S.S. & Rounsaville, B.J. (2000). Motivational interviewing with psychiatrically ill substance abusing patients. *American Journal on Addictions, 9*(1), 88-91.

McKay, J.R., Alterman, A.I., Cacciola, J.S., Rutheford, M.J., O'Brien, C.P. & Koppenhaver, J. (1997). Group counseling *versus* individualized relapse prevention aftercare following intensive outpatient treatment for cocaine dependence: Initial results. *Journal of Consulting and Clinical Psychology, 65*(5), 778-788.

Meier, P.S., Barrowclough, C. & Donmall, M.C. (2005). The role of the therapeutic alliance in the treatment of substance misuse: A critical review of the literature. *Addiction, 100*(3), 304-316.

Miller, W.R. (1983). Motivational interviewing with problem drinkers. *Behavioural Psychotherapy, 11*, 147-172.

Miller, W.R. (1985). Motivation for treatment: A review with special emphasis on alcoholism. *Psychological Bulletin, 98*, 84-107.

Miller, W.R. (1986-1987). Motivation and treatment goals. *Drugs and Society, 1*, 133-151.

Miller, W.R. (2005). Motivational interviewing and the incredible shrinking treatment effect. *Addiction, 100*(4), 421.

Miller, W.R. & Brown, S.A. (1997). Why psychologists should treat alcohol and drug problems. *American Psychologist, 52*(12), 1269-1279.

Miller, W.R. & Rollnick, S. (1991). *Motivational interviewing: Preparing people to change addictive behavior.* New York: Guilford Press.

Miller, W.R. & Rollnick, S. (2002). *Motivational interviewing: Preparing people to change* (2nd ed.). New York: Guilford Press.

Miller, W.R. & Rollnick, S. (2009). Ten things that motivational inteviewing is not. *Behavioral and Cognitive Psychotherapy* 37( ), 129-140.

Miller, W.R. & Taylor, C.A. (1980). Relative effectiveness of bibliography, individual and group self-control training in the treatment of problem drinkers. *Addictive Behaviors, 5*, 13-24.

Miller, W.R. & Wilbourne, P.L. (2002). Mesa Grande. A methodological analysis of clinical trials of treatments for alcohol use disorders. *Addiction, 97*(3), 265-277.

Motjabai, R. & Zivin, J.G. (2003). Effectiveness and cost-effectiveness of four treatment modalities for substance disorders: A propensity score analysis. *Health Services Research, 38*(1), 233-259.

Monti, P.M., Abrams, D.B., Kadden, R.M. & Cooney, N.L. (1989). *Treating alcohol dependence: A coping skills training guide.* New York: Guilford Press.

Moran, A.P. (2004). *Sport and exercise psychology: A critical introduction.* New York: Routledge.

Morrison, M. (2001). Group cognitive therapy: Treatment of choice or sub-optimal option? *Behavioural and Cognitive Psychotherapy, 29*(3), 311.

Moyer, A., Finney, J.W., Swearingen, C.E. & Vergun, P. (2002). Brief interventions for alcohol problems. A meta-analytic review of controlled investigations in treatment-seeking and non-treatment-seeking populations. *Addiction, 97*(3), 279-292.

Moyers, T.B., Martin, T., Houck, J.M., Christopher, P.J. & Tonigan, J.S. (2009). From in-session behaviors to drinking outcomes: A causal chain for motivational interviewing. *Journal of Consulting and Clinical Psychology, 77*(6), 1113-1124.

Moyers, T.B., Miller, W.R. & Hendrickson, S.M.L. (2005). How does motivational interviewing work?: Therapist interpersonal skill predicts client involvement within motivational interviewing sessions. *Journal of Consulting and Clinical Psychology, 73*(4), 590-598.

Moyers, T.B. & Rollnick, S. (2002). A motivational interviewing perspective on resistance in psychotherapy. *Journal of Clinical Psychology, 58*(2), 185-193.

National Institute on Alcohol Abuse and Alcoholism. (1996). *How to cut down on your drinking.* Washington, DC: U.S. Government Printing Office.

National Institute on Alcohol Abuse and Alcoholism. (2007). *Helping patients who drink too much: A clinician's guide* (Updated 2005 ed.). Washington, DC: U.S. Government Printing Office.

Norcross, J.C., Hedges, M. & Prochaska, J.O. (2002). The face of 2010: A Delphi poll on the future of psychotherapy. *Professional Psychology: Research and Practice, 33*(3), 316-322.

Oei, T.P. & Jackson, P. (1980). Long-term effects of group and individual social skills training with alcoholics. *Addictive Behaviors, 5*, 129-136.

Orszag, P. (2008, January 31). *Congressional Budget Office Testimony: Growth in Health Care Costs.* Paper presented at the Committee on the Budget, United States Senate, Washington, DC.

Panas, L., Caspi, Y., Fournier, E. & McCarty, D. (2003). Performance measures for outpatient substance abuse services: Group *versus* individual counseling. *Journal of Substance Abuse Treatment, 25*(4), 271-278.

Perloff, R.M. (2008). *The dynamics of persuasion: Communication and attitudes in the 21st century* (3rd ed.). New York: Erlbaum.

Piper, W.E. (Ed.). (1993). *Group psychotherapy research.* Baltimore: Williams & Wilkins.

Piper, W.E. & Joyce, A.S. (1996). A consideration of factors influencing the utilization of time-limited, short-term group therapy. *International Journal of Group Psychotherapy, 46*, 311-328.

Prochaska, J.O. & DiClemente, C.C. (1982). Transtheoretical therapy: Toward a more integrative model of change. *Psychotherapy: Theory, Research and Practice 19*(3), 276-288.

Prochaska, J.O. & DiClemente, C.C. (1984). *The transtheoretical approach: Crossing traditional boundaries of therapy.* Homewood, IL: Dow Jones-Irwin.

Project MATCH. (1993). Project MATCH (Matching Alcoholism Treatment to Client Heterogeneity): Rationale and methods for a multisite clinical trial matching patients to alcoholism treatment. *Alcoholism: Clinical and Experimental Research, 17*(6), 1130-1145.

Project MATCH Research Group. (1997). Matching alcoholism treatments to client heterogeneity: Project MATCH posttreatment drinking outcomes. *Journal of Studies on Alcohol, 58*(1), 7-29.

Project MATCH Research Group. (1998). Matching alcoholism treatments to client heterogeneity: Project MATCH three-year drinking outcomes. *Alcoholism: Clinical and Experimental Research, 22*, 1300-1311.

Reinert, D.F. & Allen, J.P. (2007). The Alcohol Use Disorders Identification Test: An update of research findings. *Alcoholism, Clinical and Experimental Research, 31*(2), 185-199.

Resnicow, K., Dilorio, C., Soet, J.E., Borrelli, B., Hecht, J. & Ernst, D. (2002). Motivational interviewing in health promotion: It sounds like something is changing. *Health Psychology, 21*(5), 444-451.

Robers, E.M. (1995). *Diffusion of innovations* (4th ed.). New York: Free Press.

Rollnick, S. & Allison, J. (2001). Motivational interviewing. In N. Heather, T.J. Peters & T. Stockwell (Eds.), *International handbook of alcohol dependence and problems* (pp. 593-603). New York: Wiley.

Rollnick, S. & Miller, W.R. (1995). What is motivational interviewing? *Behavioural and Cognitive Psychotherapy, 23*, 325-334.

Rollnick, S., Miller, W.R. & Butler, C.C. (2008). *Motivational interviewing in health care: Helping patients change behavior.* New York: Guilford Press.

Rose, S.D. (1990). *Working with adults in groups: Integrating cognitive-behavioral and small group strategies.* San Francisco: Josey-Bass.

Rosenberg, S.A. & Zimet, C.N. (1995). Brief group treatment and managed mental health care. *International Journal of Group Psychotherapy, 45*, 367-379.

Sanchez-Craig, M. (1980). Random assignment to abstinence or controlled drinking in a cognitive-behavioral program: Short-term effects on drinking behavior. *Addictive Behaviors, 5*, 35-39.

Sanchez-Craig, M., Annis, H.M., Bornet, A.R. & MacDonald, K.R. (1984). Random assignment to abstinence and controlled drinking: Evaluation of a cognitive-behavioral program for problem drinkers. *Journal of Consulting and Clinical Psychology, 52*, 390-403.

Sanchez-Craig, M., Leigh, G., Spivak, K. & Lei, H. (1989). Superior outcome of females over males after brief treatment for the reduction of heavy drinking. *British Journal of Addiction, 84*, 395-404.

Sanchez-Craig, M., Spivak, K. & Davila, R. (1991). Superior outcome of females over males after brief treatment for the reduction of heavy drinking: Replication and report of therapist effects. *British Journal of Addiction, 86*, 867-876.

Santa Ana, E.J., Wulfert, E. & Nietert, P.J. (2007). Efficacy of group motivational interviewing (GMI) for psychiatric inpatients with chemical dependence. *Journal of Consulting and Clinical Psychology, 75*(5), 816-822.

Satterfield, J.M. (1994). Integrating group dynamics and cognitive-behavioral groups: a hybrid model. *Clinical Psychology: Science and Practice, 1*(2), 185-196.

Saunders, B. & Wilkinson, C. (1990). Motivation and addiction behavior: A psychological perspective. *Drug and Alcohol Review, 9*, 133-142.

Scheidlinger, S. (1994). An overview of nine decades of group psychotherapy. *Hospital and Community Psychiatry, 45*, 217-225.

Schmitz, J.M., Oswald, L.M., Jacks, S.D., Rustin, T., Rhoades, H.M. & Grabowski, J. (1997). Relapse prevention treatment for cocaine dependence: Group vs. individual format. *Addictive Behaviors, 22*(3), 405-418.

Schoenholtz-Read, J. (1994). Selection of group intervention. In H.S. Bernard & K.R. Mackenzie (Eds.), *Basics of group psychotherapy* (pp. 157-188). New York: Guilford Press.

Schuckit, M.A. Smith, T.L., Danko, G.P., Bucholz, K.K. & Reich, T. (2001). Five-year clinical course associated with DSM-IV alcohol abuse or dependence in a large group of men and women. *American Journal of Psychiatry, 158*(7), 1084-1090.

Skinner, H.A. (1982). The Drug Abuse Screening Test. *Addictive Behaviors, 7,* 363-371.
Sklar, S.M., Annis, H.M. & Turner, N.E. (1997). Development and validation of the Drug-Taking Confidence Questionnaire: A measure of coping self-efficacy. *Addictive Behaviors, 22*(5), 655-670.
Sobell, L.C. (1996). Bridging the gap between scientists and practitioners: The challenge before us. *Behavior Therapy, 27*(3), 297-320.
Sobell, L.C., Kwan, E. & Sobell, M.B. (1995). Reliability of a Drug History Questionnaire (DHQ). *Addictive Behaviors, 20*(2), 233-241.
Sobell, L.C. & Sobell, M.B. (1973). A self-feedback technique to monitor drinking behavior in alcoholics. *Behaviour Research and Therapy, 11,* 237-238.
Sobell, L.C. & Sobell, M.B. (1995). Motivational strategies for promoting self-change: Dealing with alcohol and drug problems [Videotape]. Toronto, Ontario, Canada: Addiction Research Foundation.
Sobell, L.C. & Sobell, M.B. (2003). Alcohol consumption measures. In J.P. Allen & V. Wilson (Eds.), *Assessing alcohol problems* (2nd ed., pp. 75-99). Rockville, MD: National Institute on Alcohol Abuse and Alcoholism.
Sobell, L.C., Sobell, M.B. & Agrawal, S. (2009). Randomized controlled trial of a cognitive-behavioral motivational intervention in a group *versus* individual format for substance use disorders. *Psychology of Addictive Behaviors, 23*(4), 672-683.
Sobell, L.C., Sobell, M.B., Leo, G.I., Agrawal, S., Johnon-Young, L. & Cunningham, J.A. (2002). Promoting self-change with alcohol abusers: A community-level mail intervention based on natural recovery studies. *Alcoholism: Clinical and Experimental Research, 26,* 936-948.
Sobell, L.C., Wagner, E., Sobell, M.B., Agrawal, S. & Ellingstad, T.P. (2006). Guided self-change: a brief motivational intervention for cannabis users. In R. Roffman & R. Stephen (Eds.), *Cannabis dependence: Its nature, consequences, and treatment* (pp. 204-224). Cambridge, UK: Cambridge University Press.
Sobell, M.B. & Sobell, L.C. (1973). Individualized behavior therapy for alcoholics. *Behavior Therapy, 4,* 49-72.
Sobell, M.B. & Sobell, L.C. (1986-1987). Conceptual issues regarding goals in the treatment of alcohol problems. *Drugs and Society, 1,* 1-37.
Sobell, M.B. & Sobell, L.C. (1993a). *Problem drinkers: A guided self-change treatment.* New York: Guilford Press.
Sobell, M.B. & Sobell, L.C. (1993b). Treatment for problem drinkers: A public health priority. In J.S. Baer, G.A. Marlatt & R.J. McMahon (Eds.), *Addictive behaviors across the lifespan: Prevention, treatment, and policy issues* (pp. 138-157). Beverly Hills, CA: Sage.
Sobell, M.B. & Sobell, L.C. (1995). Controlled drinking after 25 years: How important was the great debate? *Addiction, 90,* 1149-1153.
Sobell, M.B. & Sobell, L.C. (2000). Stepped care as a heuristic approach to the treatment of alcohol problems. *Journal of Consulting and Clinical Psychology, 68*(4), 573-579.
Sobell, M.B. & Sobell, L.C. (2005). Guided self-change treatment for substance abusers. *Journal of Cognitive Psychotherapy 19,* 199-210.
Sobell, M.B., Sobell, L.C., & Leo, G.I. (2000). Does enhanced social support improve outcomes got problem drinkers in guided self-change treatment? *Journal of Behavior Therapy and Experimental Psychiatry, 31*(1), 41-54.
Sobell, M.B., Sobell, L.C. & Gavin, D.R. (1995). Portraying alcohol treatment outcomes: Different yardsticks of success. *Behavior Therapy, 26*(4), 643-669.
Sobell, M.B., Sobell, L.C. & Sheahan, D.B. (1976). Functional analysis of drinking problems as an aid in developing individual treatment strategies. *Addictive Behaviors, 1,* 127-132.
Solomon, K.E. & Annis, H.M. (1990). Outcome and efficacy expectancy in the prediction of posttreatment drinking behavior. *British Journal of Addiction, 85,* 659-665.
Spitz, H.I. (2001). Group psychotherapy of substance abuse in the era of managed mental health care. *International Journal of Group Psychotherapy, 51*(1), 21-41.
Stangier, U., Heidenreich, T., Peitz, M., Lauterbach, W. & Clark, D.M. (2003). Cognitive therapy for social phobia: Individual *versus* group treatment. *Behavior Research and Therapy, 41*(9), 991-1007.
Steenberger, B.T. & Budman, S.H. (1996). Group psychotherapy and managed behavioral health care: Current trends and future challenges. *International Journal of Group Psychotherapy, 46,* 297-309.
Stephens, R.S., Roffman, R.A. & Curtin, L. (2000). Comparison of extended *versus* brief treatments for marijuana use. *Journal of Consulting and Clinical Psychology, 68*(5), 898-908.

Stern, S.A., Meredith, L.S., Gholson, J., Gore, P. & D'Amico, E.J. (2007). Project CHAT: A brief motivational substance abuse intervention for teens in primary care. *Journal of Substance Abuse Treatment, 32*(2), 153-165.
Stokes, J.P. (1983). Components of group cohesion: Intermember attraction, instrumental value, and risk taking. *Small Group Behavior, 14*, 163-173.
Substance Abuse and Mental Health Administration. (2003). *The ADSS cost study: Costs of substance abuse treatment in the speciality sector.* Rockville, MD: U.S. Department of Health and Human Services.
Suwaki, H., Kalant, H., Higuchi, S., Crabbe, J.C., Ohkuma, S., Katsura, M., et al. (2001). Recent research on alcohol tolerance and dependence. *Alcoholism, Clinical and Experimental Research, 25*(5 Suppl.), 189S-196S.
Swanson, A.J., Pantalon, M.V. & Cohen, K.R. (1999). Motivational interviewing and treatment adherence among psychiatric and dually diagnosed patients. *Journal of Nervous and Mental Disorders, 187*(10), 630-635.
Swift, R.M. & Miller, N.S. (1997). Integration of health care economics for addiction treatment in clinic care. *Journal of Psychoactive Drugs, 29*(3), 255-262.
Thorn, B.E. (2004). *Cognitive therapy for chronic pain: A step-by-step guide.* New York: Guilford Press.
Treadwell, T., Lavertue, N., Kumar, V. & Veeraraghavan, V. (2001). The Group Cohesion Scale – Revised: Reliability and validity. *International Journal of Action Methods: Psychodrama, Skill Training, and Role Playing, 54*(1), 3-11.
Tschuschke, V., Hess, H. & MacKenzie, K.R. (2002). GCQS Gruppenklima-Fragebogen [The Group Climate Questionnaire. GCQ-S]. In E. Brahler, J. Schymacher & B. Straub (Eds.), *Diagnostische Verfahren in der Psychotherapie.* Göttingen, Germany: Hogrefe.
Tucker, M. & Oei, T.P.S. (2007). Is group more cost-effective than individual cognitive behavior therapy? The evidence is not solid yet. *Behavior and Cognitive Psychotherapy, 35*(1), 77-91.
U.S. Department of Health and Human Services and U.S. Department of Agriculture. (2005). *Dietary guidelines for Americans, 2005* (6th ed.). Washington, DC: U.S. Government Printing Office.
Vakili, S., Sobell, L.C., Sobell, M.B., Simco, E.R. & Agrawal, S. (2008). Using the Timeline Followback to determine time windows representative of annual alcohol consumption with problem drinkers. *Addictive Behaviors, 33*(9), 1123-1130.
Vannicelli, M. (1992). *Removing the roadblocks: Group psychotherapy with substance abusers and family members.* New York: Guilford Press.
Walters, S., Vader, A., Harris, T.R., Field, C. & Jouriles, E. (2009). Dismantling motivational interviewing and feedback for college drinkers: A randomized clinical trial. *Journal of Consulting and Clinical Psychology, 77*(1), 64-73.
Walters, S.T., Bennett, M.E. & Miller, J.H. (2000). Reducing alcohol use in college students: A controlled trial of two brief interventions. *Journal of Drug Education, 30*(3), 361-372.
Walters, S.T., Ogle, R.O. & Martin, J.E. (2002). Perils and possibilities of group-based motivational interviewing. In W.R. Miller & S. Rollnick, *Motivational interviewing: Preparing people for change* (2nd ed., pp. 377-390). New York: Guilford Press.
Weiss, R.D., Jaffee, W.B., deMenil, V.P. & Cogley, C.B. (2004). Group therapy for substance use disorders: What do we know? *Harvard Review of Psychiatry, 12*(6), 339-350.
Wilkinson, D.A., Leigh, G.M., Cordingley, J., Martin, G.W. & Lei, H. (1987). Dimensions of multiple drug use and a typology of drug users. *British Journal of Addiction, 82*, 259-287.
Wilson, G.T. (1999). Rapid response to cognitive behavior therapy. *Clinical Psychology: Science and Practice, 6*(3), 289-292.
Witkiewitz, K. & Marlatt, G.A. (2004). Relapse prevention for alcohol and drug problems. That was Zen, this is Tao. *American Psychologist, 59*(4), 224-235.
Witkiewitz, K. & Marlatt, G.A. (2006). Overview of harm reduction treatments for alcohol problems. *International Journal of Drug Policy, 17*(4), 285-294.
Wright, J.H. (2004). *Cognitive-behavioral therapy.* Arlington, VA: American Psychiatric Publishing.
Yalom, I. (1985). *The theory and practice of group psychotherapy* (3rd ed.). New York: Basic Books.
Yalom, I. & Leszcz, M. (2005). *The theory and practice of group psychotherapy* (5th ed.). New York: Basic Books.

Índice

A

Abandono do uso de álcool ou drogas. *Ver* Abstinência
Abordagem/estratégia de resolução de problemas, 129-130
Abstinência, 80, 112-113
Aconselhamento ou *feedback*, 60-63, 115-118, 127, 131, 192-193
Addiction Research Foundation, 29, 31, 42
Afirmações, 60, 194
Alcohol Use Disorders Identification Test, 70, 258-259
Ambivalência, 49
Análise funcional. *Ver* Abordagem/estratégia de resolução de problemas
Apoio à autoeficácia. *Ver* Entrevista motivacional, estratégias e técnicas
Apoio social, 181-182, 223-224
Avaliação, 68-71, 84-85, 225
Avaliações da importância do objetivo e da confiança, 103, 107, 114
Avaliações do objetivo, 80-83, 110-114, 130
Autoconfiança. *Ver* Autoeficácia
Autoeficácia, 58, 193
Automudança, 21-22
Autorrelatos, 34
Autorrevelação por partes dos clientes, 246-247
Autorrevelação por partes dos terapeutas, 248-249

B

Balança decisória, 55-57, 79, 90-92, 118, 132, 193
Bebedores não gravemente dependentes. *Ver* Bebedores problemáticos
Bebedores problemáticos, 20
Brief Situational Confidence Questionnaire, 76, 122-123, 132, 265-267
    gráficos, 123-127, 172, 177
    perfis, 122-123

C

Clientes e situações difíceis nos grupos. *Ver* Manejo de membros difíceis no grupo; Situações problemáticas nos grupos
Coesão grupal, 182, 226-230
Confidencialidade nos grupos, 223
Contenção dos custos da atenção à saúde, 250-255
Convocação de membros do grupo, 234, 239
Coterapeutas, 235-237
Cuidado escalonado, 251
Custo-benefício, 250-253

D

Declarações *aqui-e-agora*, 248
Desafios com os grupos, 184-185
Desenvolvimento de discrepâncias, 57
Desenvolvimento de novas opções e planos de ação, 129-130, 173-176

Desgaste dos grupos, 28-29, 223
Dinâmica do grupo, 180-182
Discussões grupais, 185-189, 199-218
   afirmações, 194
   apoio à autoeficácia, 193
   exercício da balança decisória, 193
   feedback personalizado, 147-166, 192-193
   início e encerramento dos grupos, 189-191
   lição de casa, 190-192
   reflexões e perguntas abertas, 194-195
   resistência, 195-196
Discussão pós-grupo, 225
Drug Abuse Screening Test, 70, 164, 262-263

E
Empatia. *Ver* Entrevista motivacional, estratégias e técnicas
Encerramento do grupo, 189-190
Ensaios controlados randomizados (ECRs), 24-28
Entrevista motivacional
   empatia, 50
   estimulando a conversa da mudança, 53
   escuta reflexiva, 54-56
   estratégias e técnicas, 52-66
   normalização, 56
   paradoxo terapêutico, 65-66
   perguntas abertas, 53-54, 194
   régua de prontidão, 58-59, 72
   relatando processo da mudança, 51
   resumos, 63-64
   visão geral, 47-52, 179-180
Escala "Onde você está agora", 73-74, 108, 128, 133
Escolha dos membros do grupo, 237
Escuta reflexiva. *Ver* Entrevista motivacional, estratégias e técnicas
Estigma, 51
Estimulando a conversa sobre mudança. *Ver* Entrevista motivacional, estratégias e técnicas
Estudo GRIN, 29-43
Estudos de pesquisa controlados randomizados da Mudança Autoguiada

F
Facilitadores do grupo. *Ver* Coterapeutas
Fatores de manutenção, 132-133
Folheto sobre o grupo, 183
Formação do grupo, 183-237
Formação dos grupos, 232-233
   grupos fechados, 232-233
   grupos abertos, 232-233, 237
   iniciando e encerrando os grupos, 232-233

G
Grupos abertos. *Ver* Formação dos grupos
Grupos fechados. *Ver* Formação dos grupos

I
Identificação dos gatilhos
   exercício, 122, 169-171
   leitura, 119-122, 197-168
Ingestão de álcool de baixo risco. *Ver* Moderação
Iniciando o grupo, 189, 234
Intervalos, 245-246

L
Lição de casa, 77-78, 190-191, 238

M
Manejo de membros difíceis do grupo, 243
   clientes atrasados, 243
   clientes conversadores, 241-244
   clientes intrometidos, 241-244
   clientes monopolizadores, 243, 245
   clientes resistentes, 161-162, 243, 245
   clientes silenciosos, 243-245
   clientes terapeutas, 243, 244
Materiais comparativos de aconselhamento/ *feedback*, 131-133
Modelo trans-teórico da mudança/Estágios do modelo da mudança, 21-22, 48, 58
Moderação, 87, 113-114
Montanha da Mudança, 120-122
Música vem do grupo/terapeutas como regentes, 222-245

N
National Institute on Alcohol Abuse and Alcoholism, 63-82
Normalização. *Ver* Entrevista motivacional, estratégias e técnicas

O
O que se destacou. *Ver* Encerramento do grupo

P
Paradoxo terapêutico. *Ver* Entrevista motivacional, estratégias e técnicas
Pedindo permissão, 52, 116
Pensar no Grupo, 184, 225, 240, 244

Perguntas abertas. *Ver* Entrevista motivacional, estratégias e técnicas
Personalização dos problemas usando o afeto, 249
Planejamento pré-grupo, 222-224
Planejamento do grupo. *Ver* Preparação do grupo
Pontos comuns entre os membros do grupo, 185-189
Preparação do grupo, 222-224
Prevenção de recaídas, 119-121
Processos grupais, 180-182, 184-186
Projeto MATCH, 50
Prontidão para a mudança, 58-59, 72

Q
Questionário sobre o Histórico do Uso de Droga, 72, 264
Questionário de Coesão do Grupo – Versão Curta, 230
Questões da pesquisa na condução de ECRs do grupo *versus* estudos de terapia individual, 27-29
Questões importantes do grupo
 interrupção do contato visual, 236
 lidando com sinais não verbais, 238
 manejo do conflito e convocação de intervalos, 245
 O Silêncio é de Ouro, 236
 uso de substância, 239

R
Recuperação natural. *Ver* Automudança
Redução dos danos, 114
Reforço da autorrevelação. *Ver* Autorrevelação
Registros de automonitoramento, 78-79, 93-102, 115, 119, 129, 130
Regras do grupo, 219, 224
Régua de prontidão. *Ver* Entrevista motivacional, estratégias e técnicas

Relacionamento terapêutico, 68-70, 113, 227-230
Relatando o processo de mudança. *Ver* Entrevista motivacional, estratégias e técnicas
Resumos. *Ver* Entrevista motivacional, estratégias e técnicas

S
Sessões adicionais, 131, 133, 178, 183
Situações problemáticas nos grupos
 comparecer ao grupo sob a influência de álcool ou drogas, 239
 lição de casa incompleta, 238
 problemas de frequência, 234
 saída abrupta da sessão de grupo, 234-235
Solicitação de sessões adicionais, 133

T
Tamanho e duração do grupo, 235
Terapia comportamental. *Ver* Terapia cognitivo-comportamental
Terapia cognitivo-comportamental, 21-23, 180-182
Timeline Followback, 74-76, 86-89
Tratamento da Mudança Autoguiada, 20-22, 29, 110-133
 telefonemas de seguimento, 133
 Sessão 1, 110-119, 135-138
 Sessão 2, 119-129, 139-141
 Sessão 3, 129-130, 142-143
 Sessão 4, 130-133, 144-146

U
Uso problemático de álcool. *Ver* Bebedores problemáticos

V
Vantagens e desvantagens da terapia de grupo *versus* terapia individual, 232